黒人ハイスクールの歴史社会学

アフリカ系アメリカ人の闘い 1940-1980

The African American Struggle for Secondary Schooling, 1940-1980: Closing the Graduation Gap

ジョン・L・ルーリー
John L. Rury
シェリー・A・ヒル
Shirley A. Hill
著

倉石一郎
Ichiro Kuraishi
久原みな子
Minako Kuhara
末木淳子
Junko Sueki
訳

昭和堂

はしがき（謝辞）

学術研究を行いそれを一書にまとめることは、本質的に共同的事業である。わたしたちはたしかに本書の企てにおいて、多くの方々の援助によって恩恵を受けた。わたしたち二人の共同作業は、カンザス大学社会学部に訪問研究者として滞在していた学期中にリゼット・ピーターから、共同で研究するよう勧められたときから始まった。わたしたちは都市教育と社会的不平等という、それぞれ別個だが関連もしている研究領域について議論した。そしてスペンサー財団から研究助成をとるのに成功し、黒人のハイスクール経験の歴史をたどる長い旅路をとうとう一緒にたどることになった。そして最後にはこの本を共同で書くことになった。その作業は教えられるところが多く、かつ喜びに満ちたものであることがやがてわかった。

この研究のためにわたしたちは、南部や北部の数多くの地を訪れた。そしてそのどこにおいても歓待され、有益な支援を受けることができた。アトランタでは、ウェイン・アーバンとレジナ・ウィーラムがこの町の懇切丁寧なホスト役になってくれた。モロウのジョージア州立文書館、アトランタのオーバーンアベニュー研究図書館、そしてエモリー大学ウッドラフ図書館においては職員・スタッフの方々からよく協力していただいた。アトランタのブッカー・T・ワシントン高校のラリタ・ワシントンとカーター・コールマン校長には、われわれは特別な恩義を負っている。わたしたちが卒業生の居所をつきとめるのに協力し、インタビュー場所として学校施設を利用する便宜をはかって下さったのである。ノースカロライナでは、かつてカンザス大学で同僚だったシーリー・ハークスがもてなし役だった。ノースカロライナ大学チャペルヒル校のジム・ルロディスが、昼食と夕食の会話を盛り上げてくれたのに加えてキャンパスと図書館コレクションの案内役をつとめてくれた。ウィルソン図書館の南部歴史コレクションの図書館司書、ローリーのノースカロライナ州立文書館のスタッフ諸氏、ノースカロライナ州立大学の図書館司書の方々にはとりわけお世話になった。ミシシッピーではジャクソンにある州立文書館、およびハティーズバーグの南ミシシッピー大学マケイン図書館のオーラルヒストリー・文化遺産センターのスタッフの方々から助けられた。ハティーズバーグ市長補佐のジョン・ブラウン氏からは、地域のコミュニティセンターでの聞き取りの調整にご協力いただいた。エミリー・ノーブルはわたしたちにジーン・ヤングを紹介してくれた。ジャクソンでとびきり温かくわたしたちを迎えてくれたジーンは、ラニアー高校の歴史についての洞察を授けてくれた上、近所の評判のレストランで記憶に残るランチの時間を共にしてくれた。

わたしたちは北部でも、ここちよい手助けを受けた。シカゴでは、各公立学校のアーカイブ、ハロルド・ワシントン図書館センター、カーター・G・ウッドソン地域図書館、シカゴ歴史博物館において大変親切なスタッフにめぐり合うことができた。わたしたちはまた、デュサーブル高校とチャールズ・ミンゴに、シカゴの公立学校の卒業生対象のインタビューに際して学校施設を使わせてくれたことに対して感謝の意を述べたい。ニューヨークではションバーグ黒人文化センターの図書館司書に、ワシントンでは連邦議会図書館のスタッフに助けられた。ワシントンを訪れた際には、シンディー・ルーリーならびにその娘のエミリーとジェニーから歓待を受けた。コロンビアのミズーリ大学およびカンザス大学の図書館司書の皆さんもとても研究の助けになってくれたが、なかでもカンザス大学スペンサーリサーチ図書館のデボラ・ダンドレッジにお世話になった。またカンザスシティ公立図書館にあるミズーリバレー特別コレクション部門の図書館司書にも助けられた。

オーラルヒストリー・インタビューという形で、時間を割いてハイスクール時代の記憶をわたしたちと共有してくれた何十人もの人たちへの感謝の気持ちもまた、ぜひとも表明しておかなければならない。上に述べたように、そうした会話は多くの場合、話題になっている当の学校という場で行われたものだったが、なかには自宅やレストランやその他の公共の場が舞台であることもあった。インタビューの手続きは本書巻末の付録に記載しているが、本書の中でインタビュー協力者が匿名化されていることは、かれらの［この研究への］寄与が小さかったことを意味しない。インタビューはわたしたちの研究の一翼をなすものであり、最も決定的に重要なものではなかったかもしれないが、それは、ハイスクール経験と何世代にもわたる生徒にとってそれがもった意味をわたしたちが理解するに際して大きな助けとなった。わたしたちとその記憶を共有してくれた人々の協力がなかったら、研究におけるこの局面を深めることは不可能だったかもしれない。

同様に、ミネソタ大学のミネソタ人口研究センターの合衆国国勢調査データ公開用マイクロデータ１％サンプル（ＩＰ

UMS）プログラムにも感謝の意を示したい。国勢調査データが誰にでも開かれ、容易に利用できるIPUMSサンプルは歴史学者やその他の社会科学者にとって価値の高い研究リソースである。とりわけそれはアメリカ教育史の研究にとって有用なものである。IPUMSは本研究にとって重要なものである。このデータはこの領域で、もっと幅広く活用されるべきである。

先に示したように、スペンサー財団がこの研究プロジェクトに対して資金援助をしてくれた。またカンザス大学教育学部および一般研究基金からも援助を得た。わたしたちはこの貴重な援助をたいへんありがたく思っている。それがなければ、この本のための研究を行うことはできなかった。教育・公共サービス研究所のシェリル・ラングとその同僚たちからは、わたしたちの研究資金の獲得と管理に関して、最高に懇切な手助けを受けた。

わたしたちはまた、この研究の補助をしてくれたり、この研究の全体または一部分を読んで有益なフィードバックを与えてくれたりした多くの学生、友人、そして同僚の皆さんからも多くのものを得た。カンザス大学教育指導・政策研究科および社会学研究科の同僚やスタッフの諸氏はとても協力的だった。大学院生のケヴィン・リー、アーロン・ライフ、そしてキップ・スマイリーは研究を手伝ってくれた。シェード・リトル、ジェフ・ミレル、ヒラリー・モス、ジェニファー・ング、ビル・リース、アーガン・サットシオル、バーバラ・シャークリフ、ビル・タトル、ヴァネッサ・シドル・ウォーカー、そしてキム・ウォレンはこの研究に対して、多くの有益なコメントと示唆を与えてくれた。出版に際しては匿名のレビュアーからも有益なコメントと示唆をいただいた。デリック・ダービーとドナ・ギンターはカンザス大学ホール人文学センターにおける、この研究をめぐる刺激的な議論を主催してくれた。本研究の一部はアメリカ教育学会、教育史協会、中西部社会学協会の研究集会において発表され、わたしたちはそれぞれの場で有益なコメントをいただいた。こうしたすべての援助とフィードバックは並外れて有益なものであったが、本書における解釈の責任、誤謬、不適切な記述、その他諸々の問題に関する責めは、慣習にならってここでもまたひとえに著者たちに帰せられるべきものである。

わたしたちはまた、本書のプロジェクトに興味を示し出版までの全過程をサポートしてくれた、ティーチャーズカレッジ出版局のブライアン・エラーベック、ロリ・テイトとその同僚たちにも感謝したい。かれらは非常によい本を生み出すべくわたしたちを補佐してくれた。その結果、本書はわたしたちのプロジェクトの目標をほぼ満足させるものとなった。

最後に、この四年間、このプロジェクトを喜んで、あるいは渋々ながらも支えてくれたわたしたちの同僚、友人、家族たちに感謝したい。なかでもとりわけ、わたしたちが研究のために不在がちになるのを黙認し、プロジェクトが形になるまでに数年間もの辛抱をさせてしまい、もっと後になって最終的にわたしたちが草稿を完成させるのに忙殺されていた間も忍耐を強いてしまった、われわれの配偶者に対して感謝している。どんな時にもかれらがわたしたちに与えてくれた支持と愛に対して、このはしがきに示した感謝と愛情の気持ちがささやかなお返しとなることを願っている。

凡　例

一、本書は、John L. Rury, Shirley A. Hill, *The African American Struggle for Secondary Schooling 1940-1980: Closing the Graduation Gap*, Teachers College Press, 2012 の全訳である。

一、訳出にあたって、明らかに原著の誤りと思われる部分数ヵ所について、原著者に確認の上、訂正を行った。

一、本文中の（　）を付した箇所は、原著者による記述である。

一、本文中の［　］を付した箇所は、原文の理解を助けるために訳者が語句を補い、あるいは簡単な解説を行ったものである。

一、原文中のイタリックで、強調を示すものは傍点で示した。

一、原文は訳者の責任において日本語に訳したが、理解を助ける上で必要と判断された際に、原語をカナ表記のルビとして付した。

一、書名、新聞・雑誌名は『』で示した。

一、原注はすべて巻末注として掲載した。

一、African American は「アフリカ系アメリカ人」、Blacks は「黒人」と訳した。また一部で旧時代の呼称である Negro が引用資料中に登場するが、その場合「黒人《ニグロ》」と表記した。

一、high school は原則として「ハイスクール」としたが、一部「高校」とした場合もある。また Lincoln High のように固有名詞として登場する際は「リンカン高校」と表記した。

一、索引は原著の項目に忠実に訳出したが、訳語は文脈に応じて訳し分けた場合もあるので、厳密に訳本文と対応しているとは限らない。

黒人ハイスクールの歴史社会学——アフリカ系アメリカ人の闘い 一九四〇——一九八〇 目次

第Ⅱ部　平等のための闘い

序章

Introdction

一九五一年春、ヴァージニア州ファームヴィルで、新しい校舎を建てることを拒んだ地元の学校委員会に抗議して、人種隔離されたハイスクールであるモートン高校の全生徒四五〇人が授業を放棄しデモを行った。生徒数の急増を受け、レンガ造りのもとからの校舎はもう満杯状態で、「タール紙を屋根代わりにした仮設校舎」が三棟建てられていた同校では、新校舎が待ち望まれていた。仮設校舎では暖房を効かすこともできず、雨漏りがする、と生徒たちは主張した。またかれらは白人のために最近建てられたハイスクールのことを持ち出し、それと同等以上の施設を要求した。建設計画は進行中だ、との白人の教育長の言葉を信じなかった生徒たちは、どうか学校に戻ってくれという校長の声にも耳を貸さず、要求が容れられるまで「無期限」の学業ボイコットを行うことを決めた[1]。

この出来事が起こったとき、米国南部における学校教育史は転機を迎えていた。それゆえに多くの歴史家によって言及されてきた。全米黒人向上協会／NAACPから、人種隔離された黒人学校の改善を求める裁判闘争は協会としてはもう行わないと告げられたモートン高校の生徒たちは、投票の結果、白人学校が黒人生徒を受け入れるよう要求していくことを僅差で決定した。その結果起こされた訴訟「デイヴィス対プリンスエドワード郡学校委員会」は州裁判所によって棄却された。その少し前にヴァージニア州から喧伝された平等化《イクォライゼーション》運動《キャンペーン》により、学校の人種統合は不必要になるだろうから、というのがその理由だった。この案件は最終的には、全米黒人向上協会の弁護士団によって他の四つの訴訟とひとまとめにされ、連邦最高裁判所に持ち込まれ、一九五四年のブラウン判決の一部を構成した。判決では学校での人種隔離は違憲と断じられた[2]。プリンスエドワード郡の黒人生徒が白人のハイスクールに入るという目標を達成するまでには、ここからさらに一〇年の闘争が必要ではあったが、かれらは南部において、完全に人種統合された学校に入学した最初の生徒の一部となった。

黒人中等教育の歴史において、この事例はいくつかの点で重要な意味をもつ。第一に、それはハイスクールの改善を求める闘いとして始まった。黒人コミュニティもまた、増え続けるハイスクール進学希望の黒人の若者のための教育の改善を要求して、高校生たちと共闘した。第二に、当初の要求の焦点は、人種隔離の枠内での平等な施設へのアクセスと学校の改善とにあったことである。これは南部地域の黒人の間で、特にハイスクールに関して広く共有されていた関心事であった。そして南部各州政府は、人種統合を封じるための手段として平等化「運動」を推し進めた。第三に、このケースでは最終的には人種統合が焦点となった。人種統合こそ、教育の平等を達成するための確かな道のりである、と黒人社会の中でも結局、見なされるようになった。先見の明のあった生徒とプリンスエドワード郡の住民たちは他よりも早くこのことに気づいていたが、人種統合の論理は、教育機会の領域にアクセスする手段としてこれに勝るものがないことが、ついには明らかとなった。これらの生徒たちとその支援者らは先駆的ではあったが、決して孤立した存在ではなかった。

このように、「デイヴィス対プリンスエドワード郡学校委員会」訴訟の中には、戦後米国の黒人中等教育史のさまざまな段階が凝縮されていた。それは特に南部に顕著に見られるものだったが、他地域でも同様に見ることができた。またそれは、変革の過程を貫くものとして闘争がいかに重要であるかを際立たせもした。モートン高校の場合と同様、南部のアフリカ系アメリカ人はどこでも、低予算にあえぐ学校の改善を求めた際には妨害に直面した。州政府によるいわゆる平等化運動の実施中においてさえ、妨害は見られた。米国の他の地域で活動する運動家たちも抵抗に直面した。アメリカにおける黒人の若者のための中等教育の拡大は、自然発生的に起こったのでもなければ、白人の温情によって実現したのでもない。それは、教育の公正のための長きにおよんだ闘争の中から勝ち取られていったものである。白人アメリカ人にとってハイスクールが、ほぼ当たり前の存在になろうとしていたとき、黒人社会もまた同じことを子どもたちのために要求した。本書の中でわれわれが検討するのは、ハイスクールへの進学機会拡大をもたらした要因、教育の人種統合を促進した要因は何だったか、そして最終的には中等教育における人種的公正の限界をあらわにした要因についてである。

この導入となる章では、われわれの議論の主要な論点——一九四〇年から一九八〇年の間の黒人・白人のハイスクール卒業格差の縮小――について強調し、ハイスクールにおける出席と学業成就《サクセス》の点で人種間の同位性がさらに高まることを可能とした時代状況について述べたい。「ハイスクール運動」の拡大によるアフリカ系アメリカ人の包摂は、人種隔離撤廃や継続する人種間格差の影にかくれて見過ごされてきた。その結果、黒人の所得向上、勤労意欲の向上、黒人中産階級の拡大や公民権運動の活性化に対して果たしたその役割も無視されてきた。われわれの研究では、黒人の若者のハイスクール卒業率向上にむけた闘争、その地域間での比較、その途上で直面した数多くの障壁や困難を見ていきたい。それは長い道のりであったが、否定することのできない進歩をもたらした旅路であった。われわれはまたこの闘争がアフリカ人およびこの国全体に対してもたらした副産物についても、有益なものと問題を含んだものの双方について検討を加える。この章の残りのページでは、本書の各章の概要を述べる。

中等レベルの教育達成における人種間格差の縮小

ハイスクールは、今日では多くのアメリカ人にとってごく当たり前の教育機関であり、ほとんどのティーンエイジャーにとって慣れ親しんだ生活の舞台である。一部の生徒は卒業を果たすことができないが、現在ではほぼ全員が中等レベルの学校に入学し、最終的には八割以上が卒業証書かもしくは高卒相当資格を手にしている。しかし二〇世紀半ばまでは、ハイスクールに行く者の数ははるかに少なく、卒業できる者はその半分以下であった。当時、多くの職種はそれを求めなかったため、高卒資格をもっていないことは障壁とはならなかった。しかし、それはまた将来の機会が限定されるであろうことも意味した。大学進学など考えることさえできなかった。つまり、中等レベルの学校で学ぶチャンスを得、卒業することは、まだ標準として広く共有されてはいなかったものの、多くの者にとって他から大きく抜きんでることであった。さらに言えばそれは明らかに、アメリカ人の生活における人種の問題と結びついた不平等の一角を占めるものであった。(3)

アフリカ系アメリカ人が受ける学校教育は長い間、すさまじいばかりの不平等の下に置かれてきた。特にそれは、第二次世界大戦前に黒人の八割が暮らしていた南部において顕著であった。歴史家ルイ・ハーランは今や古典と目されるその研究の中で、二〇世紀初頭の数年間に黒人の教育に対して加えられた無慈悲な弾圧を記録した。ジェイムズ・アンダーソンらが明らかにしたように、黒人の初等教育については再建《リコンストラクション》に際して北部の博愛主義者からの援助が与えられたが、中等教育はそうではなかった。第一次世界大戦前の時点で、全部で九〇〇万人の黒人が住む南部地域全体で公立ハイスクールの数は四〇にも満たず、黒人人口が集中する深南部《ディープサウス》の州の大半には一つもなかった。一九二〇年代を通じて黒人を対象とする中等教育機関は、主に大都市部において数を増していき、その傾向は三〇年代に入っても続きはした。それでもなお、南部全体における黒人の中等学校の規模は、白人向けのそれに比べるとはるかに立ちおくれていた。どこへ行っても、状況はほんの少しばかり改善されたにすぎなかった。アフリカ系アメリカ人をこころよく迎えるハイスクールはほとんどなく、入学を許可した学校も黒人の扱いは不親切であった。[4]

第二次世界大戦前夜の一九四〇年において、アフリカ系アメリカ人の若者のハイスクール卒業率は一四%で、白人の四六%のおよそ三分の一にとどまっていた。[5]この衝撃的な格差は、いくつかの状況を反映していた。アメリカ全体で見て、中等教育学校への進学者数は一九二〇年代と三〇年代を通じて劇的に増加していた。特に増加が著しかったのは大恐慌以降で、それは何千人もの若者がそのために労働市場から放り出されたからである。[6]他に選択の余地なく学校に戻ってきた白人ティーンエイジャーたちの多くは、さらなる教育を積むことで仕事が見つけやすくなるであろうことに希望をもっていた。その結果、ハイスクール進学者数は膨れあがった。しかしながら、最も大きく伸びたのは都市、特に若い男女が昔から工場労働の職を得ていた工業中心都市であった。その他の南部の農村地帯などでは、ハイスクールは数が少なく稀にしか立地しておらず、進学者数もそれほどには拡大しなかった。当時、アフリカ系アメリカ人の大多数は依然として南部の田舎に住んでおり、そこには黒人ハイスクールがほとんどなかったため、かれらはこの発展から取り残されていた。黒人の若者はそのため、アメリカにおいて高揚する中等教育卒業者増加の列に加わるチャンスがほとんどなかった。アメリカ中で皆がハイスクールにますます行くようになりつつあったとき、この国の黒人は蚊帳の外に置かれていた。[7]

それに続く四〇年間でこの状況は変わった。黒人、白人ともに中等教育レベルの在籍率が急上昇するにつれ、両集団間におけるハイスクール卒業率の開きは劇的に縮まった。国勢調査データを用いた計算によれば、その差は一九八〇年までにはわずか二〇%程度——白人七八%に対し黒人六四%——となった。黒人は完全に追いついたわけではなかったが、この格差縮小は、アフリカ系アメリカ人の教育における主要な進歩を示すものだった。これによって高等教育進学の道が一

図Ⅰ-1. 19 歳の若者の 10 年ごとの［ハイスクール］卒業率

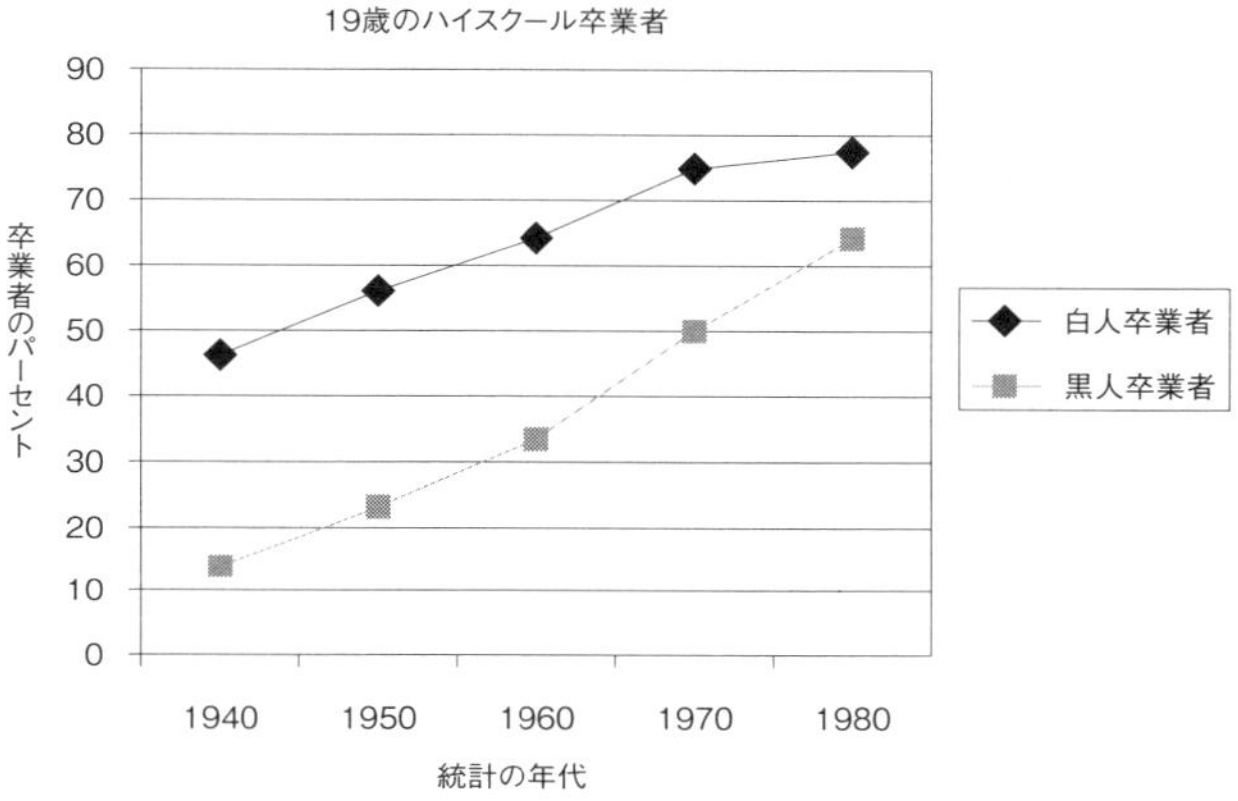

注：IPUMS データから算出

気に広がったし、一九六〇年以後における黒人の賃金獲得力上昇に向けた下地ができあがったのである[8]。このことは、教育達成の人種間における著しい開きがおおむね克服された実例、そのことがその後のアフリカ系アメリカ人の社会的、経済的成功に明白に結びついた例として、近現代史に刻まれることとなった[9]。

この経過は、在籍率の経年変化パタンを表した図Ⅰ－１に明らかである。卒業率はどちらの人種についても上昇しているが、教育達成度は、特に一九六〇年以降、黒人の方が白人よりはるかに劇的に伸びた。もちろんこれは米国全体での傾向であり、この変化パタンにおいても無視できない地域間の違いがあった。しかしながらハイスクール進学の普及に関する全体像として、これは間違ってはいない。アフリカ系アメリカ人にとって、一部の少数の者に限られていたハイスクール卒業が、多くの者に手が届くまでになったという大きな変化の過程をそれは示していた。それは黒人の若者たちが、集団をあげてハイスクールに行き始めた時期であった。しかしながらこれに続く時代に入ると、この普及のプロセスは中断してしまい、卒業率における無視できない人種間格差が持続されていった。その主たる原因は、黒人コミュニティ、特に大都市のそれを見舞った、新たな社会的、経済的、政治的困難の数々であった[10]。

今日の黒人・白人間の教育「格差」には大きな関心がもたれているにもかかわらず、歴史に残るほどの中等教育卒業率の格差が詰められていった過程については、十分な注意が払われてこなかった。その理由の一つは、そこに現れた変化の度合にあるかもしれない。五〇年近くの歳月をかけ、何百万もの人々を巻き込んだ変化は、表面上その発展はゆるやかなものにしか見えなかった。その一方で、中等教育の格差がようやく縮小を始めたちょうどそのとき、学校の人種統合問題が全国的な関心事となり、人々の関心はそちらに行ってしまった。多くの研究者が指摘するように、学校の人種統合の筋書きは支配的物語となって、黒人教育研究を埋めつくしてきた。(11) 実際、あまりに多くの注意が人種隔離撤廃と学校統合に集中しすぎてしまったために、アフリカ系アメリカ人の「ハイスクール」卒業率の向上は、同時代人からもその後の世代からもおおむね見過ごされたままになってしまった、と言っておそらく間違いないだろう。(12)

大半のアメリカ黒人が中等レベルの教育を手に入れるようになったことは、それほど注目されてこなかったかもしれないが、そこに至るまでの過程は決して平坦ではなかった。モートン高校の事例からも示唆されるように、運動家や支持者陣営の間では、黒人教育をいかに改善するかをめぐって、大きな葛藤やほとんど恒常的な対立がみられた。これは国全体に言えることであったが、ことに南部によくあてはまった。多くの点で、黒人ハイスクールをめぐる動向は地域ごとに、はっきりとした違いがあった。教育達成の変化のパタンはまた、第二次大戦中に始まり戦後も引き続き、一九六〇年代までの長きにわたってアフリカ系アメリカ人の経験を特徴づけた集団的人口移動にも関連していた。この点でハイスクール卒業率は、黒人人口の都市化、ならびにそれが南部農村地帯にもたらした変化によって、明らかに影響を受けた。また前に示唆したように、中等教育は必然的に、学校における人種統合［の問題］とも結びついていた。人種統合はティーンエイジャーを巻き込み、それゆえに衝突を伴わない方が珍しいような、しばしば一触即発の問題であった。

要するに、黒人中等教育における教育達成の伸長は多面的な過程であったのであり、アフリカ系アメリカ人の生活における他のさまざまな変化と結びついたものであった。それは地平が開けてきた時代に生じたことであったが、他方でまたそれは、白人の人種主義、および変革に対する「大衆的抵抗」によって動機づけられた、暴力と残忍さの時代でもあった。(13) 大衆的教育はアメリカ人の生活に見られる古くからの特徴であるが、その教育が本来、万人に平等に開かれたものでなければならないという期待のほうは、いまだ普及の途上にあった。教育を、公民権を追求する運動の要として位置づけた全米黒人向上協会／ＮＡＡＣＰの決断はよく知られているが、学校の改善はずっと以前から、わが子の未来を明るいものにしたいと考えた黒人コミュニティによって追求されていた。この点でアフリカ系アメリカ人の教育、とりわけハイスクール教育は、社会変革の要の部分であった。教育達成の向上は、アメリカ社会の中での黒人の地位上昇の一角をなすものであり、よりよい日々の到来を証明し実感させるものにほかならなかった(14)。

こうした理由からわれわれは、この時期に黒人の中等教育に起こった変化を、ジャクリン・ダウド・ホールが「長い公民権運動《ロング・シビルライツムーブメント》」という用語で叙述しようとしたことの一局面として捉えることが適切だと確信している。アフリカ系アメリカ人にとって不平等な教育は、だから結局のところ、ただ単に軽視ないし無視という問題にとどまるのではない。それは、南部における組織的な人種差別と搾取の体制の、またいたるところで行われていた教育資源のひどく不均等な配分における、本質的な要素の一つであったのだ。教育における公正《イクイティ》の実現は、——少なくとも達成度に関する限りは——教育機会の観点においての正義に向けた、長年にわたる粘り強い運動の結果であった。この問題は、同時代における数えきれないほど多くの生徒、親、コミュニティの住人たちを突き動かしたものだった。かれらによって達成された多くの成果は、新しい教育の原理にかたちを与える際に採用される決断や知略に、訴えかけるものをもっている。それはまた、黒人以外のエスニック集団や貧困層といった、広範囲に及ぶ他の社会集団にとって、教育達成における公正に関する問いに新たな光を当てる際の助けにもなった(15)。ここからわかるようにそれは、アメリカ教育史の中でもより特筆に値する到達の一つとして、正当に叙述されることが可能なものである。そしてそれは、後続世代のアフリカ系アメリカ人の教育がその上に立脚するところの礎・土台をあらわすようになったのである。

教育達成を文脈に位置づける

一九三四年にアトランタに生まれたハーシェル・サマーズは、アトランタ初の黒人ハイスクールであるブッカー・T・ワシントン高校を一九五一年に卒業した。その後、一学期間だけ近くのモアハウス・カレッジに通ったあと、彼はそこをやめて軍隊に加わった。四年後に復員すると、復員兵援護法の恩恵を受けてカレッジを卒業することができ、連邦政府に職を得た。サマーズは、警察官や警護官として長きにわたり充実した職業生活を送り、政府を退職後も数年間働いた。彼はその来し方を振り返って、人生における成功の大部分はハイスクール時代に負っていると考えていた。もしワシントン高校のような規模が大きく総合的な教育機関に通っていなかったら、彼の歩む道はもっとずっと険しいものとなっていたことだろう。まだ黒人の中で高校卒業者が四人に一人もいなかった時代に、戦後における黒人ハイスクール卒業者の最初のうねりの中に身をおいたサマーズは、後続のために道を切り開いた。学校と兵役は、人種隔離体制下の南部における［黒人の］機会の制約から自由になる道を、与えるものであった。多くのアフリカ系アメリカ人と同様に、彼は公的セクターにおいて職を見つけることができた。サマーズがその後たどった職業キャリアは、教育歴の要件を満たした者にとってはより明るい展望が開けてきたことを示すものだった[16]。

メイベル・ファウンテンについても、似たような物語を語ることが可能だ。同じアトランタに一九四一年に生まれた彼女は、ヘンリー・マックニール・ターナー高校に進んだ。この学校はジョージア州における、黒人教育のレベル向上運動のさなかに設立されたものだった。一九五九年に高校を卒業したファウンテンはクラーク大学に入学したが、卒業を果たす前に結婚し子を産んだ。縫物の内職をして家計を助けた。子どもたちが学齢期に達したとき、彼女は電話のオペレータとして働くことを決断した。この一歩を踏み出したとき彼女は、アメリカの大企業が多様な人種に向けて門戸を開放したことから恩恵を受けた、最初のアフリカ系アメリカ人の一人だった[17]。それから三〇年間ファウンテンは電話会社で働き、その間に管理部署に異動し、最後には多様性トレーニングを束ねるチームリーダーとなった。ハーシェル・サマーズの場合と同じように、中等教育修了の学歴のおかげで彼女の前には職業に通じる門戸が開かれた。そしてハイスクールで獲得された技能や知識は、職業生活において助けになった。ハイスクールを卒業する機会にめぐまれなかったら、彼女の職業面での、そして私生活における成功ははるかに困難なものになっていただろう[18]。

ハイスクールはしばしば、アメリカ特有の教育機関というラベルを貼られる。初等学校もしくは学年制学校《グレード・スクール》とカレッジもしくは大学との中間という重要な位置を占めるハイスクールは歴史的に、教育システムにおける成功のカギを握る存在として機能してきた。一九世紀ヨーロッパにおける草創期の中等教育機関と違って、アメリカのハイスクールは伝統的に、要件となる学業の基準を満たした生徒すべてに開かれてきた。当時の言い回しでいえばそれは「人民のためのカレッジ」であり、そこでは「高みに立った位置から」、社会的、経済的出自にかかわりなく向学心あふれる者すべてに対して授業が提供されていた。この民主的精神を燃料としてハイスクールは急速に拡大し、二〇世紀が始まるころには米国は、世界中のいかなる国よりもたくさんの若者が中等教育機関で学ぶようになっていた[19]。

経済学者のクラウディア・ゴールディンとローレンス・カッツはハイスクールについて、二〇世紀前半において何百万ものアメリカ人に経済発展の加速に必要な技能を与えたという意味で、それをアメリカ史における経済発展のエンジンと呼んだ。これは、ゴールディンとカッツが「ハイスクール運動」と名づけたところの、中等教育の持続的拡張プロセスの帰結であった。この運動のもと、国中いたるところで学校が建設され、その後の教育の発展に向けた条件が整えられた。拡張はとりわけ、大恐慌によってティーンエイジャーたちの職業機会が壊滅的に狭められた一九三〇年代に顕著にみられた。一九四〇年までに、この国の白人の半数以上がハイスクールに通うようになった。この変化は大部分、北東部と中西部において生じたものであった一方、学校制度の発展が最も遅れていたのは南部であった。そして言うまでもなく、この時代にアフリカ系アメリカ人の若者の大多数――八〇％以上――が暮らしていたのは南部であった[20]。

前に示しておいたように、大半の黒人が南部に住まう一方、その地における富を握っているのは白人だったため、黒人の若者たちはおおむね、このハイスクール拡張の重要な局面から排除されていた。南部の教育制度は発展していったが、白人向け中等教育機関の数は、黒人向け学校の一〇倍にもなった。前に示唆しておいたとおり、二〇世紀初頭の時期における黒人ハイスクールの数はきわめて低水準にとどまっていた。中等教育は一九三〇年代末までに、公立学校体系の中で黒人生徒の大部分を排除する要素の筆頭となって残っていた。その結果、ハイスクール運動がもたらした多岐にわたる経済的、社会的利益は、アフリカ系アメリカ人の手にはほとんど渡らなかった。このことはついに、のちに戦後になってから当時青年だった黒人がアメリカの労働市場の変化に直面した際、かれらにとって潜在的な破壊性をもつハンディとなった。しかしながら、中等教育の獲得に成功した者たちの経験は、その他大勢の者にとっても、進むべき道を照らすものだった。黒人のハイスクール進学者数は一朝一夕で増えはしなかったが、ひとたびそれが本格的に始まると、教育達成向上のテンポは急速に早まっていった[21]。

経済学者たちは、戦後における黒人教育の改善と黒人労働者の所得獲得力の増大に、これまで相応の注意を払ってきた。これらの一連の研究がおしなべて指摘しているのは、教師の増員や授業日数の長期化といった黒人学校の強化が、一九六〇年以後における人種間での所得格差縮小に重要な影響を及ぼした、ということである。アフリカ系アメリカ人学校の質の向上に相伴って生じたのが、上述した急激な進学者の増加であった。そしてこのことによって黒人の賃金労働者たちは、その後訪れた時代における国全体の動向に歩調を合わせて賃金上昇を享受することが可能となった。そしてわれわれが以下で示すように、アフリカ系アメリカ人における中等教育の発展は、こうした問題を考える際に計量経済学で典型的に用いられる［他の］因子を凌駕していた。これを踏まえると、この時期における黒人の教育の変化がもつプラスの経済的効果は、最も高い見積もりでさえ過小評価してしまっているおそれがある。[22]

ハーシェル・サマーズとメイベル・ファウンテンの経験は、ハイスクールが果たすようになった重要な役割を際立たせるものである。かれらの通ったハイスクールが都市部の教育機関で、（州よりはむしろ）南部地域からの認証を受ける機関であったという事実が意味したのは、かれらには他の黒人卒業者に比べてより多くの選択肢があったということである。たとえワシントン高校やターナー高校が大半の白人学校に比べ生徒数が過密状態で設備が貧弱であったとしても、そこには相当規模の図書室があり、利用可能な理科実験室を備え、大きな講堂ももち、さらに生徒の［学校での］経験の質に直接影響するその他のさまざまな施設があった。サマーズもファウンテンもともに、教師たちは十分な訓練と高い使命感をもち、生徒たちに高い期待をよせ、その成功のための尽力を惜しまなかった、と述べた。サマーズは「評価Bの生徒」であり、彼のクラスにおいて学業面のトップ層に入ってはいなかったが、それでも彼は、空軍で成功するために必要な、またカレッジを修了し警察官として長く職務を送るために必要な技能を、そこで得た。ハイスクールはまた、彼の世界に対する視野を広げ、それに続く経験は彼を南部からひき離し、もしそうしなかったら決して出会えなかったであろう人々や場所と、彼がふれ合うことを可能にした。もし彼が中等教育学校を卒業していなかったならば、サマーズがこれらのチャンスを活用できた可能性ははるかに低いものとなっただろう。ファウンテンの場合、ハイスクールでの好成績と、大学教育を受けたことのある経歴とが相まって、当時アフリカ系アメリカ人にはほぼ不可能だったサザン・ベル社での職を、彼女が勝ち取ることを可能にした。彼女がすでに獲得していた技能は彼女を大いに助け、近代的大企業の中の職階を昇っていくことを後押しした。彼女にとってもまた、ハイスクールは成功への重要な登竜門だった。[23]

これらの事例が示唆するように、ハイスクールの重要な役割の一つは、たとえ学士課程修了までいかなくても、生徒たちにカレッジ進学に向けて備えさせるということだった。中等教育以上《ポストセカンダリー》の教育機関に進む生徒は相対的にきわめて少なかったため、たとえカレッジライフに［少しばかり］触れただけでも、人を有利な立場に立たせた。一九四〇年時点で、黒人の高校卒業者の中でカレッジまで進む者の比率は、白人の高校卒業者の数字とほぼ全く同じ、約一五%であった[24]。もちろんこれが意味しているのは、単純に白人のハイスクール卒業者の方がずっと数が多いことの結果として、黒人よりはるかに多くの白人がカレッジに進んだということだった。しかしながら、黒人のハイスクール卒業者が［白人と］同様にカレッジに進学する傾向があるという事実は、ハイスクールが高学歴化を左右するカギとして果たす重要な役割を示している。この当時の南部の農村地帯に住んでいた黒人の大半にとって、ハイスクールは端的に言って手に届くところにないものだった。特にカレッジへの進学準備を行うことができるような、認証を得た教育機関にはアクセス不可能だった。この国の黒人の若者のための中等教育学校の発展、ことに南部における発展があったからこそ、最初の大規模な黒人のカレッジ入学者数の増加が一九六〇年代になって生じることも可能となった。このことはまた、黒人の賃金獲得力を高め、一九六〇年代末から七〇年代にかけて［黒人の間に］出現する中産階級のライフスタイルの発展に寄与した。しかしそれはまた、南部におけるジム・クロウ的政策や社会習慣との対決において、何千人もの黒人大学生がきわめて重要な役割を果たすというかたちで、公民権運動にも寄与した。たとえば、一九六〇年にノースカロライナ州グリーンズボロで始まり、その後全南部を席巻した劇的な座り込み《シットイン》運動の波を起こしたのは、まさしくこのような学生たちであった。かれらはその後もまた、その時々の争点に対してしばしば新しい視点を提供することで、重要な役割を果たした。しかしながら、黒人の中等教育進学率の劇的な向上がなかったならば、そうしたことは端的に起こりえなかったであろう。ハイスクールは、運動の発展に重要な貢献をなした、ひと世代分の運動家たちを生み出すのに一役買った[25]。

　したがって、教育が与えたインパクトは、ただ所得獲得能力——とりわけ貧しい南部地域においては、所得と同等の重要性をもつものだった——が向上したというだけにとどまらなかったと言える。前に示唆したように、この時代はアフリカ系アメリカ人の社会的、政治的権利をめぐる広範な激変の時代だった。より上級の、より良質の教育が、この歴史的な発展が繰り広げられる上で果たした役割について語るのにふさわしいのは誰だろうか？　本書でわれわれが耳を傾けるのは、ハイスクール卒業者の大多数を占める、カレッジに進学しなかった生徒たちの声である。一般論として、より高度の教育を受けた者の方が、そうでない者よりも、より政治活動に対して活発になりやすい傾向にあった。これは大学生たちの行動からもうかがい知れた。アフリカ系アメリカ人の場合、より高いレベルの教育を受けていればいるほど、公民権運動に参加する傾向が高まった。たとえば、社会学者のダグ・マックアダムが示すところによれば、黒人における教育レベルの向上が、特に南部において、一九六〇年以前の時代においてさえも、政治的「叛乱」の増大を帰結したという。この傾向は他の研究者も指摘している。(26) アメリカ黒人にとって教育は、ただ単に不公正と闘うためのもう一つの機会という以上のものであった。それは人生のあらゆる領域において平等と尊厳を勝ち取るための闘争において、無限の価値を秘めた資源にもなったのだった。

黒人中等教育の向上

前で示唆したように、教育において人種的公正を追求する運動は否応なく、戦後期における人種統合教育と結びつくことになった。マックアダムの研究が示すように、それはまたたく間に公衆の関心をひく問題となった。ことに一九五四年の最高裁によるブラウン判決以後は顕著だった。しかしながらそれと同時期に、教育の公正を追求するもう一つの運動があり、当初はこちらの方がずっと浸透していた。それは、人種隔離したままの状態で黒人の教育機会を拡張することに焦点化したものだった。多くの――もしかすると大半の――アフリカ系アメリカ人にとって、より切迫した問題とはまさに、黒人の生徒たちはこれから一体どの程度の教育を受けられるのか、ということに他ならなかった。他の「人種の」子どもたちと同等に近いレベルにまで改善された、学校と教育機会を得ることは、多くの黒人にとって最優先事項だった。もしこの目標にたどり着くために人種の統合が不可欠と見なされたなら、それは考慮に値する問題とされたことだろう。しかしこの時期を特徴づけたのは、教育――特にハイスクール――を黒人コミュニティにとって質の高いものに、そしてアクセスしやすいものにしようとする、非公式な運動の広まりであった。概してこれには、黒人だけでなく白人にも甚大な影響を与える人種隔離撤廃問題ほど、注目が集まらなかった。しかし結果的に、この時期のアフリカ系アメリカ人教育に対しておそらく最も深いインパクトを与えたのはまさしく、公にはあまり知られなかったこの教育運動の方であった。(27)

もちろん、教育経験における地域差を無視して、アフリカ系アメリカ人の学校教育の歴史を語ることはできない。図I

図Ⅰ -2. 地域ごとの 14-18 歳の生徒における黒人のハイスクール在籍率（1940-1980 年）

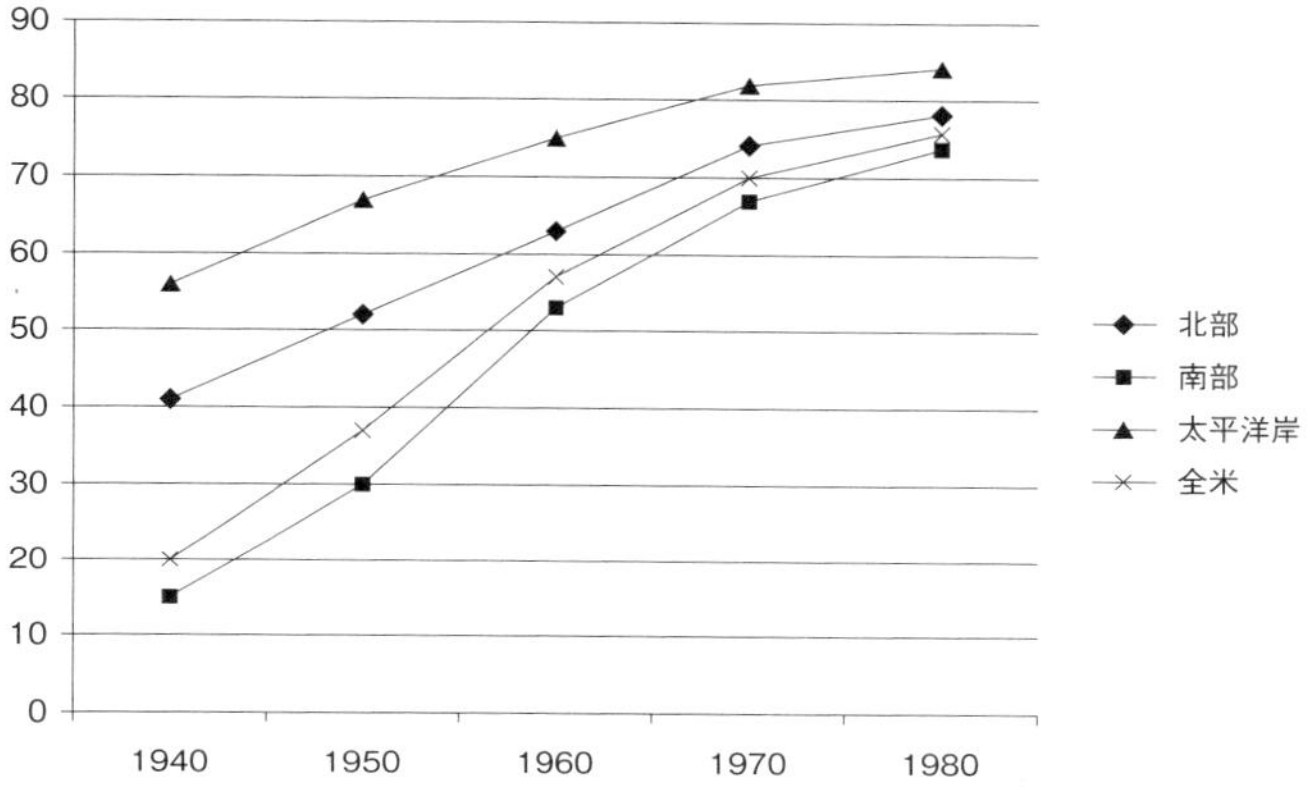

出典：IPUMS データから算出

－２に示したように、一九四〇年から一九八〇年までの黒人のハイスクール在籍率は、三つの地域で異なった変化の軌跡をたどっている。ここで是非とも想起しておくべきことは、アフリカ系アメリカ人の圧倒的多数がこの時期の開始時点で南部に住んでいたこと、そして大規模な人口移動があったにもかかわらず、四〇年後も依然として大多数は南部に暮らしていたことである。

　この在籍率のグラフから、いくつかのパタンをたちどころに明らかにすることができる。第一に明白なのは、一九四〇年時点で黒人の若者のうちハイスクールにまで進む者が六人に一人もいなかった南部において、最も劇的な改善が起こったということである。在籍率は、他地域の方が南部よりかなり上回っており、特に太平洋岸の州が高い。この地域の黒人人口は相対的に小さく、また高度に都市化されていた。また在籍率は、黒人人口が主に都市部に集まっている北部（国勢調査の区割りでいう北中部東半分、大西洋側中部、ニューイングランド）でもかなり高かった。この時期の幕開けの時点で、アフリカ系アメリカ人の中等教育在籍率にはあらゆるレベルで見て、かなりの地域間格差があった。

　もう一つの傾向は、期間中において在籍率が伸びるタイミングの地域差と、その［最終的な］率の接近である。黒人の若者の大部分が居住する南部では、一九五〇年代の一〇年間が最も急速な拡張期であった。言うまでもなくこの時代は、歴史的なブラウン判決を頂点とする時代であったが、実効性のある人種隔離撤廃が行われるより前の時期でもあった。これに続く二〇年間、南部では他のいかなる地域よりも速いペースで進学が増え、図Ｉ‐２に見られるような数値の接近に寄与した。南部以外の場所では伸びは堅調だったが、劇的とまではいかなかった。そして一九七〇年までに、地域間での差異は大部分消滅した。全国平均の動向は、黒人人口の大多数が南部に住んでいるという現実を反映して、南部の動向を直に映し出していた。この場合南部の変化が、これらのデータに明らかな急激な改善をもたらす主要因となっていたことに、ほぼ疑いの余地はない。変化の物語の主要部分を把握するためには、アメリカのこの部分［南部］に目を向ける必要がある。

近年になって、この時期に存在した、多くは南部にあるアフリカ系アメリカ人向けの特別な中等教育機関の発展に焦点を合わせた、一群の研究論文や著作が登場するようになった。学校記録文書とかつての教師・生徒の回顧に依拠したこれらの研究が強調したのは、［黒人］コミュニティにおいて、また通っていた若者たちの人生にとって、これらの学校が果たしたポジティブな役割だった。いわゆる「よい黒人ハイスクール」研究が目を向けたのは、これらの教育機関の生徒たちがそこで出会った、教育者たちの肩入れぶりや、学業完遂への献身といったものだった。(28) 本書は、これらの研究によって得られた洞察を土台とし、人種統合期以前の時代に存在していた各種の教育機関と、そこに通っていた生徒たちに対する視点をその上に付加することによって、この一連の研究の系譜を補完しようとするものである。この点でわれわれは、このような学校に対するいくつかの事例研究で述べられた事柄に対して、南部における黒人教育の発展の文脈を解釈するための文脈を与えることで、新たな寄与を行おうとしている。同時にわれわれはまた、アフリカ系アメリカ人の教育達成を向上させるために、人種統合がなされた学校が必要とみなされていたのかどうかという問題にも取り組んでいく。黒人生徒だけからなる学校による多くのポジティブな貢献は認めなければならないが、不適切な資源や劣悪な施設といったその限界を見極めることもまた、大切なことである。多くのアフリカ系アメリカ人は、真に平等な教育の実現は学校の人種統合抜きに不可能であることが明らかになってから、ようやくそれに向けて足を踏み出したにすぎなかった。

変化は他のいたるところでもまた、起こった。そして南部以外の地域での公民権運動に関する文献も蓄積が進んでいる。いくつかの研究が、南部以外の地域におけるアフリカ系アメリカ人のハイスクールでの経験について考察を加えてきた。そして黒人の中等教育の達成の変遷を把握するためには、これらの地域についても検討することが重要である。南部以外の地域の大半の教育制度では学校での人種隔離は法的に求められてはおらず、ほとんどの黒人の若者は中等教育学校において、白人生徒と机を並べて教育を受けていた。しかしながらそれ以外の多くの点で、北部や西部の黒人社会が直面していた問題は、南部におけるそれと似通っていた。人種的に隔離され平等でない教育は、公的に求められてはいなかったものの、白人の偏見に同調的な学区政治の力で、ずっと前から行われてきた人種間での住み分けパタンが温存されてきた。そしてこのことが一般に、実効性のある人種統合を阻んできた。各学区はまた多くの場合において、与える資源やカリキュラムの選択肢を制限することによって、アフリカ系アメリカ人対象の教育機関を差別した。そして、黒人生徒たちは自分の学区内での学校施設の優劣の差に気づいていたばかりでなく、自分が通う学校と富裕な郊外地域にある学校との落差も痛切に意識するようになっていた。(29)

そのような不公正にもかかわらず、北部の都市にある黒人ハイスクールもまた、その構成員に良質のサービスを提供する機関として評判を高め、何千人もの卒業生を職場や大学に送り出し、地域社会のリーダー的経歴につけさせたことによって、年を経る間に忠実な支持者をもつようになっていた。南部の名の通った教育機関に比べるといくぶん脚光を浴びていないかもしれないが、これらの学校は、シカゴ、フィラデルフィア、デトロイト、ミルウォーキー、クリーヴランド、インディアナポリス、その他いたるところの都市景観における重要な道標となった。南部の場合と同じように、北部のこれらの教育機関についても、その成功と欠点の両方の観点から評価が行われなければならない。結局のところ、これらの学校もまた、人的資源および金銭的資源の両面で著しい格差を抱えた教育システムの一部に属するものであった。もっと言えば、その輝かしい伝統の一方で、これらの学校もまた、［黒人］地域社会を悩ませていた多岐にわたる問題の多くに、苦しんでいたのであった。(30)

ちょうど南部における人種隔離と不公正がそうであったのと同じく、北部と西部に広がっていたこうした社会的および教育上の不平等なパタンは、抗議行動を誘発した。しかしながらこの対立は、ことに生徒たちの参加をめぐって、地域間でいくらか性格に違いが見られた。南部で起きた抗議行動は、少なくとも初期の頃のものはいくらか他より大規模だったが、また比較的穏健なものであった。一九五一年のモートン高校の時のようなデモ行進は、初期のころには珍しいものだった。と言うのも［当時の］生徒たちは、散発的に不平不満の声をあげていただけだったからである。北部の黒人の抗議行動が大規模なかたちで現れ始めるのはずっと後、一九六〇年代後半になってからのことにすぎなかった。こうした生徒の運動のパタンの違いは、説明を要するような黒人のハイスクール経験の別の一面をあらわしている。生徒たちの学校とコミュニティに対するこの関心の表明に、何をおいても反映されていたのは、ハイスクールが黒人たちの志望目標の一局面として、いかに重要なものとなっていたかということだった。もしも生徒たちがこの教育機関の状態に怒りと不満をもっていたとしたらそれは、かれらが自分たちの将来に対して、学校教育が果たすに違いないと信じていた重要な役割ゆえのことであった(31)。

この場合、黒人の中等教育学校の改善は、よりよい学校に向けて地域社会を組織する静かな活動から、即時の変化を求める生徒たちの激しい要求に至るまで、広い範囲のさまざまな活動を含んでいた。しかしながらほとんどの場合、改善に向けた推進力の由来は、その表明が大人によるものであれ青年からであれ、黒人の地元コミュニティであった。アフリカ系アメリカ人のハイスクール要求運動はボトムアップに築かれたというもの言いは、かなりの程度正確なものである。この点において、それはこの時期に生じたより大きな公民権運動の一要素であるとも考えられるし、同時にアメリカの伝統として長く続く教育行政と実践における草の根主義《ローカリズム》の反映として見なすこともできる。草の根のイニシアチブがなければ、この時期の黒人の教育達成の変化はそもそも起こりさえしなかっただろう。

機会への前進、そして危機へ

一九四六年、プリンストン・エルロイが一三歳のとき、彼の家族はミシシッピー州スキーンからミズーリ州カンザスシティに移り住んだ。かれらはそれまでラバで大地を耕したり、綿花を手で摘んだりしながら、物納小作人として働いていた。エルロイは、学校には一年間のうちわずか三ヵ月だけ通い、残りの期間はずっと働いていたと回想した。彼の継父が北部に職を見つけたあと、母は「よりよい教育の機会を得るために」子どもたちを伴って夫についていくことを選んだ。エルロイはカンザスシティの学校で、二年下の学年にやられてしまったが、彼はついに一七歳でハイスクールへの進学を勝ち取った。彼は一九五〇年に軍隊に入隊したために卒業はしなかったが、しっかりと学んでいたため、後に高校卒業認定資格（ＧＥＤ）を取得することができ、ついにはミズーリ州の公立大学で学位を取ることができた。その後彼は教育者としての長い職業生活をスタートさせた。はじめ公立学校で教え、のちに長い間、専任教員としてコミュニティカレッジで社会科学を教えた[32]。

プリンストン・エルロイとその家族にとって、「奴隷同然」の状態に耐え忍んでいたミシシッピーの綿花畑からの移動は、真によりよい未来に向けての一歩であった。はじめ北部の彼のクラスメイト達の後塵を拝してしまったが、エルロイはハイスクール、そしてカレッジに進学する機会を得、教育者として長く、十分に見返りのあるキャリアを送ることができた[33]。多くの者と同様に、南部の農村地帯の困窮した状況から離れることは、ひと世代前のアフリカ系アメリカ人に考えられなかったような教育機会に、彼がアクセスすることを可能にした。この経験もまた、この期間における黒人の中等教育への進学向上を物語るものである。

前に示唆したように、この時代にはアフリカ系アメリカ人の大規模な人口移動が見られた。五〇〇万もの黒人が南部を離れ、さらに何百万人もの黒人が田舎から南部の都市部へとやってきた。国内の他地域と同様に、大恐慌と第二次世界大戦を契機として、若年労働市場は変動しつつあった。工業の集積化と農業の技術革新、とりわけ綿花収穫の機械化は、非熟練労働の需要のあり方を変えた。職を求めるアフリカ系アメリカ人の数が減少するにつれ、教育への要求は増し、学校への圧力は強まった。北部と西部では、黒人移住者は都市に居を定め、古くからのアフリカ系アメリカ人居住地域に群れをなして流れ込んだり、実勢不動産市場の動向に左右されながら新しい居住地域を切り開いたりした。一九七〇年までに、黒人ティーンエイジャーの四人に三人が大都市圏内に住むようになった。これは、たった三〇年前にはおよそ三分の二（六三％）が大都市圏外にいたことを考えれば、大きな変化だった。同時に、黒人の学校教育は、かつては農村または小さな町という環境に規定されていたのが、都市の教育にますます相関するようになっていった[34]。

この時代の黒人移住者の多くは年齢が若く、また大多数は、少なくとも南部にとどまった人々に比べて相対的に高い教育を受けていたことが明らかになっている。かれらの到来は、アフリカ系アメリカ人居住地区の拡大とともに黒人生徒数が急増したことで、都市部の学校行政に対する大きな圧力となった。プリンストン・エルロイの経験によれば、農村から都市部の町に移り住むことは、ことに中等教育に関してよりよい教育機会［を得ること］を意味した。この変動に対処するべく、全国いたるところの学区で学校建設運動が起こった――それはしばしば、人口増加のペースに追いつくことができなかったのだが。同時に、終戦の少し後から始まったベビーブーム世代に由来する進学者の増加が、あらゆるところで生じていた。その第一波は一九六〇年にハイスクールに到達していた。各学区ともその変化についていくのに大わらわだったが、特に生徒が毎年のように流入しては出ていく都市部は大変だった。これらのすべての事態をさらに複雑にしたのは、既存の学校の人種構成を一変させてしまうほどの、居住地区の境界移動だった。同時に、黒人社会からますます高まる学校の人種統合を求める声、さらにそれに対する白人側からの抵抗が、学校運営責任者たちに対する圧力を高めた。この時代は、アフリカ系アメリカ人生徒にとっても他の生徒にとっても急激な変動の時代であり、かれらの教育は、良かれ悪しかれ、その影響をまぬかれることはできなかった[35]。

これらが、一九六〇年代初めから意識され出した都市教育の「危機」を、決定づける条件であった。大部分が黒人生徒で占められたハイスクールはしばしば、白人生徒の多い学校よりも高い中退率と低いテストの成績に苦しむ、教育に失敗している機関というレッテルを貼られた。その対比は、比較的短期間のうちに白人の学校から黒人の学校へと移行――これは多くの都市部の中等教育機関がこの時期に経験したことだった――した学校においてとりわけ顕著であった。ある地区にアフリカ系アメリカ人生徒が入ってきて、農村部の貧弱な教育機関に通っていたものがその中に含まれていると、あたかもその学校［全体］が劣化してしまったかのように見えた。多くの観察者たちにとって、このような変化は地域の教育機関が「衰退」し、学業の到達水準の面でも生徒指導の面でも遅れをとってしまったことを示すものであった[36]。しかし実際には、黒人生徒が通っていた都会の学校はしばしば、旧世代にはおなじみの、より小規模で十分に予算が付けられていない南部の教育機関に比べれば、かなり改善されたものだった。

これはプリンストン・エルロイの場合にたしかにあてはまることだった。そしてそれは、彼の足跡のあとを辿った後続者たちにも言えることであった。ある一群の観察者の目には「危機」と見えたものが、しばしば結果的には、別の者にとっては再出発を意味していた。たしかにアフリカ系アメリカ人の中退率は白人よりも高かったが、その卒業率は向上していった。黒人はしばしば、学問的水準の低い、いわゆる「一般コース」の教育課程あるいは職業教育クラスに振り分けられたが、それでもかれらは何とか努力してそこから多くを学んだ。多くの白人の生徒もまた結局、そうしたクラスに所属することになった。たとえ黒人のほうがそこに配属されやすかったとしても、そのような人種間の差異は徐々に変化していったことがわかっている。[37] 一九七〇年代の終わりまでに、黒人の卒業率はそれまでの米国史上のいかなる時よりも白人の卒業率に、都市部においてさえも近づいていた。そしてその時までには黒人の大多数は都市的環境で暮らすようになっていたため、成し遂げられたこの前進の大部分はまさしく、かつて白眼視されていた都市部の学校において達成されたものであった。[38]

都会への移住は、多くのアフリカ系アメリカ人家庭にとって、他のさまざまな変化と並んで、教育機会の新たな供給源、かつて受けていたものより向上した教育を意味していた。それはしばしば、よりよい学校［教育］を通じてよりよい人生を手に入れたいとする動機づけに基づいていた。ハイスクールはそこにおいて枢要部分を占め、エルロイのように多くの黒人の若者が、都市部でしか行くことのできない、規模が大きくてより設備の整った教育機関に通ったことで利益を得た。黒人家族の田舎から都会への、あるいはアメリカのある地域から別の地域への移動のうちの何割ぐらいが、よりよい学校教育を欲することと結びついていたかを特定することは困難だ。だがそれが、この時期に黒人の教育達成に起こった変化の重要な局面であったことは、ほとんど疑う余地がない。

未来に向けた基礎固め

アフリカ系アメリカ人が中等教育を手中にしたことは、あらゆる面で大きな変化であった。中等教育への進学を果たすことで黒人家族とその子どもたちは、単にかれら自身の福利に寄与しただけではなく、後に続く世代の教育がそこを起点にさらに進んでいけるような、新たな達成の水準を確立するのを助けた。やはり、親がある一定水準の教育を受けた場合、その子どもたちは親を上回るところまでいかないにしても、少なくとも同程度の教育水準には達する傾向がある、というのは十分に確立した歴史的パタンであった。この場合で言えば、この時期にハイスクールを卒業した黒人を親にもった子どもたちは、さらに多くの者が中等教育学校に進み、二〇世紀後半に全国的な注目の的となっていた、人種間での学力到達度の根強い格差を縮め始めていた。それは究極的には、この時期の成果の中で最も重要なものであったかもしれない。それは過小評価されてはいるが、この世代のアフリカ系アメリカ人の教育達成がもたらしたものだった。

本書のためのインタビューの中でハーシェル・サマーズは、彼の四人の子どものうち三人はハイスクールを修了しており、うち二人は大学院の学位を得ていることを誇らしげに語っていた。メイベル・ファウンテンにも四人の子どもがおり、全員がハイスクールを卒業し、うち二人がカレッジを卒業していた。無数にいたかれらのような親たちが子育てするにあたり抱いた期待は、子どもたちが最低でも親と同等レベルの教育を受けてほしいというものだった[39]。結果は図Ｉ‐１に示されているように、黒人の教育達成の着実な向上が一九八〇年代まで続き、それが黒人中産階級の拡大に主要な役割を果たした。それと同時に、学力到達度をはかる標準テストとして最も知られた全米学力調査（ＮＡＥＰ）の成績においても、黒人は大きく向上したことがデータで示された。アフリカ系アメリカ人の一〇代の生徒たちがＮＡＥＰテストの読解と数学の両方において最高点を獲得し、黒人と白人との「格差」をこのテスト史上最小にまで縮める記録を残したのは、一九八〇年代の一〇年間のことであった[40]。

ＮＡＥＰは一九七〇年以降、テスト結果を比較できるように、人種ごとに集計するようになった。特定の州のスコアだけを初期の時代から取り出すことはできないが、全米の動向からは、黒人の学力の向上に結びつけ得るような改善のパタンを見出すことができる。前で示唆したように、一九八〇年代には一七歳のアフリカ系アメリカ人の読解と数学スコアが向上したことがよく知られているが、これは本書が扱う年代に続く、直近の一〇年間の話である。多くの研究者が指摘しているように、黒人と白人の学力ギャップは一〇年弱の間におよそ五〇％も縮小した。この減少ぶりは、ＮＡＥＰの読解のスコアの全米の傾向を示した図Ｉ‐３にあらわれている。一七歳の黒人と白人間の格差は一九八六年に最も小さくなり、その後はわずかに差が開いてきている。この記録に残る地点に立った生徒たちは、そのほとんど大部分が、中等学校を卒業したアフリカ系アメリカ人第一世代の子どもたちであった。その親たちもまた、公民権――そこには教育機会の平等も含まれていた――をめぐる闘争が全盛であった激動の一九六〇年代に、適齢にさしかかっていた。いくつかの分析は、これらの発展が明瞭に結びつき合ったものであると結論づけていた。人種間の学力到達度格差を歴史上、最も小さい数値にまで縮めたのは、一九六〇年代の黒人ハイスクールの生徒の子どもたちであった[41]。かれらはまた、以下にわれわれが見ていくように激しい衝突の中にいた世代でもあった。そのあとの世代の黒人生徒たちは、この期間になされた達成を維持することができなかった[42]。

図Ⅰ-3. NAEP の読解スコアにおける黒人と白人の成績動向（1971-1988 年）

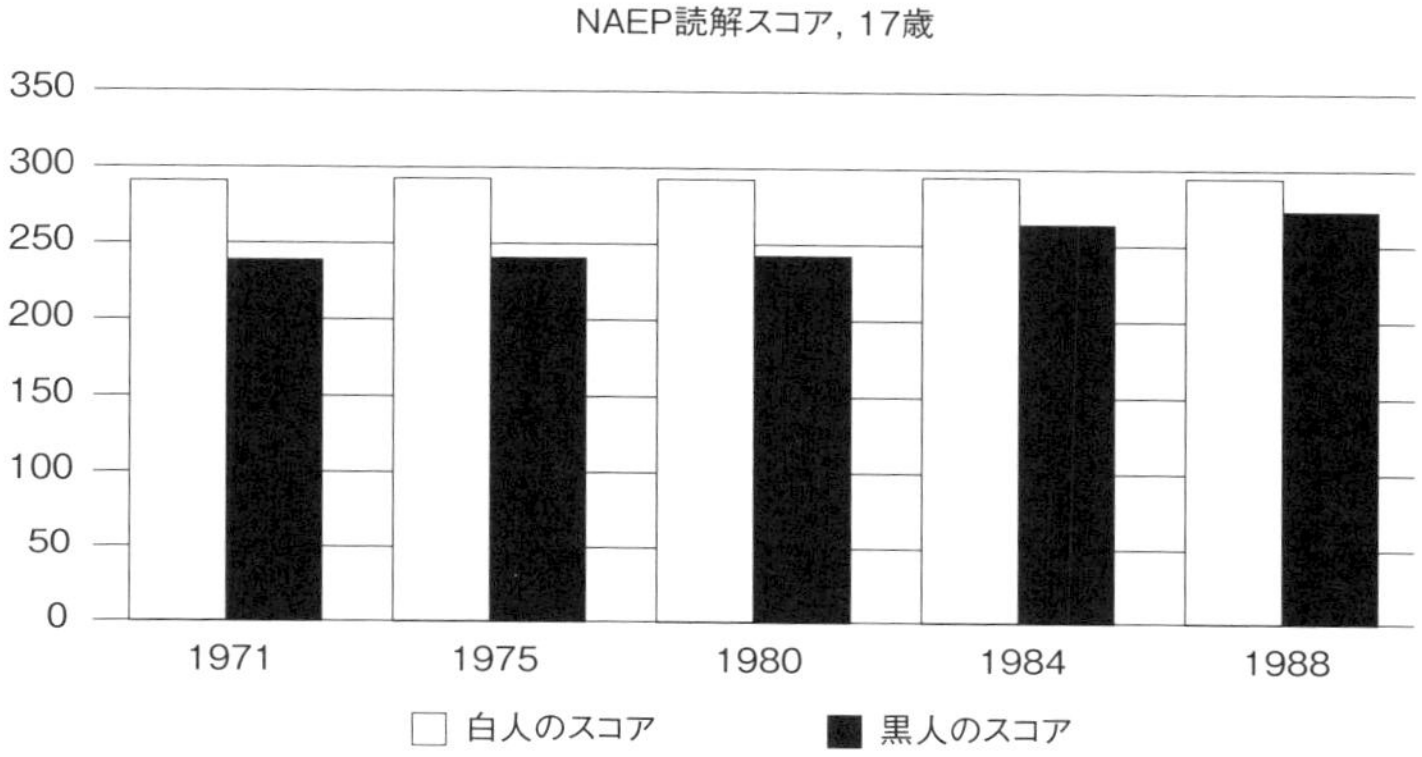

もちろん、到達度の［変動］パタンは全米の異なる地域でも［同一のものが］確認されるにしても、これらは全国平均のデータと傾向である。都市部と農村部、あるいは地域間で多少の異なりがあったかもしれない。だがそれでも、デイヴィッド・アーマーは、大都市部の黒人生徒は都市外の生徒と同程度の到達度を示す傾向があることを示していた。また、タイミングの問題もある。黒人のＮＡＥＰのスコアが劇的に向上した時期はおおむね、ハイスクール進学率の増加から少なくとも一〇年の時間のずれがあった。しかしこのことが示唆しているのは、傾向が世代横断的に相関していたことである。社会学者のマーク・ベレンズ、サミュエル・ルーカス、ロベルト・ペナロザが推計するところでは、黒人ＮＡＥＰスコアにおける黒人・白人間での格差縮小のうちの約四〇％は、黒人生徒の家族の親および家族の地位変動に由来するものであり、その多くはより高い学歴と相関するものであった[43]。要するに、進学率の急激な向上に引き続いて、ハイスクール卒業生の子どもたちが学力向上を達成したのだ。一九八〇年代に該当年齢に達する黒人生徒のコーホート集団を調査した別の社会科学者の議論によれば、学業での成功に影響する主要な因子は生徒の親の学歴であった[44]。

このことが示唆するのは、一九六〇年代と七〇年代に獲得された進学［の増加］が、その次の世代の教育の向上に対して重要な影響をもったということである。この決定的な数十年の間、たとえ黒人の到達度が白人のそれより後れをとっていたとしても、進学率の向上は、その後の学業到達度向上を可能にするための礎を与えるものであった。もしもアフリカ系アメリカ人の進学率《アテインメント》向上と到達度《アチーブメント》向上の物語がこのように結びつくとしたら、「都市の教育危機」の時代の生徒たちによって達成された進学水準は、これまで払われてきた以上に注目に値するであろう、決定的に重要な過程の始まりを告げるものであった。

本書の計画

第1章以下の各章では、人種間の教育達成《アテインメント》格差縮小に向かう、四〇年間におよぶ長い歩みを検証していく。前で示唆したように、合衆国全土がこの過程にかかわっていたものの、最も深く関係していたのは南部であった。われわれがまずこの地域のことから話を始め、ジム・クロウ時代全盛期のただなかで中等教育進学を考えた黒人の若者たちが、どんな状況に直面したかを検討していこうとするのは、なんら不思議なことではない。

本書は二部構成をとっている。第Ⅰ部では一九四〇年から一九六〇年の間を、第Ⅱ部では一九六〇年代と七〇年代をとりあつかう。われわれが第Ⅰ部を「進学機会の拡大」と名づけたのは、この時代の主たる関心事が、一人でも多くのアフリカ系アメリカ人の若者をハイスクールに送り、かれらが卒業できるようにすることだったからだ。公正はむろん重要な問題であったが、進学機会が［この時代の］主要なテーマであったとわたしたちは考える。第Ⅱ部のタイトルを「平等のための闘い」としたのは、そこで扱っているのが一九六〇年代と七〇年代、つまり公民権運動の昂揚期とその直後の時代だからである。平等《イクォリティ》が学校をめぐる闘争の中心的焦点となった。とりわけ人種隔離撤廃の問題に関してそうであった。進学機会はなお関心事であり続けたが、教育の質こそが当時の主要な関心の的となった。

第Ⅰ部は三章からなり、最初の二つの章では南部における発展に焦点を合わせ、最後の一章では南部以外の地域をあつかっている。一九六〇年以前の時代は、アフリカ系アメリカ人の中等教育において伸長がみられた重要な時期であり、これらの章ではこの過程が、異なる社会的・経済的状況のもとでどのように展開されたかを述べている。まず冒頭の章ではこの時代が幕を開けた時点の状況を描くため、南部に焦点を合わせ、アフリカ系アメリカ人がハイスクールへの進学機会を得ようとした際に直面した苦難に注目する。われわれは黒人生徒の性質や、かれらのための教育機関が抱えていた多くの制約について検討する。中等教育は振興していたが、そのペースは、そのすぐあとのものに比べれば控えめでゆっくりとしたものだった。こうした状況は、戦争の勃発によっていっそう強化された。というのも戦争によって少なくともしばらくの間、資源［分配］も人々の関心も、教育もしくは他の国内問題を素通りしてしまっていたからだ。

第2章は、南部において黒人の中等教育への進学が持続して高い割合で拡張していった、一九四〇年代終わりから一九六〇年までを射程範囲とする。この時期は「平等化」運動《イクォライゼーション・キャンペーン》の時代であった。このころ各州は、黒人学校を白人のものと同等レベルに近づけるべく資金を投じたが、それが人種統合をめぐって係争中の訴訟の機先を制することを願っていた。南部のいたるところで何百ものハイスクールが新規に開設され、アフリカ系アメリカ人の教育達成レベルの高まりを加速化させた。またそこでは、施設の改善、クラスサイズの縮小、カリキュラムの選択肢の充実といったかたちで、学校教育の質の面でも着実に向上が認められた。

しかしながら、これらの積極的進展がみられたにもかかわらず、この年月はまた、人種統合と敵対しながらの「平等化」の効用をめぐって、黒人社会の間で激論が交わされたときでもあった。南部の白人たちが、かれら自身の学校に匹敵する水準の学校を黒人がもつことを果たして支持するだろうか、とますます多くのアフリカ系アメリカ人が疑念をもつようになっていた。一九五〇年代および六〇年代に平等化運動が展開されるにつれ、その答えはノーであることがますます明白になってきた。最後には、「分離すれども平等」な学校の方を好む感情は、人種統合を、ほとんど一世紀にもおよぶ教育における組織的な人種間不平等への解決として推す幅広い声に、道を譲っていった。

第3章ではわれわれは、一九四〇年から一九六〇年の間における南部以外の地域でのアフリカ系アメリカ人のハイスクールでの経験に目を転じる。ほとんどの教育機関は法制度的人種隔離《デ・ジュール・セグリゲーション》とは無関係であったが、その多くが人種ごとに分かれた居住状態の弊害を受け、それがはなはだしい人種的不平等を黒人生徒に対して帰結していた。これはとりわけ、北部や西部のアフリカ系アメリカ人の大多数が暮らす大都市においてあてはまるものだった。南部以外に住む黒人の約三分の一は主要大都市の外で暮らしていたが、かれらの生活はいくぶん様相が違っていた。中等学校でインフォーマルな人種隔離に直面することは少ないが、学校を卒業しても得られる職業機会はずっと少なかった。戦中および戦後における南部からの大規模な黒人移住者の到来は、北部の黒人の都市化をより深めたが、西部におけるアフリカ系アメリカ人の郊外への定住化は、一九五〇年代後半までに高校進学者を新たな高まりへと押し上げた。その結果生じたのは、黒人生徒に教育を提供する機関のなかには、生徒数超過状態に陥りさまざまな問題に苦しむ学校があった一方で、なかにはアフリカ系アメリカ人の若者に対しかつてない高い質の教育を提供する学校も現れたというように、学校教育における不公正が、とりわけ中等レベルにおいて明白に増すというパタンであった。

第Ⅱ部では、一九六〇年以降の期間にアフリカ系アメリカ人教育の中でテーマ化されたいくつかの問題を、中等教育学校における公正をめぐる闘争に焦点化しながら検討する。この時期は、広く喧伝されたアメリカ都市部の教育「危機」が現れ始めた時代であった。この現象は大都市部、あるいは北部に限られたものではなかったが、主には北部、そしてニューヨーク、デトロイト、シカゴといった場所と結びつけられていた。第4章では、一九六〇年代および七〇年代の都市部の危機を考察する。低い出席率、低学力、軽犯罪や怠学、それに何をおいても高い中退率に悩まされるハイスクールは、都市問題の代表例としてしばしばひかれた。批判の多くはたしかにもっともだったが、これらの学校が、とりわけ一九六〇年から一九七〇年の期間、かなり成功していたことを示すデータも存在する。この時代、民間財団、州や連邦の機関、そしてその他の各種機関・団体が都市の学校に対して、大々的な資金投入を行ったが、その多くは中等教育レベルに対するものだった。これは、「ドロップアウト防止」プログラム、オルターナティヴ・スクール［伝統的な運営法の学校に適応できない者の受け皿として一九六〇年代から普及し出した学校］、新しいカリキュラム、それに卒業率を高めるためのその他の手立て、などの形となって現れた。そしてそれはある程度の成功をおさめたようであった。

一九六〇年代後半、アフリカ系アメリカ人の中等教育の発展においてハイスクールの生徒たちは、とりわけ起爆剤的要素となった。カリキュラムの改革から黒人教師、黒人管理職の雇用まで含む広範な変化を、学校に対して要求した生徒たちは、比較的短期間のうちにこれらの教育機関の性格に、重要な変化をどうにか生じさせようとした。こうした活動はおおむね北部と西部の都市に限定されたものだったが、全国に影響を与えた。ある意味ではこの世代の生徒たちは、ハイスクールが黒人の誇りや文化意識といったテーマを、少なくとも一定期間かえりみるよう、変化を促したのだった。

第5章ではわれわれは、学校の人種統合の問題、およびそれが全国のハイスクールにもたらした影響について検討する。白人主体の学校に少人数の黒人生徒を統合するものから、より多くの黒人生徒を対象とする後のものに至るまで、人種隔離撤廃はさまざまな段階を踏んで進んだ。アーカンソー州リトルロックやテネシー州クリントンのように暴動が発生した事例を除けば、白人による抵抗の大部分は全国的な注目を集めることはなかった。もちろん、このことは白人の抵抗が無力であったことを意味しなかった。最終的に人種統合を原則としては受け入れざるを得なかった場合でさえ、大半の白人たちは［公立］学校を放棄してしまった。この期間全体を通じて、真の人種統合はつかまえどころのない探求目標となった。われわれはミズーリ州カンザスシティに特別な注意を払っていく。というのもここは多くの「境界」域ならびに北部にある都市の典型であったからだ。そこではものの数年の間に、人種統合されたハイスクールから非常に人種隔離されたハイスクールへの、急速な変化を観察することができる。われわれはまた、南部の各州がとうとうハイスクールを含む公立学校における一律の人種統合を開始した一九六八年以降における、この地での大規模な人種隔離撤廃について考察する。この時期の研究が示すところでは、調整にしばしの時間を要した後、高校生たちは程度の差はあれ成功裡に、南部の教育のこの新しい現実に適応していった。はじめ、相当の衝突が白人と黒人生徒間であったが、最終的に双方とも、人種統合された環境に生きることを学んだ。このことは、多くの事例において勉学の成果を高めるものだったようである。

本書の結論では、前のいくつかの章で論じてきた主要テーマについてふれ、人種隔離撤廃運動がその影響力の点で頂点に達し始めていた一九七〇年代末について検討する。「ホワイトフライト」という言葉が都市の学区で発生中の変化を表すのによく用いられるようになった。そしてますます多くの大都市のハイスクールが、とりわけ北部において、ほとんど黒人生徒だけによって占められるようになりつつあった。しかしながら同時に、学校の人種統合の普及が、とりわけ南部において意味したことは、アメリカ史上いかなる時よりも多くの黒人の若者が、ほとんど白人生徒ばかりだった中等教育学校に通うようになった、ということである。この一〇年間の間もアフリカ系アメリカ人の卒業率は上昇し続け、また学力到達度——テストの点数によって測定された——も向上したことを示すデータがある。この発展に加えて黒人のカレッジ卒業率の向上、確固とした黒人中産階級層の出現はいずれも、この時代の間に達成された教育の向上を最も鮮明に表す変化であった。黒人の中等教育をめざす闘いは困難で長い時間を要するものだったかもしれないが、それが、アフリカ系アメリカ人によって成し遂げられ、二〇世紀末の数十年間の間に誰の目にも明白となったことがらに、大きく寄与したことはほとんど疑いの余地がない。

本書は終わりのところで、一九八〇年以降の時期、すなわち黒人と白人の進学格差《アテインメント・ギャップ》の縮小が止まってしまい、それに続いて学力到達度《アチーブメント・ギャップ》の格差もまた開き始めた時代について簡単に触れている。この変化にはいくつかの要素を関連づけることが可能であることをわれわれは示唆しているが、その一つは、アフリカ系アメリカ人の生活の歴史上における新しい時代の到来ということになるのかもしれない。この時代においてハイスクールはもはや闘争の対象ではなくなり、大多数の若者はインナーシティ［米国の都市中心部にあって荒廃した有色人居住区。失業、貧困、疾病など社会病理が折り重なっている］の極貧地帯に暮らしている。これらの子どもたちが育つ環境の変化ぶり、とりわけ失業や家族構造の変化が、この停滞の一因となっていたようである。もちろんそれだけに尽きるものではないが、これからの世代のアフリカ系アメリカ人の教育者と生徒たちにとって最大の課題の一つは、かれらのコミュニティと学校に、達成の感覚を取り戻してやることかもしれない。インナーシティの学校には多くの問題があるが、にもかかわらずそれは、何千ものアフリカ系アメリカ人の若者にとって、おおむね学歴によって人の運命が左右される社会の中で成功に通じるゲートウェイであり続けている。かつてのような変革的、解放的経験としての中等レベルでの学校教育に対する希望と信頼を回復しようと思うとき、過去の闘いを振り返ることは有意義な出発点となるかもしれない。

最後に、付録Aでは本書のために行ったデータ収集において採用した研究方法の詳細を記している。われわれが依拠した情報源——量的データ集、オーラルヒストリー・インタビュー、新聞記事、ハイスクールの卒業記念誌、そしてその他の文書資料——に加えて、これらの情報源とわれわれがそれらを用いて行った分析の過程に対する省察が示してある。付録Bでは、本書の各箇所で行っている統計分析のいくつかに関する付加的な情報を表にまとめて提示している。

第Ⅰ部　進学機会の拡大

PARTⅠ: EXPANDING ACCESS

第1章　一九四〇年代の南部

1. The South in the 1940s

二〇世紀前半期の間、多くの白人アメリカ人はハイスクールに通ったが、この国の黒人の場合にそれはあてはまらなかった。黒人の初等教育への就学は拡大したにもかかわらず、一九五〇年代以前には大多数のアフリカ系アメリカ人の若者は中等教育機関に進まなかった。歴史学者のジェイムズ・D・アンダーソンはこれを、「アメリカ黒人が他のアメリカ人に比べ、教育の普及において大きく後れをとった主たる理由の一つ」と述べた。(1) どの指標で見ても、普及の速度は遅かった。一九二〇年代終わりにおいて、黒人在学者数のうち中等学校の生徒は五%にも満たなかった。第二次世界大戦が始まる時点までにその数字はおおよそ二倍に増えたが、ある推計によれば、一九三二年に学校にはじめて入学した［黒人の］うちで、一二年後に［ハイスクールを］卒業できたのは四%未満であった。これは白人の率の六分の一にも満たない。アフリカ系アメリカ人のための中等学校を見つけだすことが可能な主要都市においてさえ、入学率も卒業率も学区の平均値を下回っていた。(2) もしもハイスクールの発展がアメリカの教育における「第二の変革」であり、何百万もの人々が中産階級の豊かさを手にするのを大いに助けるものだったとすれば、そこから黒人はおおむね排除されていた。(3)

戦後におけるアフリカ系アメリカ人の中等教育の変遷を把握するためには、南部から話を始める必要がある。ここは、全国の黒人の若者の四分の三以上が暮らしていた場所であり、かれらの体験こそが黒人の教育を最も代表するものであった。アメリカが大恐慌から脱した一九四〇年代初頭は、ことに貧しい南部にあっては辛苦の時代であった。しかし経済状況は改善し始めていたため、そこには希望もあった。多くのアフリカ系アメリカ人にとって悪戦苦闘の生活が続いていたが、かれらもまた、より明るい未来に向けた展望をもち始めていた。そのための資源は不足していたが、コミュニティは結束して、地域にある教育機関を向上させ、よりよい生活に向けて計画を準備しようとしていた。おそらく、そのような変化の中で最も目につきやすいのが学校であり、その向上の中で、ハイスクールの新規開設ほどに重要なものはほとんどなかった。結局のところ中等教育は、南部農村地帯のしばしば過酷である状況を乗り越えるような未来への展望を示し、それに続く世代の者たちにかれらのもつ最大限の可能性を実現させる機会を提供するものだった。

本章では、公民権運動期以前の南部における、ハイスクールの通学率および卒業率の黒人・白人の人種間での隔たり、受ける教育の質とレベルの［人種間での］差異を描いていく。われわれがこれから見ていくように、ハイスクールへの通学機会は州によっても、若者のバックグラウンドの違いによってもかなりの開きが存在した。たとえば、黒人・白人双方の若者にとって、非農業で持ち家の家庭の中で暮らしていることは、通学の可能性を高めるものだった。女子のハイスクール通学率の方が上回っているジェンダー格差もまた、やや黒人の方がその傾向が強いとは言え、両人種集団にともに存在していた。しかしながら、通学機会や受けられる教育の質を左右する主要なファクターは人種であった。学校教育を手中にすることは黒人にとってはより困難なことであり、かれらの学校は重要な資源を欠いたままだった。白人学校が統廃合《コンソリデーション》によって近代化され、生徒を輸送するバスを持っていたのにひきかえ、黒人学校の大部分は小規模のままで、交通網から隔絶していた。こうした格差に対する、黒人の親たち、地域社会、それに全米黒人向上協会／ＮＡＡＣＰのような団体からの異議申し立ては一九四〇年代を通じてますます高まっていた。これらの動きは、やがて訪れる変革の予兆であった。

すさまじい不公正――農村地帯

この時代のはじめの時点で、黒人の中等教育の状況には南部の中でも開きがあったが、それでも抱えている問題はどこも似たり寄ったりだった。概してハイスクールは黒人にとって、白人よりもはるかに手の届きにくいものだった。そして黒人ハイスクールの質は、目につくほぼすべての点において劣っていた。一九三八年の報告は、ハイスクール入学者の全般的急増、わけても黒人入学者の増加が著しく、一九二〇年代末期に比べ五倍にものぼることを伝えていた。それでもなお、黒人の進学程度は白人のそれに大きく後れをとっていた。ドクシー・ウィルカーソンが一九三九年に調査した結果によれば、一八ある南部の州における黒人の中等教育学校在籍率はちょうど白人の三分の一で、そのうちミシシッピー、サウスカロライナ、ジョージアの各州が最低水準を記録していた。農村地帯の黒人のための通学交通手段がないことが問題なのだと多くの人が考えていたが、ウィルカーソンはより根本的な問題を指摘した。当時黒人人口の三分の二が暮らしていた農村の学区にハイスクールがないということ、これである。彼の集計では、南部において、黒人人口が多くかつアフリカ系アメリカ人のための中等教育学校を持たない郡は四二五にのぼった。(4) 黒人人口がもっと少ない郡においても機会は乏しかった。(5) 希望的兆候はあるにはあったが、それでも黒人の若者の教育にとって前途は明らかに多難であった。

南部の農村において黒人の中等教育が直面していた困難は多様であり、ただ単に手に届くところに学校があるか否かという問題を超えていた。そこにはまた、学校教育の水準や質に関わる問題もあった。ハイスクールに通うことが可能だった生徒でも、たった一年か二年間だけ授業をし卒業資格も出さない学校に通うことが多かった。一九三五年に行われた研究によれば、農村の黒人中等学校の大多数は二年間かそれ以下の期間しか授業を提供していなかった。その多くは、いくつかの教科を八年生以上の生徒に教える、初等学校を延長しただけのものだったようである。(6) 他方で白人学校の姿はずいぶん異なるものであった。その大半は、短期プログラムも提供していたけれども、三~四年制の教育機関であった。学校数やその種類にばらつきはあったが、農村の中等教育の貧弱な状況は、州の報告やその他の論評でもテーマに挙げられていた。それは両人種に影響を与えた。一九四三年、ヴァージニア商工会議所はこのような学校すべての提供科目について「きわめて貧弱」で「そこに通っている生徒の多様なニーズに応えること」に失敗していると述べた。(7) もしこれが白人ハイスクールにあてはまるものであったとしたら、著しく資源を欠いた黒人教育機関についてはそれに倍するものがあった。

このことは在籍者数に明白にあらわれている。表1・1は一九四〇年におけるティーンエイジャーのハイスクール在籍率を、出身家庭の地位と人種別に示したもので、合衆国国勢調査データの公開用マイクロデータ1%サンプル（IPUMS）から作成したものである。農村か都市の住民かと並んで、持ち家状況と農地所有状況は、社会・経済的条件を示す有力な指標である。(8) 黒人の若者の背景として最も多いのは、農業が主たる収入源でありなおかつ家屋を含む資産は貸借であるような家庭で、四〇%近くを占めていた。このグループは南部社会の最貧困層を代表しており、ハイスクール在籍率も

表 1-1. 南部における 14-18 歳のハイスクール在籍率（1940 年、％表示）

家庭の地位	南部における 10 代人口の分布率		10 代の 中等教育在籍率		17 歳の 第 11 学年《ジュニア・イヤー》在籍率	
	黒人	白人	黒人	白人	黒人	白人
非農業持ち家	15	24	32.3	55.7	20.8	45.5
非農業借家	35	33	16.9	37.8	9.6	28.4
自作農（農地所有）	11	23	16.7	40.1	8.1	29.9
小作農	39	20	5.4	22.3	1.7	14.1
合　計	100	100	14.6	39.3	7.9	30

出典：IPUMS データ（若者人口の 25％が黒人）

最も低かった。大部分は小作農であり、一年ごとに貸借した土地に住み、市場に出す作物——典型的には綿花——を栽培することで辛うじて生計を立てることが多かった。黒人社会学者のE・フランクリン・フレイザーの言葉を借りれば、かれらは昔と大して変わりばえのしない「形を変えたプランテーション経済のもとで」生き延びていた。[9]六％に及ばないこれらの若者の通学率は、前のカテゴリーである自作農の若者の半分以下であった。家庭が土地持ちであるか否かにかかわりなく、ハイスクールにおいて農家の黒人生徒が占める割合の少なさは、かれらが利用可能な教育機関の不足を物語る十分な証拠である。

　標準値により近い白人の若者のハイスクール在籍率と、黒人の率との差は驚くべきものである。白人全体の在籍率は黒人全体の二・五倍以上であり、小作農家庭に限ってみれば四倍以上の開きがあった。これはまた、黒人の若者の教育機会がとりわけ農村地帯の学区で欠如しているという、数十年来の問題を指し示している。[10]それはまた、白人小作農より二倍もの高い頻度で貧困に苦しめられている黒人小作農が経験している剥奪を示すものであった。[11]白人女子の在籍率は男子よりわずかに高かったが、アフリカ系アメリカ人ほどの差はなかった。他のカテゴリーで比較すると両者の差はもう少し小さくなるが、ハイスクール通学率が白人の数値の半分を超えているのは非農業で持ち家の黒人だけであった。これは、中等教育機関へのアクセス可能性を反映したものでもあったが、それはまた疑いなく、[出身家庭の]豊かさと教育程度の関数でもあった。概してこのカテゴリーの家庭は都市部の中産階級を代表するもので、一〇代に達した子どもを学校にやれる余力が最もあるのはこの家庭であった。このような家庭の若者が、どちらの人種であってもハイスクール通学率が最も高かったことは驚くにあたらない。アフリカ系アメリカ人の中では、これらの生徒たちの教育経験が、白人のそれに最も近かった。

これらの傾向は、ハイスクール修了年齢に近づいた若者たちの間においてもまた、明白である。表１-１の右側の欄の数字は、一七歳人口のうちハイスクール卒業前の学年《ジュニア・イヤー》（第一一学年）もしくはそれ以上に在籍している者の比率をあらわしたものであり、これは卒業見込みの度合いを示す指標である。(12) 小作農家庭出身の黒人についてみれば、このカテゴリーにあてはまるのは二％にも満たず、これは多くの農村地帯の中等教育機関が二年以上の課程を欠いていることを反映していた。他の家庭背景をみるとこの達成水準に達している者の数はぐっと増え、全国平均の中等教育在籍率の半分強にまで多くは達していた。小作農家庭出身の白人の若者でさえも、中等教育在籍率の全国平均値の三分の二近くにまで達していた。かれらが通う教育機関は、似たような境遇におかれた黒人が通う学校に比べずっと完成度の高いカリキュラムを提供していた。

非農業のより富裕な家庭で暮らす若者は、黒人であっても白人であっても、学校においてより大きな成功をおさめていたように思える。非農業の持ち家家庭出身の一七歳の黒人のうち、卒業へのコースにのった者は五人に一人を超えていた。しかしこの根気が強く成功に恵まれた生徒集団は、南部のアフリカ系アメリカ人の若者の三％にも満たなかった。かれらは黒人としては幾分かの特権を享受していたが、この生徒たちの達成度は白人の地域全体の平均値をかなり下回っていた。かれらはアフリカ系アメリカ人教育の前衛集団を代表していたかもしれないが、こうした青年たちでさえ全体の標準に達するまでの道のりは長かった。またこれは、黒人中等教育の発展の遅れを証拠立てるものでもあった。

前に書いたように、アフリカ系アメリカ人の中等教育のもう一つの特徴は、女子生徒優位の著しいジェンダー不均衡であった。表１-２に示されているように、黒人ハイスクール生徒の六割以上が女子であり、農家出身にかぎれば三分の二以上にのぼった。しかしながら、生徒集団の女性化の程度が最も高いのは小作農家出身者で、およそ四分の三を女子が占めていた。つまりそれは、女子のおよそ八％に対し、こうした家庭の青年男子のわずか三％しかハイスクールに通っていなかったことを意味した。これは、体力を必要とし学業を阻害する農業労働の期待と必要を示したものであった。そしてこうした状況にある家族が直面する困難ゆえ、子どもの労働はしばしば切実に求められていた。その結果、小作農場では、一〇代の男子の大多数が、多くの場合労働者として働くこととなり、そのうち三分の一は国勢調査で「無給の家庭内労働」に分類されていた。そのため大抵の者にとってハイスクールという選択肢は除外されていた。このことは、自作農家の黒

表 1-2. 南部のハイスクール女子生徒の人種、自作 / 小作別、持ち家 / 借家ごとの比率
（1940 年、%）

カテゴリー	黒人			白人		
	自作または持ち家	小作または借家	合計	自作または持ち家	小作または借家	合計
農　業	62.9	72.5	67.9	55.6	58.2	56.5
非農業	61.4	58.3	59.7	54.6	56.5	54.5
合　計	61.8	62.1	62	53.8	56.9	55.2

出典：IPUMS データ

人にもあてはまることではあったが、程度は前者ほど高くはなかった。白人の小作農家においては、一〇代の男子の三分の一以上が働いており、うち賃労働者は三割を占めていた。白人の自作農家においても、その数はやや少ないが、それでも一〇代男子の四人に一人以上がやはり労働者として働いていた。農作業は南部の田舎においては生活の一部であったが、アフリカ系アメリカ人は白人よりもその息子に依存する程度が大きく、そのことが学校教育にも反映されていた⑬。

在籍率における女性の優位はまた、職業の選択肢の一つとしての教職に対する関心の高さの反映だったかもしれない。南部の田園地帯ではほとんどの教師が女性であり、その地位を得るためには中等レベルの教育が要求される場合が多かった。一九四〇年時点で、大都市圏以外で教える黒人教師の四人に一人がカレッジレベルの教育を受けておらず、その比率は農村地帯ではさらに高かった⑭。高校卒業資格、もしくは中等教育の一年ないし二年課程修了だけでも、教師という仕事に就くことができた。教職は女性の仕事だと広く考えられており、若い女性には他の選択肢が相対的にきわめて少なかった。このことが中等教育機関における女子への偏り、特に小作農家の割合の高いコミュニティにおけるその傾向に寄与した。

それ以外の環境下では、性別でみた不均衡はそれほどひどくなかったようである。農家出身でない高校生の間では、女子生徒は在籍者のうちちょうど六〇%を占めていた。これは極端に多数とは言えない数字だった。上で示唆したように仕事に就くことは、進学以外の主要な選択肢であり、仕事に就けるという見込みは、若い男性にとっては女性の場合よりはるかに魅力的なものであった。表1‐2に示したように、このことは白人の場合にも、黒人ほどではないがあてはまるものだったようである。かつては米国内どこにおいてもそうであったように、南部のハイスクールは一九四〇年時点で、女子が多数を占める教育機関であったが、とりわけアフリカ系アメリカ人にはその傾向が強かった⑮。

表1-3. 南部州ごとの黒人の14-18歳における持ち家と中等学校への在籍(1940年)

州	持ち家／土地所有家庭の比率	ハイスクール通学率	黒人の14-18歳総人口
ヴァージニア	.4526	.1556	77,862
アラバマ	.1992	.1115	106,850
アーカンソー	.2397	.1038	52,623
フロリダ	.3327	.1631	50,261
ジョージア	.1592	.0957	115,465
ルイジアナ	.2611	.0863	86,095
ミシシッピー	.1943	.0683	106,382
ノースカロライナ	.2771	.1660	119,589
サウスカロライナ	.2289	.1003	102,689
テキサス	.3208	.2127	92,149
ケンタッキー	.3729	.2230	19,258
メリーランド	.2839	.2268	27,863
オクラホマ	.3691	.1910	17,718
テネシー	.2727	.1837	50,529
ウェストヴァージニア	.2558	.1996	10,804
合　計	.2623	.1338	1,036,137

出典：IPUMS データ

しかしながら、こうしたジェンダーや［社会的］地位の違いによる影響を被った者は比較的少数にとどまっていた。南部の黒人青年の大多数にとって、中等教育は端的に言ってその手中になかった。ジェンダーや社会的立場のいかんにかかわらず、田舎の貧しい地域に暮らすことが意味したのは、ハイスクールに通うのは高嶺の花だ、ということだった。

このことはとりわけ、南部の中で地理的に見て下［南］の方に横一列に並んだ郡、いわゆるコットンベルトと呼ばれる、小作農家の生活形態が主流の地域によくあてはまることであった。それはもしかするとミシシッピー、アラバマ、ジョージアで最も明白に見られるものだったかもしれない。これらの州の黒人の若者のうち、自家所有の土地に住んでいる者は五人に一人にも満たず、その数は南部の中で最低だった[16]。表1-3に示したようにこれらの州は、ルイジアナ、サウスカロライナとならび、アフリカ系アメリカ人の中等教育在籍率が最低レベルであった。南部一五州全体を合わせて、土地所有と中等学校通学との二変数では係数〇・六五で統計的に有意な相関を示した。これは州の間の開きの四〇％以上を説明するものであり、社会的地位と中等教育機会とが強く相関していることを示すものであった[17]。この調査結果は当時のウィルカーソンの観察とも一致するものであり、農村地帯、とりわけ小作農が主流である地域における黒人ハイスクールの決定的不足を浮き彫りにしている。

町《タウンズ》や市《シティーズ》においては教育機会はもっと恵まれていたが、そうした環境にいるアフリカ系アメリカ人もまた経済的不安定に悩まされていた。その結果、黒人の若者の大多数はどこに居住していようと、できるかぎり早く労働市場に入っていった。黒人の若者の三人に一人近くが仕事をもっており、働いている一〇代の若者の割合が二〇％を切っていた白人に比べ、有職率は五〇％以上も上回っていた。その数は農家において最も多く、三七％以上の黒人ティーンエイジャーが働いていたが、農家以外でも五人に一人以上の黒人ティーンエイジャーがやはり仕事をしていた。(18)この状況はやがて来る次の時代に変わっていくのであるが、学校への通いやすさ、また学校教育の質における大きな改善は、そう簡単にはもたらされなかった。多くのアフリカ系アメリカ人がハイスクールに進もうという機運はほとんど見られなかった。かれらの生活においては、もっと差し迫った別の関心がウェイトを占めていた。

不安定な基盤――初等教育

たとえ機会があったとしても、多くのアフリカ系アメリカ人がハイスクールで学業《サクセス》を成就できなかった理由の一つは、初等教育レベルでかれらが十分な準備を積んでいなかったことであった。歴史家たちが立証してきたように、地元の黒人たちによる主導、州の補助、そして特にローゼンウォード基金をはじめとする博愛団体の貢献、これらが組み合わさって南部各地の初等教育が拡充されていった。一九一五年から一九二九年までの間に、農村地帯で四〇〇〇近い学校が建設され、老朽化し危険な古い校舎の代わりとなる建築物が、新たな敷地に建てられた。同時に、黒人教育のための州の学校予算が従来よりも多く割かれるようになり、白人に対する支出との差がいくらか縮まった。授業期間は延長され、教師の給与も改善された。なかには白人と同等水準近くにまで引き上げられる場合さえあった。ある州は、他よりもこの恩恵を大きく受けた。たとえばノースカロライナとミシシッピーでは新規につくられた学校の四分の一以上が恩恵を受けたのに対し、ジョージア州では一％未満であった。(19)生徒が最も集中して住んでいたのは、ノースカロライナ州からミシシッピー州にかけて広がる一帯であり、この五州で南部全体の黒人生徒数の四〇％以上を占め、新しく建設された校舎の約半分がここに集中していた。ここはまた最大の綿花の生産地であり、最大の小作農地帯であり、農業労働への需要が最も大きい地域でもあった。学校教育の改善が最も必要とされていた地域がここであった。

一九世紀末以来、その環境は大きく改善されたとはいえ、一九四〇年までの時点で問題は山積していた。大恐慌のあと、南部のどこでも初等教育の施設は貧しい状態にあり、子どもたちは労働や他の理由のために頻繁に学校を離れざるをえず、教育達成の足かせとなった。「学校にいるべき子どもたちが、それまで綿摘みをしたことがなかった畑で三月になるまで綿花を集めているのを見るのは、珍しくもない光景であった」、とあるサウスカロライナ州職員は一九四五年に記している。そのような必要のため、たとえ正当にも子どもたちの前に良質な学校が用意されていたとしても、「かれらがその学校生活を順調に進めていくこと」は、不可能とまでは言わないにしても困難なものになっていた。[20] 同じような言及としてジョージア州の教育長は、大半の初等学校生徒が上級学年に進んでいくのを「不安定な出席」が阻んでいる、と述べていた。[21] 州の間で中等教育機関のクオリティや提供教科の面でかなりの違いがありながらも、南部のすべての州において黒人の中等教育在籍率が白人よりも後れをとっていたことは、全くと言っていいほど驚くに値しないことだった。ハイスクールの発展は緩慢であった。その理由の一つは、初等教育自体が、特に貧しい農村地帯において十分に後押しされていなかったことにある。

黒人の子ども向けの学校施設が標準に達していないという問題は何十年もの間言われてきたが、一九四六年にノースカロライナ州ランバートンにおいて、劇的なかたちでそれに光が当てられることになった。黒人の子どもと親たちが、レッドストーン・アカデミーの名で公的に知られている、地元の学校の築四〇年の木造校舎が老朽化し、危険な状態にあることを訴えてボイコット運動に入った。ことの起こりは、全国黒人向上協会／NAACPのオルガナイザーの後押しであったが、話はすぐに州のいくつかの大きな新聞社の耳に入り、調査のため記者とカメラマンが送り込まれた。建物の老朽化し非衛生的な状態が、写真付きの記事の中で大きく紹介されると、州の保健委員長をつとめるカール・V・レイノルズ博士はこの学校を調査することを決めた。何日もたたないうちにシャーロットとローリーの各紙は、レイノルズがランバートンの校舎を「恥辱」と断じ、五〇〇にものぼる黒人学校が同様の悪条件下にあると推測していることを報じた。おそらくもっと重要だったと思われるのは、このような建築物によって生じる健康リスクは、単に黒人のみならず州の全住民にとって脅威なのだとレイノルズが指摘したことである。これが黒人学校の問題を、多くの白人にとって幾分以前よりさしせまった問題にさせたかもしれない。[22] 少なくともそれは、南部におけるアフリカ系アメリカ人学校のみじめな状態に、人々の目を向けさせた。

ランバートンの事件は、新しい校舎のための資金が突然、地元の学校委員会によって見いだされたことで解決したが、南部全体の他の農村地域における進捗はもっとずっと遅々たるものであった。さまざまな問題をめぐって、抗議行動が南部のいたるところで発生した。それは、とりわけ深南部において、何十年もの間続いてきた不公正に直面する中で膨らんでいった不満のあらわれであった。[23] 一九四二年にはミシシッピーメソジスト会議の報告書が、黒人教育のために割り当てられた予算のうち、実際にアフリカ系アメリカ人の学校のために使われているのは三七％にすぎず、残りは白人学校に使われているとの推計を発表した。五年たっても状況は大して変わっていなかった。州内の三三四五ある黒人学校が置かれたずさんな状況を報じた別のレポートによれば、「その半数近くが教会、低廉な集合住宅、または別のあらゆる種類の建物に間借りしていた」。しかし別の報告は学校が有害な環境におかれていることをほのめかし、学校をあまりハイウェイの近くに建てるとそこで無宿人が一晩を明かし、燃料を使ってしまい、本を駄目にしてしまうからその場所に建てないよう警告を発した。[24] 隣接するアラバマ州では、似たような報告書において、州内の黒人学校の半数が一教室だけの校舎であり、その多くが「給水施設もトイレも衛生設備もない掘立小屋」であることが報告された。[25] ジョージア州における状況の総覧によれば、黒人学校の学校施設の九〇％以上が「修繕不可能であるか、または効率性の合理的基準を満たすためには広範な修理が必要な状態にある」ことがわかった。白人学校でこうした条件下にあるものは二〇％未満であった。同じことは一九四九年の調査報告でも繰り返された。それによれば州の黒人学校の中で、「校地に水道が引かれているもの」はわずか一二％しかなく、多くの学校には「満足できるような水飲み器」あるいはトイレがなかった。[26] ノースカロライナ州においてさえ、ランバートンの一件から二年後、州の黒人教育局長を務める白人ネイサン・C・ニューボールドが公式に、南部のいたるところでの見聞の声に和して、州内の多くの農村地帯の黒人学校全体をおおう「わびしく、近づきがたい一般的な雰囲気」をなげいた。[27]

教室が一つもしくは二つだけの貧弱な学校は、白人学校の中にも存在したが、その数はずっと少なかった。なぜならば一九一〇〜三〇年代の学校統廃合運動の結果として、そうした学校は急速に数を減らしていたからである。一九四七年のミシシッピー州の公式統計によれば、州内で教師が一名だけの白人学校は一〇〇と少しであったのに対し、黒人学校では二〇〇〇校にのぼっていた。他の州の数字はここまで極端ではなかったが、その差は大きかった。[28] 一九四〇年代後半以前にあっては概して、小規模校をより大きくて新しい施設に統廃合することは白人学校のみに限定された営為であった。「学校統廃合は白人たちの学校管理パタンだった」、とあるミシシッピー州の黒人校長は言い切った。[29] 学校統廃合にはしばしば、それを促すための州からの補助金が付き、ハイスクールも含めて、より大規模で近代的な校舎を建設するための資金として役立てられた。これらの学校施設はふつう、カウンティ（郡）レベルで管理された学区に組み入れられることが多かった。統廃合はまた、スクールバスに相当規模の投資をすることを必要とした。そして一九五〇年代以前の南部では、黒人よりもはるかに多くの白人生徒がバス輸送された。たとえばジョージア州では、一九四九年の一年間に白人生徒のバス輸送には黒人の一四倍ものお金が使われたことが報告されていた。似たような不公正は南部のいたるところで記録されていた。[30] ニューボールドが観察したところによれば、ノースカロライナ州では大半の白人生徒が統廃合された学校に通っており、生徒一人ベースでみたときの州全体での学校資産は、黒人の数倍にのぼっていた。農村の学区において黒人教育が相対的に貧しい状態にあることは、長年にわたる放置と、学校施設、輸送手段、そして一連の他の要素に対する不十分な予算措置の結果であった、と彼は結論した。[31] 一九四七年にアラバマ州の報告書は、教師が一名もしくは二名だけの白人学校は一九二〇年代と比べて八〇％も減った一方、黒人学校における同様の減少はわずか一八％どまりであったと報じた。[32] 同年のジョージア州の議会報告書の統計によれば、州全体の黒人学校の数が白人学校より五〇％多かった。白人の在籍者数の方が多かったため、それに対応して白人学校は規模が大きくなった。[33] 学校統廃合はしばしば、ハイスクールの学校施設の拡張や新規建設につながっていった。それゆえ白人は、その建設資金の一部を州の補助に負った、大規模で近代的な学校に通ったわけだ。他方で黒人教育の発展は一般に、学区とその近傍のコミュニティに依存していた。

南部の農村地帯において、アフリカ系アメリカ人はその子どもたちの教育的見通しを向上させるため、こうした状況下で奮闘したが、その結果は非常にゆっくりとした速度での改善でしかなかった。黒人人口が大きかった深南部の諸州の状況は最も劣悪だったかもしれないが、南部のどこでもアフリカ系アメリカ人の学校に対する支出は少なく、その差は農村地帯の学区において最も大きくなっていた。黒人の子どもの多数は田舎に住んでいたため、中等レベルでの勉学のための準備教育の質は高いものとは言いがたかった。

困難な時代の中で最善をつくす

これらの問題があったにもかかわらず、一九三〇年代と四〇年代は、アフリカ系アメリカ人の間で中等教育が勃興した時代であった[34]。ハイスクールは国中いたるところで数を増し、南部のどこでもハイスクールへの関心は大きくなった。綿花経済をとりまく変化と、中等教育を受けていることがメリットになるような国内の他地域への移動という考えは、間違いなくハイスクールへの関心をあおり立てていた[35]。

一九四一年の戦争の勃発によって、在籍者の増加は一時的に足踏みした。と言うのは何千ものアメリカのティーンエイジャーたちが学校を離れ、戦時需要によって急に活況を呈するようになった労働市場に入って職を得たからだ。全体として、戦争の最初の数年間でハイスクール在籍率は一五％近くも下落したことは明らかであるが、アフリカ系アメリカ人の通学率の落ち込み幅はずっと小さかった。ハワード大学のウォルター・ダニエルの推計によれば、南部における黒人の中等教育在籍率の下落は三％未満であった。疑う余地なく、差別ゆえの職業機会の希少さは、アフリカ系アメリカ人の若者を学校にひきよせた。また中等レベルの黒人生徒数は初めから少なかった。黒人の若者の教育程度は、とりわけ南部において、白人よりもかなり劣っており、このことはまた確実に、かれらに祟った。幸運にもハイスクールに行くことができた黒人は、白人と比べても職を見つけようとする傾向が低かった。これは、かれらが直面していた差別の反映であったかもしれないが、それはまた、一面で、受けている教育から最大限の利益を引き出そうとする、かれらの強い責任感の表れであったともいえる[36]。

在籍者数は戦後、ふたたび増え始めたが、黒人向けの中等教育機関はとりわけ農村地帯では、依然としてなかなか見られなかった。この状況は、アフリカ系アメリカ人のためのハイスクールが増え始めたことで、少しずつ変わっていった。それらはたしかに、一部の州当局者や学校指導者たちによって推奨されてはいたが、そうした努力の大部分は、黒人の若者の教育的な可能性を拡張することに関心を抱く、地域の教育者やコミュニティの成員によって始められたものだった。長い間ミシシッピーで黒人校長を務めたN・R・バーガーは、こうした努力が最も成功しやすいのは「土地と資源を所有し、学校を支援してくれる、進歩的な黒人農家のグループ」の協力を得られたときだ、と述べた。彼はまた「依存が生き方になってしまっているところよりも、自立が存在しているコミュニティの方が、黒人の教育機会への期待は大きい」と指摘した。この観察は、表1・3に明らかにされているような、土地・家屋所有と在籍率との「正の」関係という南部での傾向とも一致した。他の評論家たちも一致して、南部のどこでも、土地所有者の黒人が一般に中等教育を推進する上で最も主導的役割を果たしたと考えた。(37) 在籍者の増大と学校数の上昇はかれらの成功の証しであった。

しかしながら中等教育は金のかかるものであり、あるコミュニティがどれだけの土地と富を自由にできたかにかかわりなく、ハイスクールの創設は簡単なことではなかった。もちろん、ほとんどの黒人コミュニティは富裕ではなかった。そのため、さまざまな戦略が使われた。生徒たちに中等段階の教育まで進ませる最も常套的な手段は、単純に初等学校に中等レベルの段階を付け加えることだった。この手は白人、黒人学校の双方に見られたものであったが、はるかに高い頻度で黒人学校において用いられた。実際、これは学校資産をかさ上げするための方略として、そんなに長くではないが過去何十年間か、実践されてきたものであった。(38) それはまた、南部において主として地域の主導で作られた、一年もしくは二年制の中等教育機関の大半の源流でもあった。たとえこのような、小学校を延長したような機関での授業レベルは大したものではなかったとしても、それは次なる躍進の基盤を与えるさきがけという意味をもっていた。

郡《カウンティ》立訓練学校というのが、中等教育を興すのによく採用されたもう一つのタイプの教育機関であった。北部の諸財団の支援を受けてこうした学校が、初等レベルの黒人教師の養成を目的に南部のいたるところに建設された。これらの学校はしばしば、地域の中で最高レベルの教育機関であったため、その多くは、当然にも中等教育を拡大していく拠点として考えられた。これらの機関の一部はのちに、自立したハイスクールへと発展した。またなかには、初等学年レベルを大きく超えない授業しか提供していないところもあった。(39)

しかしながら、黒人ハイスクールにもっと頻繁に見られたのは、初等学校であれ訓練学校であれ、とにかく既存の教育機関に接ぎ木するかたちでそれが設置され、わずか一年ないし二年余分に授業を提供する、というものだった。よく行われたパタンは、地元の黒人コミュニティから選ばれた「理事」からなる特別委員会または会議によって資金が集められ、工事の資材代、教科書代、そして必要に応じて増員分の教師への給与に使われた。見てわかるようにこうしたやり方は、教育を目的とする一種の付加的課税または「二重」課税を意味した。これは黒人コミュニティにおいて長く続いた伝統だった。[40] しばしばその結果もたらされたのは低レベルなままの中等教育であったが、しかし田舎にあってはそれは、ひと世代まえの黒人の若者には存在しなかった機会であった。

一九四七年、ジャスパー・ジョーンズはテキサス州アングルトンの黒人《カラード》ハイスクールを卒業した。彼はその学校のことを、小学校の建物に付設された四つの教室からなる「ジャンプスタート学校」と形容した。彼が学年制初等学校《グレード・スクール》にいたころ、その町には黒人の中等レベルの学校がなかった。そのため年長の若者はハイスクールに行くためにヒューストンに出ていた。この状況は、一九四〇年代初め、「卓越した弁士であるところのライト教授」がやって来て、こう宣言したときに変わり始めた。「ヘンリー・フォードが自動車を作り、世界中を回れるようになったのに、なぜアメリカの黒人の子どもを教えることができないのだろうか?」。七五人から八〇人ほどの生徒が「津々浦々から集まってきた」という付設学校についてジョーンズは、それは瞬く間に成功をおさめた、と述べた。学校はバスから始まった。ジャスパーと彼の兄弟はそこまで毎日一三マイルの道を乗車した。カリキュラムは基礎的なものであり、職業教育コースはほとんどなかったが、ジョーンズは教師たちが生徒を深くいつくしんでいたと回顧し、よい教育を受けることができたと感じていた。彼は農場での仕事のため一年のうち四〇日間授業を欠席しなければならなかったが、彼の兄弟が家に持ち帰った課題に取り組み続けた。卒業後、ジョーンズはヒューストンにある南テキサス大学に入学し、最終的にはプレーリー・ビューA&M〔農工業カレッジ〕を卒業した。

ジョーンズが通った「ジャンプスタート学校」は当時の多くの黒人中等教育の典型であった。資源が限られていた現実はしばしば、このような現場レベルでの調整を必要不可欠なものにしたが、州の教育当局もまたこのアプローチを、大規模学区においてさえ推進したのであった。一例をあげれば、ジョージア州黒人教育局の白人局長だったロバート・カズンズはメイコンの教育長に対して、中等レベルの教育への需要の高まりへの対応として、小学校の校舎を増築する方式をとるよう促した。八つの教室からなる職業教育用の別棟を建てる、というプランであった。すでに大規模な白人ハイスクールは存在していたのだから、それは明らかに公正な解決法ではなかったが、相対的に貧弱な資源を前提に考えたとき、政治的には巧みな対応ではあった。カズンズは、とりわけ黒人生徒のために、「もし今後数年間のうちに各学区が、自らの予算を新校舎建設に使うことになるとすれば、それは大きな驚きだ」と書いていた。[41] この方式でハイスクールを立ち上げることは、全く何も始めないことよりは明らかにずっとましであった。それによってアフリカ系アメリカ人の小学校卒業者が勉学を継続することが、たとえ数年の間でも可能となった。そして、より完全なかたちの中等教育機関を発展させていく出発点がここに確立されたのだ。もちろんここにはまた、教育における白人の優位が貫徹していた。

このような状況ゆえ、学校の施設はしばしば複数の目的に使えるように改造された。典型は、一つ屋根の下に初等教育と中等教育の教室の両方が併設される、といったものだった。ときに「併設学校《ユニオンスクール》」と呼ばれたこれらの複合的な教育機関は、限定的なものではあったが中等教育レベルの授業を、学校にさらに残りつづけたい生徒に普及させ、あるいはほかの場所で勉学を続けることに関心をもっていた者たちにそのきっかけを与えた。[42] そのような配置は、南部のいたるところにあった、数多くの一年または二年制の黒人「ハイスクール」をあらわすものだった。結果としてルイジアナ州では、一九四六年時点で中等レベルの課程を提供していた一〇二の機関のうち、わずか一〇校だけを独立した黒人ハイスクールとして数えていた。同様にミシシッピー州は一九四九年に、同州の黒人学校三一五九校のうち二六一校（八％）が「なにがしかのハイスクールの働き」をしており、そのうち一〇八が中等レベルとしての認証を受けていなかった。[43] 州の中で最も歴史が浅く、また小規模で学問的に程度が低いハイスクールの大多数を代表していたのは、後者のグループであった。しかしそれらすべては、教育を継続することに関心をもっていた生徒たちに中等レベルの教育を提供しようとする地域レベルの決意のほどを反映していた。たとえ学術的には脆弱なものであったとしても、これらの課程には、次世代のアフリカ系アメリカ人が遂には実現するであろう教育達成を支える土台という意味がこもっていた。

ハイスクールの成長によって伸長した資源は、学校施設だけではなかった。南部のいたるところで、資格を有する中等学校教員とともに、これらの教育機関をリードする有能な管理職を探し出すことに対して、幅広い関心が示されていた。[44] 人材不足に直面して、いくつかの即興的解決法が見いだされた。ジョージア州のロバート・カズンズが嘆いたのは金に困っている学区が、ただ単にその給料が一二ヵ月間の雇用を必須とする連邦のスミス＝ヒューズ基金から支払われるという理由だけで、農業教育教師を校長として雇用していたことだった。彼は、そのような配置は効果的な学校管理のためのものでもなければ、良質な職業教育のためのものでもない、と信じていた。なぜならば「農業教師たちは公開プログラムの立案やバスケットボールチームのコーチ、その他に無駄な時間をかけすぎてい」たからだ。[45] もちろん、地元のコミュニティが同様の関心をもっていたかどうかは、また別の問題であった。多くの人々は、たとえ十分な訓練を受けていなくとも、何であれともかくリーダーとなる人物を、丸一年単位で雇用することができる金があることを喜んだ。他方で、訓練と経験を積んだ管理者を探そうとする者もいた。さらに言えば、アフリカ系アメリカ人生徒とその親にとって農業教育が大きな関心事であった、という証拠は乏しい。この場合、これらの資金を、たとえそれが職業教育教師を兼ねる人物であったとしても、管理職雇用のために使うことは、大きな損失とは考えられなかった。

他方で、経験豊富で腕の立つリーダーはたいてい、供給の方が不足していた。学士号もしくは修士号をもつ数名の教師と校長一名を求めて、ある黒人グループはカズンズ宛ての書簡で次のように書いた。「われわれはこの学校の水準を引き上げてくれる者を必要としている」。一方のカズンズにできたことは、幾人かの名前を推薦し、州の認証要件リストと一緒に送り返してやることだった[46]。しかしそのような基礎情報を得ること以上に、各地域コミュニティにとって急務だったのは、このできたての機関にあてがえる職員を探し出すことだった。それは困難なことだった。なぜならば黒人中等学校の数は増え続けており、田舎にはベテランの管理職や教師はめったにいなかったからだ。N・R・バーガーが観察したように、多くの黒人教育者たちは、州の職業教育用予算を使って管理職を雇用することはこのような問題に対する生産的な解決法だと感じていた。たいていの農村地帯の学区において、エネルギッシュで野心に満ちた初心者を丸一年分の給与の補助金付きで確保できることは、天の恵みだと考えられていた[47]。

このような条件下で開校した多くの学校のおかげで、黒人の中等教育機関数は一九三〇年代から四〇年代にかけて、統廃合運動のために数を減らし始めていた白人学校をしのぐ速さで急増した。たとえば、ノースカロライナ州からの報告が示すところによれば、一九三七年から一九五二年までの間に、四一の白人向け併設学校《ユニオンスクール》が閉鎖され、二〇の黒人向けのものが開校した。同じころ、一二の白人向け独立型ハイスクールが閉校となる一方で、四校の黒人ハイスクールが開校した。黒人、白人とも在籍率は拡大を続ける中で、合計で五〇を超える白人中等教育学校が消え、二四の黒人向け学校が新たに誕生したのであった。中等教育レベルでの黒人の機会の大幅な拡大を示す、同様の発展は他の場所でも発生した。一九三九年には、サウスカロライナ州の中で一九の郡《カウンティ》に黒人ハイスクールがなかったが、一〇年後にはそうした郡が一つもなくなり、中等教育通学率は七〇％近くも増加した。同時にハイスクール在学中の黒人の若者の数は、ジョージア、アラバマ、ミシシッピーの各州において二倍に増えた。(48) たとえほとんどの中等教育機関の環境はきわめて低調であったとしても、これは教育におけるより高度な部門の劇的な拡大を意味していた。上昇する在籍率はまた、教育の価値への信仰と未来への希望の広がりを示すものでもあった。

都市の学校

南部の都市における黒人学校の環境は、いくつもの問題がそこにはあったとは言え、はるかにめぐまれたものだった。最も卓越して成功した黒人中等教育機関は、主要な中心都市域に位置していた。一九二〇年代までに、多くの南部の大都市が、アフリカ系アメリカ人向けの相当規模のハイスクールを、最低一つはもつようになり、白人学校のそれと比べて多くの点で遜色のない教育経験を提供していた。一九三〇年代までに、南部におけるアフリカ系アメリカ人に対する中等教育の大部分は、こうした学校によって提供されていた。エドワード・レッドケイの一九三五年の推計によれば、南部全体の黒人高校生の三分の二は、都市の教育機関に集まっている一方、それらの学校で教育されていたのは全黒人ティーンエイジャー人口のうち、わずか三分の一でしかなかった。(49) これらの旗艦校はどんどん規模がふくらみ、一九四〇年代までに二〇〇〇人かそれ以上の生徒数を擁するまでになった。それらの学校が提供するカリキュラムの幅もそれに対応して広範なものになり、ことにそのコントラストは農村地帯の学校の貧弱なカリキュラムと比べたときに鮮明だった。(50) 学校には多くの教師、学校管理者、司書、カウンセラー、およびその他の専門職が雇われた。それらは都市黒人の中産階級の主要な構成要素を代表するものだった。

ウィルバー・ジョンソンは一九四五年にアトランタのアッシュフォード街学校を卒業し、その秋、第七学年を始めるためブッカー・T・ワシントン高校に入学した。母親と祖母に育てられたジョンソンは特に秀でた生徒というわけでもなく、自分自身「ストリート生活」にどっぷり浸かっていると感じていた。家ではほとんど働きづめの大人たちに囲まれていた彼とその兄弟にとって、ものごとの判断はしばしばかれら自身の手に委ねられていた。彼は、ロールモデルとなった何人かの教師とならんで、友人たちのことを信じた。その友人たちは彼に、学校に長くとどまる［在籍しつづける］ことの利益を指摘し、遂には大きな影響を彼に与えた。彼はハイスクールを一九五〇年に卒業し、数年間カレッジに通ったのち、会計士としての訓練を受け、最終的に衣服業界においてキャリアを打ち立てた。ふりかえって彼は、ワシントン高校で受けた教育の重要性を、たとえ高校生当時は時おりそれを見失っていたにしても、認めるにやぶさかではなかった。たとえ彼の家族が教育の重要性を特には強調しなかったとしても、学校が近くにあり、また多様な社会活動を学校が提供していたことが、彼がそこで発展させた人間関係と相まって、彼が学校に在籍し続けることを助け、ついには卒業することを可能にした。

無数のジョンソンのような生徒たちにとって、ブッカー・T・ワシントン高校のような都市の大規模な中等教育学校は、大きな恩恵を意味した。これらの教育機関は、社会・経済的背景に関係なく、あらゆる方面から若者をひきつけるような活動の中心であった。ウィルバー・ジョンソンとともにワシントン高校に学んでいたマーティン・ルーサー・キングJr.のような、コミュニティ内の社会的エリートにとって、これらの学校は高等教育や［高度な］職業に通じる入口であった。非常によく知られた指導者の息子であったキングは、飛びぬけて勉強好きな生徒、あるいは書物中毒だとさえ、級友たちの多くから見なされていた。しかしアトランタ唯一の黒人ハイスクールは、ジョンソンたちにはより型通りの中等教育の機会を提供した一方で、キングに対してはその学術的技能をみがく機会を与えた。

この点で、このような学校がコミュニティにとって、重要な安定維持装置として機能したことはほとんど疑う余地がない。第一に、中産階級の学校構成員、および学校が提供するアカデミックな機会を通して、第二に、特にスポーツや音楽の公演などにおける課外活動を通じて、それは機能した。学校の活動、特にスポーツが多いが他にも歓迎会、ダンス会、表彰式といった行事が、定例的に地元の黒人新聞の紙面に取り上げられた(51)。アトランタのワシントン高校、ジャクソンのラニアー高校、バーミンガムのパーカー高校、そしてそれ以外の何十もの学校が、各州の黒人たち、さらに南部中の黒人によく知られるようになった(52)。かつての生徒たちは、これらのハイスクールに入学するため、都市にやって来て親戚の家や家族の知り合い宅に起居するようになったクラスメイトがいたことを覚えていた。このような有力な教育機関は、黒人ハイスクールのあるべき姿を示す強力なモデルを与え、大志をもつ何千もの若者たちに訓練と指導の力強い供給源を提供するものだった(53)。

大都市はまた、最も良質な黒人教師、あるいは少なくとも最も教育程度の高い黒人教師たちをひきつけた。都市部の教師の平均年齢は都市圏以外の教師に比べたった一歳高いだけであったにもかかわらず、半数以上（五六％）は大卒であった。これに対し小規模な町村では大卒者はわずか三分の一（三三％）であった。大学院レベルの訓練を受けた都市部の教師はわずか九％であったが、この数は、このような高度の教員養成を受けた全南部の黒人教師の三分の二を占めるものであった。都市の黒人ハイスクールは最も高い学歴の教師を雇うことができた、と想定することがおそらく最も無難である一方で、いかなる有効な大学院レベルでの訓練を受けた者もごく一握りにすぎなかった。この点で、黒人ハイスクールのスタッフは、白人学校のそれと比べて概して遜色のないものであったように思える。なぜなら都市の白人教師のうち、大学院で学んだ者の割合は五人に一人に満たなかったからだ。(54) フォーマルな学歴という点で、ほとんどのアフリカ系アメリカ人教師が白人教師に比べ後れをとっていたとしても、南部の主要都市においては隔たりはそれほど大きくはなかった。

しかしながら都市部のハイスクールには、その規模と成長ぶりにもかかわらず、南部における黒人教育が直面していた困難の多くが露呈していた。中退率は高く、四年の期間中に五〇％ないしそれ以上にのぼることもしばしばであった。(55) ジョンソンは何とか学校に通い続けようとつとめたかもしれないが、彼の友人仲間はそうではなかった。これらの学校は、感動するほど［立派］な建築物をもつこともしばしばであったにもかかわらず、過密状態に悩まされ、限られた資源で施設を維持、拡張していくことの困難さと格闘していた。各学校が生徒に配布する教科書は、図書館にある本の多くと同様、白人学校からの払い下げ品であることが普通であり、本はしばしばちゃんと修繕もされておらず、かつての使用者たちの手で汚されていた。調度品や実験器具についても同様であり、それらはほとんど常に白人学校のものよりも古び、くたびれ、傷んでいた。そしてそばの近隣地域の環境は必ずしも良好なものとは言えなかった。(56) 生徒たちはこうした差異を鋭敏に意識しており、白人学校とのスポーツの対抗試合や他の課外活動からの排除の痛みを感じていた。競技チームや音楽バンドは、他の黒人ハイスクールと対抗試合をしたり共演したりするために、時には隣の州までに及ぶほどの長距離の移動を強いられた。最も成功し活動的だった生徒の多くが、特にこのことに対していらだちを感じた。というのもかれらは、たしかにスポーツ競技においても音楽の演奏においても、白人学校が繰り出す最高レベルのものと、完璧に互角に勝負できると感じていたからである。(57)

大都市の黒人ハイスクールのもつ強さと限界のいくつかは、一九四〇年に南部大都市圏から得られたＩＰＵＭＳデータ

表1-4. 南部大都市部における10代若者のハイスクール在籍率
（1940年、14-18歳に占めるハイスクール在籍または卒業の%）＊

家庭の地位	南部における10代人口の分布率		10代の中等教育在籍率		17歳の第11学年《ジュニア・イヤー》在籍率	
	黒人	白人	黒人	白人	黒人	白人
都市・持ち家	17.5	29	50.4	62.8	23.8	45.3
都市・借家	52	43	23.7	42.7	10.7	23.9
郊外・持ち家	13	19	20.6	53.5	14	36.9
郊外・借家	17.5	9	16.3	36.8	11.6	21.5
合　計	100	100	26.7	50	13.6	32.3

＊「中心都市居住かどうか不明」あるいは「都市居住と同定できず」に分類された人はサンプルから除かれている。
出典：IPUMSデータ（若者人口の28%が黒人）

をもとにした表1・4中の、在籍者数の数字に明らかに示されている。これらの数字からは、町《タウン》や小規模な都市《シティー》に住む若者たちは除外されている。これらの環境もまた都市的と見なすことは可能だが、大都市内部またはその近傍にあるとは考え得ない。これらを全部ひっくるめても、大都市圏に住む南部の黒人の若者は四分の一にも満たなかった。それは非農業人口の半分以下であった。だからその環境を典型と見なすことはできない。しかし、こうした環境に住んでいることが中等教育へのアクセス可能性をより高めたことは疑問の余地がない。

もしかすると表1・4に示された中で最も目をひくであろう特徴は、持ち家世帯出身の若者のハイスクール在籍率の高さである。五〇%という数字は、大都市圏の全白人の在籍率と同じであり、およそ六三%という都市の白人の率の八割にまで迫っていた。これが示すのは、南部全体の黒人のわずか四%しか占めない、黒人人口のこの部分にとって中等教育学校に行くことは、特別なことではなくなったということだ。南部の最大規模の都市における持ち家人として、これらの若者の親たちは黒人都市中産階級を代表していた。そしてかれらは明白に、教育に高い価値を置いていたと思われる。かれらは疑いなく、都市部の黒人旗艦ハイスクールにとって大切な顧客であった。他方で、都市黒人青年の最大多数を占めるのは借家人の息子や娘たちであった。借家人の数は持ち家の三倍近くにのぼり、圧倒的多数であった。かれらの中等教育学校在籍率は、より富裕な後者に比べて半分以下であったが、その母数が大きいため、学校においてその実数では後者をわずかに上回り（五八%）、多数派を形成していた。貧富や地位の高低が生徒の経験にどれぐらい影響するかを明言するのは困難だが、出身背景の違いがやはりそこに影を落としていたように思われる。

言うまでもなく、ハイスクールに通うことと卒業することとは、また別の問題であった。表1‐4の右の欄に示したように、都市部の学校に通い、持ち家に住む一七歳の黒人生徒のうち、卒業を手中におさめた者は四分の一にも満たなかった。借家人の子の場合はかろうじて一〇人に一人という数字であった。合計すると、南部の最大規模の都市群における一七歳の黒人のうち、第一一学年《ジュニア・イヤー》もしくはそれ以上にまで到達した者の割合は、白人がおよそ二五%だったのに対し、たった一四%にすぎなかった。この開きが物語るのはそれらの学校における中退率［の高さ］と、年齢相応の学年レベルよりも遅れて在籍する生徒の比率である。総じて、大都市の黒人生徒がこのレベルの達成に到達できる可能性は、白人生徒と比べて半分以下であった。このことは、持ち家所帯に住んでいる生徒に対してさえも、その在籍率の相対的高さにもかかわらず、同様にあてはまった。なかにはついに卒業にこぎつけることができた者もいたことを示すデータがある。というのもセンサスの数字が示すところによれば、一九四〇年の時点で一九歳の黒人の五人に一人は学校を修了していたからだ。しかしこの数字は、なかには都市部の学校に通ったわけではなく、別の所で学校を出た後に移ってきた者がもしいたとすれば、都市部の卒業率を高く見積もりすぎているかもしれない。たとえ都市部の旗艦教育機関が多くの黒人の若者に対して、ハイスクールに通う機会を広げるものだったとしても、成功［裡の卒業］までを保証することはほとんどなかった。

表1‐4に新たに設けられた「郊外」住民という地理的カテゴリーは、中心都市以外の大都市圏内に住むすべての若者を含んでいた。郊外という言葉は今日ではある特殊な意味と響きをもっているかもしれないが、一九四〇年代初めの南部においてはほぼそれはなかった。多くの歴史家たちが示しているように、これらの都市外縁コミュニティは、相対的に貧しく辺鄙な村落から都市に隣接した繁栄した町まで、その性格も地位も実にさまざまであった。[58] ここで、都市と郊外とでは白人の比率は同じぐらいであるにもかかわらず、郊外の方が黒人・白人ともハイスクール在籍率が低かったことは、多くのことを物語っている。郊外のコミュニティにおいてハイスクールに通学した黒人生徒の［卒業］成功率は、都市に比べて高かったようだが、その数は相対的に少なかった。この環境はもしかすると、一部の生徒の成功に寄与したかもしれないが、生徒たちが通った教育機関についてはあまり多くのことが知られていない。結局、一九歳時点における卒業率一四%という数字に見るように、郊外のアフリカ系アメリカ人でハイスクールを卒業できた者の数は相対的に少なかった。大都市圏の一〇代の黒人のかなりの割合がハイスクールに通ったため、かれらの成功に寄与した因子に関する、いくら

図 1-1. 南部大都市の 14-18 歳のハイスクール在籍に寄与する因子のロジスティック回帰分析（1940 年）

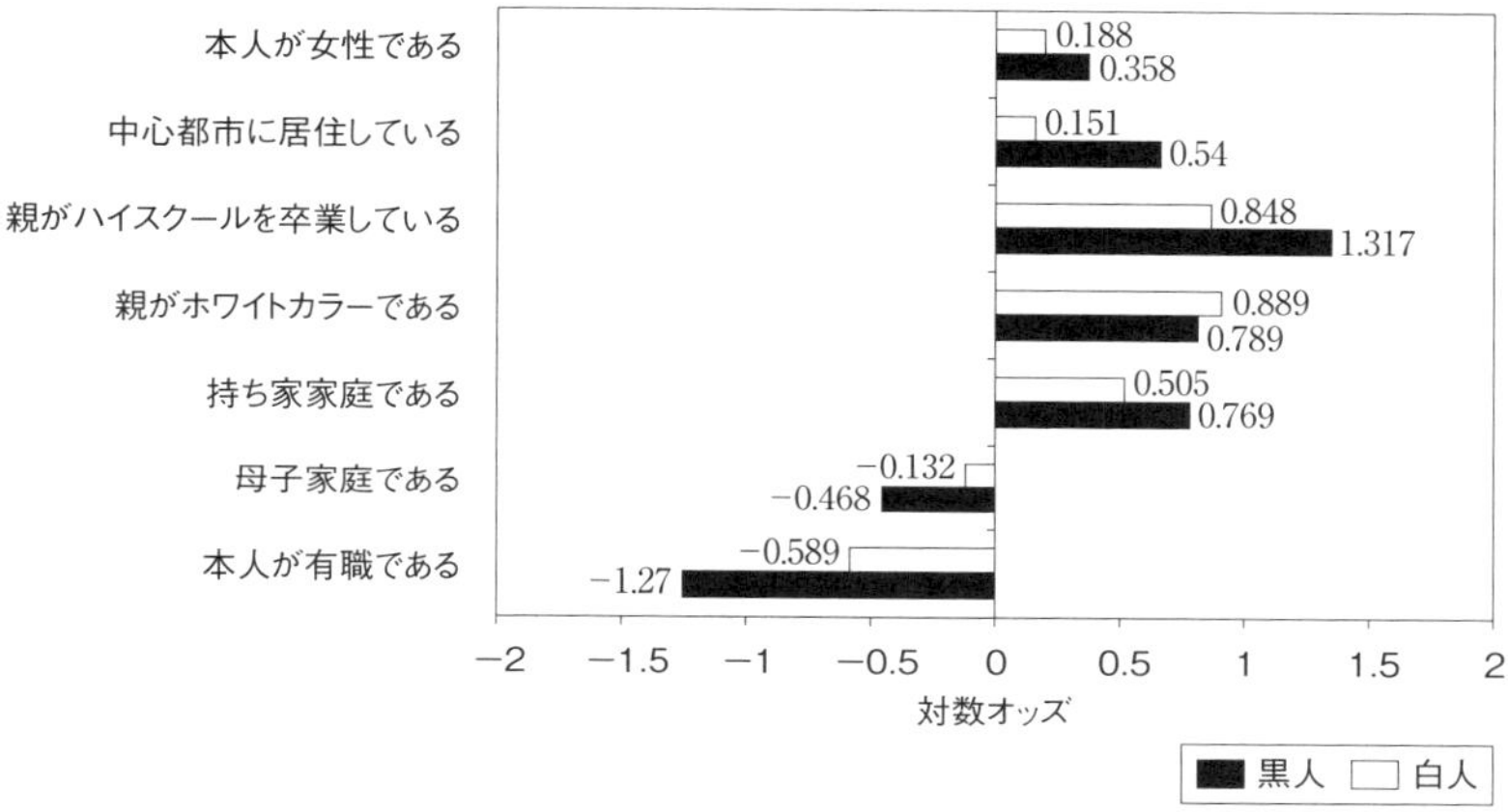

従属変数：ハイスクールへの在籍（か否か）。白人における母子家庭の因子が5%水準で有意であったほかは、すべての変数が0.1%水準で有意である。

か説得力のある統計分析が可能である。図1・1は、一九四〇年時点で一七歳のアフリカ系アメリカ人および白人の学校での成功に関係するファクターについての、二項ロジスティック回帰分析の結果を示したものである。結果は、表にリストしたそれぞれの属性を備えた者がハイスクールに通う見込み――あるいは確率――の対数表示を示している。数値0は発生確率が五分五分なこと、すなわち問題となっている属性があってもなくても、事象の起こりやすさに変わりがないことを示している。プラスの数値はその属性をもつ場合の方が発生確率が高くなることを、マイナスの数値は属性をもたない者に比べ確率が低くなることをあらわしている。この分析に関するより詳しい情報と、他の年代を対象とする同様の分析については付録Bに記してある。この技法は、他の変数をコントロールすることで、各変数がそれ単独でもつ寄与の大きさを見ることができる。従属変数は、南部大都市圏のティーンエイジ（一四歳から一八歳）の黒人および白人青年が、ハイスクールに在籍もしくはすでに卒業している確率である。

　図1・1では相対的に狭い範囲の因子しか考慮していないが、分析結果はいくつもの点で意味深いものである。ここに挙げた変数のうち四つが中等教育への在籍の可能性の増加と結びついており（正の相関）、二つが黒人・白人双方とも在籍可能性の低下と関連していた（負の相関）。女性であること、ならびに家族の住居を所有できるほど富裕な家庭に暮らしていることの二つは、明

白に有利にはたらいた。両親の一方もしくは両方がハイスクールの卒業者である——これは当時相対的に稀なことだった——、あるいは両親のうち少なくとも一方が、事務職を含めたホワイトカラーの職業に従事しているような家庭出身であることも、同様に有利にはたらいた。驚くに値しないことだが、親の教育は中等教育への在籍と最も強く相関していた。これは二〇世紀における教育達成に関する諸研究の知見とも一致しているものである。[59] 中心都市に住んでいることも、有利に作用した。そこには最も規模が大きく最も名声の高い黒人ハイスクールが立地していた。

他方で、母子家庭出身であることは［学校での成功に］不利に働いた。この結果は多くの研究と一致するものである。白人、黒人双方にとって、とりわけ黒人にとって、学業の成就《スクールサクセス》に最も悪影響を及ぼすのは仕事をもっていることだった。実際、就労と教育達成との負の相関は、多くの黒人の若者や家族が困難な選択に直面していることを指し示していた。困難な時代のため、中等教育は、多くのアフリカ系アメリカ人家庭にとって行く余裕のない選択肢となっていた。たとえ若者が直接家計をうるおすことに貢献しなくても、かれらが自活することはしばしば、大いに助けになった。就労の機会をふいにして学校に残り続けることは明らかに、多くの一〇代の黒人にとって、同世代の白人よりもきついことだった。

図1‐1の他の因子は、これらの点を補強している。持ち家という点に現れる家庭の豊かさは疑いなく、両方の人種の若者が労働市場の外にとどまることを助けた。白人であれ黒人であれ女子にとっては、働き口の選択肢は相対的に狭かった。しかし、ことアフリカ系アメリカ人女子の場合は家事労働が支配的なため、選択肢は限られていた。その結果、彼女らの学校教育によって発生する機会費用、あるいは放棄所得はいくぶん少なめであった。男性の世帯主を欠く家庭（母子家庭）出身の若者にとって、たとえ就労はすぐに手に入る選択肢ではなかったとしても、ほとんど確実にもっとせっぱつまった必要の方が学校教育を圧倒していた。ウィルバー・ジョンソンの場合、彼の母親が、仕事を探して学校をやめるよう彼に圧力をかけなかったことが、彼に例外的な経験をもたらした。彼以外の同年代集団の大多数にとって、ひとり親家庭に暮らすことが意味したのは、ハイスクールなど論外だということだった。

各変数との相関係数を比べてみて明白にわかることは、この分析のために利用した因子は、白人に比べて黒人の若者の生活により重くのしかかっていた、ということである。ただし例外は親の職業的地位で、これは黒人の方が値が小さかった。こうなった原因の一部は、白人の方が——とりわけ中心都市以外では——中等教育を手にしやすかったことだけでなく、かれらの社会・経済的環境の優越に求めることができた。ハイスクールに通い、卒業することがアフリカ系アメリカ人にとってはより困難なことであったのは、これらの因子が学業の成就《スクールサクセス》のために必要な能力に、より大きな影響を与えたためであった。黒人に一般的な貧困レベルゆえ、黒人の若者の学業の成就《スクールサクセス》のためにはより大きな相対的優位性が必要であった。

そこで提供した機会や、そこでの生徒たちの達成がいかなるものであったとしても、これらのハイスクールはまた、黒人教育の地位が劣ったものであることを常に思い出させる存在でもあった。最良のアフリカ系アメリカ人向けハイスクールでさえも、拡大する都市部の若者たちを相手に奮闘する中で、気持ちの萎えるような困難に遭遇した。こうした学校で学ぶ生徒にとっては、ハイスクールに通うことはそれ自体、社会的地位の証しであったが、総体としては大多数の者が勉学において後れをとるか、あるいは中退していった。その結果、卒業は、ある者の卓越性をよりはっきりと示す徴にさえなった。それは幸運と、持続して成功することへの決意をもった者だけに限られたものだった。かれらが受けた教育は労働市場においてほとんど有利に働かなかったけれども、かれらは南部の黒人集団の中でエリート部分を代表した。かれらはまた、そう遠くない未来に多くの変革が待ち受けていたにもかかわらず、ジム・クロウ的社会構造の中で気の滅入るような悪戦苦闘を強いられていた。

認証を目指した奮闘

先に述べたように、一九三〇年代および一九四〇年代における黒人中等教育機関の多くは二年か三年間の教育課程を提供しているにすぎず、またそれは乏しい資源とともに始まった。一九四二年のジョージア州の報告書の言を引けば、これらの小規模なハイスクールは、とりわけ「四年制高校のための施設や人員が必要な理由づけができるほど、多くの数のハイスクール生徒がいないところでは……教育の連鎖を途絶えさせないための貴重なつながり」であった。[60]しかしながら、独立した黒人ハイスクールが正当なものだと理由づけすることは多くの学区にとって困難なことであったので、この原則は白人に対してよりもはるかに高い頻度で黒人生徒に対して適用された。このことは、新しい中等学校を開校することを相対的にしやすくさせたが、その大部分は非常に小さい学校だった。ノースカロライナ州では一九四四年時点で、教員が一名か二名しかいない学校が、白人中等教育機関の八%に対し、黒人ハイスクールでは五校に一校に及んだ。六人以上の教員がいるのは、黒人中等教育機関ではわずか四分の一にとどまったのに対し、白人学校では三八%にのぼった。[61] この点における不公平は他州ではさらにずっと大きなものであった。[62] 一九四八年時点のジョージア州では、白人のハイスクールは平均で七人の教員を擁していたのに対し、黒人ハイスクールの平均教員数は四人であった。白人学校の三分の二近くは四年制の教育機関であったのに対し、それとほぼ同じ割合（六三%）の黒人学校は三年かそれより短い期間の中等教育レベルの学課しか提供していなかった。[63] そのような黒人学校はもちろん主に、農村地帯の黒人コミュニティを対象としており、その大半は少人数のスタッフと乏しい資源しか有していなかった。[64]

　そのような配置状況が、授業の性格と品質に関する疑問を生み出したのは自然なことだった。一九四七年版のルイジアナ州学校公報は、「もしハイスクール部門が小学校と同じ建物で運営されていたのであれば、中等段階の学年専用の独立した教室が設置されなければならない」と規定した。そこではまた、ハイスクール部門に在籍する「真正の（bona fide）」生徒は五〇人を下回ってはいけないことも定められた。[65] 言うまでもなくこの規定はしばしば、たとえその規模が一つあるいは二つの教室からなるものであったとしても、既存の学校に新たな建物を付加することを求めるものだった。加えて、たいていの場合二〇〇名以下の、このような少ない生徒の数が、深刻な教育上の困難を引き起こした。おそらくその第一はきわめて限定されたカリキュラムであり、ふつうそれは狭い範囲のアカデミックな教科に限定されていた。すなわち、実務直結型のほとんどの教科が長年にわたり重視され、あるいはミシシッピー州のある役人が述べたように「何をおいてもまず健康と職業に対して」焦点が合わせられてきたにもかかわらず、大半の黒人ハイスクールが売り物にしたのは、その志向性において概してアカデミックな課程であった。[66] これは疑いなく、大半の南部の州が、わずかに英語数単位と歴史といった簡素なカリキュラムしか要件として課さなかった理由であった。科学や外国語といった、その他の専門分野をもつ教師は、見つけるのが大変であり、雇うのに金がかかった。これは広く問題として認識されてはいたが、学校規模と少ない予算から考えて避けられないことだと普通は考えられていた。[67] それは中等教育としては初歩的な次元にとどまっていたが、しかし初等教育修了者に対して勉学を続ける機会を提供するものだった。

生徒や教室とは別の方面からも、ハイスクールに対する要望事項が存在していた。その多くはアフリカ系アメリカ人向け教育機関によって遵守されていた。事実上どこの州においても、教師一人あたりの生徒数、教師の資格、図書館の規模、科学の授業のための実験設備などに関する基準があった。ルイジアナ州では、四年制の学校には少なくとも四名以上の教師がいて、かれらはすべて自分の担当教科の免許をもち、教える生徒数が一週間あたり七五〇名を超えないか、あるいは一日あたり一五〇名を超えないことが求められていた。それらの学校はまた、少なくとも一名の非常勤の図書館司書をおき、最低でも在籍生徒数の五倍の蔵書数をもつことが期待されていた。各学校はまた、可能であればその目的のための専用の教室で、「科学の各科目において実験の授業を適切に提供すること」を確実に行うよう求められていた。(68) さらにそれ以外に、職業教育や芸術系の科目の提供が求められていた。公式報告書によれば、どんなものであれ実験室設備をもっている黒人ハイスクールはきわめて稀であった。いくつかの特記事項、とりわけ学校記録文書の保管に関することがらを満たすため、校長室の設置さえもが求められた。(69) このような要望は南部一帯に広がっていた。そしてそれらは、どこでも基準よりはかなりゆるいものであったにもかかわらず、困窮する農村地帯の学区にとっては大きな脅威となった。

これらの要求項目は［学校の］認証と連動していたため、教育者たちはそれらに応えることに多大の努力を傾注した。一般に、南部のハイスクールが目指していた公的承認は二種類ないし二つのレベルがあった。第一は州の要求基準であり、それは一般に、ルイジアナ州について上記で述べたものに対応している。それらは世紀転換期以降、南部のいたるところにある白人学校に適用されてきたが、それが黒人学校に最初に適用されたのは第一次世界大戦以後のことであった。この種類の認証のための要件は、それが設備や資源の追加を要求するものだったため、多くの黒人学校にとって主要なハードルであった。第二のレベルの認証は南部大学・中等学校協会（ＳＡＣＳ）によって与えられるもので、この州横断的な団体は、一連のカリキュラム面での要望を含む、より詳細にわたる要件を公表していた。二〇世紀の初頭にＳＡＣＳがこうした評価活動を始めた頃、この団体は黒人学校を考慮の対象としようとしなかったが、一九三〇年代初めまでに、黒人学校からの評価の申請を受け付けるようになった。ＳＡＣＳは正式には黒人学校を認証しなかったが、その基準をクリアした学校に対しては、黒人教育機関向けの類似団体である大学・中等学校協会による認証に賛同を与える場合が増えていった。[70] 教師の職業資格や授業負担、平均的な学級規模、図書館と実験設備、そしてカリキュラムの深さと広さに関するＳＡＣＳの要求項目は、州のそれよりも規則として厳しかった。このことは、州の認証を受ける学校数よりも、このレベルの認証《レコグニション》を受ける学校の方がつねに少数だったことを意味した。

大部分の白人ハイスクールにとって、州の認証を得ることは難しいことではなかったので、南部地域の認証《エンドースメント》の方が、より説得力のある卓越性を現していた。地元の学校の優秀性に対するコミュニティの誇りはもちろん重要であったが、もう一つの問題は教育課程と卒業資格に対する高等教育機関からの認証の問題であった。地元の大学は州で認証を受けたハイスクールの卒業資格を認める傾向が強かったが、州の外ではしばしば、入学を志望する生徒の評価の際に南部地域の認証《サーティフィケーション》が求められていた。これはとりわけ、より威信の高い私立の教育機関とトップレベルの公立大学において見られた現象だった。[71] この場合、認証《レコグニション》は地元の名誉以上の問題であった。それは特定のハイスクールの生徒たちにとって、主にかれらが卒業にあたって得る卒業資格の重みに関わって、重要な意味をもつものだった。

その結果、黒人ハイスクールにとって、認証の問題は軽いものではありえなかった。これは教育者の間で繰り返し議論になる点であったし、学校を管理している州の役人たちにとって目下の関心の源であった。しかしながらその理由は、栄誉や大学の入学資格の問題をはるかに超えたところにあった。単一の基準が黒人、白人学校を評価するのに用いられていた限りにおいて、どのレベルの認証《レコグニション》をいくつの学校が受けたかということは、避けがたく人種間での比較のポイントとなった。南部各地の学校年報は、州またはＳＡＣＳの認証を得た学校には、識別できるようにアスタリスクまたは別の記号を付けた学校リストを公表することを常としていた。毎年、白人学校の大部分は州の認証を受け、南部地域の認証を受けるものも増え続け、どちらのレベルで認証を受ける学校数も大きく差が開いていた。一九四〇年代までには、黒人ハイスクールの中で州の認証を確実に受けられる学校がいくつも出てきたし、そのランクも上がってきたが、南部地域の認証《レコグニション》を得ることはまだはるか先の目標だった。このことは、黒人学校と白人学校とで利用可能な資源に差があることを際立たせた。また、黒人学校とその生徒の学力到達度の劣位性に関する大衆の態度を強化させた。[72]

当初から、教育界の指導者たちは共通の認証基準をアフリカ系アメリカ人に対しても適用することの困難性を認識していた。ミシシッピー州のある教育長は一九三九年に、ジョージア州のロバート・カズンズ宛ての書簡の中で、ＳＡＣＳ

の認証要件をどう満たすかという問題をめぐって次のように述べた。「あなた方の学校がどこもこれから財政面で苦しくなっていくときに、もしもあなたのところの黒人ハイスクールが、どんな種類のものであれ基準を満たす努力を続けることができるとしたら、それはたいへん驚くべきことだ」[73]。カズンズの方はといえば、黒人学校の資源が乏しいことに鑑みて、黒人学校向けのSACSの基準の一部を緩和する可能性をさぐることに関心をもっていた。そこには、常勤の図書館司書を雇うという要件に加え、多くの学校が支払い可能なものよりかなり高額な給与水準を定めた、明確なガイドラインがあった。このことを考えると、黒人学校に対しては別に定めた一連の基準を適用することには合理性がありそうに見えた。

しかしながら結局のところ、SACSの役員からも南部地域の認証を受けた黒人ハイスクールの校長からも、別に一連の基準を定めるという発想を追求することへの関心は表明されなかった。SACSの認証を受けていない学校の教育者たちさえも、このアイデアに対して懸念をもった。黒人学校は劣ったものだ、という広く普及した認識と格闘せねばならず、また黒人学校が公的な補助をほとんど受けることができなかった時代において、評価における二重基準はほとんどアピール力をもたなかった[74]。もちろん州政府当局は、黒人学校向けに下げられた基準をあからさまに認めることは、隔離主義政策の根幹をなす「分離すれども平等」原則の下で、必然的に非難を受けることになることをわかっていた。他方、カズンズがSACSのW・A・ロビンソン委員長宛ての書簡に書いたように、学校改善のための補助金を市町村や州政府から獲得するにあたって、この基準は役立つものだった。そして、多くの教育者たちが考えたのは、もし黒人学校に低い要求水準が適用されることになったとしたら、予算面での平等獲得に向けての見込みはどうなるのか、ということだった[75]。良きにつけ悪しきにつけ、認証という試練は来るべき時代のハイスクールにとっても、大きな障壁であり、大きくものをいう評価のポイントとなるであろう。

少なくとも初期の頃は概して、都市や町にある大規模な黒人ハイスクールだけがSACSの承認をかちえることが可能であった。そしてこれらの学校でさえも、過密教室と教師比での生徒数に関して困難に直面していた[76]。また図書館も、南部地域の認証要件は州よりもふつう高いため、常にジレンマであった。SACSの基準は、大学院を修了した、あるいは少なくとも学位取得中の校長がいることを求めていた。そしてこれもまた、多くの黒人学校にとっては問題であった。一九四七年のアラバマ州の報告書によれば、一三八ある州内の黒人ハイスクールのうち、わずか一五校だけがSACSの

表 1-5. 南部カレッジ・中等学校連盟によって認証されたハイスクール（1939-40 年）

州	認証された白人学校	認証された黒人学校	認証された黒人学校（%）	州内の黒人10 代人口（%）
ノースカロライナ	55	18	24.6	29.3
アラバマ	68	10	12.2	35.5
ジョージア	119	14	10.5	35.1
サウスカロライナ	48	5	9.4	48.1
ヴァージニア	82	8	8.9	27.2
ケンタッキー	145	11	7.0	6.6
テネシー	93	5	5.1	16.7
テキサス	245	12	4.6	15.2
ミシシッピー	81	3	3.6	46.5
ルイジアナ	141	4	2.7	36.1
フロリダ	120	3	2.4	28.4

出典：W. A. Robinson, "Some Problems in the Administration, Support, and Accreditation of Negro Secondary Schools," *The Journal of Negro Education*, Vol. 9, No. 3 (July 1940), pp. 474-481. 黒人の 10 代の人口数は IPUMS データから算出した。

認証を受けていた。(77) ミシシッピー州では二三三のうちわずか八校だけであった。南部の大半の白人ハイスクールも、SACSのより厳格な要件を満たすことができずにいた。たとえばミシシッピーでは、全五五一校の白人ハイスクールの中で、認証を受けているのは八八校、もしくはおよそ一五％だけであった。ジョージア州ではおよそ五〇〇校のうちSACSの認証を受けているのは一五三校、三分の一以下だった。これは広く議論されている問題、すなわち両人種の生徒にとって中等教育が相対的に貧困な状態にあることを指し示していた。

しかしながら、たいていの黒人学校にとって、SACSからの認証が最も差し迫った問題だということはほとんどなかった。多くの学校は、かなりハードルの低い州の要件を満たすのに悪戦苦闘していた。表1-5に示されているように、多くの州ではSACSの認証を受けた黒人ハイスクールの数は白人学校のそれに比べごく小さな部分にすぎず、特に深南部においてはそうであった。州の認証について見ても、状況のすさまじさはほとんど同じであった。南部のどこでも、一九四〇年代後半を通じて黒人ハイスクールの大多数は基本的な認証基準を満たすことができなかった。そして最も多くの黒人人口を抱えている諸州で状況は最悪であった。一九四七年にサウスカロライナ州の報告書は、「ハイスクール部門を設置している黒人学校およそ一七〇校のうち、六六が認証を得ていた」と伝えた。これらの教育機関の正確な数がわからなかったという事実、そしてそのうち三分の二近くが未認証であったという事実は、この州の大部分で中等教育がおかれていた窮状を指し示していた。(78) アラバマでは、黒人に中等レベルの授業を提供している機関のうちわずか三九校（二八％）だけが州の認証を受けていた。州教育庁の報告によれば、主たる理由は過密状態と過重な授業負担、図書館と実験室設備の貧弱さ、校長による監督の不適切さ、そして適切な訓練を受けた教師、特に司書の欠如であった。(79)似たような状況はジョージア、ミシシッピー、ルイジアナでも存在していた。認証を受けた黒人ハイスクールの数が最も多いノースカロライナ州においてさえ、ニューボールドの報告によれば二〇あまりの学校が、これらの点、特に教室のスペース不足を理由に、一九四四年に認証を失う瀬戸際に立たされていた。三年後、一六の学校が「州から受けた認証評価を失う……かもしれない不確実な状態にあった」と彼は言明した。またしても、主要問題は建物と設備に関係したもの、「部屋数と備品の不足、そして資源の絶望的な貧困」であった。(80)同時にもちろん、さらなる中等学校や分校が南部のいたるところで開設された。大半の黒人教育機関がこのレベルの公的認証を受けられなかったことは、それらが二流の地位しか占めていないことを露骨に思い出させるものであった。(81)そしてこれらの学校の足を引っ張った欠陥の大部分は、不十分な予算の結果であった。

それとは対照的に、大部分の白人の中等教育課程、多くの場合八〇％かそれ以上のものは、州の認証を受けた。ハワード大学のウォルター・ダニエルは、一九四四年時点の南部全体で認証を受けたすべての公立の中等教育学校のうち、認証を受けた黒人ハイスクールはわずか八％にしか及ばなかったことを指摘した。(82)これはおおむね、学校の基礎資産の著しい格差に由来するものであった。たとえば、一九四八年時点のジョージア州における白人中等学校の図書館の蔵書数は、黒人学校のそれを六倍以上も上回っていた。白人学校の実験室設備の総額は、黒人学校におけるそれの九倍近くにまでのぼった。伝統的に黒人教育機関において焦点とされていた職業教育のための予算でさえも、白人学校が黒人学校の九倍近くまで達していた。白人の中等教育在籍者は黒人の数の三倍であったけれども、これらの格差は州のどこでも資源が不平等であることを示していた。(83)この問題に関して、他の州の数字も似たようなものだった。(84)南部全体に共通する一般的パタンは明瞭だった。すなわちアフリカ系アメリカ人のための中等教育は急速に拡大してきた。しかしそれは最も基礎的な州の基準からさえもほど遠く、南部認証機構のものからも隔たっていた。もしも南部の黒人ハイスクールが、長年にわたる人種間の教育達成および学力到達度の格差を縮めていこうとしていたとしても、その道は明らかに険しく遠いものだった。

結論――不公平の遺産に対する闘争

南部のどこであっても黒人コミュニティは明確に、地域の若者に手がとどくような教育機会の改善に関心をもっていた。多くの場合このことは、極度に資源に乏しい中等教育機関をつくり上げることを意味した。それはしばしば、間に合わせの増築や別館の設置によって、中等学校を既存の学校に接ぎ木し、カリキュラムを支えるためほんの必要最低限の授業と教材を提供していた。白人の学校委員会からの抵抗に直面したときは、かれらは自分の手で資金を集め、時にはその金が、白人の手で浪費されたりかすめ取られたりするのを座視するほかなかった。[85] それでもなお、黒人中等学校は踏みとどまった。そして一九四〇年代における黒人中等教育機関の数の着実な増加は、かれらのビジョンと決意の証しであり、これらの学校に通った若者が増加の一途をたどったことの証しである。

黒人ハイスクールの生徒とかれらを教えた教師たちは、困難な条件の下で奮闘した。多くの大都市の場合のように黒人ハイスクールが比較的めぐまれた施設をもっていたときでさえも、その学校はしばしば過密状態で、使い古しの教科書と実験器具が支給された。そのコミュニティがより厳しい貧困状態にあり、成人の教育レベルがより低かったため、黒人生徒は白人生徒に比べ進級に後れをとり、中退率が高かった。高い教育を受けたアフリカ系アメリカ人にとってほとんど就職の選択肢がなかったため、卒業するまで学校にとどまることに利点を見出すことは、多くの者にはむずかしかった。この状況はその後変化していくが、しかしそれは、黒人高校生の経験を一新するような、南部の教育における革命となることだろう。そのような発展は一九四〇年代初めの時点で予想することはできなかったが、重要な変化はもう地平線にまで来ており、新しい機会の世界はまもなく現れようとしていた。

第2章　大転換――「平等化」と中等教育

2. Sea Change: "Equalizatuin" and Secondary Sclooling

南部における黒人の中等教育在籍者数は二〇世紀初頭を通して増加していたが、一九四〇年代後半はその変化のペースが大幅に加速した。これは、広範囲にわたる農業経済からの脱却に加え、教育その他の社会生活の領域における不平等に対する、地元の黒人コミュニティおよび州当局両者の関心の高まりなど、さまざまな動きによるものであった。アフリカ系アメリカ人の中等教育における最も劇的な変化のいくつかが起こったのは、まさにこの時期であった。もし、特定の時と場所が黒人の教育達成の上昇にとって決定的な意味をもっているとしたら、それは戦後の南部であった。

この重要な動きは、特有の歴史的状況のもとで起こった。これには、地域の人口減少、農業経済の衰退と工業の発展、地方から都市への人口移動と、第二次世界大戦後における人種的優位性のイデオロギーに対する異議申し立てといった状況が含まれる。こうした文脈において、中等教育の必要性を含めた黒人教育の改善を求める声が高まり、前例のない黒人ハイスクール在籍者数増加の時代の幕開けをもたらしたのである。白人の教育関係者たちは、他の種種雑多なグループと並んで、しばしばこの過程における重要な協力者であった。最終的には、広範囲の黒人たちによる学校教育への関心の活力、不平等な教育に対する法的挑戦の有効性、そして白人権力者側における新しいレベルの対応がこうした変化を引き起こしたのである。

人種、教育、そして地域の発展

第二次世界大戦直後、何年にもわたり、南部は多くの課題に直面した。米国の他の地域と同様、南部は戦時中の景気刺激の恩恵を受けてきたが、他の場所での労働力の需要が高まるにつれ、南部は戦時中人口減少に悩まされた。一九四〇年代後半、世界的規模で綿生産が増加し、多くのアフリカ系アメリカ人の暮らしに不可欠である、この地域の主要作物の価格を押し下げた。それに対する一つの対応は綿生産の機械化であり、これにより多くの黒人家族たちが他の形態の仕事を求めて土地から離れることになった。戦争の経済的影響と、その直後における労働力の需要の変化のはざまで、何百万という人たちが近隣の都市に移住したり、南部から去ったりし、農業に従事するアフリカ系アメリカ人の数は一九六〇年までに劇的に減少した。一九四〇年から一九五〇年の間に黒人農場労働者が二五％減少したことに注目して、一九五七年のタスキーギ学院の学校長会合の『逐日議事録《デイリー・マイニューツ》』では、「南部の古い秩序は徐々に消滅している」と宣言された。『議事録』はまた、人種隔離された学校は変化しつつある経済にとっては不適切であり、南部を強化するためには「数世代がこの変化に必要な不安と痛みに苦しまなければならない」と主張した。(1)

経済発展はこの地域に最も必要なことであり、先見の明のあるビジネスリーダーと政治家たちは、旧来の綿経済は最終的には都市化工業化した将来像に取って代わると認識していた。しかしながら、特にアフリカ系アメリカ人はさらなる公正さと経済的機会を求めていたため、人種関係は重要な問題として残っていった。南部における白人指導層にはリベラルな党派が長く存在してはいたが、戦後すぐの時期には、かれらが支配的立場となった兆候があった。歴史家たちが述べてきたように、古くからの白人至上主義イデオロギーは、第二次世界大戦の始まりとナチズムに対する戦いとともに時代錯誤になってきていた。一九四六年にはトルーマン大統領の公民権委員会の設立と、それに続く報告書『権利擁護のために』は、ジム・クロウ［政策］の残忍性と黒人の搾取に鋭く批判的であり、人種関係における新しい色調を示唆していた。(2) それ以外にも、絶えず存在する経済成長の問題があった。アフリカ系アメリカ人たちがかれらの技能を向上させ、より直接的に経済に貢献しない限り、南部は前進することがないであろうことをより多くの白人が理解し始めた。(3) この大部分は、もちろん決定的に学校につながっていた。教育へのアクセスが改善し、黒人学校の質が向上しない限り、工業投資や他のかたちの発展に関する国内の他の地域との競争において、南部は問題を抱えることになるのであった。

戦争直後の時期、州当局の黒人教育に関する考えにもわずかな変化の兆しが見られた。ミシシッピー州の黒人《ニグロ》教育局の白人長官は、「近代的な民主主義の州」は「人々の半分だけが教育と訓練を受け、残りの半分が無知と迷信の中に残され、なおざりにされているままでは、その本来の運命をまっとうすることは期待できない」と述べた。特に、彼は設備の改善と教師教育の必要性、さらに相当数の黒人人口をもつ「各郡に、よいハイスクールを少なくとも一校」設立する必要性に言及した。ミシシッピー州の黒人学校システムは南部で最も貧弱なものだっただけに、この目標を実現するのにはもちろん何年もかかるはずであった。(4) しかしこうした発言はこの先何年もの間に、より当たり前に聞かれるものになっていくであろう。アラバマ州の黒人教育改善に関する一九四七年の記録では、それは「州全体の発展に重要な役割を果たしうる」ものであり、またそれに対する関心の欠如は「州全体の発展を遅らせうる」と論じられていた。このように費やされた資金は「慈善でもなく、博愛でもない。それは投資である」と最後には結論づけている。(5) こうした発言は以前にもなされていたが、戦後すぐの時期にはより多くの反響を得るようになった。N・C・ニューボールドは、黒人教育の低迷した状況に対してより大きな関心を払う必要性を強調し、ノースカロライナ州で同様の主張を定期的にしていた。(6)境界州であるメリーランド州の特別委員会は、一九四九年、州は「白人生徒が使用できる設備と同等の設備を黒人《ニグロ》生徒にも提供するという法的および道徳的義務に直面している」と言明した。委員会は、いくらか不吉な調子で「唯一の代替案は、人種隔離政策の部分的あるいは完全な撤廃であろう」と結論づけている。(7) この報告書は、主に高等教育に関するものであるが、こうした問題は南部のすべての学校教育にもあてはまるものであった。

こうした事柄に関心を寄せていたのは教育指導者たちだけではなかった。『アトランタ・コンスティテューション』は、一九四八年、州は原則として黒人学校の改善のために資金提供する義務があると社説で論じた。「法廷は人種を理由とする教育機会の不平等を許さないだろう」と南部の各州は繰り返し警告してきた」と編集者たちは書いている。「もし伝統的な人種隔離を維持しようとするならば、迅速かつ建設的な措置がとられるべきである」。懐疑的な白人たちによる手紙でさえも、「人種混交」と広く関連づけられていた人種統合よりも、黒人学校の改善の方を慎重ながら明確に支持していた。ある女性は、一九四六年に「善意と教養のあるほとんどの人は、黒人《ニグロ》たちが、よりよい産業教育、さまざまな職業や熟練を要する仕事におけるさらなる訓練、市民としてのより大きな経済的安定と、音楽や演劇、自尊心におけるすべての潜在能力を発達させるためのより多くの機会を与えられるよう願っていると信じています」と書いている。「しかし、白人、黒人にかかわらず、どんな知的アメリカ人も、人種間結婚を前提とする社会的平等を主張することは、（両人種を）敵対させるようなプロパガンダ以外の何ものでもないと見なすべきです」と述べている。(8)

これはもちろん、教育の改善によりアフリカ系アメリカ人がその奴隷的地位に疑問を抱くようになりうると考えていた、多くの抵抗的な白人たちにとっては大きな懸念材料であった。またこの手紙が、黒人のための職業教育という歴史的に根深い構想を提唱していることも明らかであった。(9) しかし、不平等な財政支援に対する法的異議申し立てを受けて、法的介入の恐れが広がるにつれ、南部の当局者たちの中での意見の重心も変化し始めた。かれらは過去には、州による黒人教育に対する支援増加措置を、職業教育向けのものと、体裁を取り繕うだけの最低限の支援に限定することによって、それに効果的に抵抗してきたが、そうすることは次第に難しくなってきていた。新たな時代が始まり、人種と教育に関する新たな視点が現われてきていた。

南部全域の白人の中で、こうした問題に関するコンセンサスがあったと言っているわけではない。むしろ、人種関係に関するより伝統的な考えを好む人たちとそうでない人たちの間では大きな議論が起こった。しかし、歴史的なブラウン判決が白人を守勢に立たせ、権利を主張するアフリカ系アメリカ人に対する保守的な不安に拍車をかけるようになる前に、黒人学校教育の大幅な増強が可能であるようにみえた。とはいえ、最終的に大きな変化を現実のものとするには、黒人による足並みを揃えた動きが必要であった。

高まるいらだち

こうしたことと同時に起こっていたのは、アフリカ系アメリカ人の間での、かれらの学校の質を向上させようとする関心の高まりである。一九五〇年、ジョージア州の黒人《ニグロ》教育局は、「平等な設備、サービス、および機会を求める嘆願書や訴訟の提出に明らかである、子どもたちが利用可能な教育機会に対する黒人《ニグロ》市民の側における高まる不満」に言及した。(10)

こうした関心は、黒人向け出版物においても顕著であり、学校と教育機会の問題にますます多くの記事があてられるようになっていた。黒人向けの『アトランタ・デイリー・ワールド』は、一九四六年の社説で「黒人《ニグロ》の子どもたちにはバスがなければならない。かれらの授業日数をもっと増やし、設備はよくしなければならない」と明白に述べた。(11)要するに、総合的な改善プログラムがすべての教育レベルにおいて求められていた。

この時期を通じて広く使われていた言葉は平等化である。しかし、その意味は文脈によって異なっていた。この言葉が南部の教育においてはじめて登場したのは、一九三〇年代に教師の給料をめぐってであった。多くの歴史家たちが言及してきたとおり、不平等な賃金に対する訴訟にはいくつかの州が加わり、こうした意義申し立てがついには黒人学校で統一した学期の長さを設定することに関しても使われ、これは一九四〇年代初頭までには大部分が達成された。(13)しかし、数年の間に、この言葉は広い意味をもつようになり、黒人学校と白人学校を最も現実的な側面において平等化する努力を意味するようになった。なかでも最も大きな課題であったのは、もちろん、設備の質と図書館や実験室の装備といった、認証報告書における重要事項であった。ニューボールドがこの問題に関する多くの演説のなかの一つで言及しているように、黒人学校の改善はおそらくこの時代における最も決定的な人種問題となった。(14)

南部の白人のほとんどは、おそらくニューボールドや平等化を支持する他の当局者たちには賛同していなかっただろう。しかし、究極的には、法的措置――そして裁判の始まり――の脅威が大規模な変革への道を開く上で決定的になったのは明らかであった。これは賃金平等化においてはノースカロライナ州を除くすべての州で事実であったし、戦後においては、黒人コミュニティはかれらの学校のさらなる改善を得るために、訴訟という選択肢を重視するようになった。ランバートンや、ファームヴィル、あるいはその他の地域で見られたストライキや抗議行動という戦術は、黒人学校への不平等な扱いや黒人生徒への機会の不均等を指摘する陳述書によって勢いを増していった。こうした出来事は、もちろん、進行中であった全国規模の全米黒人向上協会／NAACPによる法廷闘争に影響を受けていた。これは、後にやってくる人種隔離自体への攻撃というよりは、ジム・クロウ政策に関連する不平等に異議申し立てをするという包括的な戦略の一部であった。全米黒人向上協会／NAACPの指導者たちは、平等化を追求することで隔離制度を維持するコストが、途方もなくかさんでいくことを意図していた。[15] 人種隔離された専門教育に反対する、一九三八年の連邦最高裁判所「ゲインズ対カナダ判決」をはじめ、広く報道された一連の判決を通して、焦点は、何世代にもわたって黒人コミュニティが耐えてきた格差へと移行していった。[16] よりよい学校を得るための闘いにおいて、訴訟がいっそう広く利用される戦法となったことは何も不思議なことではない。

ゲインズ判決で確立された前例を用いてＮＡＡＣＰは、公立学校における不公正を糾弾する運動を立ち上げた。まずは教師の賃金に焦点を合わせ、その後に荒廃した設備と、南部の農村地帯を悩ませていた中等教育の欠如を取り上げた。賃金平等化の闘いはメリーランド州で始まり、早くに成功をおさめたが、深南部では断固とした抵抗にぶつかった。教師たちは人種にかかわらず一つの評価基準で賃金を支払われる、という原則を確立するのに、ほぼ丸一〇年にわたり全国的な法廷闘争が必要であったが、それでもなお格差は広く見受けられた。[17] 一九四〇年代の終わりにかけて、ＮＡＡＣＰはその射程を拡大し、不平等な設備に関しても異議申し立てを始めた。ヴァージニア州が焦点となり、州全体で一〇〇を超える平等化の訴訟が申し立てられた。[18] しかしながら、最も広く報道された重大な裁判は別のところで、そして高等教育をめぐって起こったものであった。「スウェット対ペインター」と、「マクラーリン対オクラホマ」の訴訟は、テキサス州とオクラホマ州に対して大学院および専門職大学院への黒人の入学を認めるよう求めた一九五〇年の最高裁判決に帰結した。これは、アフリカ系アメリカ人に対して単に人種隔離された学校を用意すればよい、というのはもはや許されないことを意味していた。何世代にもわたり黒人から学校の機会を剥奪してきた州にとっては、不吉な前兆であった。

一九四八年八月、連邦地域裁判官スターリング・ハッチソンは、ヴァージニア州のキング・ジョージ郡およびグロスター郡の教育委員会に対し、両郡が劣化した黒人用の中等教育施設を運営するのを止めさせる差し止め請求を出した。地元の白人による抵抗を受けて、全米黒人向上協会／ＮＡＡＣＰ代理人マーティン・Ａ・マーティンは、「このヴァージニア州の教育委員会と教育長が態度を変えない限り、九月には黒人《カラード》の子どもと白人の子どもが同じハイスクールに出席することになるだろう」と宣言した。各郡には白人の生徒とほぼ同数の黒人生徒がいたにもかかわらず、どちらの学区も一つとして独立の黒人ハイスクールを提供しておらず、中等学校在籍率はアフリカ系アメリカ人の方がはるかに低かった。ほとんどが農村地帯であるこれらの郡の白人職員たちは、ついには不平等が存在することを認め、新しい施設のための資金を州当局に要請したが、侮辱罪で出頭を命じられた。計画は立てられたが、特に州全域の他の学区でも同様の法的異議申し立てに直面するようになったため、資金調達できるかは不確かであった。最終的には、新しい施設が立てられ、黒人学校の改善がみられ論争も終わりをみせたが、真の平等化が達成されたわけでは決してなかった。チェサピーク湾の反対側でのこれらの出来事は、多くの点において南部全域の学区での動きを予兆していた。衝突を引き起こす対決を辞さない調子は、南部教育における新しい政治的ダイナミクスを意味しており、白人たちは、これまで当たり前だった不平等な学校運営のあり方はもはや受け入れられない、という通告を受けたのである。[19]

キング・ジョージ郡とグロスター郡のケースは、公立学校の不平等と闘う、華々しく勢いのある広範な運動の中で火ぶたを切る先陣の位置にあった。一九四九年、『シカゴ・ディフェンダー』は「学校設備と教師の賃金の平等化を求めるための急速に高まる闘いに関して……五つの訴訟が先週四つの州で開始された」と言明した。記事は、テキサス州、ミシシッピー州、ヴァージニア州、およびノースカロライナ州における新しい訴訟を知らせている。これらの訴訟のうちいくつかは、特にハイスクールの新設あるいは改善の必要性に言及していた。[20] 南部におけるこれらの訴訟および類似のケースは、黒人向け出版物で広く取り上げられた。[21] これは公立学校における長年の格差是正を真正面から目指す、紛れもない訴訟の乱れ打ちであった。鍵となる問題の一つは、言うまでもなく中等教育であった。アフリカ系アメリカ人のハイスクールの不足という観点からは、平等化は変化への強力な推進力であった。[22]

社会的政治的状況の変化

南部の白人にとって、法的異議申し立てだけが教育的不平等に取り組むきっかけだったわけではないが、それは最も差し迫ったものであり、また説得力のあるものだった。それ以外の懸念としては、人口減少、特に黒人家族と労働者の喪失があった。戦時中、アフリカ系アメリカ人たちが北部、西部に仕事を求めて移動するにつれ、黒人の南部からの移住は増加した。[23] 戦後も止まらない移動に、一部の白人たちは、伝統的な労働供給源を維持し、アフリカ系アメリカ人にとって魅力的なコミュニティを作るための学校改革の必要性を訴えるようになった。子どもたちが農村地帯の外へ移動したことも地域の将来を計画することを難しくした。(24) 同時に、急速に進展した農業の機械化は、非熟練労働者の需要を減らし、変化する職務要件を満たすためにさらなる教育が必要となる人たちも出てきた。しかし、こうした問題は、平等化に関して人種統合の可能性と同程度の注目を受けることはなかった。(25) 政治家や教育当局者の意見表明や、論説記事、編集部への投書における圧倒的な感情は、人種隔離撤廃という脅威に是が非でも抵抗しようとするものであった。この恐れの感情は、長年にわたる学校の弊を正す運動を始める強固な基盤とはいえなかったが、出発点ではあった。南部の多くの黒人教育者たちにとっては、それは久しく待望されていた変化であった。多くの人たちは慎重ながらも楽観的になっていた。(26)

一方、白人の学校指導者たちは、人種隔離され不平等な教育を標的とする公民権訴訟を前にして、これまでの政策と実践がもちこたえられそうにないことをすばやく悟った。かれらはよりリベラルな他の白人たちとともに、山積する黒人学校の問題に即座に取り組む行動を起こすよう州議会に要請した。ミシシッピー州の教育長は一九四七年「黒人《ニグロ》教育のプログラムは、ミシシッピーの人々によって、将来的には過去のそれ以上に、普及され運営されなければならない」、さもなければ「それは外部勢力や諸機関によってなされることになるだろうことは明らかだ」と言明した。(27) 同様に、一九四八年にニューボールドは、南部のあちこちでの成り行きを見た学校指導者たちが「ずいぶん前から、のしかかってくる法的圧力を十分に意識していた」と書いている。こうした思いは、他の学校当局者や教育の専門家たちも異口同音に語っていた。(28) アラバマ州の関係当局は、学校教育における不公正是正のためには八〇〇〇以上の新しい教室が必要であり、財源の大幅な拡大が必要になるだろうと推定していた。(29) 南部中の教育団体がアフリカ系アメリカ人の学校により多くの資金を費やす計画を立て始めた。ほとんどの州においてこうした計画書が立法議案にまで届くには長くかからず、黒人学校教育に関する地域の考え方に歴史的な変化を残したのである。

こうした計画に対する白人議員や他の政治的指導者の受け止め方は、決定的に複雑なものであったが、ますます盛り上がる訴訟の行方は、さらに大きな変化が起こりそうだという恐怖心を引き起こした。南部は明らかに国で最も貧しい地域であり、また出生率も最も高いレベルにあり、財政はいつも論争の的であった。たくさんの子どもと少ない財源というのは、南部の州が他の州よりも一般会計からより大きな割合を学校教育に費やさなければならないことを意味していた。そこに加えて、人種隔離を維持するために二重の学校システムを運営しなければならず、それもいっそう大きな懸念事項になっていた。[30] しかし、公正の問題の背景には、南部の白人の多くが猛反対する、人種統合された教育という代替案の脅威が横たわっていた。こうした出来事や関心の重なりが黒人教育、特にハイスクールにおける重要な変化を準備した。一九四〇年代の終わりまでには、アフリカ系アフリカ人の学校に追加の資金を提供するための法律が南部全域で導入された。それはまず、ミシシッピー州にはじまり、一九四六年には設備に対する暫定的な財政支援の波があり、その後一九四八年以降は、他の財源が追加された。こうした方策は、多くの学区でこれらの資金を白人学校にも流用したため、財政面での人種間の差を埋めるには比較的効果が小さかったが、学校のいくらかの増設と教師の賃金上昇が実現した。[31]

立法措置が数年後視野に入ってきた深南部の他の州では、平等化はいっそう大掛かりであった。最大の財政上の変化は、黒人人口が最大のジョージア州で起こった。一九四六年に出された提案に続き、根深い人種隔離主義者である州知事ハーマン・タルマッジは、一九五一年、州ではじめて導入した包括的な消費税に基づいた、一億七〇〇〇万ドルの平等化プログラムを可決する闘いを率いた。歴史家たちは、すべての学校への支出増大への支持を白人からとりつけるため、彼は人種隔離の問題を利用したのであって、黒人教育の改善はこうした取り組みの副産物にすぎなかった、と論じてきた。アトランタの学校で人種隔離を撤廃するよう訴えた、全米黒人向上協会／ＮＡＡＣＰによる連邦裁判所への一九五〇年の告訴「アーロン対クック」もまたきっかけの一つであった。[32] しかし、ジョージア州の「最低基盤整備計画《ミニマム・ファンデーション・プログラム》」が、完全には学校建設の管理を地元当局に任せなかったこともあり、プログラムは絶大な効果を発揮した。[33] 白人指導者たちが地域の将来にとって教育が不可欠であると宣言するようになったため、同様の計画が他の州でもほぼ同じ時期に始まった。それは、人種統合の脅威を未然に防ぐということに加え、増えつつある中産階級層からの政治的支持獲得と経済発展のために必須であるとみなされていたのである。

もちろん全米黒人向上協会／ＮＡＡＣＰと他の黒人団体は、積極的に教育の平等という目標を掲げ、黒人学校の改善を確かなものにするために援助した。[34] こうした取り組みに対する白人の支持が人種統合への恐れと結合していた一方で、多くのアフリカ系アメリカ人たちは、新しい学校資金の約束に気をよくした。人種統合よりも平等化を推し進めるという判断に関する議論があったにもかかわらず、それは起こったのである。多くの人にとっては、慣れ親しんだ施設に目に見える改善がもたらされる方が魅力的な提案であり、それを直ちに手放してしまうことはまだできなかった。結局のところ、それは過去からの劇的な変化であり、物質的恩恵を意味していた。[35] 白人関係者からの保証に助けられ、N・C・ニューボールドは、黒人教育者たちのグループに、「ノースカロライナ州は、残っているすべての格差をできる限り早く排除することを計画して」おり、そしてかれらは「地に新しい歌、天に新しい星」のある未来を期待できると語った。[36] 聴衆の多くは疑いなく賛同した。そして、こうした所感はあながち間違ったものではなかった。政策上重要な変化が進行中であったからである。

ハイスクールの新しい時代

平等化はゆっくりと始まったかもしれないが、全米黒人向上協会／NAACPや他の公民権団体が変化を推し進めるにつれ速度を増していき、ついには全国的な注目を集め始めた。一九五二年、『ニューヨーク・タイムズ』は、南部の州が「全力をあげて」南部の黒人学校を改善しつつある、と報じた。[37] 白人政治指導者たちは、人種隔離された学校に対する法的異議申し立てに不安を抱き、アフリカ系アメリカ人の教育に対する支出を急増させることに尽力した。もし人種隔離が脅かされるのなら公教育を撤廃する、という権利を州知事たちが宣言したのと同時に、かれらは「分離すれども平等」の政策をより擁護できるものにするという希望のもと、黒人学校にさらなる資金をあてる意欲的な計画を整えた。[38] ジョージア州の教育局長《コミッショナー》M・D・コリンズは、「この州における黒人《ニグロ》の学校は白人の学校よりも急速にそして大幅に改善されようとしている」と述べた。ノースカロライナ州は白人学校よりも一〇〇万ドル多くの予算を黒人学校にあて、アラバマ州の教育長W・J・テリーは、アフリカ系アメリカ人のための教育への予算割り当ては「驚異的である」と言明した。アーカンソー州における黒人教育の査定は、一九四〇年から三〇〇％以上上昇していたようだ。同様の発展は、フロリダ州、ヴァージニア州、さらにはケンタッキー州においても明らかであった。いくつかの州では、「この五年間でそれ以前の過去五〇年よりも大きな進歩が成し遂げられた」と『ニューヨーク・タイムズ』は報じた。[39] これはもちろん尾ひれがついた表現だが、州は、南部再建期以来はじめて黒人教育の特定の側面——特に学校の建設——に白人の設備以上の予算を費やしたのである。それを見ていた『ニューヨーク・タイムズ』の記者を含む多くの人たちにとっては、新しい時代が本当に訪れたかのように見えた。

一九五二年、ジョージア州の黒人《ニグロ》教育局は、教師、生徒輸送、教科書のための財政支援における人種格差を撤廃する方策を発表した。白人生徒の教育サービスと輸送手段にかかるコストは黒人生徒のそれをはるかに超えていた。黒人生徒は生徒人口のたった三二％しか占めていないにもかかわらず、州の三二九〇校の半数以上が「有色人種用《カラード》」と指定されていた。[40]これは、ほとんどの黒人生徒が小規模の孤立した学舎《スクールハウス》に通っていることを意味しており、改善のための取り組みの大部分が、古く荒廃した設備を大きく新しいものに取り替えることに集中していた。これは平等化の中心的な推進力となった。ジョージア州は、一九五〇年代前半に、一つあるいは二つの教室だけの黒人学校を一二〇〇以上閉鎖し、他州も同様の学校をさらに数千、閉校した。[41]ほとんどは近代的な学年別学校施設《グレード・スクール》にとって変わったが、ハイスクールの改善も行われた。多くの地域で、こうした発展が、数十年前に白人学校のために広くなされた統廃合《コンソリデーション》という旗印のもとに行われた。こうしたケースでは、郡が運営単位になり、複数の初等学校を通学用バスとともに、中心にある中等学校のまわりに配置するというのが一般的だった。これは、より大規模でしばしば新しい校舎を利用した独立のハイスクールを可能にし、これまでの古く小さな併設学校《ユニオンスクール》よりも幅広いカリキュラムの選択肢を提供できるようになった。[42]

一九五三年、サウスカロライナ州の教育局は、黒人の中等教育機関の統廃合を白人の学校よりもいっそう多く進めることができたと報告した。その報告は特に、アフリカ系アメリカ人の若者のための「一九の近代的で立派な内装を整えた完全装備のハイスクールが完成、あるいは完成間近である」と誇っていた。全体では七年間で、認証された白人ハイスクールの数は統廃合の結果二九九から二八七に減少した一方、認証された黒人中等教育機関の数は七五から九五になった（約二五％増）。報告は「来年中には一〇か一五ほどの黒人《ニグロ》ハイスクールがリストに追加される予定」であり、そして三〇以上の白人教育機関が閉鎖されるだろうと書き加えている。新しく認証された黒人中等教育学校の数が増えるに連れ、白人学校は消失していったのである。[43]サウスカロライナ州は二〇〇〇の小規模学校を一九五〇年代半ばまでに廃止し、大規模校に配属された黒人管理職のための特別トレーニングを推進した。[44]

他の州では、黒人学校の改善は多少異なる趣もあったが、どこでも設備の改善、通学手段の改善と定員拡大により重きが置かれた。より多くの学校が認証されるにつれ、黒人学校の全体数は減少するかほぼ同じにとどまり、一年あるいは二年制のハイスクールプログラムは姿を消した。ジョージア州は、黒人学校に新しい建物を提供して積極的に学校統廃合を進め、ハイスクールの全体数を大幅に減らした。一九五〇年代半ばまでには、州全体の四分の一以上にあたる二五〇〇以上の黒人中等教育機関が閉鎖されるか他校と合併された。全体としてジョージア州における黒人学校の統廃合率はこの時期、白人学校のそれの二倍以上となった。[45] 他の場所においては学校数は劇的には減少せず、一部の場所では増加さえしたが、定員拡大のために新しい施設が提供された。ノースカロライナ州では、一九四五年には教師数が五人以下の黒人ハイスクールが一五〇校以上あったが、一〇年の間に五四にまで減少した。同時に、黒人の中等教育機関の数は七校増加し二三七になった。六人から一一人の教師がいる学校は最大多数を占め、およそ半分にのぼり、白人学校の大部分と同規模の大きさであった。こうした流れはその後も続き、より規模の大きい学校が両人種にとって可能になった。[46] アラバマ州とテネシー州では、多くの小規模学校が残ったようではあるものの、黒人の中等教育機関の数は白人のそれよりも急速に増加した。[47] 同時に、ミシシッピー州の職員たちは、再編成の結果、南部全体の状況を反映して「黒人《ニグロ》学校の数とサイズは絶え間なく変化し続けている」と言明することができた。[48]

学校統廃合にあたり、もちろん生徒たちの通学方法の変更も必要であった。大規模校はふつう人口密集地域の中か付近にあったが、黒人生徒のバス通学の増加によって、大規模校への通学が可能になった。一九五〇年代には、ノースカロライナ州でバス通学をするアフリカ系アメリカ人の割合は約五〇%増加した。五〇年代半ばまでには、州の黒人生徒の四五%近くが公費でバス通学していた。これは、約半数がそのようにしていた白人生徒の割合よりもわずかに低いだけであった。[49] ミシシッピー州政府教育庁は、四五〇〇台以上の新しい鋼鉄製バスが農村地帯の黒人の若者の通学のために購入され、三三の郡での移動手段の需要はすべて満たされたと報告した。州の他の部分でも、さらに多数の黒人生徒を通学させる計画が動き出していた。サウスカロライナ州当局は、二年間でバス通学をするアフリカ系アメリカ人の数は二倍になり、およそ二五万人近くになったと推定した。[50] 学校統廃合と生徒輸送（交通）手段の改善は、南部全域の黒人学校教育の性質の多くを短期間のうちに根本的に変えたのである。

結果として、州の認証を受けるアフリカ系アメリカ人ハイスクールは、資金が広く得られるようになるにつれ確実に増えていった。たとえばサウスカロライナ州では、州に認証された施設は一九五〇年代前半に約五〇%増加して一二二校となり、一九五五年にはさらに三二校が認証申請を計画していた。いくらか低い基準を設けていたミシシッピー州では、なんらかの中等教育をしているおよそ二六〇校の教育機関のうち、その数［認証校の数］は一九五〇年の一五三校から六年後には一六五校になった。二〇〇〇以上の教室が黒人学校に新設されたが、そのうちの多くはハイスクールレベルであった。他の場所での同様の発展は学校へのアクセスを拡大し、中等教育の質の改善に貢献した。アラバマ州における一九二の黒人ハイスクールのうち一九五八年に認証を受けていたのは約半分だけであったが、これらの学校は州の中等教育修了者の四分の三近くを輩出していた。この時期の調査によれば、こうした大規模な学校は幅広いカリキュラムの提供と訓練を受けたよい教師が特徴であった。[51] ノースカロライナ州では、黒人中等教育学校の一〇校に八校が一九五〇年代終わりの時点で州の認証を受けており、これは南部において最も高い割合であった。[52] 一九四五年から一九五八年の間に、白人の中等教育修了者数は三七％しか増加しなかった一方で、黒人の中等教育修了者数は二倍近くになった。さらに一九五〇年代後半には、カレッジに進学する卒業生の割合はどちらの人種でもほぼ同じ約二五％であった。このような発展を考えると、南部全体での黒人ハイスクールの定員は相当拡大されたということに疑いの余地はない。サウスカロライナ州の教育長が一九五四年に述べたように、財政支援の増加は、「人種間の設備の平等にわたしたちを近づけてくれた」のである。[53] 黒人学校と白人学校の間にはまだ相当の開きがあり、完全かつ適切な平等化はほとんど達成されてはいなかったとしても、大きな進歩が見られたことは明らかであった。

教育達成《アテインメント》のレベルの向上

黒人中等教育の変化の兆しは、南部の在籍者数にはっきりと現れていた。表２‐１は、前章で使用したのと同じ一般カテゴリーを使った一九六〇年の状況を示している。ここでもまた、農業従事者か非農業従事者か、また土地家屋所有世帯か借家世帯かという項目が、当時の生活状況における一般的な違いを示す社会経済的地位の指標として採用されている。黒人の若者が主要な関心事項であり、白人の数字は比較のために提供されている。両者ともに、何十年かの調査インターバルの間の進展の水準点をくっきりと示している。

一九四〇年の数字と比較した場合、重要な変化が起こったことは明らかである。まず、すでに述べたとおり、この地域の黒人の若者は農業から離れており、より多くの若者たちが持ち家世帯に暮らすようになっていた。どんな形態であれ農

表 2-1. 南部における 14-17 歳の黒人のハイスクール在籍率（1960 年、%）

家庭の地位	10 代人口の分布率		10 代の中等教育在籍率		17 歳の第 11 学年《ジュニア・イヤー》在籍率	
	黒人	白人	黒人	白人	黒人	白人
非農業持ち家	34	54	64.8	72.1	56.4	71
非農業借家	45	30	47.5	56	39.2	43
自作農（農地所有）	6	11	60	72.9	50.4	70
小作農	15	5	39.7	48.4	26.6	44
合　計	100	100	53	66	44	61.5

出典：IPUMS データ

場に居住する者の割合は、約半分の二一%にまで落ち込み、他方で、持ち家世帯に住む若者の数は二六%から四〇%に上昇し、同様の白人における割合の三分の二にまで接近している。おそらく最も重要なことは、第二次世界大戦直前には最も一般的なカテゴリーであった小作人として生活する世帯の割合が四〇%から六人に一人より少ない割合に下がったことである。こうした数字は、南部の黒人たちが農業雇用から離れるという大きな変化と、かれらの社会経済的地位の向上を浮き彫りにしている。

進歩の形跡は、表2・1に示される在籍率にもはっきりと現れている。この数字は、参加と教育達成に関して前章の表と同じ指標を使用している。学校参加の最初のカテゴリーである、一四歳から一七歳の若者の在籍率は、中等教育機関に在籍中あるいは卒業した黒人および白人ティーンエイジャーの割合である。二つ目の、一七歳時の第一一学年《ジュニア・イヤー》以上の在籍率（卒業を含む）は、年齢にふさわしい学年に在籍できていて「順調に卒業できそう」な生徒たちの割合を示している。この両カテゴリーの数字は、両人種において二〇年前よりも一九六〇年には相当に高くなっていたが、特に黒人において顕著であった。これは、平等化が南部にもたらした影響の動かしがたい証拠である。平等化によって何をおいてもまず、アフリカ系アメリカ人にとってハイスクールがずっと通いやすいものになった。

全体として、高校生の年齢にあたる南部の全黒人の半数以上が中等教育機関に在籍していることになった。これは、アフリカ系アメリカ人の歴史におけるある種の節目であった。この数は白人の割合の八〇%であり、それが三分の一をわずかに超える位だった二〇年前からは劇的な向上であった。第一一学年《ジュニア・イヤー》かそれ以上に在籍している一七歳の黒人は半分以下にすぎなかったが、しかしそれもまた、一九四〇年にはそのレベルの半分でしかなかったことを考えれば改善であった。この値は白人の七二%であり、アフリカ系アメリカ人は白人のレベルには到達していなかった。それが、多くの人が未だ耐えなければならなかった貧しい社会経済的状況を反映していたことには、疑問の余地がない(54)。

最もうまくいっていたグループは、一九四〇年から二倍以上に増えた、持ち家世帯出身の若者であった。かれらの通学率は白人の九〇％であり、過半数をわずかに超える数の一七歳が卒業へのコースに乗っていたと考えられる。自作農の一七歳の在籍率は若干少なくなるが、かれらはティーンエイジャーの黒人人口のわずか六％を占めるにすぎない。借家に住むグループでは、白人、黒人の若者ともに在籍率は低くなるが、なかでも特に小作人として農場に住むアフリカ系アメリカ人は低くなっている。後者のおよそ四〇％がハイスクールに在籍してはいるが、かろうじて四分の一が一七歳で卒業できる見込みであり、同様の白人の割合の六〇％以下にしかならない。非農業従事で借家のグループは、黒人の若者の中では最大カテゴリーとなっており、全体の在籍率および一七歳時の第一一学年《ジュニア・イヤー》の在籍率はともに白人の割合の八五％以内である。小作農地に居住していないほとんどのアフリカ系アメリカ人のティーンエイジャーにとって、一九六〇年までにはハイスクールは平均的な経験となったようだ。これもまた小作農からの移行に関連した、南部の黒人教育における重要な進展であった。

しかし、この時期、アフリカ系アメリカ人の在籍状況における他の変化も明らかであった。一九四〇年には明白であったジェンダー差が、農場居住の若者のグループでさえも縮まった。黒人の在籍者のうち女子はわずかに半数を上回る程度（五四％）であり、前回の三分の二から大きく下がった。ただ小作農家出身者だけで見ると女子が六〇％を占め、まだ大きな不均衡が残っていた。白人在籍者に女子が占める率が五一％だったので、アフリカ系アメリカ人はこれよりわずかに高い率だったが、一九四〇年よりもその傾向はかなり縮小していた。これは、前の時代よりもより多くの黒人男子が学校に通うようになったということである。しかし、男子の在籍率が最も低いのは、労働力が必要である黒人小作農の家庭、特に農業収入に頼っている家庭であった。比較すると、白人小作農家庭の中等教育在籍者数では、約半分（四九％）が男子であった(55)。女子のほうが在籍者が多いというこうした継続的なパタンは、多くのアフリカ系アメリカ人家庭が直面していた社会経済的困難と、若い男性は家業の手伝いとして見込まれていたことの証拠である(56)。

図２‐１は、こうした問題に関する証拠をさらに示している。これは、一九六〇年の大都市圏の黒人および白人の若者

図 2-1. 南部大都市の 14-18 歳のハイスクール在籍に寄与する因子のロジスティック回帰分析（1960 年）

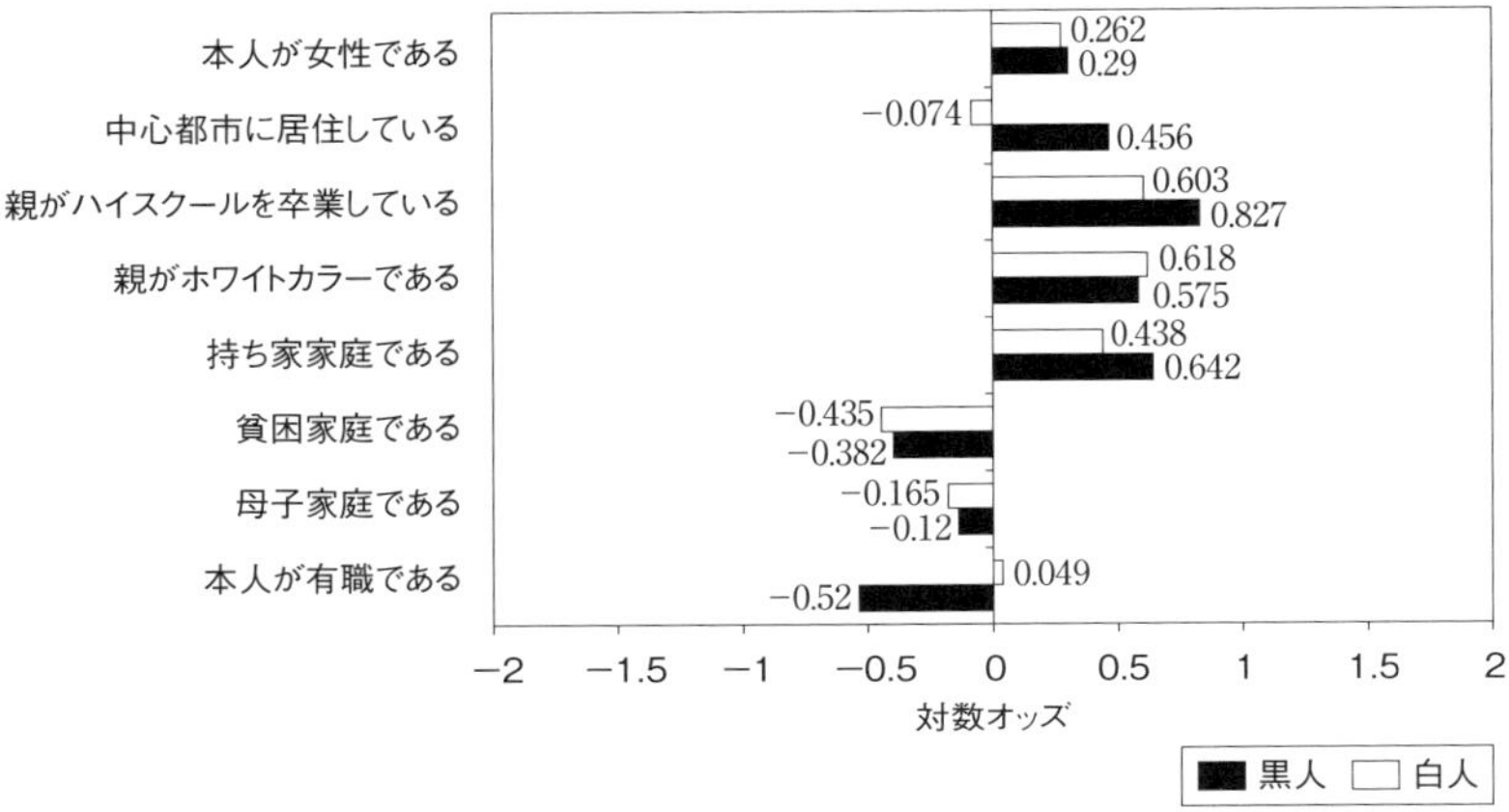

従属変数：ハイスクールへの在籍（か否か）。黒人における母子家庭出身と白人における中心都市在住が5%水準で有意である他は、すべての変数が0.1%水準で有意である。より詳しくは付録Bを見よ。

のハイスクール在籍者数をロジスティック回帰分析した結果を示したものである。この図は、第1章で示された図1‐1と同様「の分析」である。つまり、0より大きい値は、ハイスクールに在籍している可能性が高いことを、0より低い値は、ハイスクール在籍の可能性が低いことを示している。さらに一九四〇年には利用できなかった要素である、貧困状態を示す変数も加えた。全体として、結果は、人種間の違いの大きさはかなり小さくなったが、前に得られた数字と似たり寄ったりなものである。人種差も明らかにあるものの、黒人、白人どちらも通学行動においては同じような状況に置かれていたようであった。両人種とも女子は男子に比べて約三〇%多くハイスクールに通っていた。すべてのティーンエイジャーにとって、親の学歴は、持ち家であることと親の職業的地位とならんで最も重要な、ハイスクール在籍にとっての正の予測変数であり続けた。ハイスクール卒業者の黒人の子どもたちは、ハイスクールを卒業しなかった親たちの子どもに比べ二倍以上がハイスクールに通学していた。白人では、この優位性はそれほど大きな違いをもたらしていなかった。両人種とも、両親の学歴をコントロールした場合、両親がなんらかのホワイトカラーの仕事についているということは同様の強みとなっていた。持ち家の家族は借家の家族に比べて五〇%から八〇%ハイスクール通学の可能性が高くなっていた。白人ではこの要素の重要性はわずかに低かった。学校在籍に関する人種差は縮まったとはいえ、一九六〇年時点では、黒人生徒の生活には白人生徒よりも社会経済的地位［の影響］がまだ大きく立ちはだかっていたようにみえる。

その他にもハイスクール通学への障害となった状況を示す要素がある。連邦政府の定める貧困レベル以下の世帯で暮らしていることは両人種にとってそれだけでハイスクール通学率を三〇％から四〇％減らす最大の問題となっていた。女性が世帯主の家庭で暮らすこともすべての若者にとって障害であり、男親のいる世帯のおよそ八〇％から九〇％の在籍率であった。しかしながら、黒人の若者にとっての単独で最大のハイスクール在籍への障害——あるいはそれに代わる選択肢——は、前に比べれば大きな問題ではなくなったとはいえ、かれらが仕事をもっているということであった。仕事をもっているアフリカ系アメリカ人でハイスクールに通学している可能性があるのは、雇用されていないグループのおよそ半数にすぎなかった。白人には、おそらく黒人より幅広い雇用の選択肢があり、それが若者についても言えるため、この労働による影響はみられなかった。しかし、それはおそらくこの人種間の差のすべてを説明しうるものではなかった。黒人と白人の若者は、約半数が週二九時間以下働き、三分の一が一四時間以下働いており、全体的には似たような時間数働いていた。しかし、白人生徒の半数以上（五四％）がハイスクールに在籍している一方、仕事をもつ黒人では、およそ三分の一（三四％）のみが、ハイスクールに在籍していた。[57] これは、雇用主が仕事と学校のスケジュールの調整を白人生徒に比べ黒人生徒にはあまり許そうとしなかった可能性もあるが、一部のアフリカ系アメリカ人のティーンエイジャーにとって、仕事をもつことが学校に取って代わる歓迎すべき選択肢となっていたということを示しているのかもしれない。

コミュニティのタイプという視点からは、中心都市のアフリカ系アメリカ人は、他の要素をコントロールして分析すると、その他の場所よりも学校に在籍している確率が五〇％高かった。黒人学校建設のための大掛かりな運動にもかかわらず、このことは、ハイスクールがいまだ都市部においてのほうがアクセスしやすかったことを示している。この点においては、都市部の若者は、移住の結果人口が増えても教育上有利であることには変わりなかったようである。

これは、特に頑迷な白人からなる学校委員会が権力を握り続けていたところでの、中等教育に関する平等化の限界を示している。地域の状況もまた疑いなく農場の黒人の若者における低調な通学率に影響していた。大都市に住んでいることが白人のティーンエイジャーにとっては全く有利とはなっていなかった事実と、白人の若者において農業世帯のほうが中等教育在籍率が高かったことは、ともにこのことのさらなる証拠である。南部の中心都市以外に住むアフリカ系アメリカ人は中等教育に関しては不利であったが、白人にとってはそうではなかったと考えられる。

こうした発見は、両人種の在籍率が増加したとはいえ、直接的な社会経済的文脈が両人種の若者のハイスクール通学にとって重要でありつづけたことを示している。しかし、ハイスクールに行くことが、広く見られる規範となったことは明らかである。一九六〇年の各人種の係数が一九四〇年と比べて低いということは、学校が広く利用可能になったことと、中等教育学校に通学する傾向がすべての若者の間で大きくなったことを反映している。継続的な在籍がこれらの要因によって決定されるかどうかは、一九五〇年代の終わりの時点では二〇年前ほどはっきりしなかった。

最も重要なことは、人種間の教育達成の差がまだ残っているとはいえ、劇的に減少したということである。このことは、主な生活状況の相関を示した図２‐１の係数を比較すれば明らかだ。両親の学歴と持ち家であることは、白人よりもアフリカ系アメリカ人にとって重要であることに変わりなかった。しかし、これらの係数の大きさは一九四〇年よりかなり小さくなり、こうした要素は中等教育の達成に関して以前ほど決定的ではなくなったということを意味している。働くことは、白人と比べてより多くの黒人の若者にとって魅力的なもう一つの選択肢であった。またアフリカ系アメリカ人に対する教育は都市部以外では制約があったと考えられる。しかし、一九四〇年に顕著だった教育達成の格差のかなりの部分は縮小した。こうした進歩が維持されるかどうかはもちろんまた別の問題であったが、改善は論争の余地のないものであった。

草の根運動

平等化には限界があったにもかかわらず、学校への財政援助には大きな変化が起こり、黒人の子どもたちは南部全域で恩恵を受けた。ミシシッピー州の黒人《ニグロ》教育局長であるパーシー・H・イーソムが一九五六年に指摘したように、州の人種格差は大幅に縮小した。建設プログラムでは二一〇〇万ドル以上を黒人学校に費やし、その三分の二近くは、過去二年間に費やされた。イーソムは、「すべての黒人《ニグロ》学校が、教具や教材の提供のために公的な税収資金の援助を受けるというのは、この州の歴史上未だかつてなかったことである」と驚嘆した。これはもちろんイーソムが一九二〇年代以来「よろめいていた進歩」と言明するような、長年にわたり広まっていた嘆かわしい状況を強調したものである。[58] 他の白人当局者たちも、おそらくブラウン判決をうけた人種隔離撤廃を回避しようと心配して、この見方に賛同していた。黒人学校の未来はまだ不確かなものではあったが、全体としては、黒人教育にとっては希望がもてる時期であった。[59]

南部全域で、中等教育への高まる関心を表明したアフリカ系アメリカ人による記述が現れた。黒人学校を改善する運動のほとんどは、よりよい、より多くのハイスクールに対する需要が根づよい地域から始まったものであった。たとえば、サウスカロライナ州では、一九四八年、州当局が、認証について問い合わせをしてきた黒人中等教育学校について、次のように報告した。すなわち、八つの新しい学校は認証され、「他のものも来年加えられ、その後七年の間に認証されるだろう」。[60] この報告書はまた、こうした大望を維持するためには学区が財政的に大きく関与しなければならないだろう、とも述べた。同じ年、ニューボールドは、ノースカロライナ州へのさらなる関心を表明した。そこではおよそ四〇校の「開校したばかりかあるいは認証を受けていない」ハイスクールが登場したが、五年以内にそのほとんどが認証を受けるだろうと彼は予測していた。これとともに、彼は「適切な」生徒輸送手段が保証されるならば、州の大部分に黒人のための「十分な数のハイスクール」ができるだろうと感じていた。先を予見して、彼は「ノースカロライナのすべての黒人《ニグロ》の子どもたちのための完全な公立ハイスクール体系を作るには、よく吟味した場所にせいぜい多くて一〇か二〇の学校を作りさえすればよいだろう」と主張した。[61] 他の州の学校行政官たちも同様の意見であり、南部全域で黒人が中等教育を受けることが可能になる時を心待ちにしていた。[62] 学校統廃合と建設プログラムはついにはこうした夢の多くを叶えることになる。しかし、新しい学校が成功するためには、それを推し進める力が学区から出てこなければならなかった。そのほとんどが上手くいったという事実は、地元の努力の証である。社会学者C・アーノルド・アンダーソンは、一九五〇年代半ばの南部について、「黒人《ニグロ》の中等教育レベルへの進学の大部分は、この一〇年に起こったものである」とコメントした。[63]

さらなる中等教育への関心の表れは、学校へと詰めかけた生徒の数であった。黒人ハイスクールの収容力に関する議論における一貫したテーマは、急速に増加する在籍者数であった。ほぼすべての報告書が、人であふれんばかりの教室と教師の過剰な負担を強調していた。たとえばサウスカロライナ州では、一九五三年の州のハイスクール報告書が、公表されたガイドラインを超える授業数を受けもっている割合が黒人教師は二倍近くに達すると報告した。[64] ジョージア州ジャクソン郡の教育長であるフレーリー・エルロッドは一九五九年、黒人《ニグロ》教育局に、「追加の教室スペースの差し迫った必要性」について報告し、「状況の重大さに関する情報を直に」得てもらうための訪問を嘆願した。[65] 認証を取ろうとしている学校と認証を維持しようとしている学校にとって、基準をクリアできない図書館の問題を除けばそれ「教室不足」は最大の頭痛の種だった。学校統廃合と建設キャンペーンの後でさえも、超満員の黒人ハイスクールについての不満は一般的であった。[66]

こうした問題はもちろん資金不足の表われであったが、それはまたアフリカ系アメリカ人の間での中等学校教育への関心の大きさを示してもいた。学校が設立されるとすぐに、認証取得用にそなえられた校舎の定員とスタッフの能力の限度を超えて学校が大きくなってしまうのが常であった。いくつかの州では一九五〇年代に入る頃まで、学校への高い関心を反映して、新しい学校が辺鄙な学区に低資金で定期的に開校していた。中等教育がより広く利用可能になりつつあっても、多くのコミュニティではまだなお黒人の大衆的需要はそれを上回っていた。

このことの証拠は、一九四〇年と一九六〇年における南部の州の黒人と白人の一七歳時の在籍水準を示した、表2-2に明らかである。前述のように、たった二〇年間でアフリカ系アメリカ人のハイスクール通学率は白人に追いついた。この表は、少なくとも第一一学年《ジュニア・イヤー》に進み在籍中か、あるいは卒業した一七歳の割合を示している。前述のように、これは卒業率の指標と見なすことができる。

もちろん、この数値には、各州それぞれの事情を反映して、南部内でかなりの差異があった。たとえば、この表によれば、ミシシッピー州は一九四〇年に黒人の教育達成が最も低いレベルであったが、二〇年後もなお同じ位置を占めていた。一方、最も黒人のレベルの高かったのは、「アッパー・サウス」のノースカロライナ州やテネシー州であった。[67] こうしたパタンは世論にも反映しており、教育改革における南部の指導者はしばしばノースカロライナ州に存在した。[68] 他方、ミシシッピー州とその他の深南部の州は、特に貧しく、一九五〇年代、平等化措置を実施する際にしばしば困難に直面した。[69] 南部のこの部分では、教育的不平等を形作った歴史がずっしりと重みをもっていたのである。

第1章で述べたように、一九四〇年時点では多くの若者が、単に地元の学校が二年以上の中等教育を提供していないという理由だけで第一一学年《ジュニア・イヤー》に進むことができなかった。表2-2は、在籍者総数と同じくこの次元でも人種格差が非常に大きかったことを明らかにしている。どちらのグループでも、一一学年まで到達するのに成功した若者は比較的少なかっ

表2-2. ハイスクール達成のパタン、17歳における第11学年《ジュニア・イヤー》あるいはそれ以上の学年への在籍%
（既卒も含む、1940年と1960年）

州	1940 黒人生徒	1940 白人生徒	1940 黒人生徒の白人に対する割合	1960 黒人生徒	1960 白人生徒	1960 黒人生徒の白人に対する割合
ヴァージニア	7	32	20	47	57	82
アラバマ	5	25	20	38	64	59
アーカンソー	9	29	31	44	69	64
フロリダ	8	30	27	43	70	61
ジョージア	5	29	17	39	59	66
ルイジアナ	4	41	10	44	61	72
ミシシッピー	3	30	10	30	59	51
ノースカロライナ	12	34	35	46	58	79
サウスカロライナ	6	36	17	39	55	71
テキサス	15	34	44	52	61	85
ケンタッキー	3	20	15	55	56	98
メリーランド	19	34	56	57	69	83
テネシー	11	22	50	50	58	86
ウェストヴァージニア	11	22	20	60	61	98
合　計	8	30	27	43	61	70

出典：IPUMSデータ
＊オクラホマ州については、得られた17歳の黒人の数が在籍レベルを推計するには少なすぎたため、除外している。南部全体の達成率がこの表と先の表2-1で若干異なるのはこのためである。

たが、黒人でそこに到達した割合は白人の二七%にすぎず、かれらが利用できる資源に大きな不平等があることを反映していた。

一方、同じように計測すると、一九六〇年までにはどちらのグループの教育達成も大幅に伸びていた。白人は二倍以上になったが、アフリカ系アメリカ人は五倍以上になった。これもまたすべての若者にとって、より多くの資源が利用可能になったことと関連していることは疑いの余地がないが、とりわけ黒人には平等化によって多くの資源がゆきわたった。小規模で短縮化した中等教育プログラムを、大規模で近代的なハイスクールに置き換えたことにより、より多くの黒人生徒が勉学を成就できるようになった。一九六〇年までには、一七歳で卒業する見込みのアフリカ系アメリカ人の若者は、白人の七〇%であった。これもまた、一九世紀後半から存在し続けてきた教育達成における格差を縮小する道のりの大きな一歩を示していた。

表2-2からは、いくつもの示唆に富むパタンを見てとることができる。アッパー・サウスの州では、はじめから小作農の数の少なさを反映して高い在籍率を示していたが、他の州では一九六〇年までには

人種間の差の大部分が解消した。「ブラック・ベルト」州であるミシシッピー州とサウスカロライナ州は遅れをとっており、ジョージア州も、南部の平均を追っていた。しかし、これらの州では白人の教育達成も比較的低かった。こうした差異のほとんどは、黒人コミュニティとそこに住む生徒たちの状況と関連していたことは間違いない。事実、表2-2にある全一四州における黒人の教育達成と、貧困レベルおよび農場居住のティーンエイジャーの両方を示す因子スコアの相関は-.78であり、それはハイスクールでの学業の成就《サクセス》における州の間での開きの半分以上を説明していた[70]。平等化は少なくとも州の教育達成レベルに関しては、南部全域において同じ影響を与えたのではなかった。

こうした差異を踏まえると、特定の州が他の州より教育の面でうまくいっていたことが明白である。ヴァージニア州、テネシー州と特にノースカロライナ州を含むアッパー・サウスでは教育支援の伝統があり、より広く教育達成の機会が提供されていた。他方、約四〇%の黒人の若者が農場に居住していたミシシッピー州では、ハイスクール修了は特に困難であったと考えられる。隣接するルイジアナ州とアラバマ州では、農場に住むティーンエイジャーは六人に一人以下と、黒人コミュニティはより都市化されており、それに応じて高めの教育達成を示していた。さらに黒人の都市化が進んでいるウェストヴァージニア州やケンタッキー州といった州では、アフリカ系アメリカ人の教育達成は白人の若者のそれとほぼ同じであった[71]。すべての州で中等学校教育の機会は劇的に改善したが、恩恵を受けた黒人の若者の数においては地域内で大きな差異が残っていた。

よい黒人ハイスクール

上記のような成長のダイナミクスを考えると、一九五〇年代と一九六〇年代初頭は、全体として南部の黒人ハイスクールで勉強したり、あるいはそこに通学するのにはよい時代であったことにはほとんど疑いの余地がない。これにはかなりの差異が各場所で存在しており、状況が理想的であったというわけではない。しかし、比較的短い間に状況は大幅に改善した。アフリカ系アメリカ人の学校の改善のために、中等教育機関への新しい施設の提供を含む、州政府からの大きな資金援助がはじめて行われた。生徒たちもまた、さらなる援助を受けたよりよい初等学校で準備をすることができた。訓練学校、あるいは下級の小学校《グレード・スクール》の延長として始まった古いハイスクールは、予算面はともかくとして、規模と外観においては統廃合の結果として多くの白人学校に引けをとらない新しい学び舎になった。よく知られた例は、ヴァネッサ・シドル・ウォーカーがその研究において学校の教育成果に光を当てたキャズウェル郡立訓練学校である。この学校は一九五一年に、新しい施設のためにノースカロライナ州から二四万五〇〇〇ドル以上の援助を受けた。ニコラス・ロングワース・ディラードの優れたリーダーシップのもと、この学校にはついには一〇〇〇人近くの生徒が在籍し、南部の認証を取得して、有能で面倒見のよいスタッフで知られるようになった。ディラードはその開校以来三四年間唯一の学校長であり、ウォーカーによるディラードの経験とリーダーシップについての注意深い記述は、この時期の優れた黒人教育機関の多くの強みの鮮明な描写となっている。(72)

ウォーカーの研究は南部の黒人中等教育に関する最もよく知られた調査かもしれないが、ほとんど唯一のものというわけではない。人種統合時代以前のアフリカ系アメリカ人のハイスクール経験を描いた研究が続々と生まれた。そこで一貫して強調されたのは、生徒が学校教師およびコミュニティの双方から受けたサポートだった。(73)こうした研究はまた、黒人教育機関におけるカリキュラム、そこでのスタッフや学校を維持したコミュニティに関する多くの情報を提供してくれた。一連の研究から出てきた主なテーマは、これらの学校が（職業教育ではなく）勉学を重視する傾向、教室の内外で生徒が受けるサポートのレベルの高さ、教師や職員が示している配慮と気遣い、そしてジム・クロウ〔政策〕の差別的な現実にもかかわらず多くの生徒達が身につけた自信、などであった。(74)

特に重要なトピックは、高等教育への準備に重きが置かれていたことである。全般的にアフリカ系アメリカ人の教育機関は、ブッカー・T・ワシントンの時代から一九三〇年代に至るまでの黒人教育の特徴であった、職業的あるいは工業的技術の教育に熱心であったわけではなかったと考えられる。いくつかの南部の州はアフリカ系アメリカ人のための農業教育を重視していたが、農業セクターの経済の衰退により、それはカリキュラム内でますます重要性の低い要素となった。ほとんどの黒人教育機関では、基礎的なアカデミックな諸科目が開講されていたが、その理由は、それ以外の科目で必要とされる専門的な教師や追加の施設が不要だったからである。職業教育は専用の空間と備品が必要であり、多くの学校は下級学校にわずかな増設をしただけで始まったため、授業はしばしば初等学校で教えている科目の延長であった。

一九五〇年にノースカロライナ州の教育長が語ったように、「ハイスクールの大部分」のカリキュラムは、五つの科目に限られていた。すなわち、英語、数学、社会科、科学、外国語である。他の州でも田舎の学校に関して、似たような報告が行われていた(75)。

キャズウェル郡立訓練学校のディラードのように、地域の黒人教育者たちとコミュニティの支援者たちは、しばしば教育委員会《スクールボード》の許可を得ずに中等教育を始めたため、認証されるべき公式のカリキュラムがなかった。その代わり、開講科目は学校が大きくなるとともに増えていき、時間が経つにつれてより広範になり分化していった。ほとんどの黒人ハイスクールは特に農村地帯では比較的小規模であるため、カリキュラムは大部分がアカデミックな性質のままであった。ノースカロライナ州の教育長の報告では、学校に六人以上の教師がいない限り、一つでも職業教育の授業を行うことはきわめて困難であるとされていた(76)。一九六〇年代初めのノースカロライナ州の黒人ハイスクールの学校長たちへの調査で、フレデリック・ロジャーズは、これらの学校の九〇%以上で開講されていた唯一の職業科目は家庭科だったことを発見した。他方、工業技術は七一%の学校で行われているとされ、それは、それぞれ八〇%以上の学校で行われていた外国語教育、ビジネスの授業、あるいは音楽よりも低い割合であることが報告された(77)。これが示しているように、アカデミックな授業が通常優先されていたのである。これは、地域の要望を反映したものかもしれないが、認証のために不可欠な勉学上の要素に関する州の規定のためでもあった。すべての南部の州は、程度の差こそあれ、アカデミックな基礎的カリキュラムを認証のために求めていたのである。こうした授業は必要でもあったが、しかし、南部地域の認証のためにはまだまだ不十分であった。そのためには、通常、より高いレベルのアカデミックな授業が求められていた。農村地帯の小規模な学校では、平等化のあとでさえも職業教育はなかなか手の出ない贅沢であったのである。

学校の比較的限られたカリキュラムにもかかわらず、こうした学校の認証のための報告書とともに提出された目的説明書では、しばしば包括的な教育方針が強調されていた。たとえば、ノースカロライナ州の農村地帯ゼブロンにあるジェイムズ・E・シェパード高校の一九五五年の目標には、コミュニケーション、思考、市民性、道徳、「日常生活における科学の役割」、美の鑑賞、健康と安全、余暇活動、「子どもが満足のいく個人的な調整をするのを動機づけること」が含まれていた。報告書には、「どこに住んでいるかにかかわらずすべての若者は特定の共通したニーズをもっているため、わたしたちはカリキュラムにおける基礎的な授業でこうしたニーズを満たそうとしています」と書かれていた。それはまた、ジョン・デューイからの引用を取り上げており、これは、スタッフの進歩主義的な考えと、生徒たちを急速に変化する世界へと準備するという決意のさらなる証拠であった。このような叙述は、特にノースカロライナ州では、こうした報告書によく見られたが、その他の場所でも一般的であった。黒人教育者たちは、かれらの教育機関とコミュニティの厳しい状況にもかかわらず、専門職教育の世界における進展に後れをとらずにいた。[78] これは州および南部の黒人教育者団体、特にほとんどの州で機能していた校長たちのグループからしばしば準公式的な形で奨励されていたことであった。黒人教育者たちを北部の教育機関へ大学院での勉強に行かせるという州の方針により、多くは進歩主義的な思想と実践に精通していた。かれらの南部の団体は、情報と意見交換のためのネットワークを提供することで、専門的なアイデンティティと基準を維持することを手助けし、各地域の状況や出来事についてより幅広い視野を提示していた。[79] こうしたつながりは、学校の目的を述べる際に表現されているような前向きで進歩的な感情を後押ししていた。

これにはもちろん例外もあった。一部の黒人校長たちは、新しい考えを学ぶことに無関心な様子の教師たちあるいは認証のための計画を気に入らないコミュニティについて、不平を漏らしていた。[80] しかし、州と南部地域から認証された学校数の漸増は、こうした問題はむしろ少なかったことを示唆している。この時期の一般的なテーマは、学校に通学し卒業していく生徒たちの数と学校教育の質の両方における改善であった。南部のいくつかの地域では、アカデミックな指導にあまり重きを置いていなかった。ミシシッピー州コリンスにあるイーソン高校には一一人の教師がおり、外国語教育は行われず、多くの職業教育の授業が重視されていた。しかし、地元の白人四年制ハイスクールでも外国語教育は行われておらず、そしてまた多くの職業教育の授業を取り揃えていた。通例、最も黒人人口の割合が大きく南部で最も貧しいミシシッピー州では、中等教育学校におけるアカデミックな資源は少なかったと考えられる。[81] 他方、隣接するアラバマ州については、一九五八年の黒人ハイスクールの授業提供に関する研究によって、ほぼ全校がアカデミックなカリキュラムを中心にしていたことが明らかになった。その研究によれば、学校規模と認証は実際、より専門化した科目、特に数学と科学の科目が開講されるかどうかには影響があるが、このこと［アカデミックなカリキュラムが中心であるかどうか］とは無関係であった。[82] 少なくとも基礎的な科目に関しては、黒人と白人の中等教育学校におけるカリキュラムの概要には比較的小さな違いしかないということをさまざまな証拠が示している。全般的に存在していた違いは、より専門化した科目、特に数学と科学においてであった。白人ハイスクールのほうが規模が大きい傾向があるため、こうした分野のより高度な授業を提供することができたのである。

黒人教育機関のもう一つの重要な学業上の強みは、この時点で白人のそれよりもよいとまではいかないが、それと全般的には同等だったと思われるスタッフの資格要件であった。二〇年前に存在していた資格における人種格差を、黒人教師たちが縮めたことを多くの証拠が示している。たとえば、サウスカロライナ州では、一九五八年に黒人《ニグロ》教育局が、カレッジ卒の黒人教師の数は三二%から九二%に、修士号をもつ教師数は二%から一三%に増加したと報告した。[83]同様の改善は他の場所でも起こっていた。国勢調査のデータによれば、大学院での訓練を受けた白人の割合はわずかに黒人よりも高かったが、南部の州においては大学卒の黒人教師の割合は、一九六〇年までには南部の州においては同様の教育を受けた白人教師の割合を超えていた。黒人の中等教育の教師が白人のハイスクール教師にどの程度匹敵していたのかを言うのは難しいが、ノースカロライナ州の黒人校長へのロジャーズの調査の回答者たちは、かれらの学校の大部分の教師が修士号をもち、最上級の教員資格をもっていたことを示唆していた。これはこの時期の黒人学校に関する他の調査とも一致している。[84]一般的にいって、よりよい教育を受けた教師たちは、賃金と評判がより高い中等教育機関にたどり着くことが多かったようだ。したがって、少なくとも正規の学校教育に関しては、黒人のハイスクール教師は白人のハイスクール教師に比肩しうるものだったということができるだろう。給与算定のために一部の南部の州で使用された教育テストで、黒人教師の成績がいくらか低かったという証拠があるが、これが中等学校教員全体に言えることなのかどうか、あるいはそれが教育的効果において特に重要な事であったのかどうかを知ることは不可能である。[85]こうしたすべての利用できる証拠から、これらの学校に配置された黒人教師たちは高い学識を備え、ハイスクールを超えた教育を受けようとしている生徒たちにとっては圧倒的なロールモデルになり得たといえるだろう。

「よい黒人ハイスクール」研究の中心は、生徒たちが中等教育の間に得た多くの有意義な経験についての記述である。元生徒たちに対するわたしたちのインタビューでも、同様のテーマに出会った。ほとんどは、教師や職員たち、家族、コミュニティから受けた支援と励ましについて詳しく説明したものであった。これは、アトランタのブッカー・T・ワシントン高校についてもあてはまる。同校の卒業生の多くが、両親や地域の人たちとともに教師が決定的な援助をしてくれた、とを認めていた。ブランドン・カーターは一九五〇年代初頭にワシントン高校に通っていたが、それが「楽しく、教育的で、やる気のでる」場だったと表現した。ワシントン高校の教師たちが、勉学上の課題の説明やレストランでの食事の仕方や「成功のための服装」といった「社会的スキル」を教えるのに、時間を取ってくれたと彼は回想してくれた。教師たちは彼にカレッジ進学を勧めた。そして彼はいくつか奨学金を得てモアハウス、そして後にタスキーギ学院に進学したのである。

わたしたちのインタビュー回答者は、黒人の若者の生活において他の大人たちが果たしていた重要な役割についても話してくれた。一九五六年にハイスクールに入学したベティ・スモールが述べたところでは、ワシントン高校は教師たちが厳格なルールを保持していた場所であり、その規則はコミュニティによってさらに強固なものになっていた。それは「自分に期待されていたことは何でもやり、そしてそれを超えて行く」場所であり、近所では「もし問題になってそれを誰かに見とがめられたら母親に通報が行くため、できない類のことがあった」と彼女は語った。教師たちは生徒の家庭を時間をとって訪問し、親とかれらの学業について話し合った。ロジャー・リチャーズは、ノースカロライナ州のジョーンズ郡で育った際の同様の経験を語った。彼の教師たちはすべての生徒を助けることに関心をもち、「遅れている」生徒たちにはさらに骨を折って尽力していた。ミシシッピー州コリンスのハイスクールに通学し一九五〇年に卒業したグロリア・チェンバーズは、もし生徒たちが学課をやらない時は教師たちはお尻を叩き、親に連絡したと語った。一九四〇年代後半には学校の合唱団があり、学校の資金はわずかであったにもかかわらず、校長や教師たちによって数多くの生徒のクラブが組織されていた、と彼女は回想している[86]。

これらのエピソードは、生徒、教師、そしてコミュニティがさまざまな形の偏見に直面したにもかかわらず黒人ハイスクールが成功した理由を説明する要素を浮かび上がらせている。もちろん、記憶は時に感傷的であり、不満のある元生徒たちは間違いなくオーラルヒストリーのインタビュー調査に参加することが少なかったはずだ。しかし、多くの人々がかれらの教育機関から恩恵を受けたことは、ほとんど疑いの余地がないことである。さまざまな理由で退学した生徒たちでさえ、インタビューではしばしば「よい時代」だったと強調していた。こうした発言は一般的であり、黒人コミュニティにおいて教育への献身が広く受け入れられていた価値であることを示している[87]。多くの若者がこうした感情に前向きに応え、学業の成就のために時間と努力を費やした。それは、黒人ハイスクールの経験を描いた一連のインタビュー調査で明らかである。これもまた、一九四〇年代および一九五〇年代における黒人の中等教育在籍と卒業の増加に貢献していた。黒人ハイスクールは、そこにやってきた多くの生徒たちに、快適で支えとなる環境を提供し、かれらの人生を数えきれないほど多くの形で変えることになる学習経験を提供した。これはおそらくこの時期のアフリカ系アメリカ人の中等教育における最も力強い遺産であろう。

白人の抵抗と黒人の疑念——改革の限界

黒人学校のめざましい向上という熱気にもかかわらず、南部にいる白人の大半は人種統合を恐れているがために平等化を支持していたこともますます明らかになってきた。公正という原理への関与が根本的にほとんどなかったために、それは、黒人学校が本当の意味で白人学校と平等になることを阻んでいた。『ニューヨーク・タイムズ』は、一九五四年、歴史的な「ブラウン対教育委員会」の最高裁判決の直後に、平等化運動について追加の記事を発表した。ヴァージニア州、ウェストヴァージニア州、フロリダ州、ノースカロライナ州、サウスカロライナ州、ジョージア州、アラバマ州、ルイジアナ州、アーカンソー州、ケンタッキー州での進展に触れながら、同紙は、四つの州だけで一億ドル以上が黒人学校の運営に費やされ、さらに数百ドルが建設キャンペーンに割り当てられたと報じた。[88]しかし、またそれ以上の金額が白人教育にも費やされ、両人種が利用可能な学校教育の質にはかなりの格差が残っているとも論じていた。一九五四年のブラウン判決の数ヵ月後には、ジョージア州知事マーヴィン・グリフィンが、「衝突や動揺、暴動からの保護を形作る」だろうと彼が約束した学校人種隔離条項《スクールセグリゲーションアメンドメント》を支持するよう、有権者に要請した。[89]言うまでもなくこれが、南部全域での「平等化運動」のもう一つの顔であった。ほとんどの州において、黒人学校改善への支持を勝ちとるためには、白人教育への大幅な財政支援上積みを含む政治的妥協が必要であった。一九五六年にロバート・カズンズが率直に述べたように、ジョージア州の包括的な建設プログラムは、州のすべての子どもたちに近代的施設を提供するために設計されており、もしある程度の平等化が生じたとしても、それは必ずしも意図したものではなかった。[90]なお継続する不平等にアフリカ系アメリカ人が目を向けるようになり、とりわけ平等化への熱がさめ始め訴訟の焦点が人種隔離撤廃へと移り始めた時期になると、同様の指摘は他州でも見られるようになった[91]。この時期の南部における学校改善をめぐる政治的駆け引きはこのようなものであった。もし上げ潮がすべての船を持ち上げるならば［黒人教育への支援がすべての子どもに恩恵をもたらすならば］、黒人教育への財政支援増加という困難な提案も、少なくとも州レベルでは白人有権者たちに納得してもらうことができる、と考えたのだった[92]。

『ニューヨーク・タイムズ』は、サウスカロライナ州をはじめいくつかの州で、白人への財政支援よりも黒人学校への財政支援の方が手厚かった事実を見出したが、南部の大部分ではそうではなく、また黒人学校がより多くの支援をうけていた例においても、恩恵は一時的なものであった。いくつかの州の平等化について調査してきた歴史家たちは、平等化運動の影響が、一九五〇年代になされた重要な改善を超えて、白人学校の優位性を著しく脅かすことは全くなかったことを証明している。その主な理由は、白人が支配する学区からの抵抗であった。こうした学区は通常、新設の学校と運営費を受けもつことと、州からの支援の配分を監視することになっていた。この時期のはじめには、州の予算割り当ては人種間でほぼ均等に分割されていたにもかかわらず、ミシシッピー州の各地域の学区は黒人学校の三倍近くを白人学校に費やしていた。一九五〇年代のミシシッピー州の支出は大幅な平等化に帰結したとはいえ、三二ほどの郡では黒人学校の建設に全く資金は費やされず、アフリカ系アメリカ人のための新しい学校施設全体の半分は、ジャクソン、ビロクシ、ガルフポートの町に建設されていた[93]。

多くの農村地帯では、地方当局が黒人教育のための資金を増やすことには強く反対していた。一九五七年、新しく州の黒人《ニグロ》教育局長に任命された白人レイマー・フォーテンベリーは、「人種間のよい関係を維持するために、ミシシッピー州の人々は白人も黒人もすべてのコミュニティが真に学校施設を平等化するための責任を果たすよう協働しなければならない」という嘆願を発表した[94]。しかし、多くのコミュニティの白人にとっては、人種統合の脅威のほうが、地元の税収をアフリカ系アメリカ人の学校の支援に費やすという問題より、現実味のない遠いことであった。結果として、黒人学校の改善はそれが行われるとすればしばしば州の資金によるものに限られていた。ジョージア州やノースカロライナ州、サウスカロライナ州のような他の州では、州政府が、いつもうまくいったわけではないが、資金を活用するよう、いっそう強く圧力をかけていた。[95] これが、南部での変化のプロセスをいくらか不均等なものにした。それはまた、黒人学校への資金が停滞しているために、本当の教育の平等化は、仮にそれが実現されたとしてもごく稀であるということを意味していた。一九五八年、ジョージア州の黒人《ニグロ》教育局の白人の局長は、州の「最低基盤整備《ミニマム・ファンデーション》」キャンペーンが始まってから七年以上たつのに、「かれらがほとんど何も持っていないことに驚愕しあぜんとした」と感慨をもらしていた。[96] 地元の抵抗は変革への主たる障害であり、それは本当に手強いものであった。

アフリカ系アメリカ人の指導者たちは平等化運動の限界を認識しており、白人の人種統合に対する深い嫌悪感も理解していた。南部の各州が黒人学校を白人学校と完全に平等にするとの考えに対する黒人の反応は当初から、当然ながら両義的で緊張をはらんだものだった。『シカゴ・ディフェンダー』が一九五一年に社説で論じたように、南部の州による黒人学校の「熱を帯びた」平等化は財政的に可能なものには見えず、それゆえ人種統合は教育的不平等に対する唯一の現実的な対応であった。[97] 多くの南部の黒人たちは、長年の表裏ある対応と嘘の約束のせいで、有意義な変革の見込みに対して少なからぬ疑念を抱いていた。一九五二年、『アトランタ・デイリー・ワールド』は、「わたしたちは、学校資金を使う権限のある人たちが、たとえ学校を「十分に平等」にするためであっても、進んで黒人学校に十分にお金を費やすつもりがあるのかどうか疑っている」と言明した。議会により一〇〇〇万ドルが学校建設のために割り当てられたことについて、この新聞の編集者たちは、それでは黒人学校だけにとっても不十分であると考えていた。「もしわたしたちがこの資金の大部分を手に入れたいのであれば……そのために精力的に戦わなければならない」。そしてこの記事を「わたしたちは学校行政官たちに、単なる改善だけではなく**平等**の権利がわたしたちにはあることを知らしめなければならない」と語気の強い宣言で締めくくった。[98] 前述のように、ジョージア州の当局者たちはもちろん最終的には、建設キャンペーンは決して学校の平等化を意図したものではないと認めたのである。

平等化の限界は広く他の場所でも見られた。歴史家チャールズ・ボルトンは、アフリカ系アメリカ人教育者のさらなる雇用と新しい学校施設を約束した州知事ならびに白人政治指導者たちに対する、ミシシッピー州の黒人指導者たちの慎重な反応を記録している。全米黒人向上協会／NAACPが一九五〇年代初頭に方針を変え、平等化を主要な焦点から外して、その法的・財政的資源を学校での人種隔離への直接的反対闘争に振り向けることにしたことは広く知られていた。黒人教育者たちもまた、人種隔離撤廃の脅威が有効でなければ、平等化は決して有意義な方向には進まないということを理解していた。同様の反応は、平等化が一般的な戦術として議論された際、南部全域の他の州でも顕著であった。[99] R・スコット・ベイカーがサウスカロライナ州に関して述べていたように、「不承不承の州当局者たちに学校施設を平等にするよう仕向けたのはただ一つ、人種隔離をめぐる決戦であった」のだ。彼は、「この州の政治的実権を握る人々は、警察の棍棒が頭の上に来るまで、そして来ない限り、決してきちんと対応しない。そしてかれらが恐れる唯一の警察は、連邦裁判所である」と言明する地元紙の記事を引用した。[100] 結局、アフリカ系アメリカ人の子どもたちに平等な教育を提供することに関しては白人を信用することができず、たとえ学校がより平等に近づいたとしても、それが同等であり続けることを一体誰が、あるいは何が保証してくれるのかという問題は残ったのである。黒人の言論人の中には、これが、まさに平等化という考えを疑問の余地のある問題にしたのだ、と論じる者もいた。[101]

　多くのアフリカ系アメリカ人にとって、そのような「平等化のための」法律がコミュニティに資源をもたらすことはたしかに歓迎であったが、平等化が白人権力者たちの目標では全くないことは、すぐに明らかになった。半分でもないよりはましであったが、それでもそれは半分であるには変わりなかった。時が経つにつれて、州の援助で改善が可能になったあとでさえも、ますます多くの黒人がかれらの学校の状態に不満をもつようになってきた。問題の一部は、キャンペーン中に新設された多くの学校が、見るからに地元の白人教育機関よりも劣っていたことである。一九五八年、全米黒人向上協会／NAACPは、ミシシッピー州カントンにある新しい黒人ハイスクールを「間に合わせ」であると描写し、そのアフリカ系アメリカ人支援者たちを「他の黒人《ニグロ》たちを嘆かわしい状況に留めた」と公然と非難した。[102] ハイスクールにはしばしば体育館や講堂がなく、大部分の黒人施設には、そうした設備のどちらかだけしかないようだった。一九五九年、『シカゴ・ディフェンダー』が、ミシシッピー州について「白人の学校には実験室や視覚教材、音楽や演劇などの特別活動のための部屋、工芸用の作業場やその他たくさんの黒人《ニグロ》の学校には見られない装備がある一方、ほとんどの黒人《ニグロ》の学校は、教室とおそらく体育館だけから成り立っている」と書いていた。ある地元の批評家は、新しい校舎を「単なるきれいな外枠」と描写していた。[103]

　こうした不平は、どこでも聞かれた。ノースカロライナ州における黒人校長たちへのフレデリック・ロジャーズの調査への回答者たちは、新しい施設のための追加資金を得ようとたたかっても、結局白人学校に大部分の資金が投入されるだけであったと報告している。かれらはまた、図書館資金が不平等に分割されており、黒人学校は、南部地域の認証取得のために不可欠であった蔵書を揃え、維持するために自分たちで資金を集めなければならなかったと語った。こうしたことが、長きにわたる黒人学校教育における「二重課税」の伝統を継続させることになった。[104] ヴァネッサ・シドル・ウォーカーが見てきたように、黒人ハイスクールの校長たちは、継続的に資金調達をし、厄介な白人教育長や教育委員会に対処しており、それはジョージア州でも他の州でも成功のために不可欠な能力であった。[105] そしてそれに気がついていたのは教育者たちだけではなかった。元生徒たちは、州の援助で立てられた新しい施設で学んだが、かれらが白人学校からの中古教科書を受け取っていたことを回想していた。[106] 平等化の約束とそれに続く州の建設キャンペーンにもかかわらず、新しい資金が投入されて一〇年以上がたってもなお、黒人ハイスクールは全般的にはまだ白人学校と同等ではなかったのである。

　おそらく、このことの最も明らかな証拠は、一九五〇年代後半と一九六〇年代前半にまだ認証を得ていなかった黒人ハイスクールの数と、そして南部の一部の地域において黒人のための中等教育施設が提供されていなかったことであろう。一九五八年、アラバマ州の黒人中等教育機関についての調査に回答した半分もの学校が、州の認証を受けておらず、南部地域の認証をうけていたのも一八四校のうちたった二三校のみであった。[107] ミシシッピー州では、より多くの黒人ハイスクールが州によって認証されていたが、一九六三年までに南部地域の認証を受けていたのはたった七校であった。同時期に、南部におけるほぼすべての白人ハイスクールは州の認証を受けており、およそ三分の一は南部地域の認証を受けていた。これは、模範的な学校の成功をよそに、黒人中等教育学校が継続して劣っていることの、論争の余地のない証であった。おそらく、最も苛立たしいことは、一九五八年に、『アトランタ・デイリー・ワールド』が、ヴァージニア州の一七の郡では、未だアフリカ系アメリカ人のためのハイスクールがないと報じたことであろう。教育機会を平等化しようとする数々の訴えと叫びのあとでも、黒人の若者の一部は最小限度の中等学校教育の機会さえ与えられていなかったのである。[108]

　地元当局は、アフリカ系アメリカ人の生徒へのよりよい校舎と設備の提供を、それによりかれらを選んだ白人有権者を怒らせるのではないかと恐れていやがった。連邦レベルでの公民権法、特に投票権法の通過まで、地元黒人コミュニティへの償いはほとんどなかった。一九五〇年代後半には、ジョージア州の教育委員会《スクールボード》のうち二％以下にしか黒人の委員がおらず、状況は他の場所でも同様であった。選挙で力を行使することができないために、黒人たちはしばしば、南部全域の学校に引き続き存在する不平等に関する不平を、表明することができない苛立ちに苦しまなければならなかった。[109]

結局、より多くのアフリカ系アメリカ人たちが、人種分離した学校《セパレート・スクール》では決して完全な教育的平等は提供されないという結論に辿りつくようになった。この見解は、南部各地で教育効果を測定しさまざまな目的に活用するため幅広く採用されていた教育テスト［の結果］に明らかであった。テスト結果において最も一貫していたパタンの一つは、アフリカ系アメリカ人の相対的に低い成績であった。多くの人々がこれを、人種隔離された学校システムにおいては教育機会の完全な平等化は決して達成されないであろうことの証拠として理解した。『アトランタ・デイリー・ワールド』が一九五七年に論じたように、「二重システムのもと、ひどい状態であった本質的な不平等のすべてを、校舎だけで——過去数年の間に数多く建設されてきたわけだが——埋め合わせることはできない」のであった。社説は、テスト結果は生まれつきもった能力の差を反映しているという考えを完全に否定し、学校資金の追加と「人種の問題を考慮に入れることなく、すべての子どもたちのために統一された学校システムと教育基準に向けて加速して移行すること」を求めていた。[110] ジョージア州の黒人《ニグロ》教育局長にあてた一九五六年の手紙の中で、公民権運動の指導者セプティマ・P・クラークは、「深南部における両人種のコミュニケーション手段の必要性の大きさと、黒人《ニグロ》のリーダーシップのさらに大きな必要性」を確かめた、ある教育者たちのワークショップについて描いた。彼女は、その教育者たちは一九五七年に人種統合に関するワークショップを毎月一回計一二回開催することに同意したと報告した。[111] かれらは即刻人種隔離を撤廃することを求めていたわけではなかったが、こうした発言は、南部全域にまだ広く普及していた平等化体制と、分離すれども平等説の限界に対する苛立ちを反映していた。

一〇年も経たないうちに、全国初の大規模な学力到達度調査である、ジェイムズ・コールマンによる教育機会均等調査は、南部の農村地帯で教育を受けた黒人のティーンエイジャーたちは、調査した他のどのグループよりもはるかに成績が低かったことを明らかにした。[112] これは、平等化に対して批判的だった多くのアフリカ系アメリカ人批評家たちが長く疑っていたこと、すなわち、本当の教育成果の平等が目標であったことはなかったということの数量的裏づけであった。ブラウン判決、一九五七年のリトルロック事件やその他の事件の結果、学校の人種統合の動きが推し進められるにつれ、黒人の平等化支持者たちは勢力を失っていった。平等化は南部の黒人学校に大きな一歩をもたらしたが、それは教育成果における完全な平等を生み出すことはないように、ますます見えてきた。

結論――未来のための基礎を築く

第二次世界大戦の開始から一九六〇年の間にアフリカ系アメリカ人の若者にとってハイスクールはほぼ一般的な経験となった。歴史家たちは、戦前において黒人が中等教育から組織的に排除されてきたことに注目してきた。かれらの教育機関への在籍は一九二〇年代、三〇年代に徐々に伸びたが、戦後の変化はもっと劇的であった。よりよいアクセスと施設の改善のために資金が費やされ、他の変化も相まって、黒人教育は人種隔離を維持しようとする白人の恐怖心から利益を受けてきた。前述のように、これは教育達成における人種差を相当縮小した。

しかし、黒人のハイスクール在籍と中等教育の達成における劇的な改善は、自然発生的に起こったのではなかった。こうした伸びは、黒人家族とその子どもたちによる個人的な決定だけを示したものではない。むしろ、これは黒人の若者に中等教育を提供するための資金を得ようとする広範な奮闘の結果であった。この過程の最初の局面に必要だったのは、すでにある学校を、なんらかの中等教育の手段をもたせるために作り変えて地域の資源を最大限利用することであった。こうしてできた教育機関は白人学校と比べて多くの点で劣っていたが、それらは始まりを意味していた。こうした各段階は、南部における将来の発展のための出発点を用意したアフリカ系アメリカ人教育者、生徒、そしてコミュニティの貢献とその豊かな資源の証であった。

次の局面は、一九四〇年代後半から五〇年代の、いわゆる平等化運動とともにやってきた。この時点では、白人学校が長く受けてきた便益の一部をついに得ることが可能になった。それらの資源は、校舎、図書館、実験室といった物理的なものであり、また主に能力のある教師や管理職といった人的なものであった。新しく改善された初等学校もまた、こうした中等教育の増強にとって決定的であった。アフリカ系アメリカ人はしばしばこうした目標を共有する白人当局者たちの中に有力な支援者を見つけ、また他の白人たちもかれらを支えたが、黒人コミュニティと公民権団体がこうした変化を主導していたことはほとんど疑いの余地がない。たしかに一九三〇年代および四〇年代に教育達成が伸びていたことは事実であるが、南部の州が長きにわたるアフリカ系アメリカ人の教育の欠如を是正し始めることになるのは、平等化に関する訴訟の脅威があってからのことである。その時でさえ、地元の学校当局は腰が重いか、あるいは端的に黒人学校の改善を拒否し、闘いは長期化した。そして新しい施設が提供されると、在籍者数は期待を超えて膨れ上がり、しかし、さらなる拡大のための資金はなく、そうした学校はすぐに不十分であることが明らかになった。言うまでもなくこうしたことが、究極的には多くのアフリカ系アメリカ人に、人種隔離された教育では決して平等化は実現されず、人種統合が学校教育における平等を決定的に達成する唯一の効果的な手段であると結論づけるに至らせた。

　最後に、これがアフリカ系アメリカ人の教育達成の向上における最終章であるとはとても言えないということを強調しておくことが重要である。むしろ、これはさらなる発展を築いていくための基礎であった。平等化によって作られた変化と黒人ハイスクールの質を向上させようという闘いは、究極的には未完であった。多くの教育機関が発展したとはいえ、一九六〇年には黒人ハイスクールの三分の一が州の認証さえ受けるに至らなかった。南部の認証団体ＳＡＣＳに認証されたものはさらに少なかった。これは、こうした学校がひどかったということを意味しているのではなく、白人学校の大部分に匹敵する教育を提供する力が非常に限定されていたということを示していた。また、こんなにも多くの未認証の学校をもつことは、カレッジ、特に出身州以外の教育機関に進学する黒人卒業生たちにとって重大な意味をもっていた。こうした問題に取り組むのはアフリカ系アメリカ人の教育の発展における次の段階である。

　これまでにない数の黒人の若者がハイスクールに入学し、そして卒業するにつれ、中等教育後《ポスト・セカンダリー》の学校に進学したい者の数も多くなった。そしてそれは実際にそうなったのである。一九四〇年と一九六〇年の間に、南部における黒人のカレッジ在籍者は、二万人以下から六万に以上に急増し、その後さらに急速に増加した。[113] 一九四〇年代と一九五〇年代に中等教育へのアクセスを得るために闘った親世代と生徒たちは、その後さらに展開した教育達成における前進への足がかりとなり、黒人中産階級の拡大に貢献した。かれらの奮闘はまた、黒人のカレッジ学生が一九六〇年代初頭の座り込み《シットイン》運動に始まる公民権運動での指導的役割を果たすための準備となった。[114] この時期を振り返ると、すべてのアフリカ系アメリカ人のための中等教育という夢を実現するために行われた多くの闘いは、簡単に忘れられてしまうかもしれない。この夢の実現が最終的に大規模に行われたのは南部であった。黒人の教育達成の向上における次なる段階への舞台が整ったのである。

第3章　南部以外での不公正、差別、そして発展（一九四〇—一九六〇）

3. Inequity, Discrimination, and Growth Outside the South, 1940-1960

一九四三年一二月、ニュージャージー州トレントンの弁護士ロバート・クィーンは全米黒人向上協会／NAACPを代弁して、黒人学校のリンカン校よりも家から近い白人中学校に二人のアフリカ系アメリカ人［生徒］を入学させるよう、州最高裁判所が市立学校に対して命じてほしいとの請願を行った。二人の生徒、ジャネット・ヘッジペスとレオン・ウィリアムズは、それぞれ人種隔離された別の小学校を卒業していたが、ともにリンカン校に——学校に着くまでに一六ブロックも歩かねばならないにもかかわらず——通うよう指定された。一方白人用の第二番中学校はわずか二ブロック先だった。クィーン氏がこの件の調査にあたったとき、黒人生徒をリンカン校に送るのは「慣習《カスタム》だ」と聞かされた。

裁判所が原告勝訴の判断をくだすのに時間はかからなかった。二ヵ月もしないうちに学区はヘッジペスとウィリアムズの白人学校への入学を認め、トレントンにおける公教育の人種隔離は終焉した。(1) しかしながらこの実行はニュージャージー州のいたるところに火種を残し、それは州憲法が一九四七年に学校の人種隔離を禁じるよう改正された後でさえも続いた。(2)『ピッツバーグ・クーリエ』はリンカン校の判例に続いて、教師も含めて人種統合されたトレントンの学校の例を引いて、公正さと友好のモデルとして同市を称賛した。そこではこう高らかにうたわれた。「かつてニュージャージーの首都で物事を動かしていたジム・クロウは、今は招かれざる存在だ(3)」。もし変化が南部にまで来ていたとすれば、黒人教育にとっての新しい時代もまた、あらゆる場所において夜明けを迎えていたことだろう。

歴史家のデイヴィッドソン・M・ダグラスが示唆するように、一九四〇年代の間に北部の多くで、完全な受容ではないにしても、人種的な寛容性が、黒人と白人の関係に影響を与え始めた。このことは、二〇世紀前半に劇的に数を増した、人種隔離主義的な政策に対する闘争と訴訟の盛り上がりに寄与した。他の北部の州と同じくニュージャージー州には、人種隔離主義的な学校運営を禁じる条例があったが、それを実施に移す努力はほとんど払われていなかった。多くの学区に法令を遵守させるためには、全米黒人向上協会／NAACPによる組織をあげての尽力が必要であった。学校の人種統合が北部における公民権闘争の焦点となってくるにつれて、似たような闘いはいたるところで生起した。(4) それは、アメリカ社会における地位身分《ステイタス》に関してアフリカ系アメリカ人の間にますますつのる不安と動揺を示すものであり、また未来のための備えとして教育の重要性への認識の高まりを示すものでもあった。

トレントンでの学校をめぐる論争は、第二次大戦期の北部の州において多発した同じような争論の一つの例にすぎなかった。その中でおそらく最も広く知られているのは、マンハッタンから北にわずか一九マイルの距離にある、ニューヨーク州ヒルバーンにおいて生じたものだろう。ヒルバーンでは一九四三年、近代的な設備をもつ白人学校への子どもたちの入学を拒まれた黒人が、二ヵ所のおんぼろの人種隔離された初等学校《グレード・スクール》への通学をボイコットした。サーグッド・マーシャルの主導で全米黒人向上協会／NAACPによる調査が行われ、それが町の頑迷な指導者たちへの非難キャンペーンにつながり、ついには州を動かして二つの［隔離］学校は閉鎖された。このことが今度は、新しく人種統合された初等学校《グレード・スクール》に対する白人たちのボイコット、および近くのカトリック学校への就学という行動をひき起こした。大きく言えば、結果としては再び人種隔離された学校システムが出現したのであったが、それでも少なくとも黒人生徒たちは、前よりもよい学校施設を使えるようになった。ヒルバーンの事例は、教育における差別に対する北部の闘争の先駆的存在だと歴史家は指摘している。黒人の抗議行動が、白人の強固な妨害活動に遭遇したという例は山ほどあった。そのようなせめぎ合いは多くの場合、大都市の外で生じた。それが発生したのは、小規模であるがゆえに人種間の接触が頻繁に行われるばかりでなく、人種のラインに沿った地位身分の歴然たる格差が存在するようなコミュニティであった。(5) しかしながら、そうした争いの原因となった学校の人種隔離問題は、ハイスクールにまでは及んでいなかった。

トレントンにおける論争は、中等教育を焦点とした抗議行動という点で珍しい事例であり、またそれはハイスクールではなく中学校《ジュニア・ハイ》に関わる問題であった。南部以外の地域の大半の学区は、公式的には、人種隔離された中等学校運営を行ってはいなかった。認証基準を満たす必要上、二重の学校システムはコストがかかりすぎることがその一因であった。その例外であったのは、歴史的に南部との結びつきが強い場所、とりわけニュージャージーからイリノイにかけての南部の州と境界を接した郡、あるいは公式に学校の人種隔離を容認している、インディアナ、ミズーリ、カンザスの各州のなかのいずこかであった。より小さな町や村では、初等学校を卒業した黒人、白人はともに、ヒルバーンの生徒にとって地元のサファーリン高校がそうであったように、一つしかない中等教育機関に進むのがふつうであった[6]。このことは、これらの学校において人種間の衝突が存在しなかった、ということを意味しない。そこでは学校の問題が、法的な闘争や黒人の抗議行動の主題とはならなかった、というだけのことであった。

白人が大部分を占める学校での黒人生徒の処遇については、北部のアフリカ系アメリカ人社会では長年にわたり、議論が行われてきた[7]。この問題は、ヒルバーンやトレントンにおいて露わになったようなあからさまな差別に比べて、より微妙である場合が多かった。しかし、白人の教師や生徒らには、黒人を苦しめ悩ませ、かれらを種々の形態の偏見や時には暴力にさえも屈服させることが可能であったこと、そしてハイスクールでは実際に多くのそうした事例を目にしたことを物語る事例証拠が存在した。すなわち、中等学校はアフリカ系アメリカ人にとって門戸がより広く開かれてはいたが、それは黒人に対して必ずしも、居心地のよい環境を提供するものではなかったのだった。

こうした困難はあったけれども、この時代は、南部におけるそれとは異なるあらわれ方ではあったが、北部や西部の一帯において黒人の教育が拡張した時期であった。いくつかの都市を除けば黒人人口は少なく、二重の学校制度を維持する学区がいくつか存在したけれども、大半のところは人種隔離的な学校制度はコストに見合わないことに気づいていた。ニュースで取り上げられるような人種間の緊張が散発的に発生することはあったが、人種隔離主義的な法に対する全米黒人向上協会/NAACPによる法廷闘争は効果的であった[8]。第二次世界大戦の勃発と人種差別的思想に対する嫌悪感の高まりの中で、人種を理解するための新たな言説が力をもちつつあった。総じてこの時期は、たとえ隔離された教育機関に通っている者にとってさえも、希望の時代であり、未来に対して相当に楽観的だった時代であった。ますます多くのアフリカ系アメリカ人にとって、学校に通うことは意義を有するようになり、かつての時代ではほとんど考えられなかったような教育達成の水準にかれらは達しつつあった。黒人がハイスクールに行くことは当たり前のことになり始めていた。そして多くの者にとって卒業は、十分に手の届く夢になっていた。この点でこの時代は、アフリカ系アメリカ人教育がのちにその領野を拡張しつつ

表 3-1. 南部以外における 14-18 歳の黒人と白人のハイスクール通学あるいは卒業の比率
（1940 年、%）

地域	10代人口の分布率(1940年)		在籍率（1940年）		中心都市に住む割合		大都市における在籍率		非都市部における在籍率	
	黒人	白人	黒人	白人	黒人	白人	黒人	白人	黒人	白人
北東部および五大湖地方	79	70	41	55	65	35	44	59	37	52
大平原地帯および西部	21	30	40	54	66	21	44	63	32	52

出典：IPUMS データ（全若者人口のうち黒人 3%）

発展していくための基盤を与えるという意味で、真に決定的な時期であった。

一九四〇年における黒人と中等教育への進学

一九四〇年時点において、五人に一人のアフリカ系アメリカ人の若者は南部以外の地域に暮らしていた。このうちの八〇%近くが、五大湖から大西洋岸中部、そしてニューイングランドの諸州にまで至る北東部の工業地帯に住んでいた。のこりの二割、すなわち全黒人人口のおよそ四%が大平原の州や西部に住まい、その中ではミズーリ州とカリフォルニア州に最大の人口が集まっていた。南部における一〇代の黒人とは違って、その大多数は農場に暮らしてはおらず、また小規模な都市や町にも住んでいなかった。その三分の二近くは大都市圏地域の中心部の都市にいた。表3・1に示したように、南部以外に住むアフリカ系アメリカ人の若者は白人の一〇代の若者に比べ二倍の割合で主要都市に居住していた。多くの都市中心部には、一九世紀またはそれ以前の時代にまでさかのぼる長い歴史をもつ黒人コミュニティがあり、それらは黒人の移住によって急速に膨張していた。そこにはまた、多くの場合不公正と不和によって特徴づけられた、黒人教育の長い伝統が存在していた。それらの遺産は、第二次世界大戦前夜の若者たちにとってはほとんど希望をもてるものではなかった。

大都市においては、居住の分離度が相対的に高い状態を呈しており、しばしばそれは南部からの黒人移住者の流入によって加速化されていた。そしてその波はダイレクトに学校に及んだ。おそらくシカゴは、集中的に研究対象とされてきたという理由から、最もよく知られたケースであろう。だがデトロイト、フィラデルフィア、ボストン、クリーヴランド、ロサンジェルス、そしてミルウォーキーでもまた人種隔離的な居住がなされ、結果として学校においてもまた人種隔離的な状況が出現した。(9) 小規模都市では中等学校の人種隔離はあまり話題とされることがなかったかもしれない。それは端的に、地元の黒人コミュニティが小規模であったからである。しかし黒人生徒の大多数が通う中等学校の数は、かれらが条件の恵まれた居住区に住むことが困難であったがために、限られたものだった。

表3-1に示されているように、一九四〇年時点の黒人の中等学校在籍率で見るかぎり、都市化が進んで産業化された北東部とあまり開発されていない西部との間に、ほとんど差は見られなかった。両地域とも通学率は約四〇%程度を示しており、その数字は白人の率よりおよそ一四ポイント（約二六%）低かった。この数字はもちろん、一四%未満という南部の数字よりはるかに高いものであり、南部の白人の約四五%という数字とあと少しで競るほどのものであった。南部に比べたとき明らかに、中等教育ははるかにアクセスしやすいものだった。これらの機会に手の届く圏内に居住していた黒人の若者は、国全体の黒人のおよそ五人に一人にすぎなかったが、北部と西部においてはどこでも、ハイスクールに行くことは多くの者にとって、少なくとも考慮に入れるべき選択肢であった。一九四〇年代までに大半の州は、公式の施策としての人種隔離を破棄しており、中等学校は黒人に対して、必ずしも好意的なところとは言えなかったかもしれないが、広く開かれた場所だった。ハイスクールをめぐる枢要な問いは、［黒人］家族がティーンエイジの息子や娘の稼ぎをあてにしなくても大丈夫か、かれらが学校内で遭遇する白人からの敵意にもすすんで耐え忍べるか、そして中等レベルの教育およびそれに必要な準備に対してかれらがどれぐらい関心をもっているか、であった。

一九四〇年において、北部および西部の黒人の若者の三分の一強が大都市以外で暮らしていた。大半は小規模コミュニティに居住し、白人との近接性は相対的に高かった。たった約一二%だけが大都市圏外に暮らし、農場に住むのはわずか六%だけだった。その他は郊外に住まっていたが、これらの地域は大都市のすぐ近傍にあって成長を遂げつつあった。これらの場所に住む大半のアフリカ系アメリカ人家庭の世帯主は、ブルーカラーの労働者、または奉公人、または家事労働者であった。ある歴史家が示唆しているように、かれらは、家の清掃、コック、庭師、ゴミ処理人など、郊外コミュニティに暮らす白人たちの高水準の生活維持のために雇われていた。黒人たちはまた、概して裕福なこれらの地域の一角に設けられたリゾート地の、ホテルやレストランでも働いた。(10) これらの家族にとっては都市圏外で住むことで、家を持つことが可能になり、小さな町に住むことの利点が享受できたかもしれないが、しかし大半の者は非熟練労働に従事し、間違いなく人種分断的で強固な地位身分的区別の存在する環境に暮らしていた。

同じような黒人の雇用形態は大都市においてもまた存在していたが、比率的により多くの黒人の商店経営者や専門職が暮らし、そこにはかれら［の仕事］を支えるのに十分なほど大きな規模のコミュニティがあった。黒人にとって専門職に就く機会はどこでも限られていたが、それは教師たちにとっても全く同様であった。北部または西部の非大都市圏エリアにおいて、アフリカ系アメリカ人の教育者の求人は稀だったが、それは黒人女性専門職にとって、主要な機会を意味していた。小さな町の学区は、黒人教師を雇って白人を教えさせることを好まず、たいていそこには黒人向けの初等学校《グレード・スクール》が一つかせいぜい二つあるだけだった。実際、黒人教師のためのイスは、ボストン、ピッツバーグ、そしてミルウォーキーといったいくつかの都市でも制限されていた。これらの都市では学校委員会が黒人の雇用に抵抗していた。(11) 白人はまた一般に、黒人の医師、歯科医、あるいは会計士の雇い主となることも敬遠していたため、黒人の顧客たちがその死活を握っていた。比率でみると、大都市圏外の地域における黒人のホワイトカラー就業率は、都市中心部における率に比べておよそ六割にとどまっていた。そのような黒人の割合はどちらの地域でも小さく、三％から七％の範囲内であったにもかかわらず、都市部においてのみかれらは、カギを握る大衆層《クリティカル・マス》に接近することができた。(12) このことは、都市の黒人コミュニティに重要な帰結をもたらした。つまりハイスクールにとってはコアとなる顧客層が与えられ、勉強に野心をもつ生徒に対しては目に見えるロールモデルを提供したのである。

以上を踏まえてわかることは、黒人の若者がどのようなタイプの地域に暮らしていたかが、隔離された状態にあった中等教育学校に通えるチャンスに影響したということだった。黒人コミュニティの大きさが大小まちまちであったため、生徒の大半をアフリカ系アメリカ人が占めるハイスクールは、徐々にありふれたものにはなってきていたものの、一九四〇年時点の南部以外の地域では稀であった。(13) それゆえに、中心都市がその他よりも黒人の中等教育通学の比率が二三％高い――三六％対四四％で――のは、たとえ卒業まで達する率の格差でみると二五％対二八％とずっと縮まっていたにもかかわらず、瞠目すべきことである。概して、大都市の外部のあまり［人種間の］棲み分けがされていない環境が、アフリカ系の生徒たちにとって好ましいものだったとは言いがたい。そして実際、そうした場はかれらにとっていくぶん失望を与えるところだったかもしれない。

中等学校への在籍率のこうした地域間格差の大部分は、非都市圏の黒人家族の経済状況に由来するものであったかもしれない。非都市部のティーンエイジャーは、農場に暮らしていない者の間でさえも、一一%対九・六%と都市部に比べてわずかながら高い確率で、職を得る可能性を与えられていた。とりわけ、大平原や西部の諸州の低い在籍率はおおむね、非大都市圏における高い雇用率に由来するものであった。これらの一〇代のうち五五%は男子が占め、このアンバランスは農業雇用に特徴的なものであった。似たようなパタンは、北部の非大都市圏における一七および一八歳の若者についても言えた。これらのティーンエイジャーたちにとって生活は楽ではなかった。都市部の学校通学率の高さから示唆されるように、その生活はかなり厳しいものだったかもしれない。南部と同じように、最も教育機会が大きいのは都市部だったようである。

一九四〇年の北部および西部におけるハイスクールへの通学

学校からの排除が存在しない中で、南部の外にいるアフリカ系アメリカ人の若者の進学の決定因は、白人生徒に対して影響するのと同じ、幾多の社会経済的条件から形成された。概して家庭生活の環境が、学業の成就にかなりの影響を与えていた。こう言ったからといって、差別と人種隔離が何の影響も及ぼさなかったというわけではないが、その重みは南部に比べると明らかに低かった。

図3・1は一九四〇年時点におけるアフリカ系アメリカ人と白人の教育達成に関する分析を示したものだが、ここでは社会経済的因子の重要性が明白になっている。この分析は、これまでの章で見てきた分析と類似しているが、違っている点は、どのような属性をもった一七歳の者がより高い確率をもって、第一一学年《ジュニア・イヤー》あるいはそれ以上の学年――そこには卒業も含まれている――にまで到達できるかを、他の因子をコントロールして算出した数字が示されていることである。両人種の数字を検討して明らかになっているのは、最も大きな影響と相関があったのは、家族構成と持ち家という、アメリカ人の生活における社会的地位を示す主要な指標であったということである。他の因子をコントロールしたとき、これらの属性のうちの一つを備えた家庭で暮らすことは、このレベルの教育達成にまで到達できる可能性をおおよそ二倍に高め

図 3-1. 北部および西部における 17 歳のハイスクール学業成就《サクセス》に寄与する因子のロジスティック回帰分析（1940 年）

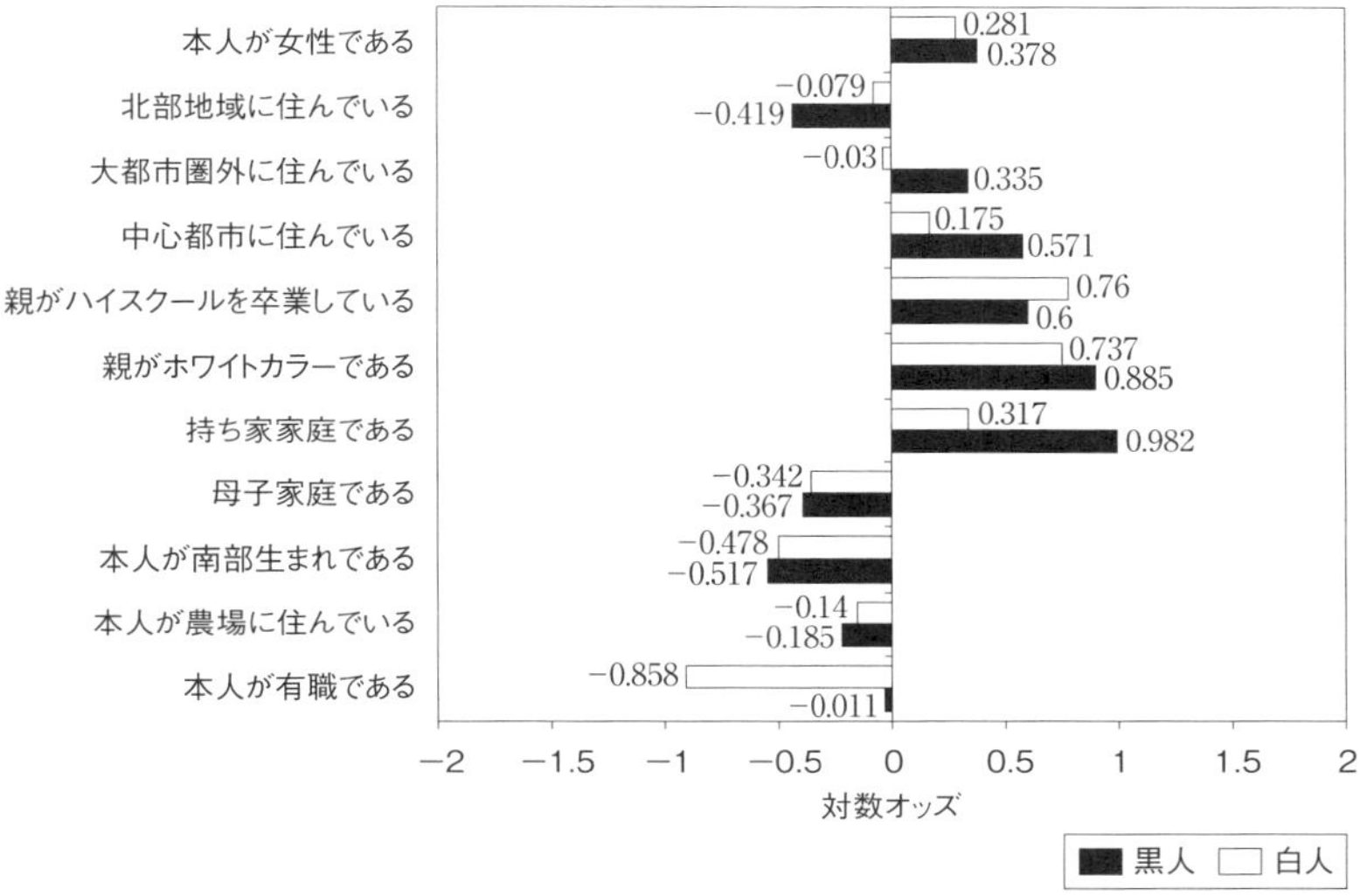

従属変数：第 11 学年《ジュニア・イヤー》への在籍もしくは既卒（か否か）。すべての因子が 0.1％水準で有意である。詳しくは付録 B を見よ。

ていた。持ち家は、アフリカ系アメリカ人に対してより正の影響を与える点で重要であったと考えられる。これは、黒人の持ち家率が白人のそれの半分にも満たない（一九％対四八％）ことの反映であった。同様のことは職業的地位に関しても言えた。もっとも、両人種の若者における教育達成の開きの大部分は、同じような社会経済的属性と相関していたのではあるが。こうした状況は、南部におけるそれとはきわめて異なるものであった。南部では特に親の学歴のような因子が、黒人の［中等学校］在籍との間でもっとはるかに強く相関していた。南部とちがって、すべての若者にとって中等教育が、少なくとも普通に手に届くものであったような状況において、成功の主要な決定因は社会経済的なものであったが、しかしその度合いは同じではなかった。一方で教育程度が高く、ホワイトカラーで家屋を所有している黒人中産階級出身の子弟が、とりわけ都市部ではハイスクールの顧客のコア部分を成していたかもしれないが、他方で他の家庭環境から来ている黒人の若者もまた同じく、学業を成就していた。白人よりもより多くの黒人が、社会構造における最底辺部分を占めているという事実はもちろん、黒人全体の達成水準が白人のそれよりも依然として、かなり後れをとっていることを意味した。

黒人と白人の若者たちはまた、図３‐１で示したような学業の成就の可能性をはばむ条件に対して、似たような反応を示していたと考えられる。父親のいないひとり親家庭に育った若者はどちらの人種でも、ほぼ同じように後れをとったりドロップアウトしたりする可能性にさらされていた。そして南部に生まれるということは、他地域に生まれるよりも学業成就《サクセス》の確率がおよそ六割にまで減ってしまっていた。父親のいない家庭に暮らす黒人の率は白人のそれの二倍以上（四二％対一八％）であったため、このことのアフリカ系アメリカ人の達成に対する影響はいっそう大きなものだった。同じように、南部生まれの黒人の若者の母子家庭の率は三〇％を超え、これは南部生まれの白人に比べおよそ一四倍の比率であったため、この因子もまた黒人の教育達成により大きな影響を及ぼした。南部出身であることのマイナスの影響は、地域間での教育の質の格差のわかりやすい証拠であり、どちらの人種であれ［南部地域から］移住した子どもの教育での成功を困難にするものだった。かれらの経験と地位は、学校での学業成績の人種間での差異をめぐる論争において重要なテーマとなった(14)。

社会経済的地位が学校教育に対して与えた影響は共通にみられるが、地域性による影響は白人には見られない、黒人に特有のものに思われる。他の因子をコントロールしたとき、北部に住んでいることは、西部の場合と違って黒人の若者にとって不利益となるものであった。両親の学歴、職業地位、そして持ち家といった社会階級的指標について言えば、大平原や西部諸州においてこれらは学校卒業に対してそこまで決定的重みはなかったのに比べ、その正の影響はこちらの場合より重要なものだった。大都市に居住することもまた、ハイスクールが通える範囲に確実に揃っているという理由から、プラスの効果をもった。しかしながら、教育達成の低い非大都市圏においても、達成度の低さの大半を説明する雇用、ジェンダー、社会経済的地位をコントロールすると、この場所に住んでいることは同様に正の効果をもつものだった。

これらの因子を取り除けば、小規模な都市や町に住む黒人の若者がうまく学校生活を送る率は、大都市の若者に比べてほんのわずかに低い程度に踏みとどまっていた。双方の環境にいる黒人たちは、比較対象群である郊外地域の黒人の若者たちを上回る達成を遂げていた。地域変数の重要性は、黒人の教育達成において地域環境が果たした役割の大きさを示す、さらなる根拠である。それと対照的に、これらの地域変数は当時の白人の達成可能性との間にほとんど相関を有していなかった、ということは示唆的である。それが反映しているのは、白人の地位が一般的にはるかに高く、白人の若者に対して学校の門戸もまた一般的にずっと大きく開かれていたことである。たとえ北部および西部の大部分で公的な人種隔離は存在していなかったとしても、白人は依然として支配集団であり、明らかにどこの学校においても、より快適に過ごしていた[15]。

最後に、若者の雇用の問題がある。これは黒人に比べて白人の教育達成に、より大きな負の影響を与えたものであった。アフリカ系アメリカ人のティーンエイジャーの大半が農場で働いていた南部と異なり、北部や西部では雇用を確保とすることはより困難だった。一〇代の労働市場は大恐慌によって壊滅的となり、アフリカ系アメリカ人は、どんな仕事を求めて白人と競合する場合でも深刻な差別に直面することがしばしばだった[16]。その結果、黒人の若者の雇用率はおよそ一〇％で、白人の一〇代の率の四分の三以下であった。アフリカ系アメリカ人で労働時間が週に四〇時間未満の者の割合は五〇％で、白人の四〇％よりも多かった。アフリカ系アメリカ人にとってフルタイムの雇用にありつけることはいっそうむずかしかったため、他の因子をコントロールしたときの教育達成に対するその負の影響は、無視できるほど小さいものであった。学校に通うかわりに職を探し求める黒人のティーンエイジャーは、たとえ仕事がなかった場合でも学校に在籍し続ける可能性は小さかった。他方で一部の白人にとっては、社会経済的因子をコントロールした場合でもなお、フルタイムでの雇用は通学とは別のもう一つの選択肢とみなされていた。これもまた、白人が労働市場における機会にまで及ぶかたちで有利を享受していたことを示す証拠である。

以上が、アフリカ系アメリカ人の中等教育を形づくるところの、一九四〇年時点の南部以外における社会経済的条件であった。おしなべてこの地域に暮らす黒人の若者たちは、ほんの一握りの南部の黒人を除いては想像もつかなかったほどに、学校へのアクセスの機会に恵まれていた。しかしこのことは、ハイスクールに通い、そして卒業することが誰にでも普通にできるようになったことを意味しなかった。一七歳の黒人の中で第一一学年《ジュニア・イヤー》もしくはそれ以上にまで到達することができた者は、四分の一をわずかに上回るだけであり、その数字は白人の場合は四〇％を超えていた。これは、子どもを学校に通わせようとする黒人家庭が直面する厳しい困難の証左である。資源に乏しく、労働市場での機会を閉ざされ、家庭により大きな不安定を抱え、南部の学校であまり十分な学習の準備を積んでこなかった中で、アフリカ系アメリカ人は白人に伍してやっていくのに必死だった。プリンストン・エルロイは一九四〇年代終わりの頃に家族とともに北部に移住した。彼はミシシッピーで簡素な教育を受けたことがあるだけで、カンザスシティの職業学校に放り込まれた。九年生を終えたあとそこをやめて軍隊に入った。しかしながら、学業を最後までやり遂げた黒人生徒たちもいた。それは本人の堅固な意志のたまものであり、また親やコミュニティの強い意志の結実でもあった。かれらの達成はまた、かれらを支援した献身的な教育者たちの努力を反映するものでもあった。

ハイスクールにおける人種間衝突

一九四五年九月一八日火曜日、八〇〇人ばかりの白人生徒が、インディアナ州ゲーリーのフレーベル高校からデモ行進を行った。数にして八五〇人ほどの、全校で三分の一強を占める黒人生徒の存在に対して抗議するためであった。その前の土曜日のフットボールの試合で発生した乱闘事件がこのデモをひき起こしたのだったが、生徒たちの不満は、のちにかれらが黒人びいきだとして非難することになる校長にまで及んでいた。数日のうちにストライキは他校にまで伝染し、金曜日までには二〇〇〇人もの白人がそこに加わった。学校委員会ならびに他の当局は当初懐柔的な態度をとり、抗議者らと会って、市のハイスクールを人種隔離せよという要求を含むその訴えを聞くことに同意していた。かつてアフリカ系アメリカ人生徒たちの行先はおおむね、黒人だけを収容するルーズヴェルト高校に限られ、そこは深刻な過密状態に陥っていた。フレーベル高校の黒人生徒は、生徒会活動を含む種々の学校活動に参加し始めていたが、緊張が生まれていた。土曜日の喧嘩が抗議の波に火をつけ、それは何ヵ月も続き全米の注目を集めることになった[17]。

ゲーリーにおける出来事はドラマティックであり、新聞報道で詳細に報じられた。その中では人種、教育、社会的地位をめぐる、多くの白人労働階級の人々の感情があらわにされた。抗議していた生徒たちは翌週には、かれらの訴えをよく調査すると説得されて学校に戻った。しかし一〇月になって、リチャード・ヌズム校長がなおオフィスにとどまっていたためストライキを再開した。不平の訴えの中心は、校長が「白人と黒人の混合パーティー」を支持したこと、および彼が「女子用水泳プールを黒人にも開放するよう指示した」ことであった。そのような主張をする中で生徒たちは、多くの白人たちが共有している偏見、すなわち人種間の接触は望ましくないものでありまた道徳的にあるまじきことであるという信念をもつ白人たちの偏見を、公然と外に示した。人種統合を「民主主義の冒とく」と決めつけたこれらの生徒たちは、黒人たちによってかれらの「教育上の利益」と学校の存立がおびやかされることを憂慮した。ハイスクールは、より高い社会経済的地位へと通じる太い道であった。そして多くの生徒が恐れたのは、アフリカ系アメリカ人の存在によって、こうしたハイスクールの便益供与機能がマヒするのではないか、ということだった。ゲーリーの抗議者たちが明らかに我慢ならないと感じたのは、このリスクだった。

フレーベル高校の白人生徒の中には、移民の製鉄労働者の子どもたちが多数含まれていた。なかには記者に対して、自分自身が民族的な侮蔑を受けていることへの憤りを語る者もいた。しかしながらだからと言って、このことでかれらがアフリカ系アメリカ人に対して共感的になったというわけではなかった。それどころかかれらが憂えたのは、黒人の若者と過度に連帯することで、自身がさらなる屈辱を受ける可能性が高まり、それによってアメリカ人としての恒久的な地位さえもが脅かされることだった。[18] こうした感情の広がりは、シカゴのいくつかの中等学校の白人生徒たちがストライキに対する支持を自発的に表明し、エングルウッド高校においてデモ行進を行ったり、モルガンパーク高校において黒人校舎の隔離を要求したりしたことからも、明らかであった。どの事例においても何百人もの参加者があった。どちらの学校も人種統合された学校で、ゲーリーの抗議生徒たちと同じような白人生徒集団を抱えていた。

『シカゴ・ディフェンダー』は、ニューヨークの白人生徒たちもこのストライキに対して共感を表明したことを報じた。間違いなく、こういう生徒たちは他にもいた。[19] ゲーリーでの事件がここまで広く新聞によって報じられるところとなった一つの理由は、それが人種の異なる青年どうしの接触という問題に触れていたからだった。またこの事案は、若者がいだく人種的偏見というものに、全米の注目を向けさせることになった。『ディフェンダー』紙はストの若者たちのことを「ゲーリーのヒトラー青年運動」と名づけ、かれらを「ティーンエイジの人種差別主義者」呼ばわりする一方、白人生徒の態度がいかなるものだろうとアフリカ系アメリカ人生徒には、人種統合された中で勉強する用意ができていると強調した。[20] これに伴い、人種統合への抵抗をナチズムへの共感に結びつける、隠喩上の線引きが行われた。こうした論法は人種統合支持派に対して、とりわけ戦争遂行努力に照らして高い道徳的基盤を与えた一方で、白人が感じていた身分の不安定に対してはほとんど何も解決をもたらさなかった。黒人生徒たちは、学校にとどまる決意を固めていた。

結局のところゲーリーとシカゴにおける論争は収束してゆき、人種統合は継続し、黒人と白人が共に学ぶ方向へと学校は前進していった。しかしながらその達成のためには、相当の努力が払われた。たとえばその中には、フランク・シナトラやダニー・ケイのような著名な芸能人が学校を慰問し、生徒たちに「アメリカ人らしく」ともにやっていくよう訴えかけるといった活動も含まれていた。[21] ゲーリーの組織労働者の大部分を糾合する産別労働組織会議もまた、人種差別はその基本原則のあからさまな蹂躙であるとの旗幟を鮮明にし、子どもたちをストライキから手を引かせるよう親に要請した。しかしながらゲーリーで起きた事件は、少なくともそれが表出した感情という点では、けっして偶発的なものではなかった。むしろそれは、学校の人種統合、とりわけ中等レベルの学校に対して多くの白人がいだいた懸念の前ぶれとなるものだった。中等学校では、社会的地位と教育の質に対する不安に加えて、性的な関係や暴力的接触の危険が大きくのしかかっていた。それゆえに人種統合されたハイスクールは、いつ暴発するかわからない社会的衝突の危険を抱えていた。アフリカ系アメリカ人の学校在籍者が北部や西部で確実に増加していたため、教育者たちはゲーリーの出来事を注視した。もしも急速な人種統合がこれほど大きな不和を生じさせる可能性があったとしたなら、多くの者にとって、人種統合はできることなら避けるべきであると結論することが現実的であった。

経済学者のチャールズ・クロットフェルターの推計によれば、一九四〇年代の北部および西部の非境界州において、中等学校に在籍する黒人生徒の約五分の四が、程度の差はあれ人種統合された学校に通っていた。一九七九年から一九九二年の間に行われた全国黒人アメリカ人調査（NSBA）をもとに、クロットフェルターはまた、黒人が通っていた通常の、あるいは「平均的な」学校における、黒人生徒の数を算出することに成功した。彼が出した数字は、一九四〇年代の中等レベルの学校において、半分にわずかに及ばない数、すなわち四六％ほどであった。これはもちろん、実際には大きな開きがある学校のおかれた条件を平均化したものである。われわれ独自のNSBAデータの分析が示すところでは、大都市の学校においてアフリカ系アメリカ人が白人と出会う機会は、より小さいものだった。かれらが白人主体の学校に通う可能性は、非都市部の黒人に比べて六〇％ほどでしかなかった。そして黒人たちは、郊外や非大都市圏にある学校の中ではとかく少数派勢力になりがちであった。[22] 人種隔離は初等学校においてより一般的であったのに対し、ハイスクールはより大規模であり、時には居住区域の境界をまたいで、さまざまな初等学校から［生徒が］集まっていた。[23] その結果、別々の初等学校《グレード・スクール》に通っていた黒人と白人が、ハイスクールにおいて互いに顔を合わせることがしばしばであった。ハイスクールは誤解と衝突の機会に満ち満ちた場であった。

こうした点、および一九四〇年代に蔓延していた人種間態度をうけて、人種統合されたハイスクールは、恐怖と偏見がしばしば敵意という形をとって表出する場と化していった。黒人と白人の間の衝突の大半は、ゲーリーの事例のように新聞に大きく取り上げられはしなかった。その多くは、学校の廊下や運動場、陸上競技場、あるいはアフリカ系アメリカ人と白人とが大人の目の届かないところで顔を合わせるそれ以外の場所で、日常的なけんかやいざこざの中から発生した。これらの場所においては、排除のインフォーマルな社会的境界線が人種集団間に引かれており、身分的隔たりは維持されていた。

北部のハイスクールでは、人種的嫌がらせの長い歴史があった。ある歴史家は、三〇人のアフリカ系アメリカ人生徒が嫌がらせによって退学を余儀なくされた一つの事例を引いて、一九二〇年代の間のシカゴでは、「白人が多数を占めるハイスクールで黒人生徒が生き残っていくことは不可能」だったと示唆している。ある白人生徒は言い切った――「俺たちはロッカールームだろうと地下室だろうと、昼休みだろうが休憩時間だろうが、やつらを片時ものさばらせちゃおかなかった――やつらにここから出ていくよう言った――やつらは自分の居どころを知っているさ」。(24) それから一〇年以上たって、黒人生徒が、教師まで含めた白人から似たような仕打ちを受けたことを告発したときも、状況は大して変わっていなかった。一九三〇年代にシカゴのハイドパーク高校に通っていた、ある若い女性は当時をこう振り返った。「わたしという人間が望まれていないことを、わたしはいつもわかっていた」、さらに加えて「たくさん差別があった」、そして「教師たちは、低い点数をつけることで追い出しにかかるんだ」。ハイスクールに通う黒人生徒の数が増えるにつけ、かれらが直面する白人生徒だけでなく教師からの抵抗は、さらに大きなものになった。

衝突は他の都市でも起こった。デトロイトでは一九四〇年に、ノースウェスタン高校の外で黒人と白人生徒が「暴動並み」の喧嘩を繰り広げた。黒人コミュニティの指導者や親たちは、白人教師から受けている扱いのひどさを訴えたが、その後の数年間も生徒間のこぜりあいは続発した。(25) 同じような事件はクリーヴランドでも発生した。(26) ロサンジェルスでは一九四七年、フレモント高校の一五〇〇人ほどの白人生徒が、七人のアフリカ系アメリカ人が履修登録を行ったことに抗議してデモ行進を行った。黒人を模した人形が縛り首にされて吊るされた。二年後に、イリノイ州イーストセントルイスではまた別の事案が発生した。[27] 多くのアフリカ系アメリカ人にとって、人種統合された学校に行くことは楽しくもなければ、肯定的な経験でもなかった。あるシカゴの女性は、一九三〇年代のエングルウッド高校を指して「憎しみの場」と形容したが、この言い方は他の多くの学校にもあてはまるものだった。ゲーリーでのストライキ以後の数々の事件が示唆するのは、黒人生徒に対する偏狭な態度は戦後の時代になってもしぶとく残っていた、ということである。[28]

しかしながら、生徒間の人種関係はいつもとげとげしいものだったと結論づけるのは、間違いであろう。学校と社会階層に関して一九四〇年代初期に著した論文の中で、社会学者のW・ロイド・ウォーナーとその仲間たちは、小さな町のアフリカ系アメリカ人生徒は白人から社会的に切り離されてはいたものの、日常的に露骨な偏見に苦しめられることはほとんどなかったことを示唆した。たとえば好成績をあげたスポーツ選手といった一部の者は尊敬の念さえ獲得し、ある程度白人たちから受け入れられた。[29] 黒人新聞では、もめごとや騒擾が記事の見出しになることがあったが、人種統合された学校におけるアフリカ系アメリカ人の成功譚が掲載されることもときどきはあった。たとえば一九四七年には『ピッツバーグ・クーリエ』が、ワシントン州スポーケンのジェスイット・ゴンザガ高校においてジョン・ホプキンズという名の黒人生徒が、模範的な学業成績をおさめる一方で生徒会長にも選ばれたことを報じた。同じように一九四九年、『シカゴ・ディフェンダー』は、イリノイ州南部オタワのたった三人しか黒人が通っていないハイスクールにおいて、一人の黒人生徒が三年生の学年代表に選ばれたと報じた。また同紙は、アフリカ系アメリカ人生徒がポートランドとシカゴで生徒会役員に選出されたこと、また別の者が、コネティカット州在郷軍人会が後援するナツメグ青少年会議の「少年議長」に選ばれたことを報じた。[30] 一九五〇年にはアロンゾ・フレイザーが、ミズーリ州カンザスシティの市制百周年の年の高校生の日に、アフリカ系アメリカ人としてはじめて「生徒市長」に選ばれた。[31] もちろん、こうした進展がニュース価値をもったという事実は、それが珍しい出来事だったことの証しではあった。しかしそれはまた、フェアプレイと「黒人の存在の」受容——それはまさにこれらの事例の中で体現されているように思われた——に対する期待の反映でもあった。しかしながら結局のところこれらの例は、人種統合された学校における黒人の経験を特徴づける衝突と差別という一般的パタンからすれば、例外的なものであった。

アフリカ系アメリカ人の［教育］達成に関する報告は数的にあまり多くはなかったかもしれないが、そこでは学校内における特異な人種間関係の力学について、一部分指摘がなされていた。そのような事例の大多数は、黒人が生徒集団のごく少数を構成するにすぎず脅威とは見なされていないような学校において発生していた。ウォーナーらの研究もまた、黒人生徒が数的に少ないコミュニティに焦点を合わせたものだった。[32] こうした事例の中では、学業やスポーツで成功をおさめたアフリカ系アメリカ人は平和裡に賞賛を受けることができた。というのも人種の境界が越えがたいものになる可能性は低く、リベラルな態度は許容可能であったからだ。一九五〇年にハイドパーク高校の四年生の総代にテリー・J・ハッターが選ばれたシカゴでさえも、彼は二〇〇人以上の卒業生の中でたった二名だけの黒人の一人にすぎなかった。これらのことは、アフリカ系アメリカ人の経験において状況の個別性がいかに重要だったかについて、さらなる論拠を加えるものである。それらはまた、黒人がどんなタイプの学校に通ったかが、機会の形成にとってとても重要であった可能性を強調するものである。「ホプキンズのように卒業に必要な意志と能力を兼ね備えた多くの黒人の少年が、その才を発揮する前に偏見によって少数派人種の運命が閉ざされてしまうような地域では、いかに忘れ去られて社会の片隅に追いやられていることか」と嘆いたスポーケンの地方紙の文句を、『クーリエ』は共感的に引用した。[33] もちろんスポーケンにおいては、人種偏見が確実に存在していた。そして、若きホプキンズが私立の宗教学校に通ったという事実は、彼の社会的、また学業上の成功に疑いなく大きく寄与するものだった。

寛容をもとめて

言うまでもなく北部や西部の中等学校のアフリカ系アメリカ人生徒の大部分は、このような友好的な雰囲気の学校に通っていたわけではなく、学校の内外での衝突に対する関心は否応にも高まっていた。人種・民族的な対立の高まりを受けて、ハイスクールでは人種偏見や差別を取り上げる課程が開発され始めた。歴史家のジェフリー・ミレルが叙述したように、こうした努力はしばしば、一般的には異文化間教育の名で知られている「異文化間もしくは集団間教育のための運動」というカサの下で始められた。アメリカ教育協会（ＡＣＥ）や全米社会科協会のような全国団体の後援を受けたこの運動が大きな関心を注いだのが、移民たちのアメリカ社会への貢献を生徒たちに理解させる手助けをすることだった。しかしながら一九四〇年代には、運動のリーダーたちは教材の中に、アフリカ系アメリカ人やその他の差別による犠牲者に関する事柄を含めるよう奮闘した。これは、たとえば一九四三年のデトロイト人種暴動や、マイノリティ集団に対する白人の暴力事件として広く報じられたロサンジェルスにおけるメキシコ系を標的とした一九四二年の「ズートスート」攻撃のような暴力的事件を受けて、それに応答したものだった。(34) 学校の外では、これ以上の暴動を防ぎ、集団間の協同と理解を促進するための努力が始められた。これらはやがて、「集団間関係《インターグループ・リレーションズ》」を促すための一三〇〇を超える地域ごとの委員会組織へと結実した。(35) まとめて言えばこれらの発展は、非寛容や人種偏見に抗する運動に寄与するものであり、人種偏見をめぐる全米的な空気の一新をねらったものだった。

この結果、ゲーリーでのストライキとそれに関連する［事態の］進展にともなって、非寛容をテーマとする科目やその他の活動が学校の中に見られるようになった。人間関係の理解をより促進しようとする一五〇以上の青少年プロジェクトが、全国的に学校を通して実施された。そのプログラムは、ACEが発展させたものだった。シカゴ市教育委員会はシカゴ市全体のハイスクールで異文化間理解の集団《インターカルチュラル・グループ》づくりを推進し、人種偏見を非難する集会が開催された。シカゴの学校はまた、「異文化間研究《インターカルチュラル・スタディーズ》」の科目を提供し、アフリカ系アメリカ人の功績に関する単元も用意した。似たような科目は、クリーヴランド、デトロイト、フィラデルフィアなどの他の都市でも展開していった。ニューヨークのハイスクールでは、黒人生徒が小売業で職を探すのを支援する目的で、州の反差別立法について学ぶ単元が、女性商店主連盟をスポンサーにして発展した。［人種］集団間関係をテーマとした若者の集会は、国中いたるところで開催された。(36) これらの努力は、たとえいくらか散発的であり、効果の面においてむらがあったとしても、異文化間教育運動は、人種偏見や不公正の問題に取り組むアメリカで最初の、全国規模のカリキュラム改革運動を代表するものだった。それは、たとえ主として白人向けに意図された教育であったとしても、疑いもなく各種のアフリカ系アメリカ人教育にとって画期となるものであった。(37)

しかしながら、もしも異文化間教育運動の目標が、調和と理解をよりいっそう促進することであったとしたなら、それが大きな成功をおさめることができたかどうかは不明確である。ゲーリーのストライキに匹敵するような劇的な出来事は再発しなかったかもしれないが、北部や西部の大都市における黒人と白人生徒との相互作用を彩って大きかったのは、依然として暴力的なぶつかり合いであった。当時における大部分の人種衝突の典型としては、白人がアフリカ系アメリカ人を攻撃することから勃発する事例がほとんどだった。もっとも黒人の若者の方も、たいていは応戦する用意ができてはいたのだが。

たとえば一九四六年に、夏季期間中のカリフォルニアのハイスクールで、黒人と白人の少年グループ間で乱闘騒ぎが発生した。この事件は、伝えられるところによればアフリカ系アメリカ人生徒に対する攻撃から始まった。一九四九年にデトロイト郊外で行われたリバールージュ高校とメルヴィンデイル高校との間のフットボールの試合中、黒人と白人生徒の間で発生した「騒動」には、フットボールの選手やその他大勢の人々が巻き込まれた。その二年後、バスケットボールの選手権試合のあとにフィラデルフィアのパレストゥラ競技場のそばで黒人と白人生徒を巻き込んでの「乱戦」を鎮圧するのに、三〇人の警察官が出動しなければならなかった。六人が逮捕され、一五人が病院に搬送された。数名が刺し傷を負っていた。スポーツイベントは、特に黒人生徒主体の学校と白人の学校とが競技上の名誉をかけて競い、興奮が高まるようなときには、この種の暴発のきっかけになりやすかったようだ。一九五〇年代全般を通じて、このような衝突に関する記事がいくつも黒人新聞の紙上に現れた。もっともそこでは、似たような状況下でアフリカ系アメリカ人のグループどうしで生じた衝突も報じられていた。またなかには、黒人生徒が種々の差別的な処遇に抗議して起こした事件もあった。たとえ教師や管理職が温和な姿勢をもっていたとしても、黒人と白人との争いの可能性は持続しており、それは底流にある不信と反発の潜在的な証しであった。それらが、多くの学校において人種関係をこじれさせた。[38]

黒人と白人の生徒が、大人の目がほとんど届かないところで互いにあいまみえる場は、スポーツ関係のイベントだけに限られることは稀だった。紛争は、別の状況でも発生した。一九五一年に『ニューヨーク・アムステルダム・ニュース』は、伝えられるところでは地下鉄車内で黒人が襲われたことに端を発する、黒人・白人生徒間の丸一日にも及んだ衝突のことを報じた。喧嘩は「ランチルームでの騒動」において頂点に達し、一人の教師を負傷させ、その後も散発的な喧嘩が続いた。学校管理職たちは後に事件を軽視したが、それが人種間の衝突から始まったことは認めた。この一〇年の間に似たような事件があちこちで発生した。黒人と白人のライバル関係にあるグループを巻き込んで、大規模な都市の学校内の縄張りや地位をめぐって争うのが典型的なものだった。カフェテリアや運動競技場が、何度も衝突が繰り返された場所だった。[39] もちろん、黒人・白人以外のさまざまな別の集団間の紛争が生じる場というのもあり、社会階級やエスニシティのラインに沿って不和が発生することもしばしばだった。しかし、黒人と白人の間で暴力的な衝突が起こり続けたという事実は、人種間の協同や友愛は学校の中では緩慢にしか育たなかったことを示唆している。

しかしながら結局は、学校内における人種関係の改善に関しては、とりわけ一九五四年のブラウン判決を受けて以降、ますます大きな注目を集めるようになった。同判決は、南部以外の多くの地域、そしてデラウェア、メリーランド、ウェストヴァージニア、ケンタッキーといった各州において教育機関の人種隔離に終止符を打つものであった。アフリカ系アメリカ人はふつう、白人が大多数を占める学校に入っていたので、多くの場合かれらは暴力的接触の被害者となっていたのであり、扇動者ではなかった。一九五〇年代後半に新たに人種統合されたハイスクールには、目を引くような人種衝突の事例が見られたにもかかわらず、学校行政当局および警察当局はとりわけ、そのような衝突を穏便に済ませたり黒人生徒を守ったりすることに傾きがちだった。ブラウン判決のおかげで、またとりわけアフリカ系アメリカ人の移住にともない人種統合された学校数が増えるにつけ、集団間関係を扱う授業はふたたび人気科目となった。[40]

黒人居住区が白人エリアの外周地帯にまでじわじわと拡張し、あるいは大都市の新興エリアで急速に発展していくにつれ、学校における人種間接触もそれに応じて増えていった。緊張は続いていたが、学校の人種統合は重要な国民的関心になってきており、とりわけ一九五七年のリトルロック・セントラル高校におけるアフリカ系アメリカ人の入学が広く報じられて以降はそれが顕著だったため、南部以外の一般世論は人種統合に抵抗する白人に対して厳しいものへと変わっていた。一〇年と少しの間に、ゲーリーやシカゴの生徒が行ったような白人生徒のデモ行進は、少なくとも一九六〇～七〇年代になって裁判所が命じた隔離撤廃と強制バス通学をめぐって紛争がまきおこるまでは、啓発が行き届いていなかった古い時代と結びつけて考えられるようになった。[41] 黒人と白人生徒との間の日常的な衝突は続いていたが、そしてその後次第にそれはエスカレートしさえするのだが、学校における人種衝突をとりまくイデオロギー状況は変化していた。[42] この点で一九五〇年代の一〇年間は、アメリカの北部や西部においても同じく、黒人中等教育にとって新しい時代を画するものだった。

北部および西部における、人種隔離された中等教育

北部および西部において、アフリカ系アメリカ人の中等学校の生徒の大半は人種統合された学校に通っていたが、黒人だけ、とまでいかずとも黒人が生徒のほとんどを占める学校に通っている者が少数派ながらも相当数いた。人種隔離が法によって強制されていない州や地方自治体においては、いたるところで人種統合を最小限にとどめようとする学区による学校運営の影響はあったにせよ、これは一般的に言えば居住区の棲み分けによる結果であった[43]。たとえばミズーリ州カンザスシティでは、リンカン高校は、一九四〇年の人口統計から判断して市内にいる四二五七四人の黒人人口の九〇％以上が集まっている地域に建設された[44]。法的に学校の人種隔離が規定されていたエリアでは、黒人ハイスクールは地域のアフリカ系アメリカ人学校体系の頂点に位置し、結果として一定程度の威信と影響力を保っていた。

北部や西部の人種隔離された黒人ハイスクールの大半は、南部の比較的良質なアフリカ系アメリカ人のハイスクールよりも優っていた。オハイオからカンザスにかけて広がる境界地帯では、インディアナポリスのクリスパス・アタックス高校やセントルイスのサムナー高校などが地元コミュニティで名声を博するようになった。アタックス高校は、一九五五年にオスカー・ロバートソンがそのバスケットボールチームをインディアナ州の選手権にまで導いた——これは州のタイトルを獲得した全米初の黒人チームの一つだった——ことで、全国的な注目を浴びた[45]。オハイオ州デイトンは一九三三年に、州の最高裁判所が学校の人種隔離を違法とする判断をしていたにもかかわらず、人種隔離されたダンバー高校を設立した。イリノイ州イーストセントルイス、ケアロとそれより南では、人種隔離された中等学校が維持された[46]。西の方面では、ミズーリ川の両岸、ミズーリ州カンザスシティ市のリンカン高校とカンザス州カンザスシティ市のサムナー高校の両方が、学力を伸ばせるような刺激に満ち支援の手厚い環境を、アフリカ系アメリカ人生徒に提供した[47]。ロサンジェルスではジェファソン高校が、主にアフリカ系アメリカ人が通うための「マイノリティの学校」として設立された——もっとも黒人の中には、そこ とは別の中等学校に通った者もいたのだが[48]。わずか一、二校の学校しか、アフリカ系アメリカ人の若者に通える学校としてあてがわなかったことは、かれらの通学可能性に制約を課すことになった一方で、それはまた学校との絆を強め、それが、生徒が学業を成就することを後押しした。

カンザスシティ都市圏にある二つのハイスクール、サムナー高校とリンカン高校は、南部以外の地域にある人種隔離された学校がいかに、黒人生徒にとって肯定的な経験を与えたかを示す好例を提供してくれる。高い教育を積んだアフリカ系アメリカ人にとって雇用の機会は非常に限られていたので、両校とも、一流の教育歴をもつ、たいていは北部の有力大学出身のスタッフをひきつけることができた。それに加えてどちらの学校とも、高い確度で教員が腰を据えて教え続ける状態を維持した。一般に教員は黒人社会において、非常に高く価値づけられた仕事だった。人種間の不公平を取り除き、学歴に連動した学区の俸給表によって、かれらの稼ぎは最も高給の白人教師と比べても遜色ないものであったことも、その理由の一つであった。[49] その結果、中等学校の黒人教師はそのポジションにとどまりつづけ、地元のコミュニティと絆を結び、かれらの教室を通過していく生徒たちに関する知識を集積する能力を磨いていった。たとえばリンカン高校では、一九六〇年時点での教員スタッフのだいたい四三％にあたる二三名からなる一群の教師が、一九五〇年代の一〇年間を通じてずっと同じ学校で教えていた。同時代の都市部の大規模な白人公立ハイスクールと比べてこれは、かなり高いレベルで教員［集団］が安定していたということである。[50] こうした環境下での教育者たちの献身は、アフリカ系アメリカ人の学校にとって、そしてその近隣コミュニティにとって、重要な資源であった。

　のちの時代の基準からみれば中退率は高いものだったが、カンザスシティの両学校は学業面における成功のお手本となる例であった。サムナー高校は、二代続けて科学に関心を寄せた校長の指導のもと、メトロポリタン科学博覧会コンテストにおいて一貫して高い成績を残し続け、科学教育において全米の注目を集めた。リンカン高校の生徒もまた、科学コンテストにおいていくつかの入賞を果たした。この分野は、黒人と白人の生徒が学業面で競い合うことのできる分野だった。実際、一九五〇年代の間カンザスシティ大都市圏の二つの黒人ハイスクールはどちらも、どのエリアの白人学校よりも多く科学での受賞を記録した。[51] 両方の学校とも、かなりの規模の職業教育プログラムを維持していたし、生徒たちにはお古の教科書が渡され他にも中古の物品が使われてはいたが、それでもアカデミックコースあるいは大学進学準備コースに入る生徒の数はますます増えていった。姿勢は厳しいが支援を惜しまない教師たちに励まされ、サムナー校やリンカン校の生徒は、他の黒人ハイスクールで似たような状況に置かれた仲間たちと同じように、かれらに期待された高い水準をめざして奮闘努力した。

両校の卒業生は学校での経験、ことに協力的だが厳格でもあった教師たちにまつわるものについては、心温まる思い出をもっている。グレイス・ストロングはリンカン高校を一九四七年に卒業したが、公平で協力的であり、大学進学を目指す生徒をつねに熱心に支えてくれた教師たちのことを好ましく回想した。規律、秩序、そして学校の栄誉といったことも また強調された。これは学校の日常的なすがたの中に反映されていた。ストロングは語った——「われわれの学校構内はしみ一つなく、だれも床にごみを散らかしたりしなかった。……教室を移動するときにも騒音は極力おさえられ、ロッカーの扉をバタンと閉めることははばかられた」[52]。サムナー高校の卒業生もまた、教師たちが成績評価において厳格だが公正であり、生徒たちのことを深く気にかけてくれたことを回想する中で、同じような話を語った。両校ともその近隣地域で高い評価を得ていたが、また同時にそこには、生徒を送り込むためには授業料を払わなければならない、隣接学区から通ってくる黒人生徒もいた。たとえばストロングは、彼女自身はリンカン高校から三、四ブロック離れただけのところに住んでいた一方で、クラスメイトの中には周辺の町から通っている子もいた、と語っていた。これらの物語は多くの点で、南部における模範的なアフリカ系アメリカ人学校に関する研究において指摘されたことと相通じている。本書にこれまで登場したよい黒人ハイスクールに対応するような学校が、境界州や北部にもしっかりと存在していたと考えられよう。

そのほかの場所では、いくぶん異なったパタンの人種隔離が存在していた。黒人・白人の生徒はともに同じ学校に通ったが、黒人は大半の生徒活動から排除されていた。一九五二年、ノーマ・ウォルシュは、カンザス州カンザスシティのワシントン高校に人種統合によって入学した最初の黒人生徒の一人だった[53]。その学校は自宅の近くにあり、彼女の母親は——裁判所が人種統合を支持する判断を示し始めていたことを念頭におき——娘がそこに入学を許可されるべきだと主張した。ウォルシュはこう振り返った。「サムナー高校はよい学校だった。……でも（わたしの母は）税金を払っているし（ワシントン高校に行く）スクールバスは（わたしたちの家の）すぐ前まで来ているのに、と感じていた。……いっぽうサムナー高校までは一五マイルもあった。ほかの黒人たちは課金を払ってサムナー高校に通っていた。」ウォルシュは卒業できたけれども、彼女やワシントン高校に通った他の数少ないアフリカ系アメリカ人たちは、ほとんど諸活動には参加しなかった。

そのほかに、一定の範囲の課外活動が、人種ごとに隔離された上で提供されていた、という学校の場合もあった。この事例にあてはまるのが、カンザスの州都トピカにある、壮麗な校舎を備えた大きな学校であったトピカ高校だった。

一九四〇年に、白人と分けられた「有色人種《カラード》の」バスケットボールチームとチアリーディング団がこの高校に存在していた――アフリカ系アメリカ人の選手がバスケットボールや陸上競技の学校代表選手として実際にプレイし、特に後者には多くの選手が出ていたにもかかわらず、である。南部と同じように、このことは黒人の運動選手やその応援団にとって難儀なことであった。なぜならばかれらは、他の人種隔離されたチームと対戦するために、非常に長い距離を旅することを強いられたからである。トピカ高校の場合で言えばこのことは、カンザスシティまで行ってサムナー高校、リンカン高校と対戦することを意味するか、またははるばるミズーリ州まで行って他の黒人ハイスクールと対戦することを意味した。その内部で人種隔離されている学校では、黒人だけに限定されたダンスパーティーややはり黒人だけの美人・美男コンテストもまた行われた。トピカ高校ではこれは、同じ晩にしかし別の部屋で行われるダンスパーティーで主役を務める「キングとクイーン」を、別々に選ぶというかたちをとった(54)。

この時期のトピカ高校の卒業記念誌を見るとわかることは、アフリカ系アメリカ人の生徒は白人に比べ、クラブや生徒自治活動、その他の諸活動に参加する機会が少なかったということだ。黒人の最上級生の名が記録されていたのは、最も目につくものではブッカー・T少年クラブやフィリス・ウィートレイクラブのような、ごくわずかな活動団体に限られていた。これらは、アフリカ系アメリカ人生徒に福利とリーダーシップの機会を提供することを意図した、黒人限定の集りであった。白人と別に「有色人種《カラード》の」生徒会議が構想されたことさえあったが、学校管理者の賛同を得られなかった。最も人種統合されていた活動は陸上競技チームで、これには黒人と白人生徒が、ほぼ全体の数に近い割合で参加していた(55)。陸上競技はもちろん、参加者間の接触をあまり必要としないスポーツであり、概して、個人または小グループによるトレーニングと練習時間からチームの勝利を得ることが可能であった。

人種で分けられたアフリカ系アメリカ人だけのバスケットボールチームは例外的なものであったかもしれないが、この時期の課外活動における全般的傾向はそうではなく、人種隔離のパタンが一般的だった。次の一〇年間分の人種統合された学校の卒業記念誌を分析した結果見い出されたのは、おおむね似たパタンであった。スポーツ競技においてもまた差別は存在していたが、スポーツチームは、勉強以外の学校活動の中で最も人種統合が進んでいる傾向にあった。たとえば、ハリー・オニールが一九五〇年代半ばにカンザス州カンザスシティのワシントン高校の門をくぐるまでに、推計二〇〇〇名の全校生徒のうち人種マイノリティはわずか五〇名にすぎなかった一方で、そこの水泳プールは人種統合と同時に閉鎖された。オニールはフットボールのチームに在籍していたが、彼自身はそのポジションに最も向いていると感じていたのに、クォーターバックでプレイさせてもらえなかった。オニールは、なにか特定の賞（彼の場合は「最優秀運動選手」）を黒人がとるだろうと友人たちが確信していたのに、結局白人にその賞が授与されたというような出来事が他にもあったことを回想した[56]。運動競技のチームは時に人種統合されていることがあったが、他のクラブや生徒自治会、演劇グループなどは白人生徒で占められていた。このことは時々、次のピッツバーグにおける事件のような問題を生み出した。それは、一九四六年に白人生徒が演じた劇中に黒い顔をした「不快をもよおすような」役柄があったことに、アフリカ系アメリカ人生徒が抗議をしたという事件だった[57]。境界地帯では、人種ごとに別々のダンスパーティーや他の社交行事はより一般的なものであり、それはいたるところで、しばしば議論の的になった[58]。チアリーディング部の人種構成は、もう一つの微妙な問題であった。黒人たちはそこにより多く同胞が加わることを求めていた[59]。トピカ高校の場合のように、アフリカ系アメリカ人はしばしば自分たち固有の互助組織《サービス・オーガニゼーション》を結成し、いくつかの学校ではかれらはバンドや音楽活動に参加していた。さらに言うとこれらのパタンは、いま扱っている時代を超えてさらに後まで続いたものと思われる。クロットフェルターは五〇年もあとに実施したおよそ二〇〇校を対象とするサーベイで、似たような傾向を発見した[60]。このことは一面では、生徒のバックグラウンドにある社会階級的差異に関係があったのかもしれない。と言うのもより裕福な生徒はこのような活動により参加する傾向が強いからである。しかし、一九四〇年代のトピカ高校において明らかであったような学校内における人種隔離と排除のフォーマル、インフォーマルな形での表出は、人種統合された中等教育学校を明瞭に特徴づけ続けたものであった[61]。

しかしながらおそらく、南部と境界州以外の地域におけるハイスクールでの人種隔離の最も一般的な形態は、大都市において大半のアフリカ系アメリカ人の居住が特定地帯に限定されていたことに由来するものであったかもしれない。このことが中等教育に影響を及ぼすのには時間を要した。なぜならば、ハイスクールの通学区域は比較的大きなものであったからだ。一九四〇年時点の北部または西部の都市で、完全にアフリカ系アメリカで占められた中等学校が、単純に棲み分けられた居住区に基づいて数多く生まれるほどに、黒人人口の多いところはほとんどなかった。シカゴはその例外の一つであった。そしてそこでの主要な黒人学校の地元の評判は、カンザスシティの学校に比べて明らかに毀誉褒貶さまざまであった。タルマッジ・ボイド一家がバーミンガムを発ってシカゴへと移住したのは一九一九年であったが、一九三〇年代に彼が入学したエングルウッド高校では、彼の言によれば「生徒の大多数が白人、労働者階級の移民の子どもたちで占められていた」[62]。彼はのちに人種統合されたフィリップス高校に通ったが、そこでは教師たちが「われわれ［黒人生徒］は学ぶことができ、かれら［教師たち］はわれわれを教える気が満々だという理念に身を捧げて」いた。しかし、黒人人口が急増するにつれ――そして黒人の歴史に関する意識が高まってくるにつれ――、コミュニティの指導者たちは、黒人探検家でシカゴへの最初の入植者であるジャン・バプティスト・デュサーブルの名にちなんで校名をつけるよう、提起するようになった。デュサーブル高校は、フィリップス高校の在籍者のひっ迫を緩和するために作られた黒人だけのハイスクールになり、急増する地域のアフリカ系アメリカ人人口に対処する二番目の中等教育機関となった[63]。

デュサーブル高校の一九三九年版卒業記念誌『レッドアンドブラック』には、新校舎で丸々四年間を過ごした第一期生が卒業したことが、誇らしげに書かれていた。フィリップス高校とデュサーブル高校はどちらも、シカゴ市の卓越した黒人市民を数多く卒業させ、着実に一定数の生徒を地元のカレッジや大学に送り込んでいるという評判を勝ち得ていた。卒業生の学校に関する回想はいくつかの点で、特に思慮深く高い教育を積んでいたかれらの教師たちに関する回想は、カンザスシティのリンカン高校とサムナー高校のそれと似通っている。たとえばタルマッジは、デュサーブル高校の教師たちのこと、かれらが生徒たちの中にかき立てた大望のことを覚えていた。しかし、イリノイ州の他の場所や他州におけるように公的に人種隔離されていた中等学校とは違って、シカゴの黒人ハイスクールにはアフリカ系アメリカの教師も白人教師も両方いた。一九三九年版『レッドアンドブラック』に出てくる校長と六三人中五〇人までの教師は白人であったが、よそではあからさまであった偏見を、かれら白人スタッフはほとんど表に出さなかった。白人が大多数を占める学校では黒人生徒は嫌がらせや差別に苦しめられていた一方で、デュサーブル高校ではかれらは、植物クラブやフランス語クラブから、物理・化学クラブ、黒人歴史クラブにまでおよぶ、さまざまな課外活動やスポーツ活動に参加することができた。

だが問題も生じた。フィリップス高校とデュサーブル高校はきわめて過密状態となり、中退率が高いことや生徒の規律上の問題もうわさになった[64]。これらの学校の生徒はまた、一九五〇年代には「補習」教育プログラムへと送られた。戦後の数年間でアフリカ系アメリカ人口が急増したことにともない、白人主体であったのが黒人主体へと変化した学校が他にもあった。これは町の南部と西部地区の変貌を反映したものだった。主要な大都市中心部の大半で生じた過程だったが、シカゴではこれが顕著になるのがより早かった。[65] この点で、シカゴの黒人ハイスクールは、北部や西部のいたるところで生じるであろう変化の先駆けであった。

たとえ大半の州が、学校における人種隔離を公式には禁止したとしても、居住区の棲み分けが結果的に、大半を黒人が占める学校に通うアフリカ系アメリカ人生徒がますます多くなる事態を帰結した。こうした傾向に学区運営者たちも、黒人生徒と白人生徒の人種統合をなるべく避けるような通学区割りをすることで加担した。このような所業には長い歴史があったが、その後それは、ゲーリーでの抗議運動や続発する暴力騒ぎの数々のあとを受けて、共感の輪を広げた。多くの教育者たちの心の中では、人種紛争や論争はできることなら避けるべきことがらであり、たしかにブラウン判決以前、人種統合はそれほど高い優先順位に位置していなかった。その結果、シカゴだけでなくフィラデルフィア、クリーヴランド、ロサンジェルス、デトロイトといった都市では、黒人中等学校生徒がすぐに、特定の学校に集中するようになった。ボストンとミルウォーキーの黒人人口はいくらか小さく、アフリカ系アメリカ人生徒はかれらの居住地区の近辺の学校にかたまっていた。[66] こうした傾向は、学校が発展する際の一般的なパタンであった。黒人居住区が大きくなったのにともない、多くのハイスクールでは人種隔離の度合いもまた高まっていった。

アフリカ系アメリカ人人口が少なく、少なくとも一九四〇年代においては居住がそれほど明確に特定の地区に限定されていなかった西部においては、学校の人種隔離が話題にのぼることは少なかった。最も黒人人口が多い都市はロサンジェルスで、先に記したとおりここの教育委員会は人種隔離されたハイスクールを創設し、市内の大半のアフリカ系アメリカ人の教育をそこでまかなった。他の学校でも黒人生徒の人数の集中が起き始めたのは、第二次世界大戦の後のことだった。戦争期間中、何千ものアフリカ系アメリカ人が軍事産業での労働のために移り住んできていた。オークランドから北にかけてもまた、移住者たちの到着地となり、一九四〇年代後半には多くの黒人が住むようになった。ウェストオークランドのマッククライモンズ高校は、市の最も古くからの黒人居住地区から生徒を受け入れていたが、アフリカ系アメリカ人の人口が膨張し、それがイーストオークランドや他の地域にまで広がるようになるにつれ、他のハイスクールに在籍する黒人の数も増加した。(67) 特に連邦政府によって住宅契約における人種差別が禁止されて以降、アフリカ系アメリカ人の重点的居住地区という性格をもつ郊外の町があらたに、一九五〇年代までに出現するようになった。これらの多くは「ブルーカラーの」郊外であり、住居費用が比較的安く、伝統的に黒人の仕事であった工場での労働に通いやすいという特徴があった。ロサンジェルスの黒人地区であるワッツのすぐ南隣にあるコンプトンは、おそらく最もよく知られている事例であろうが、そうしたところは他にもあった。一九五九年までにアフリカ系アメリカ人人口は、コンプトン全体の四〇%に迫るまでになり、かれらは特定地区に押し込められ人種隔離状態がはなはだしかった。郊外の黒人たちは都市中心部の住人に比べて豊かであり、持ち家率も高かったが、にもかかわらずかれらは概して、地元であたたかく受け入れられてはいなかった。これらの郊外における黒人生徒が、白人から差別や排除的行動を受けたことを示す数多くの証拠がある。(68) 西海岸でいくらか人種隔離の度合いが低かったということは、必ずしもそこでの偏見がさほどひどくはなかったことを意味するわけではなかった。それ［人種隔離］の進行に少しばかり時間がかかっただけのことだった。

学業成績における各層の解析

南部以外の地域では学校体系ははるかに高度に発展し、予算も多くついていた。そしてこのことが、アフリカ系アメリカ人生徒にとっては利点でもあり、また困難の源泉でもあった。学校が通いやすい所にあったこと、多くのケースで人種統合された学校に通う機会があったこと、図書館、理科実験室、職業教育の備品のような諸設備の質、そして課外活動に対する支援といった観点において、そのことは利益をもたらした。［一方］困難の方は、新し物好きの学区が、ＩＱテストやそれと似た形態の標準テストを大々的に用いるようになってきた傾向に由来するものだった。これらの結果多くの黒人生徒は学校内で、一般コース、補習コース、職業コースといった、アカデミックな力を伸ばすことをあまり奨励されないよう「水路づけ」されてきた。さらに各学区が、アフリカ系アメリカ人の数が多い学校にはより少なくしか資源配分をしなかったことを示す証拠が相当数存在する。移住にともない黒人生徒数が増えるにつれ、都市部の黒人ハイスクールはどこでも過密状態がいっそうひどくなり、クラスサイズはより大きく、そしてやりがいのあるアカデミックな授業コースはいっそう少なくなってしまった。総じて、白人主体の学校にはさらなる資源が配分された一方で、アフリカ系アメリカ人の若者を教えていた中等学校の質は多くの場合、大幅に低下してしまったものと思われる。こうした予算の流用は、南部におけるほどには露骨ではなかったにせよ、それでもやはりかなりの程度にのぼり、黒人生徒が白人と渡り合っていくことをいっそう困難にした。もしもハイスクールが、拡大する都市学校システムの頂点に位置するウェディングケーキのような教育機関だったとしたなら、多くのアフリカ系アメリカ人がありつけたのはクラムス［ケーキの上に載せられる飾り］の部分だけであった。

カリキュラムの視点から言えば、アフリカ系アメリカ人生徒が履修した科目は、白人生徒のそれとは異なっていたことを示す資料がある。たとえば境界州における黒人学校はときに、白人ハイスクールに比べて職業訓練をより強く重視した。カンザスシティのサムナー高校は、ずらりと揃えられた職業教育クラスが目をひいた。またインディアナポリスのクリスパス・アタックス高校もまた、基礎職業訓練コースを設置していた(69)。しかしながら全体として見れば、アフリカ系アメリカ人の生徒が中等学校のなかのそのような［職業教育の］コースを、白人よりも履修する傾向が高いということは、大半の学区においてはなかった。多くの歴史家が記しているように、職業教育は大恐慌期に多くの学区で人気が高くなり、白人、黒人どちらの生徒も、スキルを身に付けることで職探しに有利になることを期待して、それを履修した。［ただ］白人と黒人生徒では、受けた職業訓練のタイプと質において違いがあった。キャサリン・ネッカーマンが示すところでは、シカゴにおいてアフリカ系アメリカ人生徒は、主として人種隔離の問題の結果として、選抜性の低い職業学校に割り当てられていた。市内の黒人居住区にあった学校は往々にして、生徒を職業へ送り込む力をもっている労働組合や業界団体との間につながりをもっていなかった。その帰結として、少なくともシカゴでは、職を見つけられるかどうかは履修コースでなく、どこの学校に行くかにかかっていた。この違いは、人種に直結していた(70)。

アフリカ系アメリカ人が不公正を経験したカリキュラム領域は、職業教育に限られたわけではなかった。かれらはいわゆる補習コース、いくつかの授業で落第したり、テストの成績が芳しくない生徒の救済が目的だが、このコースに異常に高い割合で振り分けられていた。このカリキュラム分化のやり方は、一見すると人種とは無関係な、学業成績や認知能力といった基準をもとにしたものであり、人種によって恣意的に行われたものではなかったが、異常に多くの数のアフリカ系アメリカ人生徒をこれらのクラスに追いやるという効果をもった。ネッカーマンが指摘したように、シカゴのように過密状態の黒人学校を抱えた学区ではこのことは、最も出来の悪い生徒への資源が十分に割り当てられず、それが高頻度の落第や中退を生み出すことを意味した。シカゴにおける補習コースの教師たちは生徒に対して、個々人へのきめ細かい注意を払い続けたように思われるが、平均的なクラスサイズは大きかったため、このようなことを実現するのはしばしばきわめて困難だった。たとえばデュサーブル高校のベテラン教師だったメアリー・ヘリックは、三〇から四〇名規模のクラスでは出来のよくない生徒を相手に機能するのはきわめて難しく、一八名がよりよい規模であるとの推定を一九五六年に報告していた。[71] 間違いなく言えることは、それほど献身的でない教師たちは、こうした生徒たちのニーズに対してわずかの関心しか払わなかったということである。

　同じように、デイヴィッド・アンガスとジェフリー・ミレルによる中等学校でのカリキュラム分化に関する研究において明らかにされたのは、一九四〇年代のデトロイトにおいてアフリカ系アメリカ人生徒が異常に高い割合で、概して保護観察的《カストディアル》な性格の「一般コース」に振り分けられていたことだった。このコースでかれらは、職業訓練も受けなければ進学準備教育もほどこされなかった。これは学校が提供するアカデミックな課程の中で最も簡単なものであり、市の黒人の中等学校生徒の四五％近く――白人はたった二七％だったのに対し――がそこに振り分けられていた。このことによる影響で、アフリカ系アメリカ人は白人より勉強面において劣るという鮮烈な印象が作り出された。これらの振り分けのために用いられた標準テストは集団ではなく、個人ごとに評価するよう意図されたものだったにもかかわらず、である。[72] 同様のカリキュラム［履修の］パタンは、他の都市でも明らかに見られた。ニューヨーク市教員組合の報告によればアフリカ系アメリカ人生徒は、「かれらが就職可能な仕事」に備えるため、職業コースまたは「一般」コースへと「追いやられ」ていた。[73] クリーヴランドでは、黒人が大半を占めるセントラル高校には、学区内の白人主体の学校に比べて、非常にわずかしかアカデミックコースや課外活動が開設されていなかった。他都市の似たような学校と同じく、学校の通学エリアの中に最も急速に膨張した黒人居住区が含まれていたため、この学校は急速に過密状態におちいっていった。ミルウォーキーのノースディヴィジョン高校では、一九五〇年代後半にアフリカ系アメリカ人生徒が増えるにつれ、アカデミックコースの提供が狭まり、また課外活動の数も減少していった。[74]

戦後における総合制高校のトラッキングシステム［生徒の進路・適性に応じてコースを振り分けるしくみ］の登場と、都市部の専門特化した中等学校の勃興は、黒人の学業経験に対して重大な影響を与えた。さまざまな能力と異なった関心を有する生徒に対して多様なコースを用意する、分化したカリキュラムの発達は間違いなく、都市郊外や非都市部の黒人生徒にも影響を与えた。しばしば貧困層をバックグランドとし、親の学歴が低く、予算が少なく人種隔離された初等学校に通っていたアフリカ系アメリカ人生徒の場合、学区がトラッキングシステムを採用したときにはその多くがステイタスの低いコースに追いやられていった。(75) これは、黒人の若者が標準テストにおいて相対的に成績が低かったことに鑑みて、ようやく注目を集めることになった問題であった。一九五八年に『シカゴ・ディフェンダー』は、イリノイ州奨学金委員会が大学進学者への奨学金の決定の参考にするために実施した全州的テストにおいて、アフリカ系アメリカ人の成績が振るわなかったことを報じた。人種ごとの点数は報じられなかったが、『ディフェンダー』は奨学金をもらえるのに十分な高得点をマークした七五〇人にものぼるシカゴの生徒の住所と名前を注意深く調べたが、そこにはアフリカ系アメリカ人生徒はほんの一握りしかいなかった。スポーツ競技では黒人はよい成績をあげていることに注意を促したうえで、同紙の記者はかれらの勉強面での明らかな低迷ぶりをなげき、問題の原因は学校そのものにあることを躊躇なく指摘した。「われわれの学校の問題に関心をもっている誰ものの目に明らかになったことは、」と彼は記した。「深刻な状況はわれわれの手中［学校の中］にあるのだということである(76)」。

この当時、アフリカ系アメリカ人生徒に教育をほどこしていたシカゴのハイスクールはさまざまな問題に直面していたので、この［記事の］評価は的を射たものであった。ネッカーマンやその他の研究者が示したように、シカゴのような大都市の学区における黒人主体の学校では、いろいろな不安定要素や学業成績の不確かさに加えて、教師たちの離職の増加を目の当たりにし始めていた。(77) 過密に由来する大きなクラスサイズやアフリカ系アメリカ人生徒自身の準備不足に加えて、豊かな経験と献身的な心と能力を備えた教師がいなくなったことは、間違いなく問題をいっそう悪化させた。多くの黒人生徒が補習コースに割り振られ、きめ細やかな個人指導が受けられなかったことを考えれば、上級生の標準テストの成績が白人と比べて劣っていたのは何の不思議もない。南部以外の地域の大規模集権的学校システム下では、黒人人口が多い地域の中等学校は、アカデミックな卓越性につながるような資源投下は乏しかった。その結果としてアフリカ系アメリカ人は概して、こうした学校の中で努力して学業を全うしても、学力到達度において他の生徒と肩をならべるところまでには届かなかった。

南部以外の多くの中等学校において、アフリカ系アメリカ人生徒の学業成績が比較的に低位であったことは、黒人教育に持続するジレンマの一つを指し示していた。大半のアフリカ系アメリカ人は、かれらの市民としての権利を承認する政策として人種統合に賛成していたが、その一方で、かれらの子どもが白人とのアンフェアな競争にさらされ白人教師や白人生徒からの嫌がらせを受けることを心配する者が少なくなかった。W・E・B・デュボイスを含む何人かの論者は、人種統合された教育にはおそらく、そこに通うアフリカ系アメリカ人生徒が必然的に受けると思われる脅迫を打ち消すほどの価値はない、とさえ論じた[78]。人種隔離された学校は、黒人が大多数を占める学校に関して好ましい回想が語られたことが示すように、より安全な選択肢であったようだ。しかしながら、アフリカ系アメリカ人生徒が多数を占めるハイスクールは概して、白人学校と同じだけのアカデミックな支援を学区から受けていなかった。それらの学校は、学術科目の提供が少なく、中等教育以上《ポストセカンダリー》への進学準備の面でも貧弱な劣った学校として、広く知られるようになってしまった。それゆえ中等学校の黒人生徒とその家族は、むずかしい選択に直面した。かれらは白人主体の学校に通うことで、日々いらだちと侮蔑を味わうリスクを冒しつつ、より高度の基準と進んだ教育内容の提供を期待することができた一方で、概してアカデミックな面での評判は悪かったが、黒人が多数を占める学校に通うということもできた。

もちろん多くの黒人の若者にとっては、通学域を棲み分けられた居住パタンに重ね合せるという学区の方針により、白人主体の学校に通うというオプションは端的に不可能であった。しかしその選択が可能であった者にとっても、それを選ぶことは簡単ではなかった。アフリカ系アメリカ人家族が北部や西部の都市や郊外の新しい地域に移住してくるにつれ、かつて白人ばかりであったハイスクールに黒人の若者が入学し始めた。特にブラウン判決以後は、かれらがそうした入学の決定をしやすくなるよう、教育行政当局がよりいっそう協調して努めるようになった。クロットフェルターが示したように、サーベイデータによれば一九五〇年代には、北部および西部では中等学校の人種隔離は衰退していた。白人が主体の学校に通うことが直ちに成功を保証するとは、とりわけトラッキング政策が広く行き渡っていたこともあって、言いがたかったものの、それは、支配的な社会集団と直接に接するという経験に加え、いくらか高い期待をかけられることから恩恵を受ける可能性を提供するものでもあったかもしれない。社会的村八分の脅威は、最もまじめな生徒に対してさえも、最も開明的な場においてさえも、大きなものであった。戦後になって各地で人種隔離が衰えていったことは、こうした学校にはじめて入学した黒人生徒たちの中に見られた、不屈さや堅固な意志を証明するものである。かれらは、学校内における人種間の相互作用や協力をより高い新しい次元に押し上げることに貢献したパイオニアだった。またかれらは、その大半が依然として人種隔離のスティグマに苦しみ、学業面での低位に苦しんでいたアフリカ系アメリカ人に対して、これまで以上のさらなる教育達成という希望を約束するものであった。

一九六〇年時点における黒人の中等学校での教育達成状況

戦後になってから、北部と西部におけるアフリカ系アメリカ人の若者をとりまく社会、経済的状況はかなり変わっていた。中等学校への在籍者数は、白人生徒の通学の増加を上回るペースで非常に大きく伸びていた。それは、南部からの移住に起因する［黒人の］人口増のペースさえも上回るほどだった。同時に、アフリカ系アメリカ人はとりわけ北部で、ますます都市部に集中するようになっていた。こうした出来事が、いわゆる都市学校の危機とかアフリカ系アメリカ人のための中等後教育《ポストセカンダリー》の拡大といった、一九六〇年代の黒人教育の次なる展開の舞台を整えるのに一役買った。

北部と西部における黒人の若者をとりまく環境の最も根本的な変化はおそらく、人口移動と連動したものであったかもしれない。表３‐２に示しているように、一九六〇年までに比率でみたときの西部への移動、とりわけ西海岸地帯への移動が起こっていた。この過程は第二次大戦とその時の軍事産業の出現とともに始まり、戦後の時代になってもそれは継続していた。どちらの地域においても黒人の中等学校在籍率は劇的に向上し、白人との間の格差を比率にして三分の一以上も縮めた。そして、地域間での［黒人の］教育達成の格差はそれ以上に劇的に縮小していったにもかかわらず、それでも南部に比べてなお抜きんでていた。要するにこの時代、さらに急速な人口増がそこで生じていたにもかかわらず、全体的な通学率は西部の方がわずかに上回っていた。

総合的に言って、一九四〇年以降の数十年間でこれらの地域におけるアフリカ系アメリカ人の若者の数は、主として人

表 3-2. 南部以外における 14-18 歳の黒人と白人の若者のハイスクールに通学、もしくは既卒の者の%（1960 年）

地域	10 代人口の分布率(1960 年)		在籍率（1960 年）		中心都市に住む割合		大都市における在籍率		非都市部における在籍率	
	黒人	白人	黒人	白人	黒人	白人	黒人	白人	黒人	白人
北東部および五大湖地方	76	64	63	78	76	30	64	78	61	78
大平原地帯および西部	24	36	66	79	65	18	68	80	63	79

出典：IPUMS データ（全若者人口の 6%が黒人）

口移住のために、急速に増えた。表3・2に示されたように、一九六〇年までに北部と西部を合わせたアフリカ系アメリカ人のティーンエイジャーの数は、国全体の三分の一を超えるまでになった。移住者の大半は大都市に居を定め、その結果一九六〇年にはアメリカにおける南部以外の黒人青年のうち、四分の三近く（七四%）が都市中心部に住むほどまでになった。これは、三分の一以上がそうした都市以外に住んでいた一九四〇年時点から、大きな変化であった。戦後期の間に、アメリカの黒人の若者たちの大都市という環境への集中がいっそう進んでいった。そこではかれらは、おおむね人種隔離された区域に暮らした。

西部の黒人人口は、それが二〇年前に示していたのと同レベルの都市中心エリアへの集中度、すなわちその地域の白人のそれの三倍以上という数字をたもち続けていた。表3・2に示されているように、大平原・山岳地域の州の黒人の一〇代の若者のうちおよそ三分の二が大きな都市の居住区に住まっていた。これは、太平洋岸の州よりやや少ない（六二%）数字である。もっと都市化が進んでいた北部では、都市中心部エリアへの居住率は四分の三を超えていた。人種ごとに隔てられた居住区域で規定された巨大な都市ゲットーが戦後期に最も劇的なかたちで出現したのは、これらの地域であった——もっとも西部にも、黒人ゲットーは存在したのだが。また、学校教育における人種隔離が最も過酷なかたちで生じ、その中でさらに多くの黒人ハイスクールが出現をみたのも、こうした場所であった。生態学的にみて、北部と西部の都市の間には重要な違いがあった。そしてそのことが、独自の都市環境と結びついて黒人の若者が受ける学校教育のパタンにある程度反映された。

大都市以外に住むハイスクール世代の多くのアフリカ系アメリカ人にとって、一九六〇年時点で状況はかなりの程度改善された。戦前にはこれら一〇代の若者のおよそ半分が郊外のコミュニティに暮らしていたのに対し、一九五〇年代末にはその数は北部で三分の二にまで増加した一方、西部ではおよそ半分にとどまっていた。黒人の一〇代の若者の家族の持ち家率は、郊外と非都市圏の両方で増加していたが、特に郊外において顕著だった。そうした家庭の持ち家率は、北部では半分を超えたが、西部では三分の二に迫っていた。どちらの地域でも、その数値は都市部や非都市圏の値を上回っていた。おそらく、それをさらに上回る好数字だったのが、中等教育在籍率であった。表３‐２に示されたように、大都市外でアフリカ系アメリカ人の若者がハイスクールに通っている率は一九六〇年までに、都市部の在籍率に匹敵する値に迫っていたが、郊外の値はさらに高かった。西部では一九六〇年時点で、郊外に住む黒人の若者の四分の三近く（七二％）が在籍しており、これは北部の六〇％を上回っていた。前者［西部の郊外に住む黒人］の数字はアフリカ系アメリカ人のいかなるグループよりも高いレベルの通学率であり、白人の九〇％に迫るほどの数字だった。他方、大都市圏外の黒人の若者の在籍率は五〇％から六〇％の間とかなり低めであった。これらの一〇代の若者においては雇用率がとりわけ西部において高く、郊外の黒人に比べて働いている割合が四〇％近くも高かった。都市以外に住んでいる黒人の若者の中で、郊外に住んでいる者は明らかに、かなりの教育上の恩恵を享受していた[79]。

一九四〇年以降、中等教育はさらに普及し広がったが、このことは、学校における黒人の成功と相関のあるファクターの中でも明らかであった。図３‐２は、一九六〇年における教育達成のロジスティック回帰分析の結果を示したもので、方法は図３‐１のものと同様である。いくつかのファクター、たとえば両人種ともに女性であること、農場に住んでいることによる有利さは、二〇年後も同じような効果を示していた。しかしながら、地域、南部生まれであること、さらに都市在住者であることといったロケーション変数の、貧困度など他の因子をコントロールしたときの影響力は、一九五〇年代末までには重要度が大幅に低下していた[80]。南部生まれの若者の達成度の向上は、当地における学校の改善の結果を反映したものだったかもしれない。最大の影響力に関係があったのは社会経済的地位であり、黒人・白人の両方にとって最も重要な因子だったのは親の学歴だった。両親の少なくとも片方がハイスクールでの教育を受けたアフリカ系アメリカ人の若者は、そうでない若者より学校で成功する可能性が三倍以上にもなることがわかった。高い教育を受けてホワイトカラーの職をもつ親とともに暮らし、持ち家に住んでいる者はさらに高い確率で、卒業にまでたどり着くコースにのることができた。これらの特徴をもつ黒人家族は、都市部よりも郊外に住んでいる可能性が二倍近くも大きかった。そしてこの

図 3-2. 北部および西部における 17 歳のハイスクールでの学業成就《サクセス》に寄与する因子のロジスティック回帰分析（1960 年）

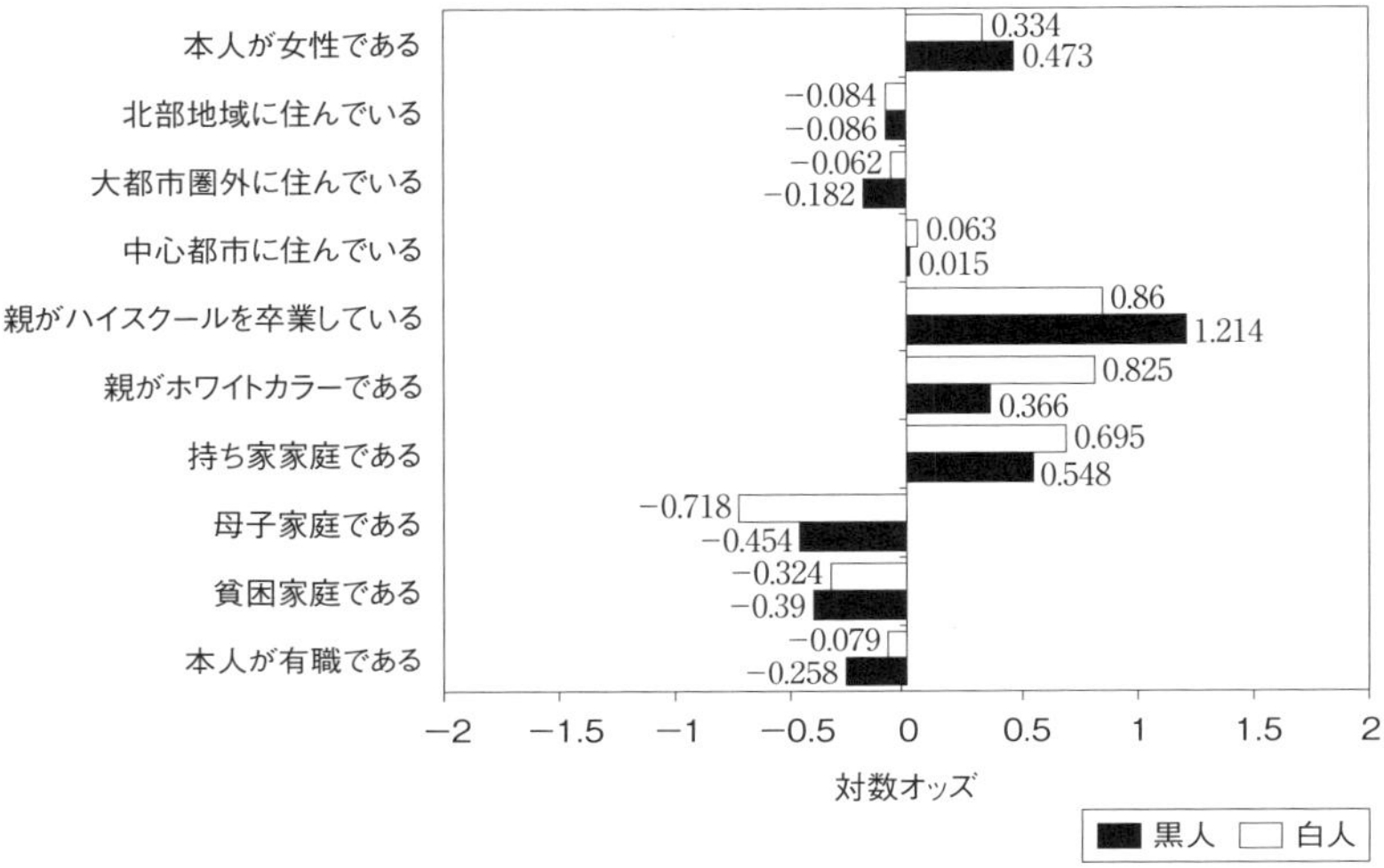

従属変数：第 11 学年《ジュニア・イヤー》かその上級への在籍もしくは既卒（か否か）。黒人にとっての中心都市居住の因子が統計的に有意でなかった以外は、すべての因子が 0.1％水準で有意である。詳しくは付録 B を見よ。

ような地位の違いが、学校への新しい参加パタンを準備した。アフリカ系アメリカ人の間で、社会階級上の大きな違いは重要なものでありつづけ、教育経験の都市と郊外での新たな亀裂を生み出すもととなった[81]。

一九五〇年代末までに、南部以外の地域に住むアフリカ系アメリカ人の社会経済的状況は疑いなく改善をみた。一九五五年度の卒業生を前にした演説で、カンザスシティのリンカン高校の校長は、かれらは「わが校のこれまでの卒業生が経験したものよりもおおきな機会を手にするだろう」と宣言した[82]。この時代は期待が高揚する時代だった。そしてこのことは、一〇年の間に着実に上昇していた中等学校の在籍率と卒業率にあらわれていた。問題は、とりわけ都市部には存在し続けていた。しかし未来は輝いて見えた。歴史上はじめて、高校に通う者がアフリカ系アメリカ人生徒の多数派を占めるに至った。そしてなかには、中等教育在籍率のレベルが裕福な白人の数字に近づくような町もあった。これは小さな達成ではなかった。南部の教育の改善と同じく、それは来たるべき変化の予兆であった。

結論——教育達成の進捗と不平等の残存

戦後期の間を通じてずっと、北部と西部におけるアフリカ系アメリカ人のティーンエイジャーたちは、南部における同世代よりもはるかにめぐまれた教育機会を享受した。サーベイデータが示すところによれば、中等学校における人種隔離のレベルは北部・西部の大部分で相対的に低く、一九五〇年代の一〇年間を通して後退していった。それとともに、この時期に大都市の黒人主体の学校における教育の質が、特に北部において顕著に低下したことを示すかなりの証拠がある。[83] これらの進展の影響を受けたアフリカ系アメリカ人が正確に何人いたかは不明である。だがしかし、どこの大都市でもおおむね、話の基本線は同じであるように思える。人口の急増と新たな地域へのアフリカ系アメリカ人の流入によって、人種統合された学校に通う機会はますます多くの生徒たちに開かれるようになった。このことがまた意味したのは、より多くの者が、一般に白人学校に付き物の、豊富なカリキュラムの提供やより高いアカデミックな期待に接したということである。

ハイスクールに在籍し、そして卒業する黒人生徒の数が増加するにつれ、アフリカ系アメリカ人の教育達成度が大幅に向上したこと、そして人種隔離と学業面での期待の低さに関連してさまざまな問題が深刻化したこと、この両方を示す証拠がある。この時期、人種統合された学校が主流であった西部の郊外地域では、アフリカ系アメリカ人の達成レベルは歴史的な高さにまで達し、多くの市町村では白人の卒業率をしのぐほどになった。この姿は、人種的平等の点に関して教育において何が可能かを描き出していた。北部および西部の他の地域、とりわけ大都市において急激に拡大するゲットー地帯では、アフリカ系アメリカ人生徒は最もゆるい学問カリキュラムのコースに追いやられ、しばしばやる気のない教師によって教えられる過密状態の学校に押し込められていた。後者の経験は、この次の時代に訪れる、都市の学校システムに広く関連するようになる制度的変化を、ちらりと垣間見せるものだった。しかし一九六〇年以前の時期にはまだそのような場所は、南部外のアフリカ系アメリカ人の中等教育を決定づけてはいなかった。ブラウン判決と人種隔離された南部を離れた黒人の大移動を前にして、多くのものごとが可能に見えたし、国中のアフリカ系アメリカ人の若者は未来を楽観的にみていた。アメリカ史上はじめて、堅固な多数派がハイスクールに通い、卒業するようになったことで、世界はかれらの思いのままであるかのように思えた。しかし、これに続く年月は、こうした気持ちに確信を与えるものであったと同時に、それに大きな困難が立ちふさがるような、そうした時代となるのである。

第Ⅱ部　平等のための闘い

PART II: FIGHTING FOR EQUALITY

黒人の若者と都市の危機

一九六一年、ジェイムズ・コナントは、『スラムと郊外』という題名の薄手の本を出版したが、それは主要都市における黒人教育の嘆かわしい状況に国民の目を向けさせた。ハーヴァード大学元学長のコナントは、アメリカのハイスクールに関する最新の調査報告書の著者でもあり、彼が著したこの本は、大いに権威あるものであった。彼は豊かな郊外にある学校と都会の貧しい地区の学校とを対比することによって、当時大都市圏の特徴になりつつあった不公正を際立たせてみせた。とりわけ、コナントは都会の若者、特に密集したゲットーのアフリカ系アメリカ人をその代表とするような「社会のダイナマイト」について警告を発した。その後の年月にこの問題が高まりを見せたところをみると、彼の言葉は予言的であったと言えよう。ことのほか、都市にやってくる黒人生徒の数が増加するにつれて白人が郊外に移り住むようになり、その結果、学校がより目に見える形で人種隔離されて人種的不平等がはっきり照らし出されるようになると、「危機」を象徴するものとして都市の教育を語ることはありふれたことになった。実際、まさに都市という言葉そのものが、しだいに人種と関連づけられるようになっていった。このような展開は黒人学校教育の歴史が田舎から都市へ、そして不平等という新しいジレンマへと変化していったことを示している[1]。

コナントの本は時代の趨勢に合っていた。というのも、一九六〇年代に入って、アメリカ人は貧困と不平等に新たに気づき始めていたからである。一九六二年に出版されたマイケル・ハリントンの『もう一つのアメリカ』は、およそ四人に一人のアメリカ人が、連邦によって制定された最新の貧困ライン以下の暮らしをしていることを明らかにし、社会的平等と繁栄の共有という国民的神話に疑問を呈した。子どもたちに関しては、貧しい家庭の子どもたちを「不利な立場にいる」あるいは「剥奪された」と呼ぶのが普通になったが、これらの言葉は、かれらの問題がもって生まれたものであるというよりその貧しい環境から生じたものであることを示している。この観点からすると、貧困や不平等から生じた結果を学校教育によって正すことや、補償教育によって不利益を克服することは可能であるように思われた。文化的剥奪、不利益、不平等、そして貧困はケネディとジョンソンの両政権下で国内政策を主導する重要なテーマとなったが、そのことは一九六〇年代後半の「貧困との戦い」計画という表現の中に十分に見られるだろう。このような展開は、貧困層の中で著しく大きな比率を占めていたアフリカ系アメリカ人にとって重要な意味をもっていたが、かれらはまた生活の多くの面に公正さを求める幅広い運動に携わり、そこには教育に関わる運動も含まれていた。(2)

しかしながら、貧困、人種的不平等、「都市の危機」に焦点を絞ることは、ある重要な経緯を曖昧にしてしまった。すなわち、この時代にハイスクールを卒業するアフリカ系アメリカ人の割合が増加したという事実が曖昧にされてしまったのだ。黒人の若者の教育達成度が着実に白人のそれに近づくにつれ、ハイスクールはかれらにとって日常的な経験となっていった。しかしながら、このことは、ハイスクールにおける黒人の経験が他のほとんどのアメリカ人の若者が経験したものと同等であることを意味したわけではなかった。不公正は大きな論争の的であり続け、はじめは学校の質と人種隔離撤廃をめぐって、後にはカリキュラムや学生生活のあり方を含む一連の問題に関して議論がなされた。(3) 卒業率の上昇は同時代の人々に注目されたが、人々はまた黒人生徒が大きな問題に直面していることも認めていた。(4) そして、これらの問題と取り組むことは、社会的政治的運動の焦点になっていった。本当に都市の教育に危機があったとしても、全国の黒人コミュニティは、その若者たちが危機的状況に巻き込まれないよう目を光らせることを固く心に誓っていたのだった。

本章では、特に都市部において学校での人種隔離撤廃の要求が増大したことや、それに関連して強制バス通学のような問題が起こったことの背景となるような、教育の場で長く続いた人種的不均衡について述べる。ブラウン判決は少しばかり人種統合につながったが、大方は単に法制度的人種隔離を終わらせる結果になっただけであった。ブラウン判決によって、黒人の生徒と白人の生徒はより緊密に接触するようになったが、その一方で以前から続く学校間の不公正がはっきり見えるようになった。転換点となるこの数十年間はまた、生徒たちに学校を卒業するよう促す運動を目の当たりにする時期でもあった。黒人の若者が田舎から都市部へ、南部から北部や西部へ移住するにつれて、ハイスクールに入学しようとする人数は増加した。たいていの黒人の移住者は人種隔離された地区に移り住み、その地区のハイスクールに入学したが、それらのハイスクールはすぐに過密状態になり、財源は不足し、未経験な教師が配置されるなど、問題に満ちていた。都市部の多くの黒人主体の学校は、学校周辺の貧しい地区を映し出す鏡のようなものとなった。

都市部における人種的不公正や人種隔離に対する増大する欲求不満は、市民の騒乱をお膳立てした。一九六〇年代の半ば頃から、とりわけ北部と西部で、警官の乱暴行為や居住と雇用に関する差別に住民が抗議して、暴力を伴う「暴動」や反乱が都市の黒人コミュニティを揺り動かすようになった。非暴力的傾向を長年もち続けてきた公民権運動の主流は弱体化し、インナーシティ地区はブラックパワーという新しく興ったイデオロギーの肥沃な土壌となったが、ブラックパワーには、多くのアフリカ系アメリカ人の若者の心に強く訴えかけるものがあることが次第に明らかになった。[5] これらに影響されて、黒人の生徒は学校の財政面での不平等やカリキュラムの優先順位をめぐって抗議するようになり、公正に対する要求は都市の学区が直面する主要な課題となっていった。人種の問題は争いの種となり、長い間政治の外にあったハイスクールは、社会正義や平等といった、論議を呼ぶ問題に直面することになったのであった。

変わりゆく都市の姿

都市教育の発展は急速に変化する社会的コンテクストの中で起こった。人口の移動とその人口統計的、経済的な帰結は公立学校に劇的な影響を与えた。戦争が終わるか終らないうちに、国内最大規模のいくつかの大都市圏で郊外への人口移動が始まった。中心都市での住宅不足に押され、また道路や安価な交通手段の整備を促す政策に後押しされて、アメリカ人は大都市圏の周縁部のコミュニティに群がり始めた。一九四〇年から一九六〇年の間に郊外の人口は約三〇〇〇万人増加したが、これは中心都市の増加の二倍以上であった。大都市に住む大都市圏人口の割合は六二％から五一％まで下がった。一九六〇年代の間にこの減少傾向は加速して「ホワイトフライト」と名づけられたのだが、一九八〇年までには国内の大都市圏人口のわずか四〇％だけが中心都市に住むようになり、残りの人々は郊外に移っていった。[6]

新しく郊外に住むようになった人々の中には、若くて中産階級に属する上昇志向の持ち主が極端に多かった。かれらに

表 4-1. 中心都市における 14-19 歳の黒人人口の占有率(%)

年	南　部	南部以外
1960	24	15
1970	29	22
1980	38	29

出典：IPUMS データ

は、広がり続ける大都市圏の周縁部に拡大する新興コミュニティに移り住み、高い通勤費用を負担するだけの経済的余裕があった。先に述べたように、かれらはまた圧倒的に白人であり、したがって、黒人を完全に締め出している地域に家を買うことができた。一方アフリカ系アメリカ人は、初めは居住者を白人に限定する契約やその他の法的手段によって、後にはあからさまな嫌がらせやより些細な差別によって、意図的にほとんどの郊外地域から排除された[7]。かれらはまた、郊外住宅を購入する際にたいてい必要となるような、住宅ローンの借入れ資格を与えられないことが多かった。より多くの白人が郊外に移り住むようになるにつれ、ほとんどの中心都市の人口は、より年齢が高くいっそう貧しくなり、全体的に肌の色が濃くなっていった[8]。

第３章で述べたように、一九七〇年までに南部から北部や西部へ五〇〇万人近くが動いた人口移動のために、都市の黒人人口は増加した。一九五〇年代の終わりにはアフリカ系アメリカ人の若者のほぼ三分の二が南部に住んでいたが、一〇年後にはその割合は五七％となっていた[9]。同時に、農村部に住む黒人の割合は約三五％から二二％に減少したが、その圧倒的大多数は南部の住人だった。農業で生計を立てる人々の割合は約二〇％から五％以下に減少した。概して、黒人の若者は都市に住むようになっていた[10]。表４・１で示したように、中心都市の一〇代の人口に占める黒人の割合は実際にこの時期に増加したのだが、北部や西部では二倍近くになり、南部では五〇％以上増えた。同時に、豊かな家族の都市の外への移住は、都市の学校を支える税的基盤を縮小し、都市の学校が物質的及び機能的に悪化する一因となった。またこのような「フライト」は、都市住人のすべてのグループの間で、とりわけ黒人の間で、貧困の程度がさらにひどくなったという認識を広めるのに一役買った[11]。

中産階級の黒人の中には、かれらより貧しくて教育程度も低い移住者の到来を、コミュニティの発展を危うくするものと思い込み、不安をもって迎えるものもいた。われわれのインタビューの回答者の一人であり、一九一八年にバーミンガムからシカゴに移った両親をもつタルマッジ・ボイドは、一九五〇年代までに黒人人口が爆発的に増え、その結果「この新参の人々を収容し管理するため」に、シカゴ市当局が人種隔離的で高層の学校を作ることになった、と語った。ボイドはまた、新しい移住者が下層階級に落ちていくにつれ、アフリカ系アメリカ人の間での目に見える社会階層の差が広がってきたと述べた。ドナ・L・フランクリンは、アフリカ系アメリカ人の家族の歴史についての彼女の研究の中でこの意見に共鳴し、南部の黒人が都市に到来した時、北部の中産階級の黒人の間に起こった「モラルパニック」について指摘している。黒人メディアは移住者達をしばしば「浮動的で役立たずの堕落した集団」というような言葉で表し、[12]時には新参者に都市での正しい振る舞いを教えるために「するべきこと、してはいけないこと」の一覧表を発行するなどした。かれらの不適切な行動の多くは、かれらが仕事を見つけることができなかったこと、そしてその結果として家族のあり方に変化が起こったことと関連づけて考えられた。黒人の女性はたいてい男性より容易に仕事を見つけ、女性が世帯主の家庭の数が増えていった。カンザスシティで行われた中等学校生徒に対する調査では、黒人の生徒はかれらの父親についてほとんど知らない場合がよくあると報告されていた。[13]たいていの母親は家政婦として働いたが、白人は住み込みの家政婦を求めたので、黒人女性が自分自身の家族とともに過ごす時間は少なくなっていった。[14]黒人の子どもはしばしば親の監視のない状態に置かれ、近隣コミュニティの内外で、親は子どもを放置しているという印象をもたれる一因となった。

一九四〇年には、雇用されているアフリカ系アメリカ人の約八〇%が、最下層に分類される仕事に集中していた。[15]戦後の時代に何とか社会的地位の向上を果たした者もいたが、大半は一九六〇年になってもなお大都市圏での地位の序列において最下層を占めていた。人種隔離と職業差別の結果、ほとんどの移住者が最も環境の劣悪な地域に追いやられ、白人が郊外に去った後に残された家にかれらはしばしば住みついた。結果として、たいていのアメリカの大都市で黒人のゲットーが広がり、それが一般の人々の気持ちの中で貧困や犯罪そして低水準の教育施設と結びついていった。過密で見捨てられた「スラム」への黒人の集中は、特に北部の大都市で、一九六〇年代後半までに「都市の危機」という印象を生み出す一因となった。[16]都市の学校には無法や混沌というような言葉が当てはめられ、それはしばしば中産階級の両親に警戒心を起こさせるものだった。[17]このような変化の過程は教育者に大きな難問を課した。それは、かれらの学校を新しい生徒集団に適するよう改造し、特にハイスクールでは人種紛争に取り組み、今までよりいっそう厳しい人種統合の要求に立ち向かわねばならないことを意味していた。

北部と西部では、人種統合への努力は、都市の人口構成の変化や「ホワイトフライト」のせいでほとんど効果を示さなかった。抗議行動にもかかわらず、学区政策はしばしば人種隔離を助長した。[18] 通学地域は白人から黒人への住人の移り変わりを反映して目まぐるしく書き変えられた。たとえば、一九六三年のロバート・ハヴィガーストによるシカゴの公立高校の人種構成の調査では、学区内の人口は黒人と白人がほとんど半々であるのに、四校を除くすべての学校で生徒の九〇％以上が黒人または白人であることがわかった。さらに、黒人主体の学校の大多数では、低い学習到達度と比較的高い中退率が報告されており、他の大都市においてもその傾向は明らかであった。[19] また別の報告は、白人学校と黒人学校の間で資源の不均衡が続いていることに注意を喚起した。ニューアークでは、一九七三年にアフリカ系アメリカ人主体のセントラル高校を評価した際、過密なクラスや「薄められた」カリキュラムとともに、古くて壊れた設備や機能していない科学実験室についての報告がなされた。同じようなことは他の都市からも報告されていた。報告にあたって代表者は、教師の消極的な態度や荒れ果てた設備、都市部の学校生活を特徴づけるような日常的な混乱や時々起る暴力沙汰について述べた。また、白人より高いアフリカ系アメリカ人の中退率に注目する報告もあった。一般に、都市部に移住した黒人を待ち受けていたのは、教育資源と「教育の」結果の明確な格差に加えて、高度な人種隔離、すなわち「人種的孤立」であった。[20] これらの状況は、アフリカ系アメリカ人主体の学校の質が劣っていると一般に認識される一因となった。このようなことと並んで、高校卒業率の人種間格差が続いていることもまた、学校にとどまるよう「在籍しつづける」若者に説得する運動の盛り上がりを通じて、都市の学校に人々の目を向けさせた。

「ドロップアウト」の発見

都市教育の質と人種的不平等に関する懸念に加えて、一〇代の若者が卒業しないで学校を去ること、すなわち「ドロップアウト」についての新たな不安が生じた。[21] 政府は、卒業を果たした生徒の高い賃金や就職率を例に引いて、一九五〇年代から、子どもや若者に「学校にとどまる」よう促す刊行物を定期的に発行し始めた。アイゼンハワー大統領は、八月あるいは九月の学校の始業に合わせて、学校にとどまることには生徒個人と社会の双方にとって利点があると述べる声明を出した。他の当局者も折にふれて同様の声明を発表した。このことは次の一〇年にも受け継がれ、ジョン・F・ケネディは学校をドロップアウトすることは人生の「困難」の可能性を増やすことになると警告した。彼の弟のエドワードとロバートは、他の政治家や政府役人と一緒に、ワシントンの「スラム」学校の黒人中学生たちにドロップアウトしないように諭した。[22]リンドン・ジョンソンも彼の政府の主なメンバーと一緒にこの伝統を継承した。[23]国民生活における教育の役割がしだいに重要視されるようになるにつれ、このような取り組みはよく見られるようになり、ますます人種の問題と関連づけられていった。

　ドロップアウトに反対する取り組みは政治家以外にも広がり、若者に学校教育の利点をはっきりわからせようとする努力は、いたるところで見られるようになった。一九六一年にフォード財団は、ドロップアウトを防止するために都市部の大きな学区に対して一〇〇万ドル以上の拠出を行うことと、動向を見守るための国民情報センターを創設することを発表した。その対象は大都市の「荒廃した」あるいは「貧困にあえぐ」地域、特に多くの「黒人《ニグロ》移住者」やその他の「低所得家庭」の住む地域に絞られた。[24]二年後、ケネディ政権は、規模は小さいものの同様の施策を開始した。[25]アーバンリーグ［ブッカー・T・ワシントンの流れをくみ穏健な立場から黒人の都市問題に取り組んだ組織］は、主要な都市で年一回「学校に戻ろう」キャンペーンを始めたが、それは明らかに黒人コミュニティに的を絞っていた。グループのシカゴ支部は、「多くの黒人《ニグロ》が在籍している学校」でドロップアウト率が特に高いことに気づき、コミュニティの団体や親たちにこの問題に取り組む手助けをするよう要請した。[26]ロサンジェルス市長のサム・ヨーティは、地元のアーバンリーグの功績を称え、一九六三年の市立学校の始業にあたって「学校に戻ろう週間」を宣言した。「学校にとどまろう」というような呼びかけは、一九六〇年代初期の都市において、特に毎学年の初めに繰り返し見られる特徴的現象となっていった。やがて、地域の多くの活動組織がこぞってこれらのキャンペーンに貢献するようになった。[27]一九六四年に『シカゴ・トリビューン』が報じたところによれば、地域の政治家とともに、地元教会や地区組合そしてボーイズ・アンド・ガールズクラブなどを含む数百のグループが、若者に学校に戻ることを勧める市のサウスサイドでの集会を後援していた。同様の対応は他の都市でも明らかに見られたが、それは貧しいマイノリティの人々が住む地区にははっきり重点が置かれていた。[28]世間の関心はドロップアウトに集まり、その問題はメディアに大きく取り上げられた。大都市で放送されるテレビやラジオは、学校を中途退学する行動を、世間が懸念するようになってきていた少年少女の非行と結びつけた。たとえば、一九六二年の秋に、シカゴのＣＢＳ系列局は、直面する課題について議論するティーンエイジャーを特集した一時間のドキュメンタリー番組を制作した。同様の番組は他の局でも放送され、コナントが社会の不安定要素として描き出したインナーシティにおけるドロップアウトの姿を繰り返し報道した。(29)一九六四年には、リーヴァー・ブラザーズ・コーポレーション提供のラジオ番組が黒人とヒスパニックの聴衆に向けて放送を開始したが、一〇分間のその番組はドロップアウトに隠された危険性について語るものだった。この番組は、最もよく聴かれる時間に放送されて有名人も出演したのだが、学校に行くことの経済的利点を力説するものだった。(30)さらに、ほかにもさまざまなラジオ番組が学区で活用された。その中には、学校にとどまることの重要性について説くマーティン・ルーサー・キングのロサンジェルスにおける演説のようなものもあった。(31)

同時に、映写用スライド、パンフレット、その他の資料が、ドロップアウトすることの危険性を強調するために広く学校に配布された。二〇〇〇万人以上の生徒が、「十分おとなになってから卒業しよう」と題された、合衆国労働省制作の短い映画を観た。同様の映写用スライドが州教育局や大規模学区の当局によって配布され、なかにはコメディアンのスーピー・セールズを起用してカリフォルニア州で制作された「ドロップアウトにならないで」のようなものもあった。黒人の若者に的を絞ったものもあれば、企業主によって制作されたものもあり、ほとんどが卒業と就職の関係に重点が置かれていた。(32)

一九六〇年代後半までに、「学校にとどまろう」運動は毎年恒例のイベントになり、政治家や当局者、俳優やスポーツ選手のような有名人がホスト役で参加した。(33)わたしがインタビューしたある元生徒は、一九五〇年代に生徒たちを励ますためにナット・キング・コールがデュサーブル高校を訪れた時の興奮を思い出して語ってくれた。(34)もっとわかりやすくドロップアウト防止に一役買うためにやって来たアフリカ系アメリカ人もいて、とりわけ芸能人やバスケットボール選手は、特にインナーシティの若者に的を絞って活動した。(35)歌手のジェイムズ・ブラウンは「ドロップアウトにならないで」というタイトルの歌を出し、教育のない人間が直面する困難について嘆いてみせた。黒人向けの新聞・雑誌が、学校にとどまることについての記事や、若者が卒業するのを援助するために計画されたプログラムについての記事を掲載し続けた。(36)

黒人の若者を卒業に向かわせるために次々に計画されたプログラムは、おそらく大人たちの忠告よりずっと重要だったであろう。[37] 初期のプログラムは、たいてい教会やその他の地元組織の有志の尽力によるもので、学業上の問題に取り組んだり学校に復帰したりする生徒を手助けするためのサービスや個別指導を提供していた。[38]

企業家たちもまた時には、特にアフリカ系アメリカ人を採用することに関心がある場合は、プログラムを開発した。[39] 連邦政府の新しいプログラムと並んで、法人のスポンサーもその他の活動に貢献した。[40] 一九六〇年代の半ばに、リンドン・ジョンソンの「貧困との戦い」を含む連邦及び州の新しい法律が通過して、ハイスクールの卒業を奨励する活動の速度や規模は増大した。このようなプログラムの多くは学校に基礎を置いているが、コミュニティグループや他の組織によって実施されているものもあった。[41] 反貧困プログラムの中には、ドロップアウトした生徒を学校に戻すように援助する条項、あるいは学校に在籍し続けるよう生徒をカウンセリングするための条項がしばしば見られた。[42] オルターナティヴ・スクールは、これは時に「街場の教室《ストリート・アカデミーズ》」と呼ばれることもあったが、ドロップアウトした生徒の卒業への望みや、しだいに増えていたＧＥＤへの要求を満たすのを手助けするために計画された。[43]

カレッジや大学の側から寄せられる関心の高まりも卒業への励ましとなった。一九六〇年代の初め、北部のエリート大学は「不利な立場の」バックグラウンドをもつ学生、特にアフリカ系アメリカ人に静かに手を差しのべ始めた。[44]『ニューヨーク・タイムズ』は、一九六四年の夏までにそのような機会が全国規模の団体の援助で著しく拡大したことを示し、「黒人《ニグロ》に対する肩入れは、今年、新たな高みに到達したようだ」と記した。[45] 何百もの教育機関が、しばしば黒人を進学させようとする明確な目的をもって、大都市のカレッジフェアや学校に代表を送った。[46] 連邦が資金を提供するアップワード・ボンドやニューヨーク市のＳＥＥＫのようなプログラムに助けられて、大学は最初の世代にあたる黒人大学生に援助を提供することができた。さまざまな機関が低所得の学生に財政援助をしたのに加えて、一九六五年の連邦高等教育法可決により、経済的に困窮している学生への奨学金や低金利の貸付がなされるようになった。[47] また、その他の大都市でも、公的機関は、マイノリティの学生、特に黒人の学生への援助を増やそうと同様の努力をしていた。[48] 都市の自宅通学生は大学生の人口の大きな部分を占めるようになり、コミュニティカレッジ［比較的簡易な高等教育を提供する公立の教育機関］の入学者数も急上昇した。それとともに、これらの要因は黒人の大学進学者数を劇的に増加させるのに役立ち、

一九六〇年代から七〇年代初頭にかけて、その増加の速度は白人に比べて著しかった。(49)

教育達成度の継続的向上

学校にとどまろうというキャンペーンは生徒の親やアフリカ系アメリカ人コミュニティのリーダー達の共感を得たが、かれらの間では教育レベルと教育達成度の獲得がかなり重要な問題であった。反ドロップアウトプログラムや学校に戻ろうというキャンペーンの報道と手を携えて、ドロップアウト率減少の報告がなされた。(50) 一九七〇年に『アトランタ・デイリー・ワールド』紙の一面を飾ったＵＰ国際通信社配信の記事は、黒人が「教育格差を解消しつつある」ことを高らかに謳い上げた。そして、最新の国勢調査の結果を引いて、黒人の教育レベルの中央値は高卒となり、若者の間での教育達成度の人種的格差は半年にまで縮んだと記した。一九六〇年代の一〇年間を通じて類似の記事が見られ、ハイスクールを終えてカレッジに進学する黒人学生が着実に増加していることを跡づけていた。(51) このような報告は、教育が向上したという実感や将来に対する楽観的な気分をもたらした。このことは教育機会の一般的な拡大と関係しており、その機会の中には、一九六五年の初等中等教育法タイトルⅠによって学校に提供された連邦基金や、ヘッドスタートのような一般向け幼児プログラムなどが含まれていた。(52) これらの対策は、初等学校により多くの財源を投じるものであったが、［ハイスクールの］卒業率を押し上げることにまぎれもなく貢献した。一九七〇年代の後半までに、連邦統計局は、黒人教育の進歩は卒業率の格差をいっそう解消し、学校で落ちこぼれているアフリカ系アメリカ人生徒はほとんど見られなくなった、と報告した。(53) ともあれ、これらの成果は、学校にとどまり卒業に向けて励むよう生徒に働きかけてきた二〇年以上にわたる努力の結果であった。もし黒人生徒が顕著な向上を果たしたとするなら、その大部分はコミュニティのたゆまぬ努力の賜物であった。

多くの問題に直面していたにもかかわらず、アフリカ系アメリカ人生徒はハイスクールに在籍し続け、学業を成就する者の数は増えていった。表４‐２が示すように、黒人と白人間の教育達成における全国的格差は一九六〇年と一九七〇年の間に二五％以上も縮まり、一九七〇年代に入っても縮小し続けた。この時代の最も重要な傾向の一つに、まがりなりにも卒業をめざす黒人生徒の数が着実に増加したことがあった。当時の報道から判断すると、このことはアフリカ系アメリ

表 4-2. 人種および地域ごとの、17 歳で第 11 学年《ジュニア・イヤー》かその上級に在籍（もしくは既卒）する者の割合（%）

地域	1960		1970		1980	
	黒人	白人	黒人	白人	黒人	白人
南　部	44	62	58	72	67	75
南部以外	55	76	66	82	72	82
米国以外	48	72	64	79	69	80

出典：IPUMS データ

カ人のコミュニティの中ではしばしば語られていたことであったが、このような展開は、歴史家によって見落とされてきた。[54]

教育達成度の上昇という経験は、アフリカ系アメリカ人のコミュニティや学校は衰退していて逆境にある、という広く流布した説と、もちろん相容れないものであった。とはいえ、都市部に集まってきた何千人もの黒人の若者は、それまでほど高い割合でハイスクールを中退しようとはしなかった。黒人がドロップアウトする割合は白人に比べて高いままであったが、その差は小さくなっていた。もちろん、当時の様子を見ていた人にとっては、黒人生徒が増えるにつれて、学校の過密状態や高い中退率、進級の滞りやテストの得点の低さのせいで、学校の状態はしばしば悪くなっているように思われた。これらの状況については後で述べるが、学校の外観や学業成績が悪化していくように思われた一方で、多くのアフリカ系アメリカ人にとって、これらの教育機関は前の世代の人々が選ぶことができたものより改善されていると言えた。このことは、都会の学校の「衰退」や「絶望」を嘆く同時代の人々には正しく理解されていなかった。[55] さらに、農村部から都会への移動や南部から南部外への移住が進学率を上げたように、教育の最低水準の上昇や教育への期待の高まりもまた進学率を上げることに寄与した。ハイスクールに通うアフリカ系アメリカ人の若者の数は、全国どこでも、南部においてさえも、ますます増加した。この点において一九六〇年代の都市の環境は、少なくとも中等教育に関する限り、教育に「危機」を引き起こすというより、むしろ多くの黒人の若者にとって新しい教育の機会を意味するものであった。

中等教育の向上は、大都市にあっても、アフリカ系アメリカ人の生活に起こった明るい未来につながるような幅広い変化の一部であった。表4‐3に示されているように、一九六〇年代に都会の黒人ティーンエイジャーの貧困率は劇的に下がり、中産階級の状態にある黒人の数は急速に増加した。都会の黒人の間で持ち家率も上がり、一九六〇年代には約一六%、一九七〇

表4-3. 中心都市における14-18歳の若者の家庭の社会的地位（%）

年	南部				南部以外			
	黒人		白人		黒人		白人	
	貧困層	中産階級	貧困層	中産階級	貧困層	中産階級	貧困層	中産階級
1960	62	4	26	31	42	12	15	41
1970	40	15	21	40	30	25	16	53
1980	39	23	18	55	34	28	19	53

出典：IPUMSデータ
注　：本文に示してあるとおり、「中産階級」とは貧困レベルの2.5倍の収入で定義している。これらのレベルの間に位置する家庭は「労働者階級」と呼べるだろう。これは黒人人口の中で急増したもう一つのグループである。

年代には約一〇%増加した[56]。一九六〇年代中頃のリンドン・ジョンソンによる「貧困との戦い」の結果、すべてのアメリカ人にとって困窮状態は低減し、より重要なことには、経済が健全に成長していった。しかしながら、その変化は特に黒人の間で大きな意味をもった。その理由の一つに挙げられるのは、それ以前の黒人の困窮度があまりにも厳しかったことである[57]。

アフリカ系アメリカ人はまた反差別法、とりわけ一九六四年の公民権法の恩恵を受けた。序章で紹介したハーシェル・サマーズとメイベル・ファウンテンの経験が示すように、雇用主たちは黒人を雇い、かれらがよい地位に就くことができるよう、一斉に努力を始めた。一九五八年と一九七三年の間に、最高ランクの賃金の仕事に就いたアフリカ系アメリカの割合は二倍以上に増え、最低ランクの賃金の仕事に雇われた者は三分の一に減ったが、これらの変化は黒人女性の間で最も顕著であった[58]。このような展開は、アフリカ系アメリカ人中産階級の勃興に寄与し、また中等学校やカレッジの卒業証明書をもつ成人黒人の増加に反映された。かれらの家族は、ゲットーから抜け出して家を買い、地域の中で白人にまじって暮らすようになった一族であった。黒人のハイスクール卒業やカレッジ進学の増加を主導したのは、このような家庭出身の若者だった[59]。これは一九六〇年代の「都市の危機」の別の一面であった。

このような全般的な向上は新聞や雑誌に記録されており、表4-3に示された中心都市での数値は、全国レベルにおけるアフリカ系アメリカ人の地位の推移がパラレルに生じたことを示している[60]。しかしながら、貧困の程度は白人より黒人の方がはるかに高いままであったので、アフリカ系アメリカ人の都市人口の増加は、大都市における全体的な困窮度が大いに上昇したことをしばしば意味していた。したがって、このことは、たとえ全国的な貧困率が一時的に下がっても、広がり続ける黒人ゲットーの

図4-1. 17歳の学業の成就《スクールサクセス》に相関する因子のロジスティック回帰分析（1970年、IPUMSデータ）

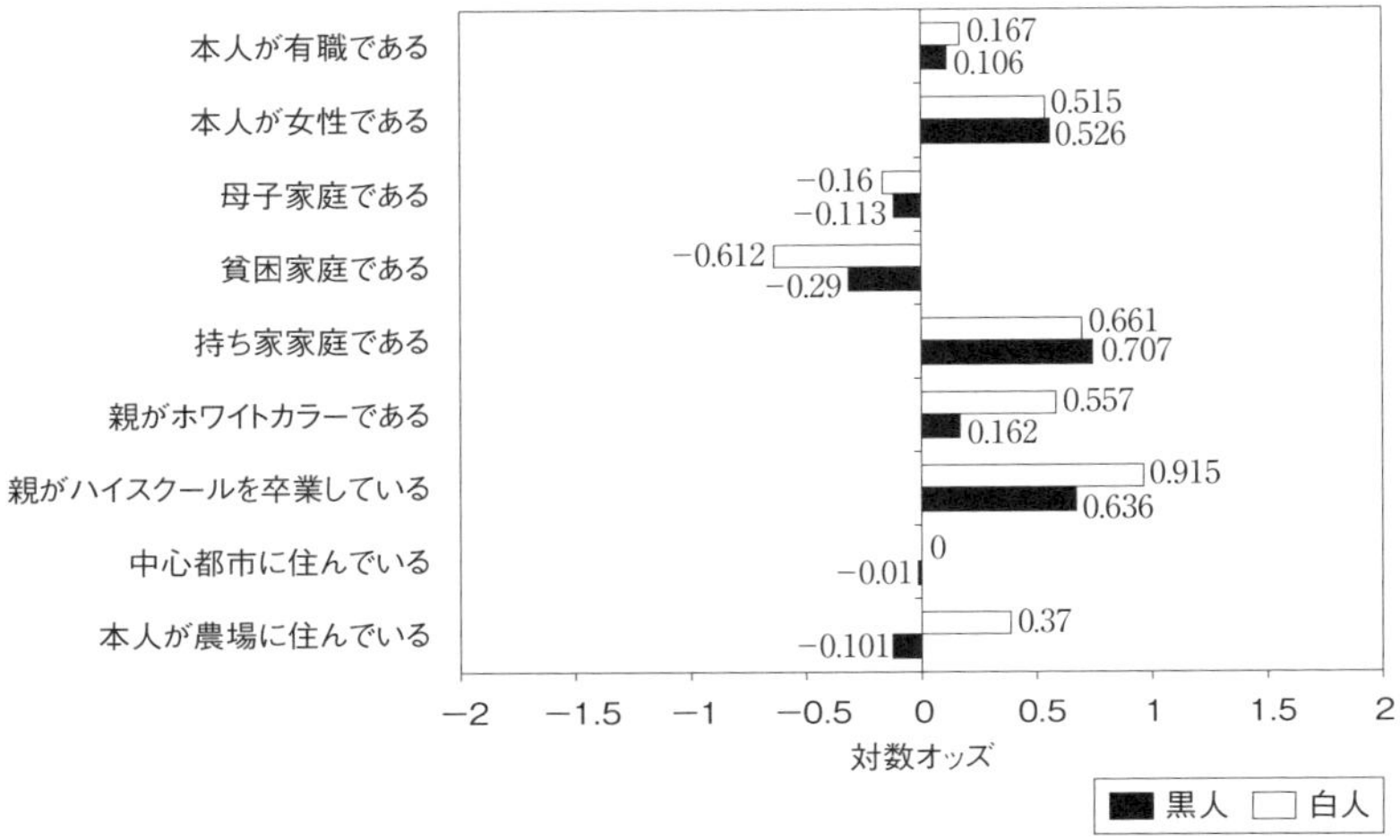

従属変数：第11学年《ジュニア・イヤー》かその上級への在籍もしくは既卒（か否か）。黒人、白人双方にとっての中心都市居住の因子、および黒人にとっての農場に住んでいることと雇用されていることの因子以外は、すべての因子が5%水準かそれ以上の水準で有意である。詳しくは付録Bを見よ。

せいで窮乏感は高まり、困窮状態がひどくなっているという印象をもたれる一因となった。[61] 教育達成の問題と同様に、衰退か進歩かという認識もそれを見る人の観点によっていた。多くの都市に広がる貧困にもかかわらず、アフリカ系アメリカ人家族の経済的地位は向上していた。したがって、ある観点からは「危機」のように見えたことも、別の観点に立てば進歩と言えたのである。

このような結果は教育達成のレベルについて明らかに見られた。図4・1は、一九七〇年に黒人と白人の若者の全国的なサンプルについて行われた、教育達成に関するロジスティク回帰分析を示している。これは第3章で示された分析と比較することができるが、一九六〇年代末に一七歳であった若者、つまり騒乱の一九六〇年代に子ども時代を過ごした者に焦点を合わせている。今一度確認しておくと、ここでの従属変数は、対象者が、卒業目前の第一一学年《ジュニア・イヤー》までの到達もしくは卒業を達成できたか、それともできなかったか、ということである。独立因子としては、先に利用したものと同様で、貧困家庭か否か、持ち家の有無、家族構成（女性が世帯主）などと共に、親の教育達成度（高校卒業）や職業的地位（ホワイトカラー）が挙げられる。さらに大都市圏居住（中心都市）と農場暮らしと並んで、個人の性別（女性）や雇用上の地位も含まれている。[62]

一般的に、この分析は、両方の人種の若者にとって、社会的地位が学業を成就することにおいて主要な決定要因であり続けていることを示している。ハイスクールを卒業し、ホワイトカラーの仕事に就き、自分の家を所有している両親をもっている者は、そのような有利な条件の親をもたないものに比べ、学校教育においてこのレベルを達成しやすかった。反対に、貧困ライン以下の家庭や女性が世帯主の家庭に暮らす者にとって、学校を修了することはかなり難しかった。興味深いことには、貧困は、それがはるかに高い率で黒人コミュニティに見られるにもかかわらず、どうやらアフリカ系アメリカ人にとっては、白人の場合に比べ教育達成の障害になりにくかったようだ。このことは、アフリカ系アメリカ人全体では学業を成就する率が低いこともその一因であるが、それはまた黒人の教育達成度が上昇したことの反映でもあった。ともあれ、重要な点は、黒人にとって家庭環境要因が教育のあり方を運命的に決定づけたということであり、それは白人にとっても同じであった(63)。

農業に従事するアフリカ系アメリカ人は——その大半は南部にいたのだが——このような教育レベルに達する見込みは薄かったが、当時のかれらの中の少数の者にとっては、農業も昔ほど大きな障害にはならなかった。概して高い生活水準を享受していた農業に従事する白人にとっては、黒人の場合とは逆のことが言えた(64)。雇用はどちらのグループにとっても教育達成と正の相関があるが、黒人にとっては統計的に意味があるほどのものではなく、白人の若者にとっては、それまでの年月と同様に、雇用と学校がより矛盾なく繋がっていたように思える(65)。黒人と白人の両方において、女子は男子に比べ学業の上でよい結果を出し、高い割合で卒業した(66)。黒人の若者について、雇用との相関が負ではないという例外はあるもののそれ以外のパタンは教育達成に関してよく見られる傾向と一致していた。この傾向はこの期間を通じて維持された。

前に示したように、中心都市に住むことは、都市の学校について報告された多くの問題にもかかわらず、どの人種の若者にとっても学業の成就への可能性に影響を与えるものではなかった。このことはこの時期の在籍率についての全般的な傾向に合致するが、これはまた、社会や経済状況の改善が白人より黒人に多くの恩恵を与え、進学率に影響したことも示している。一九七〇年には、すべての若者にとって貧困や窮乏が依然として学業を成就することにとってきわめて重大な障害であったが、アフリカ系アメリカ人の地位向上は白人に比べてより進んでいた(67)。そして、貧しい黒人でさえ、かれらが学業を成就する割合を向上させた。結果として、しだいに多くの黒人の若者がハイスクールに通学し、学校の内外で遭遇する［困難な］状況にもかかわらず、かれらは卒業に向かって歩み続けた。このことは、かれらの不屈の精神と、両親や近隣コミュニティの大人たちから受けた支援のさらなる証拠である。

困難な状況下での学習

学校に行くことと、黒人生徒がそこで出会うさまざまな事情に耐えて学業を成就することとは、もちろんまた別のことであった。アフリカ系アメリカ人の出席率が上がった事実と、人口移動やいわゆるベビーブームのような他の要因の両方が原因となって、年ごとに学校に通うアフリカ系アメリカ人の数は増加した。ベビーブームについては、一九四〇年代と一九七〇年代の間に出生数は二倍以上になっていた。このような生徒数の増加は、黒人コミュニティに向けて設けられた学校システムに問題が生じることを意味し、ひどく過密な学校、劣悪な設備、職員の不足をしばしば引き起こした。また、このような環境での教育の質やアフリカ系アメリカ人生徒の成績に関わる問題も絶えず起こっていた。ついには、地位や富の人種間不均衡が目立ち続ける社会における教育の平等と学校の役割をめぐって、大きな議論が起こった。過密状態と設備の粗悪さは、もちろん、北部でも南部でも黒人学校に長く見られてきた特徴であった。南部での平等化運動や、北部の学区でなされた人口増加に遅れないための無計画な取り組みにもかかわらず、何十年にもわたって事態を見過ごしたり無視したりしてきたことが、このような多くの学校のひどい状態の一因であった。黒人が都市の新しい地区に移動するにつれて学校は変わり始めたが、その変化はめったによい方向には向かわなかった。

在籍生徒の定員超過に関連する問題はさまざまであったが、居住地の人種隔離がとりわけ厳しい所で最も深刻であった。シカゴは全国でも最も人種隔離された都市の一つであり、そこでは学校の過密問題は決定的になっていた。早くも一九五七年に、全米黒人向上協会／ＮＡＡＣＰの機関誌『ザ・クライシス』の記事は、白人の小学校の生徒数は平均七〇〇人以下なのに、黒人の学校の平均は一二〇〇人以上であると伝えた。(68) 一九六二年にアーバンリーグが行った調査によれば、生徒数が一六〇〇人以上のシカゴ市の大規模小学校は、一校を除いてすべてが黒人地区のものであった。

一九六〇年代初期までに、特にウェストサイドでは、数校で生徒が二〇〇〇人を超えていた。これらの学校では二部制授業が実施され、報告によれば、そのような交替制の授業を受けていた二万人の生徒のうちの八〇％以上が、アフリカ系アメリカ人であった。概して、一クラスの人数は黒人学校の方が二五％多かった。結果として、大多数の黒人学校における生徒一人あたりの教育支出は白人学校の三分の二にすぎないことが、アーバンリーグの調査でわかった。[69]数年後にシカゴ大学のロバート・ハヴィガーストによって行われた調査は、「インナーシティ」の小学校では「常勤」教師の割合が最も低くて平均の三分の二以下であり、残りは代用教員であることを明らかにした。これらの学校の教師はまた他の学校の教師と比べて経験もかなり浅く、教職経験の中央値が他では一二年であるのに対して、ここでは四年であった。シカゴのアフリカ系アメリカ人の子どもたちの八〇％以上にもあたる大多数が、単に長年にわたる居住地域の分離のせいで、非常に人種隔離された学校（九〇％以上が黒人）に通学していた。[70]このような状況に置かれていた子どもたちの大多数は小学校に通う子どもであったが、市の黒人主体のハイスクールに生徒を送り込んでいたのはこれらの小学校であった。

驚くにはあたらないが、過密状態とそれに関連する学校の問題は、まもなくシカゴの黒人コミュニティで重大な争点となった。一九六三年に、アーバンリーグ・シカゴ支部の常任理事であったエドウィン・ベリーは、アフリカ系アメリカ人高校生は詰め込まれた状態のせいで「二流の教育しか」受けていないと断言した。[71]それに続く年月、生徒の両親や地域グループが地元のハイスクールの劣悪な状態に抗議したのを受けて、個々の学校について同様の告発がなされた。一九六五年の教育委員会に対する意見表明では、マーシャル高校の生徒が、学校は定員の二倍の生徒を受け入れていると主張した。これは特にひどいケースであったが、五〇％を超える定員超過はどこでも珍しいことではなかった。[72]シカゴの多くの黒人ハイスクールは、いまにも継ぎ目から裂けてしまいそうなほど満杯だったと言っても間違いではなかったであろう。

過密な学校はシカゴやその他の都市で闘争の焦点となった。シカゴの教育長の名をとってウィリスのワゴンとして知られていた、入りきれない生徒を収容するための仮設校舎を使用する政策に、黒人の抗議活動は集中していった。アフリカ系アメリカ人の訴えに対する学区のリーダー達の非妥協的な態度は、大規模なデモへと繋がった。しかし、過密の問題は収まらず、多くの点でいっそう悪化した。一九五〇年代から六〇年代の初めにかけて、シカゴ当局は何とか施設を拡充してきたが、一九六〇年代の中頃までに、建物を増築するための学区の資金調達力は枯渇していた。他の都市部の学区と同様、公教育システムが主にアフリカ系アメリカ人のものになっていくにつれ、白人有権者は物質的改善を支持することに明らかに乗り気ではなくなった。[73] その結果、シカゴは、アフリカ系アメリカ人の若者が通学できる中等学校を建てるための市債を十分に発行することができなかった。人種統合がなされていない状態では、人口増加に照らしてみて、ハイスクールの過密状態は事実上前もってわかっていた結末であった。

シカゴほど人種隔離されている所はあまりないにしても、他の都市の黒人学校でもシカゴに匹敵するような状況が特徴的に見られた。デトロイトの全米黒人向上協会／NAACPは、市内の急速に大きくなったアフリカ系アメリカ人地域にあるノースウェスタン高校における「極端な過密状態」について報告した。[74] アトランタでも、初期の隔離撤廃計画に従って白人学校に移ろうとした何百人もの黒人高校生の移動が受け入れられず、学校の過密状態についての不満が表面化した。黒人地域が急速に広がったミルウォーキー、クリーヴランド、ニューアーク、カンザスシティのような都市では、過密状態は主に小学校で起こったが、時には中等学校にも影響した。各学区はまた先を争って、黒人生徒を教える経験豊富な教師を見つけようとした。[75]「完全な強制バス通学《インタクト・バシング》」計画が、黒人学校での、とりわけ小学校での過密状態を解消するために、ミルウォーキー、カンザスシティ、クリーヴランドや他の都市において実施され、黒人学校のクラスがまるごと大規模な白人学校に移されて、人種分離された教室で授業を受けることになった。しかしながら、この方法は人種統合を求める声を満足させなかったし、それによって指導が向上するという根拠もなかった。[76] ニューヨークでは、人種隔離と過密状態が中学校《ジュニア・ハイ》で際立って明らかになっており、このことはまた、コミュニティの抱える不満の焦点となっていた。ブルックリンやマンハッタンでは、多くの教育施設の中から学校を選ぶことを生徒に許可するという転校政策を学区当局が制定して以降、その地域の中等学校ではそのような問題がほとんどなくなったが、報告によれば、イースト・ハーレムのベンジャミン・フランクリン高校では、過密状態がまだはっきり見られていた。[77] このような問題が起こった所ではどこでも、定員を超えて満杯の建物に生徒を詰め込むことは、かれらが受ける教育の質に例外なく影響を与え、かれらを教える教師達が直面する難題をいっそう増やすこととなった。

過密な学校に対するアフリカ系アメリカ人の抗議は、まもなく学校の人種統合の要求と結びついた。これは公正さや公平さの問題であると同時に、実務上のこととして、黒人生徒の教育のために学校施設を十分に活用するという問題でもあった。シカゴや他の多くの都市において、活動家達は、黒人地区に隣接したいくつかの白人学校では施設が十分に活用されていないと主張した。このことは、要求を行動へと駆り立て、学区当局に過密状態を緩和させ、最低レベルの人種統合を実行させた。(78) 北部でも南部でも、人種隔離撤廃の初期の計画では、中等教育に対する要求が変化していくのに合わせて、自由意志による転校プログラムを活用した。この段階では、黒人学校がたいへんな過密状態を示していたので、転校の負担は一般に黒人生徒が負っていた。そのことはまた、黒人生徒が転入先の白人主体の学校で、敵対的な受け入れ体制との戦いを余儀なくされたことも意味していた。人種隔離撤廃はこのように、比較的少人数のアフリカ系アメリカ人の生徒が、かつては白人ばかりであった学校に「人種統合」されるという形で、少しずつ実施されたのであった。一般に白人はアフリカ系アメリカ人主体の学校に行くことを避けたので、転校の流れが反対方向に向くことはまずなかった。このことや人種隔離撤廃に関連する他の問題は次の章で述べる。

学校委員会や学区行政官は、白人の反発を恐れて、多くのアフリカ系アメリカ人生徒が学校を移ることを、しばしば許可したがらなかった。このことは、学校の過密問題を長引かせ、アフリカ系アメリカ人のコミュニティに欲求不満を引き起こした。同時に、黒人生徒が特定のハイスクールに移り始めると、たいてい白人は転校を許可された。この動きには、数年もしないうちに中等学校の人種構成を変えてしまう効果があった。(80) この動きはまた、生徒のすべてが黒人またはほとんど黒人の学校は、生徒の大部分が白人の学校に比べて劣っているという印象、あるいはそのような学校は、大部分が白人生徒で占められていた時期に比べて価値が下がってしまったという印象を広める一因となった。これは、もちろん、相当数の黒人が入ってきた学校を白人が放棄する強い動機となった。中等学校がこのような人種構成の変化を経験するとき、それとともに学業の質も低下するという考えが一般に広まっていた。(81)

質の低下と状況の悪化という問題は、特に中等教育に関して、都市部の教育現場で広がっていった。都市の学校システムの中で「宝石」のように広く見なされてきたいくつかの高校が、風紀や品行の問題や低い学業水準と結びつけて考えられるようになった。(82) この傾向はまた、一九五〇年代後半におけるカリフォルニア州コンプトンのように、多数のアフリカ系アメリカ人が入学してきたいくつかの郊外の教育現場でも、特徴的に見られたものであった。(83) これらの学校の評判は、中等学校に在籍するアフリカ系アメリカ人の若者の割合がもっと少なかった一九四〇年代の黒人ハイスクールの評判よりも、概して悪くなっていた。多くの新しい生徒が、貧しい農村部の環境からやって来たり、過密な小学校での教育を経験したりしていた。このことは、よい教師を惹きつけて定着させることや、学業成績の向上に焦点を絞ることを難しくしていた。かつて黒人ハイスクールに配属されていたような経験豊富な教師には高い需要があり、特に大都市の学校システムが教職員の地位に関する人種隔離撤廃を試みた時、そのような人材が求められた。結果として、これらの都市部の学校では経験を積んだ教育者を確保することが難しくなり、しだいに経験の浅い教師が配属されることが多くなってきた。そのような新しく配属された教師は、実際的知識の欠如を情熱や激務によって埋め合わせようとしたが、その挑戦はくじかれた。職員の離職は大きな問題となり、黒人コミュニティの不満へとつながった[84]。このような変化は、多くの学校が置かれていた人口過密で極貧の地域に関連する諸問題と相まって、さらに複雑なものとなっていった[85]。

これらの展開は、カンザスシティのセントラル高校の事例で明らかであるが、それは次章でさらに詳しく述べることにする。この時期、セントラル高校での職員の離職率は大きく増加した[86]。一九五〇年代の一〇年間にわたって、二〇％強の教職員が学校にとどまったが、それは核となる熱心な教職員のグループを安定的に形作るために必要な割合であった。しかしながら、次の一〇年間、学校に対する責任感の著しい低下を反映して、その割合は四％に落ちた。卒業記念誌の教員の写真から判断すると、一九六〇年代の後半までには、多くの新任教師はたいへん若くなり、疑いなくまだ教職に就いたばかりであった。他のインナーシティの高校の卒業記念誌も同じ傾向を表している[87]。このことは、いくぶんかは、学区当局の学校教員に向けた人種隔離撤廃の努力が多くの教師の転任に繋がった結果であるが、それはまた、黒人主体の学校に対して多くの教師が感じる嫌悪感の反映でもあった[88]。この嫌悪感は、これらの教育機関を学校として正しく評価しているわけではなかった。

少なくとも一般的な認識では、学業上の成果を上げることが、黒人ハイスクールの重大な関心事であった。初期の頃に学業成果で知られるようになっていたハイスクールもあったが、一九六〇年代には、アフリカ系アメリカ人生徒主体の学校は、ほとんど学業上の優秀さと結びつけて見られることはなかった[89]。これは、生徒集団の変化と各学校の状況がもたらした結果であった。在籍率を上げることは、黒人コミュニティの中のより広い層から若者を学校に行かせることを意味していた。しばしば二部制の授業が行われ、教職員の離職率も高いような過密な学校に通っていたのでは、生徒の成績が標準評価で学区平均以下であったことも驚くに値しない。南部では、時に認証機構が学校を評価分類したが、アフリカ系アメリカ人学校はめったに白人学校と同等に評価されることはなかった。一九六三年のアーカンソーの調査では、黒人中等学校と白人中等学校は州の学区のわずか一六％で同じ評価を受けたに過ぎず、近隣の白人学校より高い評価を受けたアフリカ系アメリカ人学校は一校もなかった。(90) このような結果は、一九五〇年代の南部の「平等化」運動に反するものであった。ノースカロライナ州のキャズウェル郡立訓練学校は多くの点で地域の白人学校より優れていたのだが、このような例はめったになかった。(91) 白人によってしぶしぶ「優良」と見なされた黒人学校もあったが、ほとんどの学校ではそうはいかなかった。

南部ほど差異を正式に区分する認証基準はなかったが、このような評価制度は北部でも見られた。認証されない学校がほとんどなかったことを見ると、特定の教育機関の質を認めさせるに当たっては、しばしば巧妙な方法がとられたようだ。通常、評価は外から受ける印象と学校にまつわる逸話によって決まるものであったが、時には過密状態や怠慢から生じる学校施設の劣悪さの度合いと共に、テスト結果も評価の補強材料として使われた。たまには、問題が報道により表面化することもあった。一九六五年に『シカゴデイリーニュース』は、市のウェストサイドにあって当時三部制授業をしていた過密な黒人主体の学校、クレイン工科高校の状況について連載記事を掲載した。学校長のトーマス・J・ファレルは、この学校は「他校に比べ混乱しており、経験不足の教師の率が高く、教科書は足りず、リーダーシップが欠如している」ことを認めたが、「他の多くのシカゴの高校との違いは単に程度の差である」と擁護した。生徒たちは、学校のすべての生徒を一括りに語るべきではないと言って、この意見に加勢した。ある生徒は「学校の水準が低い」ことは認めたが、「われわれの学校には現に今、学んでいる生徒がいるのだ」と主張した。そして、「わたしはクレインが質の高い教育を提供しているとは言っていない。しかし、いったいシカゴのどれだけのハイスクールがそれをしているのだろうか？」とその意見を締めくくった。(92) これらの年月の間、他の都市でも同じような報道がみられた。(93) このことが示すように、黒人主体のハイスクールについてよく言われた弁解は、それらのハイスクールが同じような状況にある他の学校より劣っているわけではない、というものであった。この弁解は、非難を校長や職員から逸らすのには役立ったかもしれないが、それはまた、このような多くの学校がこれらの悪条件に苦しむことから逃れられないことも示していた。

「不利な立場にいる人々」に応える

都市部の学校の問題に関する幅広い論及の背後には、もちろん、その学校に通う子どもや若者の問題があった。たいていの教育者は、生徒に固有のバックグラウンドは、学業到達度のレベルと、個々の学校についての理解の双方に深く影響すると認識していた。貧困は、父親のいない黒人家庭がかなり多いことと共に、特に重要な考慮すべき問題であった。当時の人々はこれらの状況から生じる結果を説明するのに「文化的剥奪」という表現を使ったのだが、一九六六年にジェイムズ・コールマンが学業到達度に関する全国的な調査をするまで、生徒のバックグラウンドがどのように学業到達度に影響しているかについてのまとまった研究はほとんどなされていなかった。しかしながら、まもなく、文化的に剥奪されたという言葉が、主にアフリカ系アメリカ人生徒や他の人種的または民族的マイノリティグループ出身の生徒に対して使われるようになった。自分たちの子どもがなぜか文化的に「欠けている」と言われることに抗議するアフリカ系アメリカ人が増えるにつれて、このような言葉の使われ方は、ついに論争に発展した。学問の世界では、文化的欠落という観点は「犠牲者を非難するもの」として批判され、それに替わって、人種的または民族的なアイデンティティや文化の中に見られる強さや誇りに注目する解釈の枠組が示された。[94] それでも、貧困と不安定な家庭環境は、あらゆる人種的または民族的なバックグラウンドをもつ子どもにとって、学業を全うするにあたって決定的な障害になるという一致した意見がしだいに増えていった。

もちろん、大きな問題は、絶対的に見ても相対的に見ても、アフリカ系アメリカ人の生徒の間にこれらの状況がたいへん高い割合で発生することであった。表4-4は、貧困家庭や不安定な家庭環境で暮らす中心都市のハイスクールの生徒のおよその割合を示したものである（先の表4-3におけるすべての若者に関する数値とは異なる）。一九六〇年には南部以外の都市に住む黒人生徒の四〇%近くが連邦の定めた貧困ライン以下の暮らしをしており、同じ割合の生徒が父親のいない家庭で暮らしていたが、二〇%はその両方の状況を経験していた。ある典型的な黒人ハイスクールでは、生徒の約五六%がこれらの状況のどちらか一方か両方の状態におかれていた。同じ状況におかれた白人生徒の割合は二〇%であっ

表 4-4. 経年および地域ごとの中心都市の黒人・白人のハイスクール生徒の社会経済的環境
（1960-1980 年、%）

年および地域	黒人生徒		白人生徒	
	貧困状態にある者	父親のいない家庭に住む者	貧困状態にある者	父親のいない家庭に住む者
1960				
南部	40	16	16	16
南部以外	38	40	10	15
1970				
南部	38	30	8	12
南部以外	28	34	10	13
1980				
南部	33	50	11	22
南部以外	32	54	13	24

出典：IPUMS データ

た。より貧困の集中しているゲットーにある学校では、その数字は疑いもなく高くなっていた。その後の何年かで状況は改善されたが、貧困家庭と父親のいない家庭の事例は、アフリカ系アメリカ人の間では白人の二倍から三倍の多さであった[95]。南部において、貧困家庭に暮らす黒人ハイスクールの生徒の割合はさらに高かったが、父親がいない割合は他地域より少し低かった。先に図４‐１の分析で示したように、これらの状況は学業の達成を難しくし、学業を成就することに関して白人が有利である一因となった。この点から見ると、アフリカ系アメリカ人生徒は実に「不利な立場」に置かれていたが、それは「文化」に原因があるというより、広く見られた人種による居住地の隔離、雇用と教育における差別の継続、日常生活に広がる偏見などの事実と関連した社会経済的状況に原因があった。その影響は、学校を比較する時、確かにはっきり見てとれた。

このような影響は、黒人と白人の学業達成度について考察したいくつかの研究において明白であった。学校の体系的な査定が定期的に行われなかったので、データは断片的である。しかし、アフリカ系アメリカ人中等学校の生徒の成績が劣っているという一貫した記録は明らかであった。たとえば、シカゴのハイスクールに関する一九六四年のハヴィガーストの調査では、ほとんどの黒人の新入生は英語の補習授業に登録し、大半の黒人学校では、読解力における最高点が学区の平均より低いことがわかった[96]。全国からサンプルとして抽出された学校について二年後に行われた学業到達度の調査で、コールマンは、ほとんどの黒人は言語技術について平均よりかなり下の成績であり、南部の農村部では最も低い成績であることを見出した。全般的に言えば、白人の新入生はアフリカ系アメリカ人の九年生よりおよそ二学年上のレベルの読解クラスに登録していた。コールマンは、この理由の大半を、世帯構成と共に、とりわけ親の学歴や収入といった生徒のバックグラウンドの特性によるものとみなした。[97]とはいえ、たとえ学校には学業到達度における不均衡について大きな責任がなかったとしても、インナーシティの学校は、勉学に不向きな状況のせいで、調査が明らかにしたような格差と取り組むことがたいへん難しくなっていることは広く理解されていた。

コールマンが調査の結果を出版すると、人種隔離撤廃の論議は熱を帯び、多くの人が、人種統合はアフリカ系アメリカ人の学業達成を押し上げる何にも増してよい機会を提供すると主張するようになった。しかしながら、それはたいてい黒人学校に否定的な形で光を当てるような議論であった。黒人学校は、大多数の黒人の若者のための向上への道というより、諸問題の根源として広く見なされていた。人種的孤立という言葉がそのような状況のジレンマを表すために使われ、かれらに黒人以外の仲間がいないことが本質的な問題であることを示していた。[98]この言葉に隠されたよい意味は考慮されずに、その表面的な意味だけが、アフリカ系アメリカ人主体の学校が学業成績の上で成功する可能性に疑いを投げかけた。この場合、ほぼ当然のこととして、生徒がすべて黒人のハイスクールは問題にもされなかった。

ジェイムズ・コナントの『スラムと郊外』は、問題の理解をこのような方向に向けるのに手を貸した。コナントは、過密状態や手入れが不十分な施設や低い学業成績に焦点を合わせ、アフリカ系アメリカ人主体の学校の貧弱な状況の実情を伝えた。彼はそのような学校には追加資金が必要であることを強く示唆したが、また黒人生徒に対するさらなる職業教育も求めた。コナントはより多くの生徒が学校に残ることを望み、職業訓練がその助けになると信じていた。彼はまたアフリカ系アメリカ人の若者の間の失業を解消したいと思い、職業コースは仕事に繋がると感じていた。[99]しかし、プリンストン大学の社会学者メルヴィン・トゥミンが指摘したように、そのような処方箋は黒人に対して明らかに二流の教育を提供することのように思われ、ブラウン判決後の時代の平等主義の精神に矛盾していた。[100]コナントの立場はまた、初期の著作『今日のアメリカのハイスクール』で薦めたことと全般的に相容れなかった。この本の中では、彼は普通科と職業科を統合した総合制の学校を支持していた。黒人中等学校は職業教育中心であるべきだと提案することは、それらの学校が学業で秀でることはできないことを暗に述べているものであった。

それに続く年月、アフリカ系アメリカ人の教育に関する全国的な議論において、職業訓練という考えは重要なテーマになった。たとえば、一九六二年に教育政策委員会によって出された報告書は、「不利な立場にいるアメリカ人」の必要に応じるため、他の方法にも増して、職業コースをよりいっそう強化することを求めた。[101] 一年後、ケネディ政権は職業教育と「公民権」を結びつけて考えたが、これは州や地方自治体の政策立案者に影響を与えた新しい見方であった。[102] 同時に、合衆国教育長官のフランシス・ケッペルは、若年失業者に対処するため、特にアフリカ系アメリカ人の若者を対象に、職業教育と職業訓練のために国家資金の投入を支持した。[103] これは、アーバンリーグや他のコミュニティ組織でも同じように実施された施策となった。[104] 多くの政策立案者の気持ちの中で、職業教育や職業訓練と一〇代のアフリカ系アメリカ人を結びつけるのは、理にかなったことのように思われたのだ。

しかしながら、一般に、職業訓練に対する黒人コミュニティの反応は、全く反対ではないまでも、どちらか決めかねるものであった。一九六五年の『シカゴ・ディフェンダー』の社説は、職業準備がますます強化されることについて疑問を投げかけている。それがある点では好感をもって受け入れられることを認める一方で、『ディフェンダー』は、職業コースが多くの黒人生徒にとって高等教育への妨げになる可能性があるとの懸念を示した。編集者は「大人にとっては、学校卒業後に数学や理科や英語のわからない箇所をやり直すより、仕事に関して学ぶ方がずっと容易である」と述べた。アフリカ系アメリカ人の指導者達も、技術や経済の発展によって仕事に求められるものが急速に変化していく時代に、そのような職業訓練は時代にそぐわないと懸念していた。また、黒人の若者には指導者としての役割を果たすための準備が必要で、職業教育はそのような責務への適切な基礎づくりにはならないとの懸念もあった。『ディフェンダー』は次のように記した。「『文化的に剥奪された』子どもには、その子をわれわれの文化に引き入れるような教育が必要である。そして、家庭では得られない文化的バックグラウンドを提供することができるような、基本的に教養志向の教育だけが、その子が不利な条件を克服することを可能にするだろう」。[105] 言い換えると、職業訓練は、貧しいアフリカ系アメリカ人の生徒に対して、かれらの地位向上の手助けを約束するものではなかったのである。

問題の一つは、職業プログラムが、アフリカ系アメリカ人が熟練を要する職業や他の高給な職業につくことに、ほとんど役に立たなかったことであった。シカゴでは、『ディフェンダー』が、学区のプログラムを介して熟練を要する仕事に就こうとする黒人の若者に対して広がる差別の実情を伝えていた。これらの仕事にほぼ直接的に繋がっている学校は、多くの黒人を受け入れておらず、ダンバー高校のような多数のアフリカ系アメリカ人が在籍する学校は、そのような仕事と伝統的に繋がりをもっている組合とほとんど結びつきがなかった。同じような問題が、他の都市でも起きていた。[106] このように、たとえ職業プログラムに在籍していても、一般にアフリカ系アメリカ人の若者は、雇用における障害に直面していた。[107] このようなジレンマを感じることは、ダンバーを模範的な学校として称えたコナントにはなかったようである。[108] むしろそのことは、職業教育のさらなる強化の要請に対する黒人指導者や黒人教育者の反応を冷ややかなものにした。職業教育の強化は、黒人教育の問題への万能薬にはほとんどならなかったし、たとえ短期間であってもより多くの雇用を生み出す結果に至らなかったようであった。

また学習の質についての問題も存在した。そのことは、アカデミックコースを避けたい生徒にとって、職業コースは「はきだめ」のような場だという理解につながっていた。一九六七年に、全米黒人向上協会／NAACPによって組織されたニューヨーク会議は、「多くの黒人の若者が、かれらがそれほど関心をもっていない時にも、職業訓練を受けるよう導かれたり勧められたりすることをわれわれは目にしている」と、懸念を表明する意見を発表した。[109] 職業訓練は、アフリカ系アメリカ人のコミュニティが直面している問題に備えることにはならないと思われたし、多くの人が、黒人の若者がかれらの学歴の早い段階で、そのような重大な決定をすることができるかどうか疑問に思っていた。このような懸念は、黒人にさらなる職業教育を提供することに関して、いっそう懐疑的な考えをもたらすこととなった。このような感情の背後には、職業訓練の強化が将来のリーダーシップを危うくしかねないという恐れがあった。

アフリカ系アメリカ人のための職業教育を強化する政策を別にすれば、黒人生徒と白人生徒に向けて用意されたカリキュラムが異なっていたことを裏付けるものはほとんどない。歴史学者のデイヴィッド・アンガスとジェフリー・ミレルは、アメリカのハイスクールの学力水準は、周知のようにあらゆる人種の生徒に関して疑わしいと論じてきた。デトロイトにおけるコース選択の傾向に関するかれらの調査では、一九六〇年代および七〇年代初めには、すべての黒人学校と白人学校において安定性が見られた。白人学校がより高いレベルのコースを提供していた数学については幾分の違いがあったにもかかわらず、人種による差異はほとんどなかったようだ。[110] ニューヨークでは、黒人指導者達が、市の選り抜きの専門高校、特にブロンクス科学高校のような高く評価されているハイスクールにおいて、アフリカ系アメリカ人の生徒数が不当に少ないと不満を表明した。[111] しかし、これらの学校への入学は、特定のコースの選択というより、むしろ市全体を対象とした試験で競争に勝った結果であった。ハーレムや市内の他の黒人地区にある中学校《ジュニア・ハイ》は試験の準備に焦点を絞り始め、多くの黒人生徒が専門高校への入学許可を手にするようになった。このことは、黒人学校と白人学校におけるカリキュラムの提供は、少なくとも公正さの問題という点において、論争の鍵になるような問題ではなかったことを物語っている。全米黒人向上協会／NAACPは、黒人にあまり難しくないコースを割り当てる能力別クラス編成計画を非難し、その施策を、生徒を「知的に劣ったもの」として区別する「巧妙だが意図的な差別の形態」と呼んだが、黒人指導者達はそれを抗議の焦点にはしなかった。「補習」や「再教育」のクラスに割り当てられた生徒と同様に、「一般」コースに在籍した多数の黒人生徒が抱えていた不満にもかかわらず、黒人主体の学校で選択可能なコースは、全国の大部分の白人学校に設けられたコースと類似していたようである。[112]

カリキュラムが論争の対象になったという点について言えば、それは、黒人の歴史や黒人文学のような新しい科目を含めることに関してであった。[113] それ以外の場合、紛争の主な問題点は、施設などの教育条件としばしば若く未熟な教師によってもたらされる指導の質についてであった。これらは多くのアフリカ系アメリカ人がハイスクールで耐えていた嘆かわしい状況の結果として起こったことであった。過密状態の建物や二部制授業、そして絶えず変わる教員集団を見て、多くの者が、かれらは制度化された人種主義と差別の犠牲者だと結論を下した。多くのアフリカ系アメリカ人が、これらの問題がかれらの学業成績に影響を与えたのだと信じるようになり、貧困や家族構成に結びつけられた「文化的剥奪」のせいではないと思うようになった。同じような問題に対する抗議が全国的状況でなされていたさなかにあって、このような認識は全国の中等学校における係争や混乱のレベルを押し上げる一因となった。

紛争と抗議の時代

一九六〇年代は、人種や市民権そして人権の問題についての異議申し立てと闘争の歳月であった。もちろん、これらの一連の問題をめぐって社会は不安定であったが、なかでも人種統合や公正・公平に関する問題ほど多くの争いを生んだものはなかった。学校は、あらゆる人種的バックグラウンドをもつ子どもと大人が接触する重要な場であり、社会的地位の達成と維持にとって決定的な源泉となっていたので、これらの争いにおいて顕著な役割を演じた。このことはとりわけハイスクールについて言えたのだが、それは、ハイスクールの生徒が、これらの問題を理解したりそれらに直接関わったりするのに十分な年齢に達していたからであった。そのような場合、中等教育機関が一連の闘争の重大な舞台になったことは驚くにあたらず、アフリカ系アメリカ人の生徒がそこで受けていた教育の質がとりわけ重要視された。

一〇代の若者は、些細なことから冒涜的なことまで、数々の問題についてずっと戦ってきたのだが、中等教育機関が誰もが通う所になると、学校は不平不満を解消する便利な場所を提供することになった。ところが、一九六〇年代には、そのような紛争において、人種の問題が今まで以上に目立って現れてきた。身体的な接近はしばしば敵意を公然と燃え上がらせ、時には暴力という結果に繋がった。カンザスシティのケヴィン・ドッジは、黒人主体のマニュアル高校に通っていたのだが、その学校は白人生徒が主であるウェストポート高校と通りを隔てて向かい合っており、人種間の衝突がよく起こるようになったので、両校は下校時間が重ならないようにした。当時は臆病者の時代ではなく、勇気と虚勢が大いに誇示された時代であったのだが、誰もがいつも高潔な気持ちで行動できるというわけにはいかなかったのだ[114]。

都市の黒人主体の学校には、人種的軋轢とは関係のない混乱や暴力沙汰があるという評判もたっていた。とりわけ教育者や警察にとって大きな気がかりである違法薬物の取引が増えるにつれ、ストリート・ギャングは、ゲットーのコミュニティの中でしだいに目に見える社会問題となっていった[115]。学校内での銃に関する問題もしばしば表面化するようになったが、たいていはギャングとの繋がりで報告され、時には命にかかわる結果を招くこともあった[116]。これは、黒人ハイスクールの近隣地域がいっそう危険になりつつある兆候で、安全対策や警察の介入の要請に繋がっていった[117]。スポーツイベントも、時に学生のグループと部外者の間の敵意がぶつかり合う場となったが、部外者の多くは大都市のギャングのメンバーであった[118]。シカゴでは、主に黒人生徒のライバルグループ間の暴力沙汰のせいで、バスケットボールの公立学校対抗試合を中止しようという話さえ起こった[119]。

攻撃的行為や争い事は、特に都市部で、長い間アメリカのハイスクールを悩ませてきたが、一九六〇年代後半から七〇年代初めにかけて、これらの問題は人々の気持ちの中でよりはっきり人種と結びつくようになった。一九六九年にニューヨークのベッドフォード・ストイヴェサント地区で開催された「ドゥ・ユア・シング・デイ」のような催しが、このような感情を強めたのだが、そこでは黒人とプエルトリコ人の生徒によって窓が割られたりロッカーが壊されたりした。[120]一九七〇年に三五の都市について行われた調査では、いたるところで破壊行為が増加しており、その後には「何百万ドルの損失」となる「割られた窓や壊された家具や水浸しの廊下」が残されていたことがわかった。学校の器物を破損した罪で生徒やその他の若者を逮捕する件数は劇的に増えた。[121]このような展開は、人々から時代を象徴するものとみなされていた都市部のハイスクールにおいて、軋轢や緊張の一因となった。これらの行為はさらに学校の設備を劣化させ、多くの安全対策もとられたが、そのことはまた生徒との別の争いの原因となった。一九七〇年までに、シカゴ市は学校に約五〇〇人の警備員を雇った。[122]このような状況は、都市部のハイスクール、とりわけ多数のアフリカ系アメリカ人が通うハイスクールの評判を上げる助けにはまずならなかった。

一九六〇年代はまた、特に人種問題と権利剥奪の問題に関して、差別や不正に反対する抗議行動と活発なデモが行われた時代でもあった。全国的な公民権運動は世界の注目を集め、さまざまな戦術を使うことによって大きな変化が達成できることを世に示した。高校生も時には参加者となったが、たいていは大人によって組織されたデモやその他の活動に「歩兵」として参加した。しかしながら、一九六〇年代末に向かって、生徒たちは、特に学校設備の状態やかれらが勉強するカリキュラムのような、かれらに直接的に影響があると感じられる問題に関して、学校を変えようとする戦いにおいてより積極的になっていった。興味深いことには、生徒が始めた抗議行動の回数が増え、その強さを増し始めるのは、全国的な公民権運動が徐々に縮小し始めた後のことであった。

全国的な公民権運動の組織は、生徒たちの抗議行動を開始させたり調整したりする役割をほとんど果たしておらず、生徒のリーダーにアドバイスを与えることさえしなかったようだ。活動家が全国的運動から刺激や着想を得たということにはほとんど疑いの余地はないものの、アフリカ系アメリカ人の中等学校生徒が学校の問題に対する抗議に動員されたのは、主に地方での現象であった。大規模な運動における主な青年組織は全米黒人向上協会／ＮＡＡＣＰであったが、それは多くのコミュニティで青年会議を運営し、その会員は全国で六万人以上にも達していた。しかしながら、地方のグループは大人の支部リーダーによってきっちり監視されており、リーダー達は、過激な生徒が支持するような好戦的あるいは挑戦的な戦術をしばしば思いとどまらせた。とはいえ、抗議行動をする生徒が、黒人の教師やブラックパンサーのような「民族主義者《ナチュラリスト》」のコミュニティ組織、または学生非暴力調整委員会（ＳＮＣＣ）のような大学生のグループから影響を受ける場合もいくらかみられた。たとえばパンサーは、特にシカゴで影響力があったのだが、高校生が組織するデモにアドバイスと支援を与えていた。ＳＮＣＣは、アーカンソー州フォレストシティでの抗議集会を組織する立役者となった。そこでは生徒たちが無償の給食と教科書を要求し、約二〇〇人が逮捕される結果となった。[123] しかし、全般的に見て、そのような生徒の活動が全国的に組織されていた証拠はみられない。その代わりに、地方の状況や戦うことへの共感が、時には公民権運動の広く認められていた組織からの反対も抑えて、戦術や目標を決定していたようである。[124] また、両親や教師がかれらに影響を与えたという少なからぬ証拠もある。[125] 生徒たちの運動は、全国的に展開した「ブラックパワー」の支持者に明らかに刺激されたものであったが、この世代の反対派の生徒を行動に駆り立てたものは、学校における諸問題であった。

一九六〇年代初めの数年間、アフリカ系アメリカ人の生徒は、大人や大学生が計画したデモやその他の抗議活動に参加するようにしばしば要請された。一九六三年にアラバマ州バーミンガムでは、何百人もの生徒が、警察犬が牙をむき消防車が放水する中を行進するように求められたが、かれらは快諾し勇気をもってそれに応じたのだった。[126] ほぼ同じ頃、生徒たちは、ボストンやシカゴや他の都市の地域グループによって、過密状態で人種隔離されている学校に抗議するため、学校ボイコットと大規模デモに動員された。一九六三年六月、ボストンでは数千人のアフリカ系アメリカ人の若者が人種隔離に抗議するために学校を休み、かれらの多くが黒人の歴史について学ぶために、地域の教会やコミュニティセンターに設けられた「フリーダムセンター」に出席した。[127] 続いて秋には、およそ三〇万人のシカゴの生徒が、コミュニティ組織の連合体によって組織された同様の抗議活動に参加して、学校をボイコットした。[128] その翌年、同様の出来事がニューヨークやクリーヴランドやその他の都市でも起こった。[129] 全体として、何十万人もの高校生の若者が北部の都市でこれらのイベントに参加し、教育問題をめぐる大量動員に関してかれらが有する潜在的力を示したのだが、それは公民権運動のリーダー達によって認められるところとなった。[130]

バーミンガムの後、南部の黒人生徒はコミュニティの組織を援助したり、公民権グループ、とりわけＳＮＣＣによって組織されたデモに参加したりするように求められた。たとえば一九六四年一月には、一〇〇人以上のアトランタの若者が、SNCCのリーダーであったジョン・ルイスによる「自由のために学校をサボる」ようにという要請を受け、地元の高校の改善を求めて市長室で騒々しい示威活動を行った。のちにかれらは地元のレストランでとっさの座り込み《シットイン》を実行したが、それに対して学区当局は、警察に要請して近隣の学校の学校を巻き込まないようにさせた。(131) 一年後、バーミンガムの生徒たちは、有権者登録を支援するためのデモに加わり、学校の中を駆け回って仲間たちに参加を求めた。(132) 多くの黒人の若者は、一九六〇年代の一〇年間を決定づけるこのような戦いを見ていたので、もちろん、歴史の直接の証人でもあった。それに加えて、かれらは、学校の劣悪な状態や、かれらが受けていた教育に関する世間の認識の変化も見ることができた。このことは、かれらの将来の抗議行動を動機づける重要な原動力となっていったことであろう。

全国的な公民権運動が、マーティン・ルーサー・キングの死と経済的公正への舵取りの失敗に直面して混乱していた頃、全国のアフリカ系アメリカ人生徒は、かれらの関心事に目を向けることを求めて、学校の状態について抗議を始めた。(133) 公民権運動の主流派組織から戦術と戦略を借りて、かれらは一連の闘争方法を手にした。特に暖かい時季には、学校から抜け出すというアイデアが幅広い生徒に受けるとわかったので、街頭デモ行進《ウォークアウト》とストライキが戦術としてよく採用された。座り込み《シットイン》やその他の当局と直接対決する戦術は、相手に敵意をもたれたり、逮捕されたり、あるいはそれ以上の反動を受けるかもしれないので、あまり広くは採用されなかった。しかしながら、当時の熱気と抗議戦術に対する若者の親近感の広がりを考えれば、とりわけ不満の原因が明確に示されている時には、かなり少人数の扇動者のグループでも相当の影響力を振るうことができたことであろう。(134) その結果は、時にはそれを組織した者を驚かすほどの抗議活動の波となった。

一九六〇年代の中頃に、学校の現状についての最初の抗議の声があげられた。シカゴのファラガット高校で、生徒は、食堂が提供する食べ物への不満と共に、過密状態や時代遅れの設備に対して抗議するため、一九六六年二月に街頭デモ行進《ウォークアウト》を行った。校長は、かれらは単に近くの大学で起きたボイコットをまねしているにすぎないと述べ、その出来事を「ただの目立ちやがりの子どもの集まり」として片づけた。(135) しかし、二、三ヵ月後に、もっと真剣に受け取るべき兆しが出現した。それは、デトロイトのノーザン高校の生徒たちが、教育水準の低さと、学校の問題に関する学校新聞の論説を削除するという校長の決定に抗議して、ストライキを宣言したものだった。ジェフリー・ミレルは、ノーザンの街頭デモ行進《ウォークアウト》が、どのようにして、市を二分するような学区執行委員との対決に繋がり、学校システムに対する世間の支持を掘り崩すに至ったかを伝えた。しかしながら、かれらの影響力が最終的にどれほどのものであったにせよ、地元の公民権運動の活動家に勇気づけられ支えられた生徒たちによるこのような行動は、大人の権威に対して劇的に挑戦するかれらの力をはっきりと見せつけるものであった。[136] この後の時代には、管理する立場にあるものにとって、不平不満をもった黒人生徒たちの要求や行動を簡単に片づけてしまうことは、かなり難しいことだとわかってくるのである。

時がたつにつれ、生徒の抗議活動のペースは速くなり、規模も大きくなって、参加者はアフリカ系アメリカ人だけではなくなった。一九六八年という年は、今までにないほど大多数の大学生が反戦運動に積極的に参加し、ハイスクールの若者がティンカー対デモイン判決で重要な勝利を収めた年として注目に値するものであった。ティンカー対デモイン判決では、表現の大幅な自由と大人の監督からの自主独立が認められた。[137] 春には、ニューヨーク都市圏全体に学校ボイコットの「ラッシュ」が広がった。マンハッタンの少し北では、「ヨンカーズの関心ある黒人生徒たち《コンサーンド・ブラック・ステューデント・オブ・ヨンカーズ》」と呼ばれた全学区的な活動グループが、学校における人種的偏見の排除、教師による黒人歴史の研究、そしてコース選択に当たって生徒に大幅な自由を与えることを求めて、運動を象徴するような一連の要求を出した。このグループはまた、教師と学校管理職に黒人を採用すること、生徒自治組織に黒人代表を入れること、そして地域自治委員会を設置することも要求した。学校を休むことについて尋ねられた時、代表者は「黒人生徒にとって教育のプロセスは何年も前から止まったままだというとても強い」気持ちについて述べた。[138] 続いて秋にはシカゴのアフリカ系アメリカ人生徒が街頭デモ行進《ウォークアウト》を実施し、最終的には二〇校以上のハイスクールが参加した。「黒人生徒防衛団《ブラック・ステューデント・フォー・ディフェンス》」と呼ばれたグループ組織は、教育長のジェイムズ・レッドモンドに、黒人教師の増員、黒人歴史を学ぶためのコースの創設、黒人の英雄を記念する休日の制定、学校の方針に対する影響力の拡大などの要求を提出した。報道機関に対する声明で、「はっきりものを言う闘志に満ちた代表」は教育委員会を「教育ジェノサイド」と非難した。[139] 別の生徒は、「われわれは今、三流か四流の教育を受けている」と述べ、「学校の外に出て、図書館で自習しても一向に差し支えない」と付け加えた。[140]

公民権運動の本流が徐々に縮小し始めると、無秩序な出来事が都市を揺り動かし、多くの生徒が、台頭し始めた「ブラックパワー」運動に影響を受けた。「ブラックパワー」は、とりわけ教育を通して「黒人の誇り」と自尊心を培うことを要求していた。[141] この新しい運動がもたらした攻撃性と自尊感情は、とりわけ生徒が白人の権威に対する挑戦を厭わない気持ちを表明した場合など、時には人種間の争いを拡大させることもあった。マーティン・ルーサー・キング・ジュニアの暗殺に抗議して、カンザスシティで黒人生徒たちがセントラル高校から市役所まで行進を行ったが、そのデモは手に負えないものとなった。その結果、当局は市内の学校を閉鎖し、生徒との対決にあたり新しい対応の仕方を示した。このような徴候を示す例として、われわれのインタビューの協力者ケヴィン・ドッジは、短期間だがブラックパンサー運動に惹きつけられた経験を語った。カンザスシティにある彼の学校は白人地区に位置し、彼は日常的に警官から嫌がらせを受けていたのだが、黒人の若者を規制しようとする白人の「民兵」までもこれに加わった。彼は、「非暴力には効力がないので、われわれは暴力を用い、自分たちを守るために武装する必要がある」と説くパンサーたちの仲間になった。仲間たちが「銃と暴力的な言葉」を振り回す集会に何度か出席した後、彼はやめる決心をしたのだが、そのグループに対する彼の興味はアフリカ系アメリカ人生徒の間の新しい姿勢を示していた。[142]

戦闘的な感情は、特に北部の学校では、ありふれたものになっていった。フィラデルフィアでは、一九六八年に、ベンジャミン・フランクリン高校での徹夜の座り込み《シットイン》の後で、黒人生徒と教職員のメンバーが、「市全体の公立中等学校全般に人種的社会不安を広めた」ということで逮捕された。[143] 同時に、ニューヨーク市では、「マイノリティグループのコミュニティにある公立学校で申し立てられた人種差別」に反対するデモが行われた。[144] ロサンジェルスは、一九六七年と一九六九年の間に抗議運動の波を経験し、戦闘的な生徒たちは、シャツにネクタイ姿で「スラングの替わりに［正しい］英語を」話す黒人教育者たちを「裏切り者」と呼んだ。[145] 黒人とメキシコ人の生徒は、マイノリティの教職員を増やすことや、学校の方針に対する発言権を大きくすることなど、学校の変化を求める要求を繰り返し提出した。[146] ニューヨーク州マウント・ヴァーノンでは、黒人生徒たちが、アフリカ系アメリカ人の歴史を学ぶコース、よりよい通学バスサービス、さらに、ガイダンスや進路相談を要求して行進した。[147] シカゴのハリソン高校では、生徒たちは、黒人歴史のコースを提供している白人の教師たちに抗議して、「われわれは白人教師がその科目を適切に教えることができるとは思えない」と主張した。[148] 黒人の歴史とその関連科目の指導を増やすようにという要請は、市内のみならず市外の学区をも席捲した。[149]

一九六九年に、世論と社会動向を専門とするシカゴのある調査会社が、生徒と当局の間の抗議行動や衝突を引き合いに出して、全国のハイスクールで「人種の分裂騒動が増え続けている」ことを報告した。そこには、生徒の要求がカリキュラムの問題と職員集団の構成や懲罰の方針に絞られていることが記され、ボイコットが実際に広く行われている戦術的手法であると報告された。調査は白人と黒人双方の行動に及んでいるものの、とりわけアフリカ系アメリカ人生徒の抗議活動の特徴について述べる傾向がみられた。[150] 黒人主体の学校では、生徒は明らかにかれらの受けている教育の質に不満を抱いており、しばしば怒りのあまり激しく非難した。黒人学校のカリキュラムの変更については他にもコミュニティグループからの要求があり、それはアフリカの文化遺産についてもっと強化するように求めるものであった。[151] 黒人の誇りと人種的自尊心を擁護することは、この時代を特徴づけるものとなり、それは、従来からの学校制度の欠陥に対して多くの人が抱いていた反感に代えて、何か別の感情を探り出そうとする方法となった。

一九七〇年代の初めの数年間、北部の都市では、黒人生徒の抗議行動はそれまでと同様に起こっていた。黒人管理職や黒人教師を求めることが、貧弱な設備や白人教育者の態度に対して募る不満と共に、これらの爆発的行動にいつも特徴的に見られる理由であった。[152] ストライキやボイコットは、また他の理由、たとえば人気のあった教師の解雇や、生徒にとって煩わしく思われる学校の方針などの理由で起こることもあった。[153] ある論説が述べているように、「黒人生徒は、高校や大学の管理者をかれらの意志に屈服させ、世間を驚かせるような成功をおさめた」が、このようにかれらの意志を達成していくことは、やがて抗議するべき不平不満がほとんどなくなることを意味していた。[154] 時とともに、カリキュラムと職員の問題は、悪化する学校設備や過密状態という以前から続いている関心事に道を譲った。アフリカ系アメリカ人教育者の補充の件は、黒人の歴史や文学のコースを広く増設するという懸案とともに、やがて議論の火花が消えることとなった。

資産価値の低下と中産階級の郊外へのフライトのせいで学校の予算が減少したため、学校の建物は従来のひどい状態のままにされ、騒動のもとになり続けた。一九七二年に、シカゴでもとりわけ設備の古いデュサーブル高校の生徒たちは、「不衛生」で「過密」な建物について抗議してボイコットを実施した。[155] 一年後、ウェストサイドのウェスティングハウス高校でも、同じような不満をもった生徒たちが、その「嘆かわしい」状態を重点的に問題にした。[156] それから一ヵ月もたたないうちに、主に黒人が住むサウスサイドで、予算削減のせいで夏の授業が中止されたことに何百人もが抗議した。[157] つまり、二、三年の間に、人種のアイデンティティや誇りに対する生徒の関心やカリキュラム問題へのかれらの傾倒は、我慢できる程度の学習環境や夏のコースの利用といったような、ずっと平凡ではあるがおそらく少なからず差し迫った問題に取って代わられたのだった。

抗議の年月は、学校に目ざましい変化をもたらした。少なくともしばらくの間、黒人の歴史と文化のコースは「以前より」はるかに当たり前のものになったが、それは、大学のキャンパスで同じように起こったこれらの課目に対する興味の高まりを反映したものだった。大きな都市の中等学校における教員の離職の問題はまだ顕在していたものの、黒人の教師と管理職の数は増加した。「アフロ」と呼ばれる髪形や最新の都会的な服装が学校に伝わり、黒人ティーンエイジャーの衣服や髪形の流行は、この時代の「黒人の誇り」という新しい感性を反映するものであった。これらの流行は卒業記念誌を見ればわかるが、全国に残る他の視覚的資料からも明らかである。[158] 実際、黒人の若者に特徴的な文化は、この時代の闘争の中で鍛えられて出現し、そしてすぐにアフリカ系アメリカ人のハイスクールの生徒に受容された。[159] 一九七〇年代後半までに、多くの黒人コミュニティは、地元の学校を、自分たち自身のものと呼ぶことができる場所に作り変えた。そこでは、ドロップアウト・薬物使用・ギャング行為、その他、都市の若者にとって危険なことに的を絞って改善する努力がなされていた。[160]

地域による違いを語ることは、全国的に起こった生徒の紛争に関してそれぞれの特徴をはっきりさせた。抗議行動は、大部分の黒人が大都市に住み、一九七二年まで学校の人種隔離が激しかった北部で主に起こったようである。これは、公民権運動全体の全般的な傾向をなぞったものであった。一連の問題をめぐる紛争の舞台は、一九六〇年代後半から、明確に北部へと移っていったように思われる。[161] 南部と西部では、生徒によって始められたこのような紛争はかなり少なかったようだが、それらの生徒の中でも黒人主体の学校に通っていた者はごく少数であった。歴史的に類を見ない黒人の若者のアイデンティティの出現は、ファッション、音楽、雑誌、メディアについての独自の感覚を伴い、全国的な現象であった。それは、ある部分、全国の学校で見られた戦いの中で鍛えられ、黒人アメリカ人に特有のアイデンティティの発展過程における一つのステップとなった。

結論――成熟の一九六〇年代・一九七〇年代

一九六〇年と一九八〇年の間の二〇年間は、黒人ハイスクールの生徒の経験に関して、広範な変化の時代であった。この時期の初めに中等学校に通っていたのは、アフリカ系アメリカ人の一〇代の若者のおよそ半分に過ぎなかったが、それらの大半は厳しく人種隔離された学校だった。二〇年の間に、在籍率や教育達成度は着実に向上し、実質的に白人との格差は縮小していった。この点で、この時期は教育における黒人と白人の差を縮める長い過程の頂点であり、中等教育アフリカ系アメリカ人にとって普通の経験となった記念すべき時期であった。アフリカ系アメリカ人の若者が教育の重要性を認識し、学校の内外でかれらが耐え忍んだひどい境遇のために道を踏み外すこともなかったところから見ると、このことは、他の諸機関の手助けと相まって、コミュニティの支援を通して達成されたのだった。

主に全国の大きな都市で黒人の在籍率が上がると同時に、かれらの通う学校の状態は目に見えて悪化し始めた。これは過密状態のせいであったが、また、既存の施設を改善したり新しい施設を作ったりすることを難しくしている――しばしば不可能にしている、都市部の学区の厳しい予算のせいでもあった。同時に、教師や管理職やその他の職員の離職も増加した。これは、幾分かは、人種隔離撤廃ガイドラインが、特に多数の黒人生徒のために働いている教員や職員の人種統合を学区当局に求めたためであった。またそれは、多数の教師がこのような学校を辞める選択をした結果でもあったのだが、そのため、都市部の学校で教えるのは若くて経験の浅い教師となった。このことは、黒人に対する教育の質に直接影響し、関係するコミュニティの生徒と大人の双方にとって、論争の続く問題点となった。

最後に、この時代の紛争の主なパタンは、黒人生徒の抗議行動と相関関係にあった。アフリカ系アメリカ人の若者は、中等学校を、カリキュラムの課題から職員の配置に関する問題まで、さらにかれらが学業を成就するために重要だと思うその他の問題に至るまで、多くの課題と対決する場所にした。このような闘争への動員は、いくつかの局面や段階を経て進み、初めは歩兵として本流の公民権運動に参加したが、一九六〇年代の後半には、活動は大きなうねりへと広がっていった。この活動で要求されたことの多くは、いくつかの課目を中等教育のカリキュラムに組み込むことと、黒人の教師と管理職を増員することが焦点となっていた。年月がたつにつれて、これらの課題は、特に大都市での、学校の質の低下の問題に取って代わられたように思われる。

一九七〇年代の終わりまでに、歴史上のいかなる時期よりも多くのアフリカ系アメリカ人が、ハイスクールに通い学業を成就していった。一九六〇年に続く二〇年間、黒人の教育達成の安定した上昇はかなりの混乱や紛争を伴ったが、逆境の中にあっても多くの生徒は学校に背を向けることはなかった。むしろ、学校は戦場となり、かれらの闘志の源泉となった。何千人もの生徒の活動は、個人と集団の双方の向上のために学校を活用しようとしたかれらの献身を物語っていた。このように考えると、この時期に黒人の教育達成が伸長したことも少しも不思議ではない。アフリカ系アメリカ人の中等教育経験は変わり、黒人の若者はもはやかれら自身をアウトサイダーだとは感じていなかった。揺れ動いた一九七〇年代に続いて、多くの学校で改善の徴候が見られた[162]。アフリカ系アメリカ人の若者は、多くの実例に見られるようにその組織と文化の営みを築き上げ、黒人中等教育をコミュニティの求めに役立つものにするための何十年にもわたる戦いの中で一つの頂点を極め、ハイスクールにかれらの足跡を残したのだった。

第5章　人種隔離との戦い

5. Battling Segregation

歴史的なブラウン判決はアフリカ系アメリカ人の教育に一つの転換点を印した。学校の人種統合は全国的な論議の的となり、暗黙のうちに、あるいは目に見える形で、ほとんどの地域で人種と学校をめぐる闘争の焦点となった。ブラウン判決から一九七〇年代後半までの騒然とした年月の間に、人種隔離撤廃について多くのことが書かれた。この年月は南部における大規模な抵抗運動とその他の地域での紛争の時代であり、その結果、国内の多くの場所で人種統合がなされた。同じような問題がいたるところで生徒たちに影響を与えていたが、黒人教育についての他の面でも見られるように、地域に特有なパタンが闘争を特徴づけていた。それゆえ、われわれは、共通のテーマのみならず相違点にも注意を払いながら、北部や西部そして南部におけるハイスクールの人種統合を見ていく。たとえば、ミズーリ州、ケンタッキー州、メリーランド州のような境界諸州は、はじめは牽引的立場にあったが、やがて人種隔離撤廃の諸問題に直面することになった。例を挙げて説明するために、われわれは、一九五五年まで学区が人種隔離されていたミズーリ州カンザスシティについて考察する。学校の人種統合に関する平坦とは言えない過程は、多くの都市に特徴的に見られた。北部や西部では、中等学校における人種統合は、中心都市地域に広がる人種隔離のせいで、依然として達成が困難なままであった。しかし、南部において進展は最も劇的に見られ、それは一九六〇年代後半から一九七〇年代にかけて、非妥協的な州や学区に対して起こされた訴訟における勝利に拠るところが大きかった。

都市部への黒人の集中は、学校の過密化、人種隔離、教育資源の不平等につながり、人種隔離撤廃の闘争を激化させた。しかし、地域の状況がどのようなものであろうと、一〇代の黒人と白人の若者を一緒にしようとする最初の試みは、当然、不安定な状態と紛争を招くことになった。これらの困難の程度は、明らかに、大人がいかにその過程に対処したかにかかっており、人種統合が真に機会の平等の問題となることを、大人がはっきり示せなかった事例が、あまりにも多く見られた。アフリカ系アメリカ人の中等学校の生徒が、人種統合の重荷を背負わされることになった。というのも、一般的に学校を変わることを求められたのはかれらであり、慣れ親しんだコミュニティの中にある学校を離れて、かれらがアウトサイダーとなる学校に移らねばならなかったからだ。それは厄介で困難な移行であり、人種統合された学校の社会的・教育的な恩恵が明らかになり始めるまでには、少なからぬ紛争が見られた。人種隔離撤廃がなされたハイスクールに入学した黒人生徒の初期のグループにとって、人種統合はしばしばたしかに困難に満ちたものではあったが、かれらは平等の原理のために戦い、後に続く者たちのために道を固めたのであった。

人種隔離撤廃についての論争は続いていたが、それが多くのアフリカ系アメリカ人の若者に質の高い学校経験を提供することに貢献したことは明らかである。当時はそれを知ることが難しかったかもしれないが、ハイスクールの人種統合が試みられた初めの一〇年間を通して、中退率の低下、テストの成績の向上、卒業者の増加が見られた[1]。さまざまな事情にもかかわらず、人種隔離が撤廃された中等学校に在籍していた黒人生徒は、困難に立ち向かい才能を発揮した。このことは全米学力調査の成績が着実に向上したことによってはっきり示された。全国的な学力の向上は、ある部分では、学校教育を経験した黒人生徒が増加したおかげだったのだ。黒人生徒の困難への挑戦はまた卒業率の増加にも反映されており、黒人生徒の卒業率は白人生徒のそれに接近し続けた。たとえ人種隔離撤廃が困難なことであったにしても、それはまた、教育の進歩という明白な恩恵をアフリカ系アメリカ人にもたらしたのだった。

一九四〇年代と一九五〇年代における人種統合

中等学校における人種統合は、ブラウン判決のかなり以前から、少なからず論争の的であった。インディアナ州ゲーリーのフレーベル高校の人種統合は、戦後に広く報じられたものであったが、アフリカ系アメリカ人と共に学校に在籍することに対する白人の反応を浮き彫りにしてみせた。このような反応は都市部で最も顕著であり、そこではアフリカ系アメリカ人の人口移動によって大都市にやってきた黒人の若者と白人労働者階級との間で紛争が起こりがちであった。他方、北部や西部では、中等学校の人種統合はそれほど論争の的にはならなかったが、その主な理由は、黒人の若者の数が比較的少なく、かれらは既成の地位区分に脅威を与えるようなことがあまりなかったからである。しかしながら、ほとんど論議されなかったことは、人種統合が原則として広く受け入れられたことを意味するわけではなかった。むしろ、それは行政上の効率や法的要請の遵守の問題として一般に許容されていたのである。黒人のための分離された学校は多くの州で禁じられており、また多くのコミュニティにおいて、いかなる場合であっても、少数のアフリカ系アメリカ人のために学校を作るのは実際的ではないと思われていた。(2)

実際に人種隔離を行っていた学区は、公民権運動のグループや州当局からの高まる圧力に直面していた。前に記したように、デイヴィドソン・ダグラスは、一九四〇年代に南部以外で人種隔離された学校に反対して一斉に行われた全米黒人向上協会／ＮＡＡＣＰ［全米黒人向上協会］のキャンペーンについての記録を書き残している。戦後のゆるやかな人種関係の改善と相まって、これは北部や南部にしだいに進歩をもたらす結果となった。もちろん、州の法律を無視して人種隔離を実施するイリノイ州南部の町やインディアナ州やオハイオ州の町のような、頑固に人種統合に抵抗するコミュニティもあった。しかし、一九五〇年代初頭までに、ほとんどの町は強制的に中等学校を人種統合させられた。(3) 一九五三年に、アリゾナ州とニューメキシコ州で、人種隔離されたハイスクールが廃止された。(4) ブラウン判決が出されるまでに、南部およびミズーリ州のようないくつかの境界諸州以外で、生徒のすべてが黒人であるハイスクールが残っていたのは、人種隔離された地域だけであり、それはたいてい大都市にあった。人種隔離はなお存在していたが、その範囲はかなり制限されるようになっていた。チャールズ・クロットフェルターは、一九五〇年代に南部および境界諸州以外では、黒人の若者の一一％が人種隔離された中等学校に通学していたに過ぎないと見積もったが、おそらく五〇年代が終わる頃にはいっそう少なくなっていたであろう。(5) しかしながら、当時はこれらの地方で中等学校の人種統合が頂点にまで高まった時期であり、続く六〇年代とそれ以降には下降していくことになった。

ブラウン判決当時、たいていのアフリカ系アメリカ人の若者はもちろん南部に住んでいたが、南部では公立学校における法制度的人種隔離がどこでも実施されていたので、ハイスクールでも人種統合についてほとんど知られていなかった。

ブラウン判決は南部では憎悪をもって迎えられ、抵抗が誓われたので、判決後も一〇年以上にわたって人種隔離が広く続くことになった。われわれのインタビューの回答者の一人であるローナ・ティルマンが、一九七〇年代初期にミシシッピー州インディアノラのジェントリー高校に通っていた時、そこはまだ全生徒が黒人の学校だった。しかし、メリーランド州、ケンタッキー州、ミズーリ州、オクラホマ州などの境界諸州では、受け止め方はかなり肯定的なものであった。これらの州の大きな学区は人種隔離の正式な廃止へと迅速に動き、たとえ人種統合を必要とせず、またそれを十分に達成することを期待していなかったとしても、人種統合の可能性に向けて学校を開放していった。一九五五年のブリッグス判決で、連邦地方裁判所判事のジョン・パーカーは、学区当局は黒人が白人と一緒に学校に出席することを妨げることはできないが、人種統合が実施されることを保証する義務を負うことはない、という裁定をサウスカロライナ州で下した。このいわゆる「パーカー・ドクトリン」は、一〇年以上にわたって、人種隔離撤廃を言い逃れる戦術の根拠となり、人種統合が達成されたと申告する際の基準を非常に低く設定することに力を貸した。この原則を受け入れたせいで、また、それまで黒人生徒と白人生徒の分離がたいへん絶対的であったために、たった一人であっても黒人がかつての白人学校へ入学することが人種隔離撤廃を意味する、と当時は言われていた。(6)

この基準を使って、境界諸州地域全体のハイスクールが速やかに「人種統合」されたのだが、早くも一九五四年秋には、少数のアフリカ系アメリカ人が入学し始めていた。おおむねかれらの出席は白人からの大きな抵抗もなく迎えられたが、散発的な暴力的事件——あるいは暴力的な脅し——は起こっていた。(7) 一九五六年には、ケンタッキー州ヘンダーソンの黒人学校のフットボール場で、全米黒人向上協会／NAACPを冒涜する標識をつけたオーバーオールを着た人形がゴールの枠につるされた。そして、その学校は、町の白人ハイスクールに隣接していた。しかし、新たに人種統合されたウェアヴァートン郡立高校に通学する生徒は五〇〇人以上に増加しており、このことは、近くのヘンダーソンでの事件はかなり特異な出来事であったことを示している。(8) その他、南部のわずかな数のコミュニティで、ブラウン判決の直後にかれらのハイスクールの人種隔離撤廃が実施されたが、それらはすべて、アーカンソー州ファイエットヴィルの大学町に見られるように、黒人生徒の数が比較的少ないコミュニティであった。(9)

人種隔離の強制を自主的に終わらせたボルティモアやその他の都市では、怒れる白人のピケ隊が目撃され、ハイスクールでの争いを伝える報告が見られるようになった。これらの出来事は以前からの白人学校に黒人生徒が入る時に起こったのだが、抵抗する者たちは来襲者に対して「防御」しようとした。[10] とはいえ、ほとんどの場合、このようなことは黒人が新しく白人学校に入学する際に引き起こされたのであって、もともと黒人の学校に白人が入ることはまずなかった。この事実はもちろん白人の偏見から生じたものであったが、それはまた、たいていの白人や多くの黒人が広く信じていたアフリカ系アメリカ人の学校は劣っているという思いを反映していた。その結果、全生徒が黒人である学校の数はおよそ変わらず、ついにはその生徒数は増加した。一方で、従来からあった白人だけの学校は減少した。つまり、まさにそのはじめから、「人種統合」は、主として黒人生徒が選択肢の広がった学校へ動くという一方通行の移動であり、白人は主にかれらがずっと以前から通ってきた学校にとどまった。ある場合など、黒人の入学が急速に増加すると、白人が完全に学校を去ってしまうこともあった。[11] このように、人種隔離撤廃はたいてい白人より黒人にとって劇的な変化を意味し、時代を特徴づけるテーマとなった。

その結果の一つとして、アフリカ系アメリカ人の若者が中等教育に関してより多くの選択肢を持つようになったことが挙げられる。ボルティモアおよびインディアナポリス、セントルイス、カンザスシティなどのような境界都市に住む黒人の若者にとって、学校の人種隔離撤廃は、これまでの歴史の中で黒人に割り当てられてきた学校に、もはやかれらが縛りつけられないことを意味していた。ボルティモアのフレデリック・ダグラス高校やセントルイスのサムナー高校のような多くの学校は、人口増加のために過密状態になっていて、新しい黒人学校の建設は追いついていなかった。通学できる学校が増えたことは、アフリカ系アメリカ人の在籍率を上げ、結局は卒業率を高めることに貢献した。初めは、白人学校への黒人の通学は控えめなものであったが、アフリカ系アメリカ人地区に隣接する学校では、黒人生徒の数は急速に増加した。[12] ケンタッキー州では、レキシントンやルイビルに見られるように、約四分の一の学校行政区がほぼ直ちに人種差別撤廃を開始したが、このことは中等教育にとって重要な意味をもっていた。黒人が分離された中等学校をもたず、どこか他の場所に通学しなくてはならなかった農村地域では、地元の白人学校に在籍することを許される者も出てきた。都会の学区における変化はより劇的であった。ルイビルでは、一九五六年に、自由意志による転校プログラムが広く公表され実施されたが、従来の白人学校の数が黒人学校の数を上回っていたので、この新しい政策はより多くの黒人の若者に進学の機会を提供した。たとえ、すぐに恩恵を受けた若者は相対的に見てごくわずかだったとしても、このような展開は、ハイスクールに行くことができるアフリカ系アメリカ人をかなり増やしたのだった。[13]

ハイスクールの人種隔離撤廃が、大多数の境界州のコミュニティでは円滑に始まったとしても、他の場所では紛争や暴力的な抗議が起こっていた。一九五四年、デラウェア州ミルフォードの学校委員会は、それまで生徒はすべて白人であったミルフォード高校に一一人の黒人生徒の入学を認めることを決定したが、黒人の少年が白人の少女にダンスを申し込んだとか、アフリカ系アメリカ人たちはナイフを振り回すとかの噂が浮上して、白人の抗議活動が突発した。人種統合の支持者は脅され、十字架を焼く儀式［黒人差別を象徴する行為］が行われ、活動家たちは白人生徒に学校をボイコットするよう説得した。一九五六年の学年の初めに当たって連邦裁判所は人種隔離撤廃を命じ、その年、テネシー州クリントンもまた対決の場所となった。たった一二人の黒人生徒が、それまで生徒はすべて白人であったクリントン高校に入学を認められたのだが、かれらは怒った暴徒やピケに直面した。脅しはかれらの両親や支持者にも向けられた。[14] また別の抗議活動に対して、ケンタッキー州クレイでは州兵が導入された。[15] これらの出来事は稀なことであっただろうが、その悪意に満ちた行動は全国的な注目を集めた。[16]

同様の衝突が他の場所でも起こった。テキサス州マンスフィールドでは、そのコミュニティ内に他に中等学校が無いにもかかわらず、怒りにかられた暴徒は黒人生徒が地元の白人高校に出席することを妨害した。州知事は黒人生徒を学校から締め出すためにテキサス・レンジャーを招集したが、アイゼンハワー政権は介入を拒んだ。その翌年、ノースカロライナ州シャーロットで、ひとりの黒人少女が、それまで白人だけであった中等学校に出席して襲われたのだが、その経験から、彼女の両親は、人種統合されたフィラデルフィアの学校に通わせるため彼女を北部に送り出した。[17] これらの事例も広く知れわたり、人々に人種隔離撤廃に伴う暴力の可能性に気づかせたが、反動主義者はいかなる犠牲を払っても人種統合に反対するという決意を表明していた。これらの出来事の渦中にあって、南部では沈静化の兆候はほとんど見られず、過激派が人々の耳目を集めていた。[18]

人種隔離撤廃についての紛争で最もよく知られている例は、もちろん、一九五七年九月にリトルロックで起こった、白人だけの学校であるセントラル高校への黒人の入学許可に伴う紛争であった。秩序を回復し九人のアフリカ系アメリカ人の生徒を教室まで護衛するために、アイゼンハワー大統領は連邦政府の軍隊を送ることとなった。セントラル高校は、その年度の間、生徒の安全を確保するために軍の人員によって巡視され、その翌年は、市のすべての公立ハイスクールが人種統合の機先を制するために閉鎖された。影響を受けた生徒の数は比較的少なかったにしても、ニュースが広範囲に伝わり、連邦政府の介入があったために、この事例は南部の学校の人種隔離撤廃運動において画期的な出来事となった。[19] 全体として見ると、闘争は数年にわたって続き、暴力的なデモや黒人とその支持者に対する攻撃が、時には報道機関や警察によく見える所で目立つように行われた。白人の敵意や残酷さと、入学に向ける黒人生徒の静かな決意が、テレビにはっきりと映し出されることによって広く示され、それは南部の過激派に反対する世論をまとめるのに力を貸した。また、多くの白人が、人種統合の考えそのものに卑劣な悪意をもって反発することがあることも示された。[20] リトルロックの事例の後、全国の教育者は、穏やかな人種統合計画でさえ暴力を引き起こす可能性があることに、はっきりと気づいたのだった。

人種隔離撤廃についての論争はあらゆる種類の学校に及んだが、ハイスクールはどこよりも逆境にさらされたようである。中等教育は、職業技能やカレッジ、そしてより高い地位への通り道となっていたので、特に議論を引き起こす戦いの場となった。ハイスクールはまたアメリカの若者文化が育つ主要な場所でもあり、その文化は、新たな性的志向や反体制的な乱交と結びついていた。[21] 『ワシントン・ポスト』への投書で、ある女性は「現代のハイスクールのランチルームは昼間のナイトクラブのようです――皆が手を握り合い、録音された音楽が流れ、カップルが生まれています」と述べて、若者の異人種間の男女関係について深い懸念を表明した。[22] ヴァージニア州のある人種隔離主義者は、一九五五年の教育委員会のキャンペーンで、このことをさらにわかりやすく、次のように述べた。「学生時代には分別に欠ける男女関係が起こりがちで、またしばしば実際に起こっているのですが、それは異人種間結婚やさらに悪い結果に終わります」。[23] このような非難は地域全体のコミュニティにパニックを引き起こしそうなものであった。[24]

白人の扇動者は、人種の異なる若者による、親密な関係をほんの少しほのめかすような行動についてさえも、人々の恐怖心を煽った。偏狭な扇動者は、クリントンのミルフォード校での出来事や他のハイスクールに関わる紛争で主要な役割を果たした。白人の若者は現状を守るために容易に集結しやすく、特に若い男子は、その多くが人種統合に対する憎悪に満ちた抗議を攻撃的に示す傾向を明らかに示していた。[25] このような状況を考慮に入れると、ハイスクールが学校の人種統合に関して人目を引く場所になったことも、あまり不思議ではない。若者はすぐに親しくなるような環境で一緒にされていたので、しばしばかれらの火のつきやすい情熱は燃え上がり、南部のハイスクールをめぐる初期の争いは特に暴発しやすかった。ブラウン判決の重要性や、全国的に学校の人種隔離に反対する感情が盛り上がっていたにもかかわらず、一九五〇年代後半には、このような状況のせいで、人種隔離撤廃への展望は不確かなものとなった。

しかしながら、これらの初期の戦いの後に、暴力的な爆発は減少していき、人種隔離撤廃の歩みは徐々に前に向かって動いた。テネシー州や他の場所で、過激な共謀者たちは、結局、逮捕され裁判にかけられて収監された。ジョージア州やその他の州で起こった学校の爆破騒ぎは広範な非難を引き起こし、穏健な白人に名ばかりの人種統合を大目に見るよう説得するのに力を貸した。(26) テネシー州クリントンは、結局、全国的メディアで成功のモデルとして取り上げられた。(27) しかし、変化のペースはゆっくりで、人種隔離撤廃を広範に押し進めることを実現化するのには失敗した。「パーカー・ドクトリン」が主張したのは、ただ学校当局に求められるのは、人種に関係なく生徒が学校に通えるよう、人種統合できる可能性を残しておくことだけである、ということだった。そして、州と地方当局は、包括的な人種差別撤廃の達成を困難にするような一連の方策を、素早く繰り出した。これらの方策とは、学校変更の承認を受けるのに手間のかかる手続きを必要としたり、黒人家族に白人学校への参加を思いとどまらせるような脅し戦術を弄したり、生徒は自宅のある地域の学校に就学する傾向があることを見込んで白人または黒人地域の真ん中に新しい学校を設置したりすることであった。勇敢にも人種統合の努力の先頭に立つ少数の黒人生徒に対してはひどい圧力がかけられ、絶え間のない嫌がらせや暴力による脅しが見られた。(28) そして、これらの手段によっても人種隔離を維持することに成功しなかった時、白人はあっさりと［学区から］出て行ったのだった。

アトランタは、自由意志による転校プログラムに最初に着手した深南部の都市の一つであった。一九六一年の初め、数年にわたる論議の後に、転校はハイスクールの最後の二学年の生徒に限られた。初年度、応募した二五〇人以上のうち九人の黒人生徒だけが白人学校への転校を認められたが、当局は、移行は問題なく行われ計画は今後も広げられると保証した。(29) 結局、多くのアフリカ系アメリカ人の生徒がいくつかの白人学校に転校したが、これらの学校は数年のうちに黒人主体の学校になった。このような経過を経て、生徒はついに過密な黒人学校を抜け出すことに成功したが、それに対する白人の反応は当該の学校を棄てることであった。ある歴史家の言葉によれば、それは「人種隔離から人種隔離へ」と向かう事態となっていった。(30) 他の大きな学区が連邦政府の圧力に応じて類似の計画を立てた時、このような経過は別の場所でも繰り返された。このようにして、黒人主体の学校の数は増加し始めた。それは、自由意志による転校プログラムが人種隔離撤廃の焦点となった全国の学区で、やがてはっきりと見られることになるパタンであった。(31)

多くのアフリカ系アメリカ人にとって、ブラウン判決直後の年月、進捗はひどくゆっくりしたものであった。黒人アメリカ人についての全国調査（ＮＳＢＡ）によれば、経済学者のマイケル・ブーザー、アラン・クルーガー、サリ・ウォルコンは、一九六〇年代半ば以前に南部では有意義な人種統合はほとんどなされなかったと結論づけているが、われわれがＮＳＢＡのデータに基づいて独自に行った推計でも、このことは初等学校やハイスクールにも同様にあてはまることが示されている。(32) 境界諸州では人種差別撤廃はより実体のあるものであったが、アフリカ系アメリカ人はその多くが都市に住むようになっていて、人種隔離撤廃されたほとんどの学校で、自由意志による人種統合は一時的な効果しか生まなかった。北部や西部でも、特に黒人人口が都市中心地区に集中していた所では、中等学校の人種統合はわかりづらいものだった。ブラウン判決がいかに歴史的なものであろうとも、その直後の全国的な影響力はささやかなものであった。

カンザスシティにおけるハイスクールの変化

ミズーリ州カンザスシティは、大陸に広がる合衆国の中央近くに位置するので、学校や他の諸機関について、北部と南部の両方の影響を示していた。一九五四年以前には州は学校に人種隔離するよう命じていたが、公民権団体からの圧力の下で、市は一九五一年に学校以外の公的施設における差別を禁じ、人間関係委員会を設置した。白人住民の多くは歴史的に偏見に満ちた態度を保持していたが、戦後の時代になると、次第に多くの住民が人種間の関係についてリベラルな改革を支持するようになった。(33) カンザスシティは教育の変化について有益な例を提供している。カンザスシティでの事例は、この国の巨大都市圏地域の典型ともいうべき環境のもとで、ハイスクールにおける人種隔離撤廃が、いったん成功するが最終的には消滅していくという、両面の様子を示している。

カンザスシティは、ブラウン判決の後、学校の人種隔離撤廃に向けて速やかに動いた。一九五四年七月二九日、学校委員会は、学校の新しい境界を設けることにより従来の二元的システムを取りやめた。生徒を人種にかかわりなく割り当てる計画は、一九五五年になってやっと公表され、その年の秋に始まった。『カンザスシティ・スター』は、やや時期尚早ながら、「人種統合は、九月には大きな疑問符がついていたが、順調に進み、四〇の学校に混合クラスがあり、三校で教員の人種統合がなされていることを考慮すると、これまでのところ困難はほとんどない」と言明した。[34] さらに、特に市内で最も古い公立ハイスクールであるセントラル高校のような、早い時期に影響を受けた学校にとって、それは重大な進歩だと思われていた。一九五六年の卒業記念誌『セントラリアン』に、ポール・M・マーシャル校長は次のように記した。

セントラルは今年一つの偉大な瞬間を経験したが、それに立ち会う恩恵に浴したわれわれ生徒と職員には、セントラルにおいて人種統合計画を成功させなければならないという決意がある。全校生徒のリーダーたちは、人種統合を成功させるというかれらの固い決意を決して見失うことはなかった。この一年は、わたしが経験した三五年の教育管理職生活の中で最も興味深いものであった。[35]

このことはマーシャル校長にとっては「最も興味深い」経験であったかもしれないし、容易な移行に見えたかもしれないが、それはセントラル高校が、一〇年もしないうちに、白人学校からほとんど全てが黒人の学校に移行する過程の始まりに過ぎなかったのだ。人種による住み分けパタンの変化は生徒の層を変えた。このことは、学校の周辺地区でますますアフリカ系アメリカ人の住民が増えるにつれ、特に顕著になった。このような移行はまた、非常に過密になっていた市内の従来からの黒人学校の生徒が、以前の白人学校に通うことができるようになったことで、かれらにとって大きな好機を意味していた。[36] セントラル高校が経験したことは、北部と南部の両方で、多くの都市部の中等学校において、特徴的に見られるようになることが明らかとなった。

ブラウン判決の後、カンザスシティにおける人種間の関係はおおむね良好だと広く信じられており、そのおかげで学校の人種隔離撤廃が比較的順調に進んだと思われていた。市が受け継いできた人種隔離の伝統にもかかわらず、ブラウン判決に対する表立った抵抗はほとんどないように見えた。しかし、他の都市と同様に、カンザスシティの各地区はそれまで大いに人種隔離されてきており、二元的な学校の境界が廃止された時でさえ、たいていの学校は主に黒人だけかどちらかのままであった。たとえば、たいていの黒人中等学校生徒は、一九五〇年代の終わり近くまで伝統的な黒人学校であるリンカン高校やマニュアル高校にまだ通っていた一方で、イースト高校に入学する新入生のうちの約一〇%だけがアフリカ系アメリカ人で、イースト高校は一九六〇年代を通して主として白人学校のままであった。人種による棲み分けパタンはこの区分に影響した。最も裕福な白人によって占められる学区はたいてい人種統合の影響を受けないままであった。[37] このことは、白人の上流中産階級地区に位置するサウスウェスト高校にあてはまった。サウスウェスト高校の生徒はスポーツ競技や学業成績に優れていることで知られ、卒業後は全国の優良カレッジに進学していた。一九六四年と一九六六年の卒業記念誌には、たった一人の黒人教員と一〇人に満たない黒人生徒が載っていて、わずかな人種統合の印を示している。[38] たとえセントラル高校や他のいくらかの学校で黒人の入学が順調に始まったとしても、長期的な見込みはほとんど期待できなかった。

セントラル高校のように、以前は生徒の全てが白人の学校であったが、市の中心部にあってしだいに黒人住人が増えてきた地区に位置する学校は、急速な人種統合を典型的に経験した。市の増大するアフリカ系アメリカ人住民は、一九五〇年代に五万五六八二人から八万三一三〇人に増えたのだが、都市再開発によって、「黒人地区」としてしだいに認識されるようになった中心都市地域に移動させられていった。[39] この傾向は一九六〇年代に入っても続き、黒人住民は南や東に押しやられて、セントラル高校からわずか数マイル南のパセオ高校や、もっと東に位置するサウスイースト高校に入学するアフリカ系アメリカ人が増えていった。生徒はかれらの地区に用意された建物に割り当てられ、住民が変わるにつれて、学校の人種的様相も変わっていった。しかしながら、もし生徒が違う学校に通いたいならかれらは転校を求めることが許されていて、住民の移動につれて転校を求める白人の数が多くなっていった。一九七一年の報告で、現地の特別対策本部は、「転校政策は、白人の両親がかれらの子どもを人種的に変化した地区の学校から移動させ、かれらを白人主体の学校に入れることを合法的に容認してきた」と結論づけた。[40] 学区政策は、このような転校は「差別的な」目的のために利用されるべきではないと規定していたものの、そのような転校の要望に疑義を持たれることはめったになかった。学校管理者や委員会のメンバーは、転校の要望に大々的に異議をはさむことは政治的反発の引き金になり、いっそう多くの白人が郊外に出てしまうのではないかと恐れており、そのような結果はかれらが明らかに避けたいと思っていることであった。[41]

セントラル高校の人種統合は、少数の黒人生徒を徐々に学校活動に迎え入れることから始まった。管理職と大半の教師は白人のままであったが、変化してゆく人口構成を反映して学校活動やカリキュラムにはゆっくりだが確実な変化があった。一九五五年の年度のはじめには十字架が焼かれたという報告があったが、それ以後そのような出来事は起こらなかったようだ。しかしながら、マーシャル校長の言葉にあったように、学校の管理者と白人生徒のリーダーは紛争の脅威をしっかり認識していて、それを未然に防ぐために静かに活動していた。[42] はじめに転校してきたアフリカ系アメリカ人生徒は少人数のグループであったのだが、敵対的な白人からの嫌がらせの報告はなかった。概して、カンザスシティでの最初の公立学校における「人種統合」の初年度は、かなり順調に過ぎたようである。

このような状況はその後の年月も続き、アフリカ系アメリカ人生徒の数は増え始めた。一九五七年の『セントラリアン』は、卒業生のわずか一〇％がアフリカ系アメリカ人であったことを示しているが、下の学年には着実に黒人生徒が入って来ていて、学校活動は人種統合され始めていた。一九五八年の卒業記念誌では、写真に写っている黒人教師はおらず、学校社交同好会や文学同好会のリストに載っている黒人生徒もいないが、他の活動にその姿を残している黒人生徒は増えていて、オーケストラのメンバー一五人中五人、動物学同好会のメンバー三二人中七人、フランス語同好会のメンバー二〇人中四人が黒人生徒であった。これは、長く学校の課外活動や社交生活の特徴となってきた諸活動において、人種統合がかなりの程度進んでいることを示していた。人種隔離撤廃がなされた他のハイスクールと同様、セントラル高校のスポーツチームもアフリカ系アメリカ人の運動選手を有力な代表として前面に押し出していた。一九五四年から一九六〇年の間は、セントラル高校において明らかに多くの点で人種統合に成功した時期であったが、それは幕間のようなものであった。そして、他の都市のハイスクールにおける人種隔離撤廃の初期の様相も同様であった。[43]

しかしながら、黒人主体の学校への移行は急速に展開し始めた。一九六〇年までに、セントラル高校の半分以上の生徒は黒人になり、続く年月にその生徒像において黒人生徒が優位を占めるようになって、一九六三年までには全体の九八％以上になった。この変化は、アフリカ系アメリカ人の数が市内で急速に増加するにつれ、かれらが南や東へ移動したことを反映していた。それはまた、白人がその地域から出て行ったことをも意味していた。教師や学校管理職の変化はずっとゆっくりであったが、それは第4章で触れた問題である。一九六〇年代の初め、この学校のアフリカ系アメリカ人の教師は七九人中一二人だけであったが、一九六五年までには、白人は半数を少し超えるに過ぎなくなった。これも、過去に比べればずいぶん急速な変化であり、いくぶんかは教職員の人種的なバランスをとろうとする学区当局の努力の結果であった。しかし、これには教師の離職が大きくかかわっていて、生徒全体が移動するにつれ、教員も移動したのだった。同時に、『セントラリアン』は、職業訓練のための建物と過密状態を緩和するための建物が新しく増設されたことを報告した。続く年月には、看護実習、電子工学、軍事科学のプログラムが目を引くようになり、職業カリキュラムへの方向づけの兆しが見られた。やがてセントラル高校は「教育的に不利な立場にいる」とラベルを貼られた多くの生徒の面倒をみる、学業成績の低い学校として見られるようになっていくのである。(44)

市の中心部の南や東にある他の学校も同様の移行——白人の学校から人種統合を経てアフリカ系アメリカ人主体の学校への移行を経験した。白人がもとの白人学校の近辺を離れるのに伴って、その学校からも離れたために、この移行は生じた。そのような動きは全く新しいものではなく、白人家族はいつも市の地区を出たり入ったりして移動していた。しかし、今回は、白人が抜けた後に新たな白人が入ってくることはなかった。かれらの後に新しく移ってきた住人は主にアフリカ系アメリカ人だった。歴史的に白人と黒人を隔てる「壁」となってきたトゥルースト通りの南や西では、裕福な白人地区は人種的に冒されず、それまでと変わらないままであった。(45)先に記したように、パセオ高校は人種隔離撤廃を経て、一九六〇年代の初めから半ばにかけての時期に、黒人主体の学校として再人種隔離され、セントラル高校と同じ道をたどることになった。そしてついにサウスイースト高校にも、多くのアフリカ系アメリカ人が入学した。

トゥルースト通りの西側にあるサウスウェスト高校は市で一番のエリート公立中等学校であり、最後に人種統合された学校だった。この学校は一九五八年には、全国育英奨学金最終選考者数で全米のトップ四〇校に数えられ、また『合衆国のパノラマ』と題した学校演劇の中では、顔を黒塗りしたミンストレルショーも演じられた。少数のアフリカ系アメリカ人の生徒が少しずつ入ってきてはいたが、人種統合の問題の広がりはほとんど認められなかった。一九六一年版の卒業記念誌には、政治や社会に広がる問題から生徒たちが安全に疎隔されている様子が描かれていた。そこには「コンゴ危機、カストロのキューバ、フルシチョフの悪だくみ」やケネディが大統領選においてニクソンに勝ったことについての論争などにもかかわらず、生徒たちは「サウスウェスト校の自分たちの環境の中にあって、比較的冷静であった」と記されていた[46]。

サウスウェスト高校のような学校にとって、一九六〇年代には、人種統合はほとんど存在しないように思われ、学区のリーダー達も少しもそれを変えようとはしなかった。しかし、市のアフリカ系アメリカ人地区の拡大は、カンザスシティの学校からの白人の間断ない大移動を煽る要因となった。一九六〇年代の中頃までに、黒人は概して人種隔離された学校に集中するようになっていた。多くの白人、特に子どものいる者は離れていったが、かれらは依然として有権者の最大グループであり、しだいにアフリカ系アメリカ人のものになっていく学区を支援することには気が進まなかった。それを如実に表すように、一九六九年は学校の生徒の大部分が黒人になった年だというばかりではなく、有権者が学校税を承認した最後の年でもあった[47]。カンザスシティが経験したことは、とりわけ人種統合が比較的順調に進むと期待されていた北部において、都市での人種統合が、人種による棲み分け、貧しい生徒の数の増加、ホワイトフライト、学校の歳入の減少などの問題に、どのように直面したかを示していた。これらの問題は、アフリカ系アメリカ人の生徒が通う中等学校とその質についての一般の認識に、常に影響を及ぼしていた。

一九六五年に、学区では一八五〇〇人の中等学校生が入学し、そのうちの三分の一が黒人であったが、ハイスクールはほとんど人種隔離されたままであり、アフリカ系アメリカ人の通う学校はしばしば過密状態だった[48]。黒人主体の学校における低いテストの点と高い中退率に対応するため、学区当局はリンカン高校とそこに生徒を送り出している初等学校に的を絞った「補償教育」プログラムを発表した[49]。このプログラムは、黒人生徒の教育問題に取り組む一連の努力の始まりを示し、良かれと思ってなされたのだが、アフリカ系アメリカ人主体の学校に対するスティグマの一因ともなった。学区当局主導で学校を人種統合する計画が提案され、中流階級と裕福な白人の流出が続いた。学校委員会は、一九七〇年代後半に先駆けて、全体に及ぶ人種隔離撤廃計画を上程したが、在籍状況は学校間の人種的分裂を維持する方向に引き続き移行している、と評論家は論じていた[50]。一九七一年の対策委員会の評定に記されたように、「人種統合の努力を奨励するような計画は一貫して却下されてきた[51]」。影響力をもつ合衆国公民権委員会の報告書『学校における人種的孤立』は、このような反応をよくあるものとみなしていた。たいていの場合、学区当局は「学校の分離を縮小させるよりむしろ永続させる」傾向がある、と著者は記した[52]。

学校における人種隔離についての抗議や論争は、一九六〇年代初期に、人種平等会議（CORE）のメンバーを含む黒人や白人の活動家によって始められ、学校委員会の事務所でのピケや座り込み《シットイン》を打ち出し、より進んだ人種統合を要求した。学区当局は過密状態の学校を救うために「完全な強制バス通学政策《インタクト・バシング・ポリシー》」を採用して、黒人は白人学校に通学したが、教室は分離されたままであった。この方法は他の都市でも採用され、これらの都市と同様に、カンザスシティは全市的な人種隔離撤廃政策をそれ以上進めることを断固として拒否した[53]。一九七〇年、白人主体のノースイースト高校に強制バス通学させられていた黒人生徒のグループが、白人からの暴力と警察の保護の欠如に抗議して、学区当局の事務所に向けて行進した[54]。結局かれらの苦情は解決されたが、この出来事は人種隔離撤廃への、組織化されずまとまりのない取り組みの実態を示していた。他の学区と同様に、一九七〇年に連邦政府が学区当局にもっと多くの生徒を強制バス通学させるよう求める通達を出すと、とうとうカンザスシティ当局はねじ伏せられた。この間、市の各ハイスクールの人種構成にほとんど変化は起こらなかった[55]。

一九七〇年には、カンザスシティのハイスクールにおける白人生徒と黒人生徒の数はほとんど等しかったが、八五％のアフリカ系アメリカ人が、全生徒の八〇％以上を黒人が占める学校に通学していた。一方サウスウェスト高校では、約二四〇〇人の全生徒に対してたった一八人の黒人が在籍していたに過ぎなかったのだが、市のその他の白人主体の学校の様相も同じようなものであった。市内の一〇校の大規模なハイスクールのうち、イースト高校とウェストポート高校の二校だけが、多数派の白人生徒の中に四〇人以上のアフリカ系アメリカ人が在籍していた。七年後、裁判所が命じた人種隔離撤廃に応じるために、学区当局はとうとう問題に取り組もうとしたが、それまでに白人生徒の多くは学区を離れてしまっていた。ついに学校委員会は、長年にわたる人種隔離問題の解決策として、隣接する郊外の学区にまで対象を広げて人種隔離撤廃策を強行しようとした。これはこの時代において、たいへん野心的で費用がかかり法的に異論のある人種隔離撤廃計画であり、ミズーリ州対ジェンキンスの判例でその是非が問われた[56]。

学校の人種統合が比較的穏やかに始まったにもかかわらず、カンザスシティは、結局、社会的抗議や暴力や連邦の介入によって、人種隔離撤廃が全国に注目されたコミュニティの一つに数えられた。アトランタや他の都市と同様に、生徒が好みのハイスクールに通学することを許すリベラルな転校政策は、アフリカ系アメリカ人生徒の人数が増えた時に、白人が逃げ出すことを可能にした。結果として、真の人種統合は、カンザスシティのアフリカ系アメリカ人の若者にとって、従来の白人ハイスクールが生徒のほとんど全てが黒人の学校になるまでのわずかな年月に味わった短命な経験となった。黒人と白人が一緒に出席していた少数の学校を別にすれば、市のハイスクールは人種によってはっきり分けられたままであった。

一九五四年まで黒人の若者が選択できる学校はたった二校だけに限られていたのに対し、その年以降かれらの中等学校の選択肢は広がったかもしれないが、新たに加えられた学校に対する一般の認識はあまり良いものではなかった。学校委員会のメンバーや学区の行政官たちは、怒れる白人とかれらのフライトについての心配で立ちすくみ、アフリカ系アメリカ人の若者の教育の貧弱な質を救済するためにいっそうの人種統合を求める声を、はぐらかしたり無視したりした。中西部調査機構による一九七四年の報告は、学校の人種統合をめぐる紛争のせいで、市の教育者の間には「ほとんど緊張性硬直とでもいうような警戒態勢」が存在していることを認めた。[57] 白人は市から逃げ出し、黒人のコミュニティのリーダーは人種統合を要求していた。このような動きを考えると、市のほとんどのハイスクールは最後の手段となる学校［それしかない時に仕方なく行く学校］であり、真面目な生徒ができれば避けようとする選択肢であるという結論は避け難かった。このようなことは、全国の大都市のアフリカ系アメリカ人中等学校に付せられることになったスティグマであり、ある部分では、安定した方法で人種統合を実現することに失敗した結果であった。

北部全般における人種隔離撤廃と抗議活動

一九六〇年代と一九七〇年代の人種隔離撤廃の努力は、より公正な資源分配とアフリカ系アメリカ人学校の過密状態の解消を求めることから始まり、教育に公平をもたらす人種統合を望む声高な要求へと移っていった。全国で、とりわけ大都市において、生徒の親たちとコミュニティ組織は、かれらの関心事を強く訴えるために、ボイコットやピケといったよく知られた抗議の手段に訴えた[58]。ブラウン判決から一〇年目の記念日に、一万人以上のミルウォーキーの黒人生徒が事実《デファクト》としての人種隔離《セグリゲーション》に抗議して学校をボイコットしたが、同様のデモがニューヨークでも行われた[59]。これらの一連のデモは大人によって組織されたのだが、生徒たちは進んで参加した[60]。当時はまさに公民権をめぐる紛争が進行中の時代であり、学校の人種隔離撤廃は闘争の重要なポイントとなった。

人種統合の緩慢な進行に対して、ケネディ政権は、学校や他の教育機関が人種隔離を教唆することを禁じ、人種隔離撤廃に向けた行動を支援する権限を司法省に与える条項を、一九六三年の公民権法案に入れるように勧告した[61]。公民権法タイトルⅣが承認された時、まずは南部に、そしてついには全国の学区に広がるような改革を押し進める強力な拠り所が確立されたのであった。公民権団体は、近接する地域にある黒人学区と白人学区を一つにする等の新しい計画を提案し、その他の一連の方策も検討された[62]。一九七〇年までに、人種統合に対する人々の広い支持が見られるようになった。宗教指導者も賛同の声を上げ、世論調査の結果も人種統合を支持した。少なくとも原則的には、多くの人が人種隔離撤廃の命令の実行を是認していた[63]。ほとんどの人々は、隣り合った学区の中から自由に転校先を選べる形の人種統合を好んだ。しかし、そのような方法はたいてい効果がないとわかり、現行の通学エリアの仕組みを変更するような、もっと積極的な方策を求めて多くの訴訟がなされた[64]。一九六〇年代の終わりまでには、自由意志による転校プログラムはより組織的で強制的な方法に取って代わられ、このことは人々の人種統合への決意を鈍らせていった。このような経過はさらなる論議を呼び、その結果ハイスクールをめぐる多くの懸案が生じてきた。

連邦政府による新たな発議は、人種隔離に対する抗議活動が増加したことと相まって、北部の学区政策に反対する訴訟を増やすような道筋を固めることとなった。ボストンでは、大多数のアフリカ系アメリカ人中等学校生徒が、人種隔離と市の学校委員会《スクール・コミティー》による問題への取り組みの拒否に抗議して、学校に行かず家に留まった[65]。同様の示威行為がシカゴでも起こり、いっそう多くの生徒が参加した[66]。人種隔離撤廃を求めるボイコットや行進やその他の抗議行動は、ニュージャージー州、オハイオ州、ニューヨーク州、そしてウィスコンシン州でも報告された[67]。インディアナ州ゲーリーでは、他の要求と共に市全体の人種統合政策を求めて、何千人という生徒が家に留まった[68]。ニューヨークでは、委員会が人種統合の要求について責任を回避したことを非難して大規模なボイコットが起こり、四六万四〇〇〇人の生徒が学校に行かなかった。[69] ニューヨークには黒人主体のハイスクールはほとんどなかったが、ハーレムに住む親たちは中学校《ジュニア・ハイ》の人種統合を要求し、人種隔離された学校教育は人種統合された教育より劣っていると主張した。シンシナティの黒人主体の学校の生徒の八〇％と、マサチューセッツ州ケンブリッジの黒人学校に在籍する生徒の四〇％が、ボイコットのため家に留まった。[70] 北部での教育の公正を求める戦いにおいて、人種統合はアフリカ系アメリカ人から強く支持されたが、とりわけ若者の支持を集めた。

しかしながら、多くの場合、人種隔離撤廃はまた白人の盛んな抵抗にもさらされた。人種統合がこれまでずっと白人だけだった中等学校で行われようとする時、親たちのグループはしばしば反対した。たとえば、シカゴの白人の親たちは、かれらの言うところでは身体的攻撃や狙撃を含む「人種的暴力」を告発し、少し前に人種統合されたばかりのティルデン高校の四日間にわたるボイコットを先導した。[71] ゲイジパーク高校では、白人生徒の親たちが、六〇〇人のアフリカ系アメリカ人を、全ての生徒が黒人のエングルウッド高校に転校させるよう学区当局に要求した。[72] 市の南西部にあるボーガン高校は、人種隔離撤廃に反対する白人が多いことでよく知られた学校であったのだが、親たちは学校当局にアフリカ系アメリカ人が学校に転校してくることを阻止するよう陳情して成功した。この種の抵抗は、黒人が新しい学校にやってきた時、かれらはしばしば敵対的な状況に出会ったことを意味していた。これらの状況は、人種的調和を図るようなものではまずなかった。シカゴは、ほとんどいかなる形の人種統合にも敵対的であることで悪名高かったが、同じような紛争が他でも起こっていた。一九六〇年にデトロイトでは、過密状態を緩和するために三一四人の黒人が白人学校に転校したことに怒った白人の親たちは、一二〇〇人以上の子どもたちを学校に行かせないで家に留まらせた。[73] その二、三年後、ニューヨークの白人は人種統合計画、なかでも特に強制バス通学に抗議するため、学校をボイコットした。[74] 一九七〇年代のニュース報道は、デンバーとサンフランシスコで、白人によるボイコットが脅かされたことに注目した。[75] 人種統合は、脅かされていると感じていた白人の親たちの厳しい反発をしばしば引き出したが、それは南部だけで見られたわけではなかったのだ。

初期の北部における人種隔離撤廃の取り組みは、ゆるい転校政策、居住地の人種隔離の継続、ホワイトフライト、基幹となる都市での抵抗運動の増加などに直面して立ち往生した。一九七二年の『シカゴ・トリビューン』の記事は、一〇年間にわたる学校における人種隔離撤廃の取り組みにもかかわらず、シカゴの学校の多数（六一％）は、その生徒の九五％

が黒人か白人のどちらかで、白人は学区の生徒の三分の一以下であることを報告した[76]。全般的に言えば、白人は、アフリカ系アメリカ人が入ってくるより早く、システムから逃げていったのだ[77]。他の大都市では、新聞は、大多数が白人である学校に通学する黒人の数は減少したことに注目し、公民権関係のジャーナリストであるジョン・ハーバートは、北部における人種隔離撤廃を、全体として、「自由意志に任された名ばかりのもの」にすぎないと評した[78]。他の解説者もこれに同意し、中産階級の白人が郊外に移動する過程と関係づけた。人種隔離撤廃の専門家であるゲーリー・オーフィールドが、「公立学校に起きた結果は劇的である」と述べたように、全国の最大規模の大都市圏地域の中心都市から、約一三〇〇万人が去っていった[79]。合衆国公民権委員会が後に確認したように、「黒人の在籍する割合が高い学区において、白人生徒の相対的な減少が最も著しかった[80]」。先にカンザスシティのハイスクールについて述べた変化のパタンは、全国でもはっきりと見られた。

　自由意志による転校プログラムには効果がないとわかったので、一九六〇年代後半に人種隔離撤廃の取り組みで最もよく用いられた戦略は、地区外の学校への生徒の強制バス通学であった。これはいたるところで実施されたが、世論を最も決定的に揺るがしたのは南部以外の地であった。強制バス通学は事実《デファクト》としての人種隔離《セグリゲーション》を克服するのに現実的な選択肢であるとする一九七三年の最高裁判所におけるキーズ判決以降、裁判所の命令による人種隔離撤廃計画は、主として「強制バス通学」に反対する白人たちの大きな騒ぎにつながった[81]。強制バス通学は裁判所によって支持されたとはいえ、それはいつも実現可能というわけではなく、保守的な政治家によって広く非難されていた。アトランタのようないくつかの都市では、居住地の人種隔離のせいで計画が潰された。政治的反対派は、強制バス通学は「最後の手段」として使われるべきであり、それは「違憲だと証明された差別的法律」を正すためにだけ用いられるべきだ、と主張した。全米黒人向上協会／ＮＡＡＣＰのリーダーであるロイ・ウィルキンズはこのような立場を「法の原則に対する恥知らずな攻撃」と評した[82]。それはまた合衆国公民権委員会によっても非難されたが、かれらは、人種隔離撤廃は、コミュニティのリーダーと選挙で選ばれた施政者によって支持された時に成功するものだと主張していた[83]。人種統合の主唱者は、強制バス通学はいつまでも続く人種隔離に対する一つ解決策であるという考えを支持し、ここに対立点は明確になった。

　しかしながら、一般の人々は保守的な見解を好んだようであった。シカゴの住人に関する調査では、白人と黒人双方の大多数の親たちが人種統合を支持し、黒人学校は質の低い教育を提供していることを認めている一方で、黒人の親の三分の一と白人の親の五分の四が、人種的に異なる地区へ子どもを強制バス通学させることに反対しており、このような回答は全国的な反応を映し出していた。[84]世論は原則として人種統合に好意的であり続け、白人の少数派だけがそれに反対していたのだが、もしかすると敵意に満ちた場所かもしれない所に子どもたちを送り出すという考えは、多くの人に不安を抱かせるということがわかった。他の都市で並行して行われた調査も、同様の結果を示していた。[85]強制バス通学は自由意志による転校プログラムの問題に対する一つの解決策を提供したが、人種隔離撤廃の問題にさらなる論争をもたらした。それは直ちに全国的な問題となり、全国で注目される論議の的となった。[86]人種統合に対する反対の広がりは、もはや南部に限られてはいなかった。

ボストンは、ハイスクールのレベルでの議論の大半はサウスボストン高校とチャールズタウン高校の二つの学校だけに関係していたのだが、全国で最も危険をはらんだ強制バス通学反対運動の現場となった。一九七五年に、合衆国地方裁判所判事のウェンデル・ギャリティが、学校当局は故意に人種隔離のシステムを維持したとの裁定を下し、裁判所がサウスボストン高校を管理下に置いた時、強制バス通学に反対する活動家は「服喪の日」「悲しみの日」を実施した。[87]ギャリティは学校に人種統合計画を課し、一〇九四人の白人と三五八人の黒人を強制バス通学させることを求めたが、翌年の参加者はそれぞれ四二五人と一三〇人に減っていた。[88]これは、市のサウスサイドに的を絞った、白人による長びく激しい抵抗運動の始まりであった。市長のケヴィン・ホワイトは、強制バス通学を「アメリカでただ一つの最も危険な一触即発の問題」と評し、地元のジャーナリストは、それは「穏やかな中流階級の母親を街頭で騒ぎ立てるような人物に変え、普通の実直な政治家を臆病者に変える」と記した。[89]とはいえ、ボストンは、暴力的な大衆の抗議活動に関して、少なくとも紛争が持続したという点において、例外的であるといえた。たしかに白人は他の場所でも活発に示威行為を行っていたが、ボストンほど白人の敵意を顕著に経験した都市はなかった。

人種隔離撤廃の地方での受容にもかかわらず、全国のメディアでは人種統合と強制バス通学のメリットについて熱く議論されており、その論議はしばしば人種隔離撤廃の利点より、そこに至る障害を強調するものであった。[90]問題の一つは、大きな公立学校システムに入ってくるアフリカ系アメリカ人の数が増え、かれらがいくつかの地区に集中することであった。先に述べたように、これは主に人口移動の結果であるが、これらの概して貧しい生徒の到来は、都市の学区に難題を課した。いくつかの地域で、わずかな年月の間に、黒人生徒の数は二倍から約三倍になり、(91)移動教室や二部制授業のような方策がとられた。それまでにも見られたように、このことは学校の建物を粗悪にする一因となり、黒人学校は劣っていて人種統合は白人の教育を危うくするという認識をいっそう強めた。これは人種差別撤廃に対する憎悪を増し、私立学校への転校を引き起こし、ホワイトフライトを加速させた。多くの白人が、公立学校から出ていくのは人種統合を避けるためではなく、子どもたちのために質の高い学校を見つけるためであると主張し、アフリカ系アメリカ人でさえむしろ私立学校の方を選ぶ、と指摘する者もいた。(92)学校の状況の悪化は、メディアに注目された暴力や抗議やピケと相まって、人種隔離撤廃は子どもたちに脅威を与えるという印象の信憑性を高めることとなった。

ボストンやその他のいくつかの都市での闘争は、論争に全国からの注意を向けさせたが、他の場所では強制バス通学計画はあまり大きな混乱もなく受け入れられた。シンシナティでは、六〇〇人以上が人種隔離撤廃計画に反対する暴力的抗議行動の罪で逮捕されたが、(93)その近隣のデイトンでは強制バス通学はかなり順調に始まった。同じことが、一九七〇年代の半ばには、クリーヴランド、ミルウォーキー、デトロイトなど、その他の多くの大都市にもあてはまった。政治学者のジェニファー・ホックシールドが後に洞察したように、おそらく都市のリーダー達からの広い支持が人種隔離撤廃計画を成功に導いたのであろうが、これは当時も他の人々によって指摘されていた点であった。(94)より大きな問題は、長い時間をかけて進行した郊外化のプロセスにあった。この郊外化によって、一九七〇年代を通じて白人が中心都市地区から外へと移動し続けた。大都市圏デトロイトに関する一九七四年のミリケン対ブラッドリー判決で、最高裁は、郊外学区は都市の学校の人種隔離撤廃について責務を負わず、したがって郊外学区に学区をまたがった強制バス通学計画への参加を強制することはできないとの決定を下した。(95)この判決は、学校の人種統合を達成しようとするそれ以降の努力を事実上損なった。というのも、たいていの大都市の学校システムに在籍する白人生徒の数は、しだいに減少していたからである。人種統合を可能にするほどの人数の白人生徒が残らなかったので、人種隔離撤廃のペースは一九七〇年代の終わりに向かって緩やかになっていった。

結局、北部の人種隔離撤廃は、アフリカ系アメリカ人と一緒に学校に出席することは不本意だという、相当数の白人が抱く感情のせいで、その実現に限界があった。これは人種的偏見や学校の質についての認識を自ずと表していた。このこ

表 5-1. 10 年ごとの学校の人種構成別のアフリカ系アメリカ人中等学校生徒の分布（北部および西部で生育した NSBA 回答者から、1950-1980 年、%）

学校の人種構成	1950s	1960s	1970s
黒人のみ	15	15	22
黒人が多数	23	26	36
ほぼ半々	28	23	19
白人が多数	28	29	19
ほぼ白人のみ	6	7	4

サンプル規模＝ 473（1950 年代 101、1960 年代 217、1970 年代 155）
出典：National Survey of Black Americans, 1940-1980. Inter-University Consortium for Political and Social Research, University of Michigan, 1997.

とは、一九六〇年代に北部の大都市全般にみられた人種隔離において明らかとなり、一九七〇年代の組織的な強制バス通学計画によっても一時的に覆されただけであった。大規模な公立の学校システムに人種的少数派が入ってくるようになると、大都市圏地域全般にわたる強制バス通学なしに人種統合を実施することはさらにいっそう困難になった。評論家は、居住地が人種隔離されたままであり、白人が都市を出ていくような状態で、学校を人種的に統合することは無意味であると主張した。再人種隔離を評して、『シカゴ・トリビューン』のコラムニストは、教育制度の問題を超えるような態度や人口移動に直面して、学校は人種統合に対してただ無力なだけであると論じた。多くの親や教育者やコミュニティのメンバーがこれに賛同し、学校に一般社会の長年にわたる問題を変えることを期待するべきではないと提案した。[96]

合衆国公民権委員会は、南部以外の大多数の学区は一九六五年から一九七五年の間に重大な人種隔離撤廃を経験したと報告したが、多数の黒人人口を抱える都市はそれを全く経験していなかった。学校をめぐる紛争が最も激しく、ホワイトフライトが最も起こりやすかったのは、これらの場所であった。[97]もちろん大都市は南部以外で最も多くのアフリカ系アメリカ人が住んでいた場所であり、自由意志による転校プログラムがしばしばハイスクールの人種統合を特に困難にしていた。多くの研究が示してきたように、白人はまず決して黒人主体の学校に出席することを選ばなかったし、大多数が白人の学校でアフリカ系アメリカ人が多数派を占めそうになると、ホワイトフライトが加速されたようだ。[98]このような動きを考慮するとき、人種統合は達成し難い目標のままであった。事実、表５・１で示したように、南部以外のアフリカ系アメリカ人の中等学校生徒は、やがていっそう人種隔離されることになったようである。

一九七〇年代後半まで、北部や西部では、多くのアフリカ系アメリカ人人口を抱えるコミュニティにあるハイスクールは、たいてい黒人だけか白人だけの学校であった。表5‐1で示しているように、一九七〇年代には、アフリカ系アメリカ人の若者は、一九五〇年代や一九六〇年代のかれらの先輩たちに比べ、黒人が大多数であるハイスクールにかなり集中していた。人種隔離は都市でなおいっそう著しかった。NSBAの資料によると、一九七〇年代に南部以外の大都市で成長したアフリカ系アメリカ人生徒は、一九六〇年代に同様に成長した生徒の約二倍の率で、黒人が大多数であるハイスクールに通学する傾向があった。一九六〇年代に一〇代であった回答者の約半数がそのような学校に通ったと報告した一方で、一九七〇年代に一〇代であった者ではその三分の二が同様に答えた[99]。このことは、カンザスシティが特殊だったわけではないことを示している。これまでずっと白人のみだった学校に黒人が転入したことは、短いながら人種統合の期間を生み出し中等学校制度に新しい機会を提供したが、人種統合された教育が長続きすることはめったになかった。これは、教育の公正へつながる道として学校の人種統合を大いに信じていたアフリカ系アメリカ人にとって苦い教訓であった。特に多くの黒人ハイスクールの生徒にとって、それは、社会や教育の改革のための戦略としての人種統合の限界を示すものであった。

南部におけるピュロスの勝利

南部では、戦後に何百というアフリカ系アメリカ人のための中等学校が建てられ数を増していたのだが、一九六〇年代に入っても、ハイスクールの大多数は人種隔離されたままであった。クロットフェルターの推定によれば、一九五〇年代には、南部諸州（境界州を除く）の黒人中等学校生徒の九〇％以上が人種隔離された学校に通っていたが、一九六〇年代には、その数値は七〇％に下がった[100]。この数字は、一九六〇年代後半の年月に人種隔離された学校が著しく減少したことを反映しており、一九七〇年代の初めまでに、たいていの南部のアフリカ系アメリカ人中等学校生徒は、人種統合された学校に通うようになった。ゲーリー・オーフィールドはこのことを南部の教育における事実上の革命とみなしているが、その多くはわずかな年月の間に起こったことであった[101]。

一九六四年の公民権法タイトルⅣの可決は、学校の人種統合を促進し実行するための幅広い権限を連邦当局に与え、結

表5-2. 10年ごとの学校の人種構成別の
アフリカ系アメリカ人中等学校生徒の分布
（南部〔境界州は除く〕で生育したNSBA回答者から、1950-1980年、%）

学校の人種構成	1950s	1960s	1970s
黒人のみ	90	60.0	9
黒人が多数	6	10	21
ほぼ半々	2	13	37
白人が多数	1	15	29
ほぼ白人のみ	1	2	4

サンプル規模＝562（1950年代163、1960年代240、1970年代159）
出典：National Survey of Black Americans, 1940-1980. Inter - University Consortium for Political and Social Research, University of Michigan, 1997.

果的に南部の公教育における公的な人種隔離の終焉の前兆となった。その一年後に承認された初等中等教育法は、多額の政府援助を学校に提供するものであったが、この法律によって、政治家や教育者たちは、人種隔離廃絶の要求に対して目に見えて前向きに取り組むようになった。ついに、一九六八年と一九六九年のグリーン対ニューケント郡およびアレクサンダー対ホームズ郡の裁判では、最高裁判所は全員一致でヴァージニア州での自由意志による転校プログラムを違法とする判決を下し、ミシシッピー州における人種隔離撤廃命令を直ちに実行するよう求めた。これらの判決に見られる法的決定と相まって、多くの南部の白人は、学校に対する財政援助打ち切りへの恐れから、人種統合に対するさらなる抵抗運動は現実的ではないとの結論を下した。頑固な反対論者は、かれらの子どもを、時には公的資金の助成を受けながら、当時その数を増しつつあった「人種隔離アカデミー」やその他の私立学校に通わせることを選び、連邦政府の命令に公然と逆らい続けていた。しかし、結局その他の人々は、それがかれらの主義ではないにしても、人種統合の必要性に不本意ながら従った。南部の教育に新しい夜明けが訪れようとしていた。

大きな変化が到来するのにそれほど長くはかからなかった。一九七二年までに、南部の全黒人生徒の三分の一以上が白人主体の学校に通い、アフリカ系アメリカ人が九〇％以下の学校に在籍する人数は全体の半分に近づいていた（一九八〇年までに七五％に達した）。NSBAの資料は、ハイスクールの生徒についての数字も同様であったことを示唆している。南部でNSBAの調査に回答した者で、この時代に生徒の全てが黒人の教育機関に通っていたと答えたのは一〇％以下だった。[102] 表5・2が示すように、一九七〇年代の間、南部のアフリカ系アメリカ人は、それ以前の一九五〇年代や一九六〇年代に比べ、黒人が大多数を占める学校に通うことはずっと少なかったようだ。全体的に見て、南部では、黒人が大多数を占める学校に通っているのは、アフリカ系アメリカ人の三分の一以下であり、そのような生徒が一九六〇年代には七〇％、一九五〇年代には九六％であったことと対照的である。州ごとに差異があったにもかかわらず、変化の方向に曖昧なところはなかった。実は、人種隔離は北部や西部で増大していたために、南部はいち早く全国で最も人種統合が進んだ地域になった。一世紀以上にわたる人種隔離主義者の政策が短期間で覆されたのだが、そのことは南部のハイスクールにおいてすぐに明らかになった。

　この注目すべき進展は、やがては何千人もの黒人生徒にとって教育的成果を向上させる助けになっていくのであるが、当面の結果として、多くの問題を引き起すことになった。変化があまりにも性急に起こったので、教師や生徒やコミュニティには、しばしば連邦当局によって課せられた期限の下で、かなり唐突に問題の解決を図らなければならなかった。はじめに命じられた用件は、黒人と白人のために代々維持されてきた二重の学校制度を解体することであった。学校は統廃合され、生徒の割り振りが行われ、教師やその他の人員は再配置され、余分なものや不要なものは（教師も含めて）一掃された。これをどのように実行するかを決めるだけでも、たいへん気を遣う作業だとわかった。というのは、黒人も白人も、地元の学校に、特にしばしばコミュニティの誇りの拠り所となるようなハイスクールに、かなりの財政的投資を行い感情的に肩入れしていたからである。

　稀な例として、従来からの黒人学校に白人が入ることによって人種統合されることがあったが、この場合、その土地の居住の形態によって、白人が少数派になるか、あるいは人種的にバランスのとれた生徒集団ができるか、そのどちらかの状況が生じた。最もよくあるパタンは、少なくとも初めのうちは、白人の学校施設を高校《シニア・ハイスクール》として使うために存続させ、そこにアフリカ系アメリカ人を割り振るパタンであったが、その場合アフリカ系アメリカ人はたいていの場合たいへん目立つ少数派になった。多くの黒人生徒にとって、このことは、かれらが近くのコミュニティの慣れ親しんだ学校に別れを告げることを意味した。黒人のハイスクールは、しばしば、黒人白人混合の生徒集団のための中学校《ジュニア・ハイ》か初等学校に転用された。黒人の教師や管理職を失うことは、さらにまた別の心配な点であった。[103]

　学校の人種統合の方法についての決定はしばしば論議の的となったが、特に何十年も存続してきたアフリカ系アメリカ人の学校が現状を変えられたり閉鎖されたりすることになると、大いに論議された。白人学校を使用することに賛成する人々が挙げる利点は、その優れた施設、規模の大きさ、望ましい立地などであり、それらはアフリカ系アメリカ人が人種統合の要求にあたって強く求めてきたものであった。しかし、前に注目したように、多くのアフリカ系アメリカ人ハイスクールは、教育者の生徒に対する十分な配慮や関心によって、高く評価されていた。そのような黒人学校のよい面から受ける恩恵を失うことを恐れて、若者を近くの白人ハイスクールに割り当てて黒人学校を閉鎖することに、積極的に抵抗するコミュニティもあった。たとえば、ヴァージニア州アレクサンドリアでは、黒人の親たちが、都市の白人に好都合な「人種比」を維持するために「過剰な」アフリカ系アメリカ人を強制バス通学させる計画に反対して、ボイコットを実施し成功させた[104]。他の例では、変化に対する抵抗はもっと散発的で、黒人教育者の去就のような個別の問題に的が絞られた[105]。しかし、全てのこのような紛争は、ある程度、多くのアフリカ系アメリカ人がハイスクールの人種統合に伴って感じた動揺と不安感の表れであり、慣れ親しんだ学校が閉鎖され、馴染みがなく敵対する可能性のある環境に生徒を送り出す時は、特にそのことが見て取れた。

ケイティ・ホーキンスの経験は、学校が人種統合された時に、多くのアフリカ系アメリカ人が直面した困難を例証している。一九七四年に卒業したケイティは、ミシシッピー州のペリー郡アテンダンス・センター［中等教育機関の名称］で彼女の第二学年を始めた時に起こったことを思い出して語ってくれた。そこは一九六一年に建てられた人種隔離された学校だったが、学校の統廃合と平等化の成果として、この学校はコミュニティの自慢の種であった。それはかなり新しく、先生は面倒見がよくて親たちに支持されており、校則違反の問題もほとんどなく、立派な楽隊やその他のクラブ活動があった。しかし、人種統合によって、ケイティは一五マイル離れたニュー・オーガスタ高校に強制バス通学させられることになった。その学校は、ケイティによれば「古くて崩れかかっていて」、そこでは彼女は「単なる数合わせのための生徒」に過ぎなかった。ニュー・オーガスタでは人種間の関係は緊張しており、ケイティが最終学年のクラスで最高の平均点をとった時、白人の校長はいやいやながら彼女を卒業生総代にしたものの、二番目の点をとった白人の生徒に皆の前で謝罪して、その生徒を「スター生徒」と名づけた。もしかすると騒動が起こるかもしれないという懸念が大きかったので、ケイティの父は、全国黒人向上協会／NAACPから何人かの友人を彼女の卒業式に出席するよう招待した[106]。

他にも多くのこのような軋轢があった。歴史学者のデイヴィッド・セセルスキは、ノースカロライナ州沿岸部のハイド郡で一九六八年に始まった、黒人中等学校を保存するための三年にわたる注目すべき戦いについて記述している。O・A・ピー学校は、結果的に人種統合されて初等学校になったのだが、そこはコミュニティに基礎を置く名高い戦いの中心であった。アラバマ州タスカンビアで歴史あるトレンホルン高校は、およそ九〇年にわたる教育活動の後、一九六九年に閉鎖されたが、そこの生徒たちは、以前は白人学校であったデシュラー高校に割り振られた。多くの教師が解雇され、学校の長年の伝統は捨て去られた。一九七〇年には、ジョージア州全般で、黒人の教育者や教育機関を脅かす一九七〇年度の人種隔離撤廃計画に対して、生徒たちが抗議した。[107] テキサス州オースティンでは、従来からの黒人学校であったアンダーソン高校が、連邦当局によって人種統合を達成するための強制バス通学を命じられた後、一九七一年に閉鎖された。たいていの他の南部の黒人学校と同様に、アンダーソン高校も、初期に学区で実施された自由意志による転校プログラムを利用した人種統合計画において、白人生徒を惹きつけることができなかった。[108] 学区当局は、生徒を無理に学校に通わせようとしないで、むしろあっさりと閉鎖したのだが、当局は、たとえ白人を強制バス通学させても、単にかれらを都市から出て行かせるか私立学校に通わせることになるに過ぎないと主張した。これは、このような多くの事例において、広く使われた論法であった。セセルスキが注目したように、南部のいたるところで見られたよくある結末は、黒人コミュニティにとって人種隔離撤廃のつらい帰結であった。ある程度の公正さは獲得されたが、大きな価値のある何ものかが失われもした。[109] この点で、人種隔離撤廃はまさにピュロスの勝利［大きな犠牲を払って得た割に合わない勝利］であった。

一九六〇年代の終わりから一九七〇年代の初めにかけて、黒人学校を閉鎖することについて、全国でいくつもの議論がなされた。多くの人が法廷に解決の道を求め、このような訴訟に関する判決の明確な基準が徐々にできあがった。この判例法の本文は、黒人学校を閉鎖しその生徒を白人主体の学校に割り振るという恣意的な決定に関して、意図的に差別的なものであることや、白人の利益をアフリカ系アメリカ人の利益の上に位置づけるものであることがわかった時には、そのような行為を一般に許されないとした。一九六九年のブライス対ランディス裁判は重要な先例となったのだが、これは、カリフォルニア州ピッツバーグの学区当局が、白人がかれらの子どもを黒人地区に通わせることに反対しているという理由で、黒人学校の閉鎖を提案したものであった。この場合、明らかにアフリカ系アメリカ人に対してスティグマを付すものとして差別的であると裁定されたが、この判断は、グリーン判決やブラウン判決における最高裁の裁定と［黒人学校の存廃については」真逆の判断であった。[110] 人種隔離撤廃の時期に黒人学校が閉鎖されることになるとしたら、それは第一に教育的利点や運営上の効率のため、あるいは資源の効果的活用を実施するためであり、偏見に満ちた目的のためであってはならないと、裁判所は判決を下した。

しかしながら、大規模で設備が整っていたり中心地区にあったりするような白人学校の肩をもって、多くの学区当局が黒人ハイスクールを閉鎖することを、結局、裁判所は妨げなかった。とはいえ、多くのこのような訴訟が見られたというまさにそのことが、この問題に関する紛争の広がりを指摘しており、学区当局が人種隔離撤廃命令に直面した時に、黒人学校を閉鎖する傾向が広がっていたことを示していた。アフリカ系アメリカ人のコミュニティは明らかにかれらの学校に愛着をもっていて、長く続いてきた白人学校で黒人生徒が経験する受入れ態勢について恐れを感じていた。同時に、白人が黒人学校に入学することを拒絶した時、学区当局は板挟みの窮地に立たされた。このことは、オースティンのアンダーソン高校で、学校の始業に当たってほとんどの白人が全く姿を見せなかったという事例に見られる。シャーロットにおいても、長く続いてきた黒人学校であるウェストシャーロット高校では、学校が専門に特化したマグネットスクールとして再開されるまで、多くの白人は入学しなかった。そしてその時でも、入学を考えるように多くの人を説得するには、白人コミュニティの著名なリーダーの支援が必要であった。このような白人の消極的な抵抗が、多くの黒人学校が閉鎖された主要な理由であった。どれぐらいの数のそのような争議がハイスクールに関して起こったかはっきりしないが、たとえ黒人学校が閉鎖を免れることは稀であったとしても、中等学校の閉鎖に対する脅威はアフリカ系アメリカ人コミュニティからの強い反発を引き出したようである。[111]

黒人コミュニティのメンバーが、白人主体の学校について恐れや心配を抱くことはよく見受けられたようである。南部では、白人教師の中に、クラスにはせいぜいごく少数の黒人生徒しか受け入れられないと言う者もおり、また教職員組合は、しばしば黒人教育者は質の低い養成を受けてきていてあまり有能ではない、と暗に考えていた。[112] 教師はまた、学校の人種統合は校則上の問題の増加につながり、その多くに黒人が関わっていると証言した。[113] これらの事例の圧倒的多数は、中等学校で起こっており、そこでは校則違反の行動が停学処分や退学処分を引き起こしがちであった。人種隔離撤廃に伴って、このような処分は急速に増加したが、それには白人に比べかなり多くの黒人生徒が関わっていた。

このような事例のほとんどは、遅刻、授業中の私語、廊下を走ること、あるいはその他の規則破りなど、かなり小さな違反であった。ある参観者の言葉によれば、それらは「権威に関わる規則、時間厳守、沈黙などといった、ヒドゥン・カリキュラムの微細な侵犯」であった。[114] 一九七〇年代に始められた研究では、アフリカ系アメリカ人生徒は白人の二倍から四倍の割合で停学処分になりがちであり、その数は人種隔離撤廃計画とともに劇的に増加したことが認められた。一九七三年の南部地域会議の報告書は、特に黒人生徒の間で、全国にも南部にも見られる「停学処分と退学処分の割合の上昇」がもたらす影響について警告した。黒人生徒の中にはそのような処分を受けてドロップアウトする者もいるという傾向を遺憾として、報告者はその効力を学校からの「追い出し」と評した。そして「若者たちの人間的成長や将来の経済的向上の機会が、このような処分によって危うくされている」と結論づけ、これらの処分は人種隔離撤廃に対する抵抗がもとになって行われていると見なした。[115]

一九七五年のゴス対ロペス裁判では、最高裁判所は、停学処分や退学処分を受ける生徒は書面で通知されねばならず、またかれらの「言い分」を表明する機会を与えられるものとする判決を下したが、この決定は、校則違反の行いに関する処遇の人種間の不均衡を是正し、それらを人種統合反対の道具にすることを抑制する効果があるものと、広く解釈された。[116] 人種差別的な停学処分や退学処分に異議を申し立てる多くの他の訴訟が起こされたが、裁判所は、これ以上校則違反をめぐる争いに介入することに明らかに乗り気ではなかった。ホーキンス対コールマン裁判では、ダラス市の教育長が、彼の学区で黒人の停学処分や退学処分の割合が高い主な理由は「組織的な人種差別主義」であると証言し、これは学校に不利な判決につながった。しかしながら、裁判所が問題に取り組むための救済措置を明細に述べなかったので、この判決でさえ、市の方針や現場の実践に対する即効性はほとんどなかった。判事のサラ・ヒューズは「いかなる法廷も人の気持ちの変更を命じることはできない」と特に述べたが、彼女がもっと決定的な態度を取らなかったことを傍聴人は遺憾に思った。彼女のこの観点は、権利の平等の問題としての校則問題に対する司法の取り組み方を示すものであった。学校を完全に再構築したり、教師や管理職の行動を監視したりする力は裁判所にはなかったので、そこにはこの問題に応える一貫した方針が欠けていた。当時強制バス通学について争われていた論争を考えてみると、司法が、学校の校則問題について、日常的な根拠に基づいていかに対処するべきかという命令を出し始めることに乗り気ではなかったことも、なんら不思議ではない。

しかしながら、これらの裁判の最終的な位置づけとはかかわりなく、このような裁判が行われたということは、人種隔離撤廃に続いて黒人の若者が直面した困難のさらなる証拠となった。多数の黒人の停学処分や退学処分が多くの例で見られたのは、アフリカ系アメリカ人は面倒を起こす傾向があると考えたり、あるいは単に、黒人はずっと白人だけだった学校には場違いだ、と感じたりしがちな白人の気持ちと関係していた。多くの黒人にとってこのこともまた、生徒たちが、急速に変化する学校制度の中でほとんど頼るものもなく、人種統合の主要な重荷を負うように求められたことのさらなる証拠であった。[117] このような点から見て、人種統合は黒人の教育を向上させるための最良の方策だったのだろうか、と疑問に思う者もいた。

人種統合と生徒間の紛争

先の章で示したように、とりわけスポーツ行事やその他の機会に、大人の監視の行き届かない所で、黒人生徒と白人生徒は、何十年も前から繰り返し衝突してきた。これらの争いは南部ではあまり起こらず、黒人学校が白人学校と運動競技で競っていたり、学内で黒人と白人のグループが顔を合わせたりすることの多い、南部以外の地域で起こりがちだった。ブラウン判決の後には、しだいに多くのアフリカ系アメリカ人と白人が一緒に学校に出席し始めたので、異なるタイプの衝突が現れた。人種統合の初期の年月に見られた暴力沙汰は、しばしば生徒より大人が引き起こしたものであったが、この状況は一九六〇年以後に変わり始めた。[118] 初期の論争の興奮がいったん過ぎると、不安定で時には興奮状態にありながらも、人種統合された環境の中での生活に対する適応が見られた。

一九六〇年代の初めの数年、アメリカのハイスクールでの人種紛争のパタンは、いくぶん過熱気味だったにしても、それ以前の年月と同じように続いていた。黒人生徒と白人生徒の衝突は、アフリカ系アメリカ人の報道機関によってつぶさにモニターされ、きまったように突発的騒動の報告がなされた。[119] その中には、とりわけ新規に人種統合された学校や白人地区の中に立地している学校で起こったことだが、白人が黒人を襲撃したケースもあった。たとえば、シカゴでは、一〇代の白人が、カリュメット高校で行われた一九六三年度の卒業式に出席していた黒人生徒を襲ったのだが、その時そこでは、多くの地元の教育機関が非常に広々とした会場で学位授与式を催していた。目撃した人は、多くの白人が「困惑した黒人《ニグロ》の若者をこぶしで殴っていた」と報告した。同様の襲撃がブルックリンのジョン・ジェイ高校でも起こったが、そのハイスクールは学区当局の転校計画によって次第に多くの黒人を引きつけている学校だった。[120] 一方、時には黒人生徒が攻撃する側にまわることもあった。『シカゴ・ディフェンダー』のコラムニストは、一九六二年に、ワシントンD．C．で行われた黒人学校と白人学校のフットボールの試合後の「暴動」について記した。チームが負けて明らかに動揺し、「スタジアムを血みどろの戦場にして、黒人《ニグロ》の少年たちの群れがうろつき回って」いた。衝撃を受けた記者は「皮肉なことに、爆発的な憎しみのほとんどは、わたしと同じ人種の人々から生じていた」と嘆いた。非暴力的な公民権運動の時代でさえも、学校における人種間の紛争は時に暴力的な転回をみせ、どちらの側にも高いモラルを求めることはできなかった。[121]

一九六〇年代の初期には暴力沙汰は断続的に起こっていたのだが、時とともに事件の数も深刻度も増していった。大都市の「スラム」地域でのギャングの抗争が時に学校にまで波及してきて、警備の強化や警官の立寄り要請に繋がった。[122] スポーツ行事も騒動の種になり続けていて、一九六五年にシカゴでバスケットボールの試合後の「乱闘」が見られたように、特に黒人チームと白人チームが優勝を争う時に騒動が起こりがちであった。[123] 一九六六年は、シカゴ、ロサンジェルス、ニューアーク、ニューヨークのブルックリンとマンハッタンなどで暴動が報告され、とりわけ問題の多い年であった。比較的少人数による「乱闘」もあれば、大きなグループの間の「大衝突」もあったが、すべての争いは、黒人と白人が身近に触れ合うようになって人種間の緊張が高まったことを反映していた。[124] 後にわかるように、これらはやがて起こるさらに大きな争いの前兆であった。

一九六〇年代の後半は、アフリカ系アメリカ人にとって激動と大混乱の時代であった。これらの年月には、公民権運動の分裂や、全国の黒人コミュニティにおける何百件もの大規模な暴力的騒動の勃発、そして一般に「人種暴動」と呼ばれる激しい怒りが目撃された。このような社会的不満は、一九六八年四月のマーティン・ルーサー・キング・ジュニア暗殺の後に強まり、抗議する人々は多くの都市で怒りのデモを行い、店舗やその他の事業所に対して略奪や焼き討ちを行った。[125] これらの激動の渦の中で人種間の緊張は高まり、それはメディアによって大々的に報道された。[126] このような出来事は必然的に学校の雰囲気に影響を与え、特に都市の中等学校は影響を受けた。教育者は、「暴動の扇動者」が黒人の若者に誘いをかけることを心配していたが、生徒間で人種間紛争が起こる可能性への対応策はほとんど用意されていなかった。[127] 結局、多くの学校は、人種隔離撤廃や学校関連の一連の問題に対する黒人生徒と白人生徒の欲求不満のはけ口として、戦いの場となった。

一九六八年から一九七〇年代初頭の間に、合衆国では、ハイスクールにおける人種紛争が頂点に達したようである。一九七〇年の秋、ＵＰ国際通信社（ＵＰＩ）によって実施された調査で、過去一五ヵ月の間に全国のハイスクールで六五〇〇件以上の「人種に起因した騒動」が起こったことがわかった。翌春の『ウォール・ストリート・ジャーナル』の巻頭記事は、さらなる事例を数え上げた。黒人生徒とプエルトリコ人生徒、白人生徒とメキシコ系アメリカ人生徒の間でも紛争があったのだが、黒人生徒と白人生徒はこれらの紛争において、主要な戦闘要員であった。学区の事務官の中には、そのような混乱は減少してきていると報告した者もいた一方、増加していると感じている者もいた。ニューヨークは、ほとんど絶え間なく衝突が起こっていた場所であり、「人種をめぐる混乱のために少なくとも二、三校が休校になることなく一週間が過ぎることはまずない」という状態であった。郊外の地域でも、人種隔離撤廃が実施されるようになると、暴力沙汰が起こった。運動競技は相変わらず紛争が起こりやすい危険な場であったが、それはしばしば黒人生徒対白人生徒の競技において「激しい感情がわき起こった」結果であった。[128] 多くの黒人生徒と白人生徒が競争心や敵愾心をもって集まる時はいつでも、その結末は爆発の危機をはらんでいた。[129]

これらの混乱は、さまざまな場において、いろいろな状況が原因となって引き起こされた。シカゴのカリュメット高校では、ランチルームでのマルコムＸの誕生日を祝う会に警官が突然入ってきて引き起こされた「乱闘」によって、怪我をした生徒もいれば逮捕された生徒もいた。[130] ニュージャージー州リンデンでは、二人の生徒の間の喧嘩が、地区に広がる「暴動」に拡大して、器物を破壊し、近くの町から警官を呼ぶことになった。[131] ニューヨークのカナーシー高校に入学した黒人は、「学校の外で待ち構えていた暴徒」に脅された後で、敵対的な白人たちと戦った。[132] ペンシルヴァニア州ピッツバーグでは、ウェスト・ミフリンのノース高校で、黒人初の学園祭の女王に対して白人生徒から大きなブーイングが起こり、白人生徒とアフリカ系アメリカ人の運動部の選手たちが対決することになった。[133] ロサンジェルスのドーシー高校では、差別の告発をめぐる教師や管理職との口論の末に、二一人の生徒が逮捕された。[134]『シカゴ・ディフェンダー』は、一九六九年と一九七〇年に、コネティカット州ハムデン、ノースカロライナ州アッシュヴィル、オハイオ州デイトン、ニュージャージー州ニューブランズウィック、フロリダ州パナマシティ、ペンシルヴァニア州ハリスバーグ、ルイジアナ州ボーガルーサで、人種紛争のために学校が閉鎖されたと報じた。[135]学校の閉鎖は、他にもいろいろな逸話を生みながら、全国的に起こった。

この種の紛争が広がるにつれ、それぞれの事例は多くの点でより深刻になっていったようである。ランチルームの事件に続いて、フロリダ州マナティーでは、「投石の乱闘」が一〇〇〇人以上の黒人生徒と白人生徒の間で起こった。[136]ニューヨークのロングアイランドでは、二〇〇人以上の黒人生徒と白人生徒の争いをやめさせるために、三四〇人の警官を要した。それは、「大規模な暴動」と言われたが、三人の喧嘩から始まったものだった。[137]サウスカロライナ州グリーンヴィルでは、伝えられたところによると、白人の親たちは、生徒が中で争っている間に、新たに人種統合された学校の窓をたたき割ったが、この事件は、ある部分では、運動行事で「ディキシー」をもう演奏しないように求めた黒人の要求が引き金になったものだった。「ディキシー」の演奏は南部全般にとって微妙な問題であった。[138]ノースカロライナ州シャーロットでは、一五〇人以上の黒人生徒と白人生徒が、一時間以上にわたって「騒々しくぶつかった」が、その結果、七人が石、ビン、ハンマーなどの武器を所有していたとの理由で逮捕された。[139]ジョージア州サヴァナでは、およそ四〇〇人の生徒が、警察が催涙ガスで仲裁するまで「戦った」。[140]フロリダ州ボカラトンでは、伝えられたところによれば、「白人に権力を」のスローガンをめぐって、二つの学校で黒人生徒と白人生徒が「ナイフとげんこつ、石と剃刀で戦った」。そして、一八人がけがをした。[141]ニューヨークのブルックリンでは、数人の黒人生徒が、敵意をもった群衆から身を守るためにナイフを使って、殺人未遂で告発された。[142]ハイスクールにおける人種間の紛争が広がるにつれて、感情の爆発もエスカレートしていった。

学校の教育者はそのような衝突を抑え込もうと奮闘しており、アフリカ系アメリカ人の生徒が、このような教育者たちの尽力の矢面に立たされたという証拠がある。停学処分や退学処分における不公正が、おそらく最も目立ったのはこの点においてであった。一九七一年のティルマン対デイド郡学校委員会の裁判の事例では、黒人生徒と白人生徒が戦った時、警察はアフリカ系アメリカ人を建物の中に押し込める一方で、白人をキャンパスの外へ押し出した。結果として、停学処分になった九〇人以上の生徒のうち六人を除いた全員が黒人であった。翌年、フロリダ州ジャクソン郡で、黒人生徒と白人生徒の間で起きた別の「ありふれた乱闘」も、同じような結果に終わり、「罰を与えられた者のほとんどすべては黒人であった」。他の学区における黒人生徒の経験も同様であり、裁判所や他の関係当局は、その不均衡についてほとんど注意を向けなかった。アフリカ系アメリカ人の生徒たちは、しばしば自分自身を守るために戦ったのだが、白人の戦闘要員に比べて罰を受けやすく、退学させられることも多かった。(143) このような懲罰の不均衡が、これらの衝突事件になんらかの影響があったかどうかは疑問の余地があるが、この不均衡のせいで、人種統合という経験が、アフリカ系アメリカ人にとって心愉しい魅力的なものになることはまずなかった。(144) はじめて白人主体の学校に入学した第一世代の黒人生徒にとって、それは、全国のどこにおいても、多くの紛争を伴う過程であった。これらの黒人生徒は、かれらが遭遇した偏見に満ちた待遇に立ち向かい、敬意を求めることを心に決めた。そして、このかれらの決意が、後に続く者たちへの道をしっかり踏み固めたのだった。

学校の中での不公正

一九七〇年代の後半には、人種統合された学校で、紛争の発生する程度はかなり低くなってきたようである。一九七五年以降、黒人メディアや他の情報源に見られる生徒間の衝突に関する報告は減少したが、そのような進展は、いくぶんは、初等学校から人種隔離撤廃と共に育ってきた生徒が、中等学校に入ってきたことに負うものであった。(145) 事実、一九七〇年代後半と一九八〇年代は、合衆国において学校の人種隔離撤廃が最高潮に達した時期であり、少なくとも人種隔離撤廃された学校に在籍する生徒の人数に関してはそうであった。当時及びその後に行われた研究から見ると、これらの時代はまた、人種統合された学校での仕事の難しさを理解することに関心をもった教育者にとって、なんらかの出発点でもあった。紛争の時代に示されたように、人種統合された学校における人種間の相互関係についての交渉や管理の問題は、当時多くの人が思っていた以上にずっと困難なことであるとわかった。人種隔離撤廃の時代の到来は、教育の公正を求める戦いの終わりを告げるというよりむしろ、人種統合された学校のもつ潜在的な可能性を十分に実現することを目ざすもう一つの戦いの始まりであることがわかったのだ。それは一九七〇年代を超えてさらに進展していく過程の途上にあった。

この時代以降の人種統合されたハイスクールの卒業生を調査した二〇〇九年の研究で、社会学者のエイミー・スチュワート・ウェルズとその共同研究者は、黒人生徒と白人生徒はかれらの経験に関しておおむね良い思い出を抱いていることに気づいた。ほとんどが一九七六年にハイスクールに入学し一九八〇年に卒業した生徒に対象を絞り、教師やその他のコミュニティのメンバーも含む五〇〇人以上に面接して、さまざまな次元での経験や、人種統合された教育についてかれらが後にどのように考えたかを尋ねた。概して、回答者は、その兄や姉が経験したのに比べて、ハイスクールに対してかなり友好的な反応を示した。ほとんどの学校で、かれらが入学する直前の年月は、紛争や、黒人と白人の間の厳しい関係が目立っていて、時にはラテン系生徒との関係も同様であった。しかし、一九八〇年［卒業］のクラスが入学した時までに、近い過去に起こった衝突騒ぎは学校の過去の出来事として遠のいていた。かれらを待ち受けていたのは、生徒たちの交流に不可避的に影響を及ぼしてきた人種的不公正が続く中で、［学校の］人種統合をいかにうまく進めていくかという新たな課題であった(146)。

一九七〇年代の研究者は、人種差別撤廃が何をもたらすか、少なくとも生徒に及ぼす影響について、あまりわかっていなかった。一連の研究がなされたが、それらの研究は方法論的厳密さやその対象の範囲においてさまざまであった。人種を超えての触れ合いが、互いの態度や忍耐力に悪い影響をもたらすようだということを示す研究もあれば、より良くする方向にはたらくと主張する研究もあった。もちろん、このような成果は必然的にそれぞれの現場の状況に左右され、これまでに示したように、学校の現状は時がたつにつれて変わっていった。しかしながら、いくつかの発見は、とりわけ異なる人種集団の生徒間の関係に関して、後々まで有効であることがわかった。一九七五年に社会学者のエリザベス・コーエンが結論づけたように、遊びの場で根本的な問題点が見られたようであった。生徒は同じ人種集団の生徒と友人関係を形成するというたいへん強い傾向を示した。結果として、たいていは生徒が気楽に集まる時や大人の監視下にない時に、学校の中でしばしば人種隔離が再現された。さらに、一連の研究で明らかにされたように、そのパタンは、大人からの干渉に対して目を見張るほど強い抵抗を示し、またたく間に広がっていくものであることが判明した。コーエンはこのことを次のように述べた。「学校は、現在のところでは、人種が相互に交流するための多くの機会を提供していない。単なるソーシャルグルーピングが、人種的に隔離されたものになりがちである」。職員が人種の境界を越えて社会的な相互交流を促進しようと誠実に働いている学校においてさえ、このことはあてはまるようであった。[147] たとえ黒人生徒と白人生徒が学校の食堂や駐車場での喧嘩をやめたとしても、かれらは互いに仲間になるために多くの時間を割こうとはしなかった。

人種隔離撤廃されたハイスクールにおける人種間の友好関係の欠如という課題は、その後の年月に最も手を焼く問題の一つとなった。その問題は、疑いなく、生徒の間の社会階級的差異や、学業への興味やそのバックグラウンドの相違によっていっそう悪化した。多くの黒人生徒は学業上の期待が見込まれないコースに割り振られ、そこにはさまざまな形式の補習授業があったのだが、それはグループ間の相互交流を進めるものではなかった。たとえコースへの振り分けが広範囲に行われていなくても、より大きな問題はアフリカ系アメリカ人の占める社会的地位の低さであった。かれらは人種統合された学校の地位ヒエラルキーの中で低い位置を占めていた。概して、ほとんどのハイスクールでの生徒間の付き合いは、外の大きな社会の階層や人種的差異を反映しており、それは多くの研究によって確認された点であった。コーエンが言うように、学校のカリキュラムの構成は、意図せぬうちに、そのような差異を強化するのに役立っていた。「ほとんどすべての教科が、生徒に読み書き計算の技術力を示すことを求めていて」、そして「これらの技術力の低い」生徒は、「コース分けや能力別グループ分けがない場合でさえ、かれらが出席するほぼすべてのクラスで学業能力がほとんどないと見なされるだろう」と、彼女は書いた。[148] つまり、多くのアフリカ系アメリカ人は十分に学業の準備をすることができなかったので、多くの学校で生徒の地位ヒエラルキーにおいて低い位置に身を置き、そのことが、学校での社交的付き合いをよりいっそう困難にしたのであった。

たとえ人種隔離撤廃政策が最終的に生徒を多少とも友好的に一つにまとめることができたとしても、その場合、人種間の付き合いや交流はしばしば限定的であったという少なからぬ証拠が見られた。クロトフェルターは、学校での人種間の付き合いに関する彼の研究で、一九七〇年以後のノースカロライナでの学内人種隔離は、ハイスクールレベルが最も程度が大きいと報告したが、それは主として生徒を異なるクラスに振り分ける制度の影響によるものであると、彼は考えた。実際、このタイプの人種分離は、中等学校における大部分の人種隔離の原因となっていた。さらに、クロトフェルターは、学校の課外特別活動の内に人種隔離の少なからぬ証拠を見出したが、その場合、白人は少数派となるようなグループにはめったに入らなかった。もちろん、このことは、先に注目したパタンや、人種統合された学校において身分の相違によって生徒の経験に差が生じ続けたという知見と矛盾しない。それはまた、疑いもなく、一部の白人の差別的な態度を反映したものであり、おそらくより限られてはいるが、黒人生徒の間にも同様の態度が見られた。黒人生徒の多くにとって、学校の人種統合は、何か相反するものを含んだ恩恵のようなものであった。それは、劣った設備や教科書のような教材についての古くからある問題をおおよそ解決したが、普遍的平等の名のもとに、さまざまな人種のグループからの生徒を一つにまとめるという約束を果たすことはできなかった。ウェルズとその共著者の言葉によれば、これらのハイスクールの多くは、人種隔離撤廃はなされたが、人種統合はされていなかった。[149] そうだとすれば、人種隔離撤廃のもたらしたものに対する評価を見直し、過去の黒人ばかりのハイスクールを多少の懐かしさをもって振り返り始めた黒人がいたのもさほど不思議ではない。

結論――厳しい試練

ハイスクールにおける学校の人種統合は容易な道のりではなかった。黒人生徒とその大人の支援者たちは、教育の平等に対してかれらが熱意をもって関わることをはっきり示すように、繰り返し求められた。それは差別と争いに満ちた試練であり、ホワイトフライトと居住地区の人種隔離によって妨害され、そして最終的に、学校内に根強く残る人種的不公正というパタンによって台無しにされた。一九四〇年代と一九五〇年代には、人種統合は北部と西部においてのみ実施されたが、そのいくつかの都市ではあまり当たり前のことにはならなかった。境界州では、ブラウン判決のすぐ後に、人種統合された学校制度は、それぞれの選択の問題となった。ボルティモアやカンザスシティのような都市では一般に黒人生徒の良い経験につながり、ミルフォードやクリントンでは痛ましい衝突につながった。人種隔離撤廃がこのような段階にある間、それは一九六〇年以後ではアトランタのような南部の都市に影響を与え始めていた時期に当たるのだが、アフリカ系アメリカ人は、かれらの人数がかなり少ないうちは、たいてい白人の生徒や教育者から快く受け入れられた。黒人が生徒全体の大きな部分を占めるようになると、白人はしばしば黒人をあまり受け入れたがらなくなり、学校を放棄することがたびたびあった。これは一九六〇年代と一九七〇年代を通じて、アフリカ系アメリカ人が農村部を出て都市に住みつくようになるにつれて、よく見られたパタンであった。少数ながら増加し続けた郊外に住む黒人の人々も、これらの年月に、学校の変化について同様の過程を経験した。大きな大都市圏地域では、ブルーカラーの人々が住む郊外で、住民の大部分が黒人に替わった所がいくらか見られた(150)。

ホワイトフライトという容赦ない経験は、当然のことながら、人種統合を平等で質の高い学校のための最高の希望だと見ていた人々を、かなり狼狽させるものとなった。一九六〇年代には、黒人生徒は、白人主体の学校にもっと入りやすくなることや、教育におけるさらなる平等を求めてデモに参加した。その結果、連邦当局や州当局は、根強く残る人種隔離と取り組むため、全国のコミュニティに広範囲にわたる強制バス通学計画を求めた。一九七〇年代初めの比較的短い期間、アフリカ系アメリカ人中等学校生徒の大多数は、人種隔離撤廃された学校に在籍した。突然の変化は、生徒にとってもかれらの所属するコミュニティにとっても、うまく切り抜けるのが難しいものであった。しかし、紛争と混乱の困難な時代の後で、新しく人種統合された学校への適応の時代という、多かれ少なかれ安定した時代が全国で始まったのだが、実は南部において特にそれが見られた。『シカゴ・トリビューン』が注目したように、南部諸州で大多数が白人の学校に在籍するアフリカ系アメリカ人の割合は、一九六八年から一九七〇年の間に一八％から三九％と二倍になったが、シカゴでは三％から三・二％に増えただけであった(151)。長きにわたって法的に実施された人種隔離という呰を誇った南部は、一九七〇年代の初めまでに、教育に関して全国で最も人種統合された地域となっており、「人種的孤立」や不公正が最もはっきり見られたのは北部の主要都市であった。

ブラウン判決によって代表される重要な分岐点となった時期は、ハイスクールでの経験の質的向上に関わったアフリカ系アメリカ人の若者にとって、人種統合の厳しい試練の時代に取って代わられた。かれらは、人種差別主義者の抗議、白人の若者による嫌がらせ、教育者の無関心や敵意、そしてこれがたぶんすべての中で最もつらいことであったと思われるのだが、支配的人種集団に属する同輩たちによって見捨てられること、などの困難に耐えた。人種統合の達成は、大きな犠牲を払って勝ち取った勝利であった。ともあれ、その結果、人種隔離撤廃は、一九七〇年代にアフリカ系アメリカ人の生徒の大多数にとって現実となった。このことは、直ちに救済をもたらすものではなく、むしろ紛争の激化や失望をもたらしたが、その失望はかれらの先の世代の役に立った従来の中等教育機関が無くなることと少なからず関係していた。しかし、アフリカ系アメリカ人の生徒は耐え忍んで、最終的には多くの者が人種統合事業をかれらの味方につけた。[152] しかし、それは、白人からの広範な、あるいは首尾一貫した支援を得られず、多くのアフリカ系アメリカ人も人種統合という考えに疑問を抱くようになっていった。けれども、平等で人種統合された学校を求めたそれまでの戦いの成果をついに手にした生徒たちにとって、その結果は実に感慨深いものであった。

結論　アフリカ系アメリカ人のハイスクール経験への視座

Conclusion: The African American High School Experience in Perspective

黒人史や黒人文学の科目の急増、黒人教師の増員を求める広範な声などとならんで、一九七〇年代における人種統合のための闘争は、黒人ハイスクールをめぐる状況が一九四〇年時点とで隔日の感があることを強く実感させる。

第二次世界大戦前、アフリカ系アメリカ人の若者、特に都市部に住んでいない大部分の若者にとって、中等教育は珍しいものであった。四〇年後には、場所によって質は均一ではないものの、中等教育は事実上みなの手の届くものとなった。その間の数十年の間は、アフリカ系アメリカ人たちがかれらの教育的展望をよりよくするために時には文字通りの、また時には象徴的な闘いをしてきたという意味において、紛争と衝突が際立っていた。かれらは、手もちの資源でさらに高い達成基準を実現するべく尽力した。かれらの成果は、卒業率の上昇、高等教育在籍率の上昇、そして黒人中産階級の着実な発展を見れば一目瞭然である。

この結びの章では、わたしたちの主な研究結果をもう一度確認し、それらをより大きな歴史的、概念的文脈の中に置いてみることにする。そうすることでわたしたちが描いてみたいのは、わたしたちが見出した主な知見がひとりひとりのアフリカ系アメリカ人の人生のそれぞれ異なった時点でどのように展開し、表れていたかということである。またわたしたちは、これまでの章で出てきたいくつかのさらに複雑に絡み合った問題についても議論し、過去の黒人ハイスクールに対する見方の変化についても考える。最後に、わたしたちはこの研究の終着点以降のおよそ三〇年間の、アフリカ系アメリカ人の教育における変化について検討する。一九八〇年以前の数十年に顕著であった、前に進もうとする勢いのほとんどは、じつはその後には維持されなかったのである。観察者だけでなく多くのアフリカ系アメリカ人当事者、特にずっと昔に成人になった者たちにとって、このことが苛立ちの核心であることは理解にかたくない。拡大と進歩の過去の記録を振り返ることは、ごく最近の出来事をいくらか広い視野におくことにきっとつながるし、未来へ続く見通しを立てることにもなるだろう。

黒人教育史におけるハイスクール

黒人指導者や家族、市民団体は、長い間教育がアメリカ社会での成功のための鍵であると考えていたが、一九四〇年代から一九七〇年代の間のアフリカ系アメリカ人の教育達成の伸びはほとんど革命的であった。教育を追求する中でハイスクールは長年、決定的に重要な障害として立ちはだかっていた。黒人の学校教育は、初等教育レベルはおおむね南北戦争以前から存在しており、一九世紀後半に拡大し、二〇世紀初頭の数十年に花開き始めた。しかし、アフリカ系アメリカ人の中等教育は不十分なままで、あるとしても財政的に恵まれていなかったり、授業が限定されていたりした。[1] プレッシー対ファーガソン判決の「分離すれども平等論」は、教育における不平等を悪化させた。一九四〇年、アフリカ系アメリカ人の四分の三以上は南部におり、その大部分は中等学校教育がわずかであるか全く存在しない田舎のコミュニティに住んでいた。これは、南部の抑圧的な政治経済的状況から抜け出そうとしている若者にとっては、決定的な障害であった。それでもなお、黒人たちは、利用できる機会を最大限に活用しながら、教育資源のさらなる平等を求めてきたのである。

わたしたちが示してきたとおり、一九四〇年代には、白人生徒と黒人生徒のハイスクールへの到達度の差は目に見えて縮小し、その後の数十年間も縮小し続けた。この成果は、主には、黒人の若者たちのための学校教育の機会を拡大しようとするアフリカ系アメリカ人の親たち、コミュニティ、組織団体の果敢で粘り強い努力の結果であった。二〇世紀初頭には、かれらはいっそうの予算増を要求し、学校建設と教師の給料のための資金を調達し、州が黒人学校を支援することにより「分離すれども平等」の命令に従うことをしつこく求めた。南部の州は、人種隔離を維持するためにアフリカ系アメリカ人の学校への資金拡大に応じた。アトランタのブッカー・T・ワシントン高校や、ボルティモアのダンバー高校、インディアナポリスのクリスパス・アタックス高校といった立派な学校が建設され、ついには津々浦々から生徒を集めた。しかし、こうした学校は主には都市部に存在しており、特にこうした地域に黒人が続々と移住してくるようになると、高まる黒人の学校教育への要求には追いつかなくなった[2]。結果的にこうした学校は過密状態となり、教育の質には問題が生じた。実際、こうした学校において在籍者数が許容量を超えていることは、アフリカ系アメリカ人の家族と若者が教育に置いている価値の高さを示すものであった。黒人生徒の中等教育への上昇し続ける要求に州がこたえていないこと、また白人と黒人の学校間で拡大していく質の格差は、人種隔離した学校が平等になりえるというのは虚構にすぎなかったことを露呈した。そして人種統合への要求が、ついには教育的平等の闘いにおける表舞台へ出てきたのであった。

　第2章で述べたとおり、一九四〇年代、一九五〇年代の南部の平等化《イクォライゼーション》運動《キャンペーン》は、黒人の中等教育の達成を後押しする重要なものであった。これは、教育達成の人種格差縮小における大きな一歩であった。アフリカ系アメリカ人の教育へのこの大規模な投資は、よりよい設備とより高い基準を求める黒人コミュニティによる粘り強い運動と、地域レベルでの法的闘いの結果であった。たとえ白人が人種統合への恐怖からこうしたレベルの支援をしようとしたのであったとしても、その影響は非常に大きなものであった。白人の寛容さと変化への心構えには限界があることは程なく明らかになったが、それにもかかわらず、黒人ハイスクールの在籍率は新しい高みへと到達した。この点において、「平等化」は、アフリカ系アメリカ人の教育史における変革の時であったのである。

　こうしたこと自体は、大きな達成ではあったが、「より広い」文脈の中で見ることも必要である。さまざまな闘いの勝利は、大部分はアフリカ系アメリカ人により主導されたものであったが、それはより大きな変化の過程のさなかに起こっていた。ハイスクールの拡大はしばしば「アメリカ教育における第二の変革」と言われる。これは、人々の教育達成への関心が高まる中で起こったことであった[3]。南部の各州は、古くから黒人の農業労働に大きく頼ってきた経済の立て直しがうまくいっておらず、学校教育が遅れをとっていた。序章で述べたとおり、一九四〇年にはハイスクールを卒業した南部の白人はわずか四六%、黒人の若者は一四%にすぎなかった。しかし、こうした教育達成の数字も、変化の構えを見せていた。平等化と学校統廃合も一役買ってはいたが、他の要素も絡んでいた。よりよい雇用と社会的移動を求めたアフリカ系アメリカ人の、都市部への移住は特に有効であった。中等教育をたやすく受けられる都市部へと、何百万人ものアフリカ系アメリカ人が子どもを連れて移動した[4]。第二次世界大戦直後の変わりゆく南部経済と不安定な雇用のために、多くの場合より市場価値の高いスキルを求めて、ハイスクールに通うことがより望ましいものとなった。それに続く時期には、都市の若者たちに学校にとどまることを呼びかけるキャンペーンが幅広く繰り広げられ、ついには何千人もの若者をさまざまな代替プログラムに在籍させることにつながった。これは特に南部において、黒人白人双方にとって有益なものであった。すべてのアメリカ人の若者の教育達成が上昇したが、こうした発展は特にアフリカ系アメリカ人にとって重要なものであった。

こうした社会的変化の過程と教育の拡大は、学校改善の取り組みを加速させた。公民権運動団体やコミュニティの指導者たち、親や生徒らはみな、黒人学校のためのさらなる資金をもとめて、ボイコットから街頭デモ行進《ウォークアウト》、法廷での法的異議申し立てまでさまざまな戦法を駆使した。時代は、教育だけでなく雇用や公民権においても期待が高まっている時であった。[5]結果的に、在籍者は急増し、黒人ハイスクールが米国中に出現した。それらの中には新しい学校もあれば、白人が放棄した古い学校もあった。すでに述べたように、こうした学校はしばしばアフリカ系アメリカ人のコミュニティにとっては、アイデンティティのよりどころとなっており、家族を都市や近隣に引き寄せた。黒人ハイスクールはついには、白人学校と変わりないカリキュラムを提供することができるようになり、認証を獲得し有能な教師たちを雇うことにのりだした。元生徒たちは生き生きと、かれらの人種隔離された学校での経験を話してくれた。語りの中ではしばしば、要求は多いが面倒見のよい教師やかれらの地域での強いコミュニティの意識が話題となった。わたしたちの調査の中でアイリーン・ウィルソンは、エウレカ高校の写真を見せてくれた。この学校は、黒人の若者を遠い中等学校に通わせるという慣習を終わらせるため、ミシシッピー州ハティーズバーグに一九二一年に建てられたものだった。彼女はエウレカ高校での高い基準と、そこを卒業した多くの有名な同窓生を自慢に思っており、彼女がそこで享受した学習経験を詳しく話してくれた。[6]彼女の回想は、わたしたちが出会った他の何十人もの人たちの回想、他の研究におけるさらに多くの人たちの回想と似通っていた。この点は二〇世紀のアフリカ系アメリカ人の教育研究における重要なテーマとなったのである。[7]

わたしたちのオーラルヒストリー研究では、人種統合への願いをはっきりと公言した人はいなかったが、ウィルソンの発言にあるように、「よい黒人ハイスクール」と呼ばれてきた思い出がよく語られた。こうした学校の存在はもちろん、学校のさまざまな長所を描く他の研究でも描写されているが、同時にまたその限界を見極めることも大切である。地元の白人学校と同等か、それを超えるほどの黒人中等学校はいくつかあったが、しかし大部分はそうではなかった。いくつかの州、特にノースカロライナ州では、アフリカ系アメリカ人の教育への支援は他よりも充実していた。わたしたちが示したように、南部全体でも大きな差があり、これはケーススタディではとらえにくいものだった。しかしながら、人種隔離された黒人ハイスクールについてこうした誇りと明らかな満足が述べられていることを考えると、究極的には何が人種統合をめざす奮闘へと人々を駆り立てたのかは疑問のままである。

ありうることは、各地にある「よい黒人ハイスクール」が、特にその後数十年間に展開した教育的変化に鑑みて、いくらか感傷的に回想されてきたということである。(8) わたしたちはこれらの学校を回顧する多くの人々の生きられた経験を過小評価しているわけでは全くない。しかし、かれらの経験をより広い文脈の中においてみることも必要である。上記のように、たとえば、南部にある大部分の黒人ハイスクールは、わずかな資金で運営しなければならず、提供する教育の質を大幅に限定していた。アクセスの問題もあった。統計データは、軽視されがちなアフリカ系アメリカ人の間の社会階層の差を明らかにしている。比較的裕福な黒人にとって、ハイスクールはより簡単に手に届くものであった。一九四〇年には黒人人口の大部分を占めていた貧しい小作農にとっては、学校教育へのアクセスは時に不可能に近いものであった。さらにかれらが学校に通学できたとしても、教育の質には巨大な人種格差が存在し続けており、それは同時代の人たちによって明瞭に記録されていた。こうしたアフリカ系アメリカ人の学校における欠陥を明らかにすることは、いわゆる平等化運動の後でさえも人種統合への要求があったことをはっきりと示していた。こうしたことのすべてが、人種隔離された黒人ハイスクールの過去における貢献を考える際に考慮に入れられなければならない。

ハイスクールと社会的地位

一九六〇年までに、南部のアフリカ系アメリカ人ティーンエイジャーのおよそ半分が、ハイスクールに在籍していた。しかし、わたしたちが示したように、かれらは非農業の持ち家世帯出身の人たちに偏っていた。わたしたちのインタビューにこたえてくれたアイリーン・ウィルソンとグロリア・チェンバーズは南部の都市に住んでいたが、教育を受けた両親のいる中産階級の世帯の生まれであり、それがかれらがなぜハイスクールの卒業証書を得ることができたかを説明する要素にもなっている。裕福でない世帯出身のアフリカ系アメリカ人の若者の場合、ハイスクールに通学したり修了したりすることはより果たしづらかった。社会階級を考慮に入れると、学校教育をうける機会がなかった者の経験を浮き彫りにすることができ、またうまくいっていた黒人ハイスクールをより広い文脈から見ることができるようにもなる。実際、貧困の中で暮らすことは公民権運動の時代以前のアフリカ系アメリカ人の平均的な状況であり、大多数、特に小作農たちは、何とか生計を立てるためにほとんどの時間を費やしていたのである。何千人もの人たちにとって、特に農業地帯ではハイスクールは存在してすらおらず、生産労働が学校教育よりも重視されていた。女子とくらべて男子にとってはいっそうそのようであった。たとえば、ジャック・ジェンキンスが一九四〇年代に描いたテキサスのアングルトン黒人高校《カラード・ハイスクール》を思いだしてほしい。彼がときどき出席した、教室が四つだけの設備の貧しい「ジャンプスタート」学校である。同様に、プリンストン・エルロイが通ったミシシッピー州スキーンの学校のことも思いだしてほしい。八年生までしか学校に通っていない一人の教師が、年間三ヵ月だけ授業を行った学校である。[9]こうした学校は一九五〇年代になっても南部では一般的であった。一九五一年、ジョージアの、教師が一人か二人しかいない一一五二校のうち九七七校が「黒人《カラード》」学校として指定されたものであり、後にその多くは統廃合されはしたがそれ以外の学校は長くそのまま残っていた。[10]祖父母が奴隷時代を生き、後に分益小作人になったジェンキンスやエルロイのように、多くの黒人たちは南部から移住するのに役立つ基礎的な読み書きの技能を幸運にも獲得することができた。一〇代のアフリカ系アメリカ人のための学校がある都市は、たとえその学校が過密状態で、その結果効果的に授業が行われていなくとも、よりよい機会を求める者たちにとっては魅力的なものであった。

　黒人コミュニティで上級の教育を受けることは、たとえ学校が存在しているところであっても難しく、このことが学校のステイタスとつながっていた。アイリーン・ウィルソンが語ったエウレカ高校は、規模において圧倒的であり一時は黒人コミュニティの中心であったが、徐々に小学生から退役軍人まで、教育を求めるすべての人のための場所、前述したいわゆる「併設学校《ユニオンスクール》」の典型例になった。平等化から何年もたった一九五〇年代後半には、それはひどく過密状態で資金が欠乏していた。[11]アトランタのワシントン高校に通っていたジョセフ・ウィリアムズは、インタビューにこたえて、その学校がジョージア中から生徒を引きつけており、多くの生徒が通学するために友だちや親せきを頼って引っ越してきたと語った。彼が入学するまでには、ワシントン高校は、次々流れ込む生徒たちを収容するための仮校舎に囲まれていた。[12] 多数の生徒を収容できずに難儀していた黒人ハイスクールはすぐに超過密状態となり、低水準な学校であると広く見なされるようになった。そうした学校に通っていた黒人の若者は、標準テストで白人生徒よりも低い成績を残していた。そして一九六〇年代までにはかれらは「文化的に剥奪された」と描かれるようになり、「補償教育」あるいは「補習」プログラムの対象となった。[13] 多くのうまくいっていた生徒が中産階級出身であったにもかかわらず、黒人ハイスクールは、白人のそれよりも劣ったものとしてみなされ続けたのである。

こうした問題はあったものの、中等教育は機会へのドアを開き、ハイスクール修了は階層移動への道の大きな一歩であった。インタビューにこたえたハイスクール卒のほとんどの人たちが、さらなる教育を受けることを求め、実際にカレッジの学位を得たものもいた。こうしたかれらの教育達成はむろん、より高い教育を受けた人の方がこうした調査に参加しやすい傾向にあることの反映でもあるが、同時に歴史的な傾向をも示してもいる。全国的に黒人のカレッジ進学は、さらなる教育を求める中等教育卒業者が増加した一九六〇年代に勢いを増した。[14] 第4章で言及したように、一九五〇年代後半から一九六〇年代は、専門職、サービス業、管理職の雇用機会が拡大している時期だった。したがって学歴があれば仕事を得やすく、また急速に必要とされるようになった。女子は男子よりもハイスクールを卒業することが多く、しばしば教職に就くことが彼女たちのキャリアのゴールであった。男子は、女子よりも中退することが多かった。わたしたちのインタビューに答えてくれたローランド・ブラウンもそうであった。彼は一九四〇年代にワシントン高校に通った。ブラウンは、ハイスクールは楽しかったと回想していたが、ハイスクールに通ったことのない彼の両親が、成功へのカギは自分で商売を始めることであると強調していたと語った。[15] しかし、一般的には、持ち家で両親が非肉体労働の仕事に就いているといった中産階級の属性をもつ生徒たちのほうが、学校ではより高いレベルの成功をおさめていた。

黒人の教育達成と社会階級の関係は、これまでの章すべてに共通したテーマであった。全般的に黒人コミュニティ内にも、社会全体でのそれと同様の社会的地位の違いがあった。中等学校が広く普及してからは特にそうである。教育レベルと社会的地位の高い両親の子どもはハイスクールを卒業できる場合が多かった。これまでみてきたように、こうしたパタンの違いは、黒人の学歴が上がるにつれ、白人やほかのグループのそれとますます似たものになっていった。実際、一九七〇年代後半までには、中等教育を受けたかどうかについての違いは主に、人種そのものよりも社会階級の指標と結びつくようになっていたようだ。この時期までにはもちろん、人種統合された教育が最高潮に達しており、すべての黒人がなんらかのかたちで中等教育を受けられるようになっていた[16]。教育達成において、純粋に人種による違いがほぼ消滅したと推測するのが妥当なのは、この時点においてであった。

　実際それが起こったといえる重要な証拠がある。表C‐1は、一九八〇年に全米の大都市圏に住む一七歳のサンプルの、ハイスクールでの学業成就の状況（これまでの章での定義と同様）を分析した結果を示している[17]。ここでは三つの連続モデルを検討するためにロジスティック回帰分析を行っている。各モデルはそれぞれ表中の列に示されている。第一のモデルは、単にアフリカ系アメリカ人とそれ以外との差を測定し、次の二つのモデルは、単純に新たに変数を加えたときの検討結果を示している。二番目のモデルは、南部での居住（南部以外での居住との比較）、あるいは中心都市での居住（郊外での居住との比較）など地理的（あるいは地理空間的）因子を検討するものである。三つ目のモデルでは、ジェンダーや世帯や親の情報、雇用されているかどうかなどの、一連の個人の社会経済的特性を追加している。こうした変数はこれまでの章でしてきたのと同様に定義してある。こうした因子をコントロールすることにより、仮説的に純粋にアフリカ系アメリカ人であることのみが学業の成就にもたらす確率を推定できる[18]。

　この分析は、この時期の終わりにおける教育達成の人種格差が、どのように社会経済的地位に関する要素から影響をうけているかを示している。表C‐1のモデル1で示されているように、学業の成就における人種だけに起因する差は、地理的あるいは地理空間的（GS）因子と社会経済的地位（SES）の因子をコントロールしなければ非常に大きいものであった[19]。基本的には、アフリカ系アメリカ人の生徒は一七歳までに第一一学年《ジュニア・イヤー》かそれ以上に在籍している確率が、ほかの生徒たちの約半分を少し超えたくらいであった。しかし、モデル2と3でGSとESEの変数を加えると、アフリカ系アメリカ人であることのマイナスの効果は消失する。実際、モデル3では、黒人であることはプラスであり、ほかの因子をコントロールすると学業を成就できる確率は三一％大きかった。これは、黒人であることと学業の成就との負の相関は主に、貧困、家族構成の違い、そして多くのアフリカ系アメリカ人たちが耐えてきた相対的に低い社会的地位と関係したその他の因子によることを示唆している。このように、人種が与える教育達成への直接的あるいは人種からのみの影響というの

表 C-1. 大都市の 17 歳のハイスクール学業の成就《サクセス》に寄与する因子のロジスティック回帰分析（1980 年、対数オッズとオッズ比）

独立変数	モデル 1 人種	モデル 2 地理空間的因子	モデル 3 社会経済的地位	オッズ比 モデル 3
本人が黒人である	-.573	-.379	.270	1.310
本人が南部に住んでいる		-.437	-.426	.653
本人が中心都市に住んでいる		-.315	-.147	.863
本人が女性である			.435	1.545
親がハイスクールを卒業している			.689	1.992
親がホワイトカラーである			.688	1.990
持ち家家庭である			.751	2.120
貧困ライン以下の家庭である			-.337	.714
母子家庭である			-.474	.622
本人が有職である			.314	1.369
分散とサンプル規模	Nagelkerke R^2=.012	Nagelkerke R^2=.026	Nagelkerke R^2=.202	

出典：IPUMS データ（1980 年、「個人に重みづけされた」変数を用いて、１％サンプルを拡張して推計人口数とした。）係数はオッズ比の対数をとったものである。
注：全ての独立変数は 0.1％水準かそれ以下で有意である。

は、少なくとも、この当時ほとんどのアメリカ人が住んでいた大都市圏の状況においては、概して取り除かれることになった。少し違う言い方をすれば、貧しくなくひとり親の世帯でもなくあるいは市街地に居住しているのでもないアフリカ系アメリカ人の生徒は、他の生徒たち以上ではないにせよ、少なくとも同じように、学校で学業を成就する可能性があったということである。これが、アフリカ系アメリカ人の教育が一九四〇年以来かけて歩んできた道のりを示すもう一つの証拠である。

とはいえ、もちろんすべての問題が解決したわけではなかった。表Ｃ‐１の地理空間的要素や社会経済的地位の要素は、この時期の終わり頃、学校教育を修了しようとする際、多くの黒人の若者たちを阻む多岐にわたる困難を示している。市街地に住んでいること、ひとり親世帯であること、そして貧困であることは、学校で学業を成就する確率がかなり低いことと関係していた。一九八〇年には、貧困率とひとり親世帯の比率は、アフリカ系アメリカ人において、白人やほかのアメリカ人よりも断然高いものであった。持ち家率はもっとましであったが、高地位のホワイトカラーの仕事をもつ親のいる黒人の若者ははるかに少なかった。黒人中産階級の人たちは数字上は増えたが、白人中産階級と比べれば、富と影響力における差はまだ相当のものであった。おそらく、最も不穏だったことは、郊外のコミュニティが急速に発達した結果、多くの黒人世帯が中心都市の極貧地区にとり残されてしまったことだろう。貧困が集中するそうした場所では、家族やその他の機関に大きなリスクが生じた。このサンプルでは、中心都市に住む黒人の若者は、郊外に住む者の三倍多かった。郊外に移住するアフリカ系アメリカ人も増加してきていたとはいえ、大多数は人種隔離された都市部の地域に閉じ込められたままであった。これは社会学者たちがついには「アメリカン・アパルトヘイト」と呼ぶようになった状況である。[20] 次に続く年月において、こうした問題はいっそう大きくなった。一九八〇年以降の時代に目を転じ、これらの問題を以下で再び見てみよう。

人種統合のジレンマ

アフリカ系アメリカ人が人種隔離による制約に敏感であったにもかかわらず、わたしたちのインタビューでは、人種統合を強く求めることより、その境界の中で成功を達成することが強調されていた。ローランド・ブラウンは、彼のそうした見方を説明して、次のように述べた。「人種隔離はひどいものだったが、当時はそのことで思い悩みはしなかった。わたしの両親は商売をしていたから、わたしは巻き込まれなくて済んだ。わたしたちには自分のお店があったし……自分の居住区があったから」。実際、彼は同じ学校の生徒のひとり、マーティン・ルーサー・キング・ジュニアが、公民権運動の指導者になっていったことに驚いていた。[21] ブラウンのように、インタビューに答えてくれたほとんどの人たちは、人種隔離を普通のこととして受け入れていたようだ。それがかれらが知っていた、唯一の暮らし方であったのだ。しかし、だからといってよい教育を得て社会経済的に上昇移動したいというかれらの願いが消えたわけではなく、アフリカ系アメリカ人の若者のための十分な教育予算がなかったことが、親、コミュニティ、州および全国の組織をかりたて、より多くの、そしてよりよい学校教育への要求が提起された。

さらに、教育へのアクセスそのものが、究極的には人種統合の要求へとつながる政治意識を焚きつけることになった。アフリカ系アメリカ人が教育を受ければ受けるほど、かれらのアスピレーションも、しばしば人種が障害となって阻止されてきた野望もまた大きくなっていった。こうした障害に対する意識はハイスクールに通ったものたちの中により強く、カレッジに進学したものたちにとってはさらに強烈であった。これはわたしたちのインタビューにこたえてくれた人たちの語りにしばしばあらわれていた。たとえば、グレイス・ストロングは、ハイスクールにいる間に、全国エッセイコンテストで賞をとり、ジャーナリズムに興味をもったが、カレッジを卒業後、その分野での仕事はことごとく断られた。[22] グロリア・チェンバーズは、同様の話をしてくれた。スペルマンカレッジで学士号を取り、数年教職をしたのち、彼女は音声言語病理学を専門的に学ぶことにした。そこでチェンバーズは、南ミシシッピー大学に応募したが、人種が理由で拒絶された。彼女はのちにほどなく入学を許されはしたが、彼女の話によれば、ミシシッピー州は以前からずっと、他の場所で学校に行くよう生徒たちに授業料を払っていた。[23]

根強く残るこうした問題があったために、黒人たちは前進するための手段として人種統合をますます受け入れるようになった。何年ものちに、彼女の子どもたちをもともと白人校であった学校に通わせる機会ができた時、チェンバーズはそれを厭わなかった。彼女自身は人種隔離された学校でのよい経験があったにもかかわらず、人種統合とよりよい機会を同一視し、彼女の子どもたちにはそのような機会の恩恵を受けてほしいと強く願っていたのだ。彼女の子どもたちは、「自由選択」プランによる人種統合で、ミシシッピー州ジャクソンのボイド初等学校に入学した最初の五名の生徒の中に含まれていた。彼女は、子どもたちがそこで「もっと外にさらされる」ことになるだろうと話し、また「わたしたちは何がそこに起こるのか見ることができたし、競争できるようになることが必要だと感じたのです…とにかく競争して自分をしっかりもつ必要があると」と語った。[24] いくつかの南部の都市での自由意志による人種統合プログラムは、特にそれが一握りの黒人生徒を含んでいるだけの場合は、事件もほとんどなく進められた。しかし、わたしたちが示してきたように、ついには多くの都市で普通のこととなった初等学校での人種統合は、ハイスクールでの人種統合よりも障害が少ないことが多かった。さらに、人種統合の過程は、歴史や人種隔離の度合い、関係する学校での人種構成や人種統合計画の内容によって、地域ごとの違いがかなりあることが研究によって明らかになっている。[25]

一九六〇年代後半と一九七〇年代の強制バス通学は抵抗を受け、議論が起こることもあったが、全般的に人種統合は当初は南部以外のコミュニティではよりスムーズに進んだ。黒人たちの抗議行動と法廷闘争の結果、一九四〇年代後半までには、南部以外のほとんどの州では公式の人種隔離政策は終わり、アフリカ系アメリカ人生徒が近隣の学校に通えるようになっていた。対立は、黒人が大きなマイノリティ集団である学校でより起こりがちであった。たとえば、一九四五年当時黒人生徒が三分の一を占めていたゲーリーの、フレーベル高校がそうであった。それでもなお、北部は黒人が教育を受けられる場所として知られ、それが南部からの居住者をひきつけた。一九四〇年代にはナディーン・マイヤーズの両親はアーカンソーからミズーリに引っ越し、そこでナディーンと兄弟たちはハイスクールを卒業した。マイヤーズは、彼女の母親は子どもたちによい教育を受けさせたく、実際に評判のよい学区に引っ越しをしたと回想した。それは彼女の家族にとって、カンザスシティ南部に住み、白人が大多数であるサウスイースト高校に通うことだった。一九六〇年代なかばでも黒人は生徒の約一五％のみであったが、マイヤーズは、生徒同士は町の他の場所で騒ぎが起こっているときでもよい関係を築いていたと回想した。すでに示唆したように、黒人の数が少ない時は、ほとんどの白人にとってそれは、それほど大きな脅威ではなかった。さらにいえば、人種関係を扱う授業は、対立が手に負えなくなるまえにそれを和らげることに役立っていた。[26] カンザスシティのイースト高校は、ケヴィン・ドッジが一九六〇年代に通った頃少なくとも三〇％が黒人であり、彼は「水から出た魚」のように場違いだと感じていたが、彼はその学校についてのいい思い出も語ってくれた。彼は白人教師たちが、彼が通ったことのある黒人ばかりの学校の教師よりもさらに公平で、支援を惜しまなかったと語った。ドッジによれば、「イースト高校にはよりよい教師たちがいた。なぜなら……もし助けが必要だと思えば、もし悩みもがいていたら、かれらは生徒を脇へつれだしていろいろ説明してくれた……生徒のために時間をとることを厭わないでいてくれたのだ。」[27] 人種統合をめぐる混乱と抗議行動のさなかで、黒人の学業成就と白人教師からの支援という静かなサクセス・ストーリーが数多くあったのだ。[28]

それでもなお、学校を人種統合しようとする取り組みには、多くのコミュニティで強い抵抗と破壊的な変化がつきものであり、そうした重荷の大部分は、アフリカ系アメリカ人が耐えなければならなかった。第5章で述べたように、人種統合のために黒人は白人よりも学校や住んでいるところを去らなければならないことが多く、また数千人もの黒人教師たちが人種統合された学校や白人の学校に割り振られるのではなく、失業するはめになった。黒人生徒たちは、かれらが以前通っていた学校を形作っていたさまざまな伝統、たとえば卒業記念誌や生徒組織、文化活動などを失った。白人学校では、かれらはしばしば侵略者と捉えられ、歓迎も尊重もされず、敵意の対象となるか無視された。チャペルヒル＝カーボロー学校システムに受け入れられた黒人生徒のひとりであるトーマス・スミスはこう語った。「それは完全に新しい世界でした。

中に入って名前を呼ばれ、つばをかけられ、殴られて……あるときホールに立ってどっちの方向に行くべきか迷っていたら、いきなりある生徒が歩いてきて何の理由もなくお腹を殴られたのを覚えています」[29]。大規模な人種統合の到来により、生徒間の対立は広がり、中等教育機関で長く存在していた人種間の暴力がエスカレートした。右の例で語られたスミスとは違って、アフリカ系アメリカ人の生徒はしばしばそうした対立の中で自分の身を守るため、受けた暴力と同じかそれ以上の暴力で応酬した。しかし、多くの、おそらくほとんどのそうしたケースでは、学校の対応の矛先を向けられるのはアフリカ系アメリカ人の生徒であり、かれらの停学および退学処分率は、白人のそれの二倍以上であった。意義深い人種統合をしようとした黒人中等教育学校生徒の第一世代の経験は危険に満ちたものであり、脅威は白人生徒だけでなく教育者たちからも降りかかってきた。

しかしながら、黒人の若者とかれらの親たちは、それがよりよい教育のためであるのなら、こうした危険をすすんで冒そうとしていた。フレダ・ジョーンズは、彼女の地域が人種統合された時に一二歳であった。彼女の両親は、元白人校である学校に彼女を通わせ、それがよりよい教育のためであると考えていた。黒人のためのバスは運行していなかったため、彼女の両親は同じ地区に住むほかの人たちとお金を出し合ってタクシーを利用した。彼女は自身の経験について語った。「それは単にわたしたちを相手にしないというような害のない無視か、完全にバカバカしい阿呆くさいことを言われるかでした。たしかにそこには、アフリカ系アメリカ人の生徒にきちんと注意が向けられていなかったと思います」[30]。こうした扱いを受けたにも関わらず、ジョーンズは、ハイスクールを卒業し、カレッジに進学してついには大学の学部長にまでなった。人種統合した学校に通った多くの黒人生徒たちは、最終的には、その後の学校教育と労働市場でより成功しているという研究がある[31]。しかし、こうした状況で成功することは、簡単なことではなかった。

アフリカ系アメリカ人の生徒は、しばしば勉学上劣っていて、白人学校で学業を成就するための準備ができていないとみなされていた。そしてかれらの経験もしばしば、そうした見方を強化してしまっていた。白人学校のカリキュラムの要求にかれらはいつも応えることができたわけではなかった。ラルフ・ネイプルズは、ノースカロライナ州ローリーで、学校の人種統合を経験した黒人生徒の一人になったあとのことについてこう語った。「わたしたちはそこの［白人］教師たちの期待にこたえることができなかった。かれらは、わたしたちの前に宿題を積み上げたけれど、それをこなす力も時間もわたしたちにはなかったのです。多くの白人の子どもの家には百科事典とか辞書とかそういうものがあった。……わたしたちは家からかなり離れた公共図書館に行かなければならなかった」[32]。一九六〇年代までには、人種隔離された学校にいる多くのアフリカ系アメリカ人は白人学校に比べていくらか緩い勉学上の基準のもとにおり、職業教育をより重視せよという呼び声もあった。このことはもちろん論争の的になることだが、こうした考えが抵抗にあった時でさえ、黒人が大半を占める学校の質を批判的に問う声は依然根強かった。相変わらず低いままのテストの成績は、特に黒人学校の場合、これらの学校が全体的に高い基準を保っているという考えを裏切るものであった。

困難のほとんどはもちろん、アフリカ系アメリカ人の生徒が耐えなければならなかった高い貧困率とかれらのコミュニティで増え続けるひとり親世帯の割合に起因するものだった。しかし、学校においてもさまざまな重要な変化が起こっていた。人種隔離撤廃は、懸命に努力しつづけていた南部の黒人ハイスクールの終わりを意味しており、いろいろな意味で新しい問題の始まりを示していた。おそらく最も重大であったことは、長年にわたりアフリカ系アメリカ人の学校に貢献してきた献身的な教師たちを失ったことであろう。第5章で示したとおり、そうしたスタッフに頼ってきた都市部の学校ではその打撃は特に劇的であった。長年教職についていたある人は、一九六〇年代後半から七〇年代にかけてのさまざまな問題の原因は、黒人生徒をしつけることも、かれらからの尊敬を得ることもできなかった白人教師たちにあるとした。ジャック・ジェンキンスは、カンザスシティのサムナー高校に教えにやって来た何人かの白人教師たちのことをこう語った。「かれらは学校ローンを払って自分たちの学校に戻る」ために来たのであり、生徒をうまく教えることはできていなかった。「どのように規律を守らせるかを知っていて、それを実際に扱える校長が必要だった。そうでなければ、生徒たちになめられてしまう。そこには白人教師が三人いたけれど、生徒たちはかれらを鼻であしらっていた」。教師たちが新しいキャリアを求めて、あるいはほかの場所で教えるために短期間で辞めていく場合、問題はいっそう悪化した。わたしたちのインタビューでも示唆されていたように、教師が学校を去ろうとしているときや上の空で一生懸命でないときを、生徒はしばしば感じとっていた。こうしたことが、生徒たちがまじめに過ごしたり勉強にしっかり取り組んだりするよう促すということはほとんどなかった[33]。

もちろん結果としては、人種統合の苦境にもかかわらず、学業を無事に成就できるアフリカ系アメリカ人の若者の数は増えていった。在籍率の傾向を示す線は、白人の教育達成レベルがほとんど頭打ちになったあとでさえも、一九七〇年代を通してわずかに上昇しつづけた。数多くの研究が、人種統合した学校の黒人の卒業率が、人種隔離された学校からの卒業率を上回っていた点を指摘した。このパタンは、わたしたちの研究対象の時期を超えて続いたパタンである(34)。このことは部分的には、人種統合した学校に子どもを送るような、人種統合した地区に住む黒人家族は、いくらか高い地位にあったということで説明できるかもしれない。しかし、貧しい黒人の若者も人種統合した環境ではよりうまくいっていたようだ。最終的には、ハイスクールにおける人種統合がうまくいったのは、アフリカ系アメリカ人の生徒とその家族、コミュニティの情熱、不屈の意志を反映したものであったのだ。人種隔離を打ち破ることは、教育的平等を実現するために長期化した険しい運動の道程の一つの段階であった。このゴールがまだはるか遠くにあるという事実は、存在し続ける不平等を前に折れようとしない白人の強硬姿勢の根深さを示している。これを克服することが、アメリカの教育の将来にとって最も大きな課題の一つであり続けている。そして近年では［人種統合において］進展がほとんど見られなくなっている。

抗議行動の遺産

学校は、人格の完成と良き市民の形成［という価値］への道徳的関与を共有した、無二の公共的機関である。また学校は、その内外で起こる事態をめぐっての精査に対して開かれている機関でもある。こうした要素があるために学校は、とりわけ公的示威行動にあつらえむきの政治的場所である。人種問題が米国において一触即発の問題となり、教育が地位と安定に結びつけられたとき、こうした問題に関して激しい対立が学校で見られたのは驚くことではない。この時代の多くの悲しみや不安がこうした対決の中で表現されたことは、すでに多くの論者によって語られてきた。そして主要な戦闘員はしばしば生徒たちであった。

これまでの章でわたしたちは、アフリカ系アメリカ人と白人が教育の統制［権］をかけた政治闘争をさまざまなたちで闘うさまを見てきた。その点は、一九四六年の秋にほぼ同時に起こったノースカロライナ州ランバートンでの抗議行動とインディアナ州ゲーリーでの人種統合に反対するストライキのどちらにおいても、明白であった。ランバートンのエピソードは、相次ぐ同様の出来事の初期のステップであり、学校教育におけるいまいましい不平等と怠慢を浮き彫りにするための集団的反対行動であった。これは五年後のファームヴィルにおけるストライキの精神と、そしてこの時期の嘆かわしい状況に対する数えきれないその他の抗議行動と結ばれていた。この本の序章で指摘したように、こうした行動は、長い公民権運動として知られるようになる活動の一部であり、また要でもあった。それは人種偏見と搾取を乗り越えようとする、アフリカ系アメリカ人たちによる息の長い運動だった。ランバートンやファームヴィル、そして類似した多くの場所にいた黒人生徒にとって、よい学校を求める闘いは、かれらが身近で経験する抑圧の最も明白な証拠への一撃であった。

ゲーリーでの白人ストライキ参加者にとって、そしてシカゴやこの時期の数えきれないほかの場所にいた賛同者にとっては、ことは一か八かの状態であるようにみえたかもしれない。第3章で示したように白人のストライキ参加者は、アフリカ系アメリカ人が平等を追求することで脅かされている自分たちの地位を維持するためには、こうした闘いへの参加が必要であると見ていた。黒人と交わることによる不名誉をおそらく最も恐れていたのは、最も地位の低い白人たち、労働者階級の移民たちであった。かれらの多くが、人種を超えた連帯を表向きは誓った労働組合のメンバーであったにもかかわらず、ゲーリーのストライキを先導したのは、かれらの子どもたちであった。南部では、学校の人種統合に対する白人の反対勢力は、さらに圧倒的であった。反対勢力は社会的経済的エリートであり、しばしば白人市民会議を組織して抵抗運動をとりまとめた。しかしいかなる場合においても、白人の抗議行動は本質的には防衛的なものであり、人種隔離に対する挑戦に直面する中で、人種的利益を維持し変化にあらがおうとするものだった。これは、問題となっている期間を通して、学校における人種的な抗議行動の政治力学を支配する根本的な作用であった。(35)

たしかに戦後期には、公民権運動の高まりの端緒を見出すことができた。それは、アフリカ系アメリカ人たちの不名誉な地位に変化を起こそうとする、圧倒的で持続的な政治的資源の動員であった。すでに議論したように、黒人生徒はこの十字軍の積極的な参加者であったが、その運動のほとんどは学校とは直接には関係のないものだった。かれらは、選挙権、住宅差別、雇用の開放、そのほかの特に大人にとって重要な問題に関する運動のための、やる気に満ちた「歩兵」であった。多くの者にとって、こうした運動が、テレビで見たり活字で読んだりする抽象的な概念であることはまずなかった。むしろかれらは活発な参加者であり貢献者であったのだ。これは、学校でのさらなるアクティビズムの予兆となる遺産であっ

た。(36)

若者の公民権運動への関与に関する文献のほとんどは、カレッジの学生に焦点を当てていた。かれらは有名な座り込み《シットイン》の示威行動を食堂やその他の人種隔離されたレストランや商店で展開し、バス停や州をまたぐ交通の人種隔離撤廃のために「フリーダム・ライド」を組織し、「黒人学」の分野をもつ学科やカリキュラムを認証させるためにキャンパスでストライキを行った。(37)すでに述べたように、一九五〇年代と一九六〇年代にアフリカ系アメリカ人のハイスクール卒業率が上昇したことにより、カレッジ進学率にも拍車がかかり、こうしたアクティビズムの影響力も勢いを増した。しかし一九六〇年代後半にはアフリカ系アメリカ人の中等学校生徒もまた、カレッジでの抗議行動で顕著なテーマのいくつかに共鳴し、かれらの学校で変化を求めて闘い始めたのだ。

もちろん、黒人生徒はずっと前から異議申し立てをしてきた。しかし、一九六〇年代半ばまでには、こうした活動は頻度も大きさも劇的に拡大し、都市を超え、国の端から端まで急速に広がっていった。この盛り上がりは、当時全国的な注目を集めていた「ブラックパワー」のイデオロギーから刺激を受けたものだった。もっと後では、黒人コミュニティに直接影響を与える機関に対する［住民］統治や権力の拡大を主張する、人民管理運動《コミュニティ・コントロール》にも鼓舞された。(38)さらにそれは、ほぼ同時期に起こったカレッジでの抗議行動に影響を受けていたことも疑いがない。ハイスクールでの反抗者たちは、黒人の歴史、黒人文学の科目を要求し、黒人教師と黒人管理職を増やすことを求め、学校におけるさらに日常的な変革が行われることを求めた。かれらは黒人生徒組織を結成し、「黒人の誇り」を訴え、アフリカ系アメリカ人史における節目を祝福することを求め続けた。ポップ・カルチャーにおける「ブラック・イズ・ビューティフル」の流れを反映して、ハイスクールの卒業記念誌には新しいファッションとヘアスタイルが登場した。(39)特に南部では人種隔離撤廃への関心は続いていたが、それは黒人の経験の独自性を強調する新しい自己意識によって和らいできた。

一九四〇年から一九八〇年の間に、黒人高校生の抗議行動は、さらなる公正と人種統合を求める闘いから、アフリカ系アメリカ人の遺産と黒人文化の重要性への認識、それに特化した科目の要求へと変化した。ほとんどの黒人生徒が人種統合を放棄したということではなかったが、それが黒人教育の進展にとって最良の方策であるかどうかを疑問視する声を、少数の者があげ始めた。人種統合の提唱者たちもまた、特に南部では大きな成功をおさめたことを認識していた。こうした目標が達成されるにつれ、抗議行動はこの時期の終わりまでには鳴りをひそめ、アフリカ系アメリカ人生徒の活動はかなり静まった。黒人学《ブラック・スタディーズ》の科目は、都市部以外のハイスクールでさえも広く採用され、人種統合は進展したように見えたか、あるいは少なくとも裁判を通して達成されようとしていた。しかしながら、数多くの人たちが目撃したように、生徒たちの抗議行動によって得られた収穫の多くは、はかないものであった[40]。学生運動の常であるように、かれらの影響力は卒業とともに消失してしまった。一度大きな不満が解消されたように思えれば、次の世代の生徒たちは異なる関心や問題に目を向けてしまうものだ。黒人ハイスクールの生徒たちによる抗議行動は一九七〇年代についに終わりを迎えた。

一九六〇年代後半から一九七〇年代初め頃に顕著であった、勢いある異議申し立ての爆発は、黒人生徒によるハイスクール問題をめぐるおよそ三〇年にわたる闘いの絶頂期であった。このタイミングがより大きな公民権運動の衰退の徴候であったことには疑いの余地がない。しかし、それはまた中等学校での教育がもはやあこがれるような機会でも、否定された権利でもなくなり、それゆえ社会移動や対立の理由でなくなった時にやってくる時代、未来の前兆でもあった。そこにあるのは、ハイスクールが普通で当たり前の経験であり、より大きな社会での成功におそらくつながってはいるけれど、自由、平等、正義といった理念とは必ずしもつながっていないという見方であった。わたしたちは、これはアフリカ系アメリカ人の教育の未来にとって重要な示唆をもつ転換であったと考えている。

平等という捉えにくいゴール

わたしたちの研究はハイスクールにおける黒人白人間の教育格差が、主にアフリカ系アメリカ人の生徒、その親たちとコミュニティによる断固とした闘いによって縮小されていく歴史を記録してきた。これが成功の物語である一方で、ハイスクール修了において究極的な人種的平等を達成することは、残念ながらこの成功物語には含まれていなかった。一九四〇年代から一九七〇年代の間に得られた教育達成の伸びは、平等を求める奮闘を反映し驚異的であったが、ハイスクール卒業率における格差は、それ以降数十年にわたりほぼ変わらず残ることになった。公民権運動は、機会均等を進めることが最終的には人種間の教育的経済的平等につながるという見通しをもたらしたが、多くの収穫があった一方でこれらのゴールは達成されないままであった。

いくつかの要素が、ハイスクールの教育達成における根強い人種格差の原因になっている。たとえば、ホワイトフライト、学校における人種隔離の復活、低所得世帯出身の生徒たちによい教育を提供することの困難、そしてどんな人種にもハイスクール卒業証書に重きを置いていないようにみえるティーンエイジャーがいる事実、などである。多くのアフリカ系アメリカ人にとって、一九七〇年代に続く時代は、かつてはもっと安定と連帯をみせていたコミュニティにおいて暴力、犯罪、失業の増加、ひとり親世帯の比率の高まりなど、より社会経済的に厳しい状況になっていた。こうした問題に対する不満は、早くも一九七〇年にシカゴのハーラン高校の卒業記念誌『ファルコン』に掲載された生徒による「結束」という詩に表れていた。その詩はこのようなものだ。「ギャングはギャングと闘い、黒人は黒人を殺す。そして笑い声がわたしの耳に鳴り響く――白人の笑い声が」[41]。こうした感情はこのあとの数十年、さらに核心を得たものになるのである。

ハイスクールの卒業に関する調査は、一九七〇年代以降、高校卒業認定資格（GED）プログラムの急速な普及により議論を呼ぶものになっていた。政府による統計では、中等教育修了率はGEDをもっている者も含まれていたものの、それが本当にハイスクールの卒業証書と同等なのかどうかという問題については、多くの研究が疑いを示すようになっていた。一九七〇年代以降のハイスクールの卒業率を推定するのに、GEDのような代替の資格ではなく、ハイスクールの卒業を正確に反映した数値を利用するべきだが、これにはかなり注意が必要である。この件について今までで最も権威があり網羅的な調査は、ジェイムズ・J・ヘックマンとポール・A・ラフォンテインという経済学者が行ったものである。かれらは、一九七〇年代以降、全体の卒業率はおよそ七六％のところにとどまっていると論じている。アフリカ系アメリカ人の卒業率に関しては、「黒人とヒスパニックの六五％がハイスクールの卒業証書をもっており、マイノリティの卒業率はいまだ非ヒスパニック系白人の卒業率に比べてかなり低いままである」とかれらは推定している。また、「マイノリティ・マジョリティ間の卒業率の縮小に関する証拠は過去三五年間何もない」としている[42]。手短に言えば、黒人の中等教育達成における進展は、一九七〇年代のどこかの時点で止まってしまったということである。

わたしたち自身のIPUMSデータの分析も、全体的にヘックマンとラフォンテインの推定と合致する。一九八〇年を分析すると、中等教育卒業率が、一九歳の黒人で六四％であり、これは第一一学年《ジュニア・イヤー》以上の学年に在籍している一七歳の黒人の若者の割合である六九％より少し低い値であった。[43] 非ヒスパニック系白人の卒業率は約八〇％であり、これもヘックマンとラフォンテインが出している一九八〇年より後の時期の値と近い。ヘックマンとラフォンテインの計算から判断して、アフリカ系アメリカ人の中等教育卒業率が上昇する過程は、一九八〇年には終わっていたと考えられる。ほかのアメリカ人の若者と同様、黒人のハイスクール卒業率は、一九八〇年代および九〇年代の間も上昇しなかった。かれらの大多数、特に収監中の者らは、GEDや、それ以外の代替資格プログラムを修了していた。実際ヘックマンとラフォンテインは、一九八〇年以降、アフリカ系アメリカ人のGED修了率が異常に高いのは、主に投獄中にそれを行った人たちが多くいるためであったと示唆している。しかし、それはハイスクールの卒業とは同じものではなかったのである。[44] 一九七〇年代後半には、カリキュラム面を改革し、人種統合の約束を果たそうとする闘いが成功したのと並行して、黒人の中等教育達成もピークに達した。そのあとの時期に関して問われているのは、なぜ教育達成の伸びが足踏みしてしまっているのかという問題である。

同じような過程が、全米学力調査（NAEP）において一九七〇年代と一九八〇年代の一七歳のアフリカ系アメリカ人がマークした学力到達度の結果にも見て取れる。本書の序章でも示したとおり、アフリカ系アメリカ人の読解と数学の成績はNAEPが最初に行われた一九七一年から一九八〇年代なかばの間に着実に上昇した。一九八〇年代半ばには読解、数学双方の白人の成績はほとんど変わらない一方で、人種間格差は最も縮まった。その後、黒人の成績の伸びは基本的には終わり、次の数十年間は下降すらした。[45] 言い換えれば、達成度の伸び、白人の成績への接近、そして最終的な低迷状態という同様のパタンが、少なくともこの方法で評価される限り、黒人の学力到達度を特徴づけるようになったのだ。

こうした黒人の学業面の進展の足踏みには、近年大きな注目が集まっている。そして、黒人コミュニティの社会経済的状況の悪化や、人種隔離撤廃の停滞、都市部の学校の失態、勉学上の達成を過小評価し反社会的な行動を美化するアフリカ系アメリカ人の若者文化の台頭など、さまざまな説明がなされている。GEDを卒業の代替とする人が増えたことで、特に黒人やほかのマイノリティグループの若者が、より多く学校を中退するようになったと示唆する人もいる。[46] わたしたちは、こうした要素のそれぞれがアフリカ系アメリカ人の学業面での遅れに関与していたであろうと思っている。しかし、もう一つの要因は、黒人一七歳のNAEPの評価が最も高くなる約一〇年前頃から、教育達成が停滞し始めていたということである。NAEPで最高の成績を出していた［黒人の］男子、女子たちは結局、一九六〇年代、ハイスクールに行くことがまだ、人種的な前進を意味する潜在的に政治的行動であった時代に、ハイスクールを卒業した世代の子どもたちであった。かれらは、中等教育修了と人種隔離撤廃が間違いなく最高潮であった一九七〇年代に子ども時代を過ごした。そして一九八〇年代、アフリカ系アメリカ人のほかのどの世代よりも勉学面で恵まれた環境下で、かれらはハイスクールに入学した。(47) それを考えればかれらが学校でうまくいっていたのもさほど不思議ではない。一九八〇年代中盤以降の教育上の進歩の問題は、かれらの次に続く世代に関するものである。それは、一九七〇年代の卒業生の子どもたち、すなわちハイスクールに行くことがさして政治的意味をもたなくなり、当たり前で日常的な期待になっていた世代の問題であった。黒人の教育達成は、一九七〇年代を通して上昇しつづけたと考えられるものの、そのペースは若干落ち、GEDを取得する人たちの数が大きく増えた。要するに、ハイスクールに行くという経験が少し違うものとして見られるようになった、と言うことも可能かもしれない。(48)

一九八〇年代後半および一九九〇年代のアフリカ系アメリカ人のハイスクールの生徒たちもまた、かれらの多くのコミュニティで社会経済的問題が山積している時期に育った。社会学者のウィリアム・J・ウィルソンは、人種間の不平等を、経済の構造転換、特にアフリカ系アメリカ人男性の就職の見通しに打撃を与えた製造業雇用の減少という文脈において分析し、その分析は影響力のあるものとなった。製造業での雇用はハイスクール修了者や時にはそれ以下の学歴の者にとってよい機会であったが、他方で、脱工業化経済においては異なる能力を必要とする低賃金のサービス労働が必要とされた。たとえば、アフリカ系アメリカ人の男性に関して、サービス業に必要とされる、顧客と会ってやりとりするための非認知的な「ソフト・スキル」に欠けていると雇用主が感じていたという調査結果をウィルソンは引用している。彼はまた、そうした構造的変化が、都市部でのドラッグ、犯罪、暴力の増加と関係していると論じ、さかんになってきた「都市部の底辺層《アンダークラス》」に関する研究に貢献した。(49)

ウィルソンが発展させた主張で最も議論をよんだのは、アフリカ系アメリカ人の人生における機会形成において、社会階級が人種よりもより重要なものになった、というものである。歴史的に根深い人種差別主義がいまだ黒人に影響を与えていることは認めながらも、ウィルソンはアフリカ系アメリカ人の中で急速に階級の二極化が進んでいることを明らかにした。何百万もの［黒］人が、経済的に不利な同朋たちをとり残して都市部から郊外のコミュニティへ引っ越し、中産階級の地位に移動しつつあるかそこに安定してとどまりつつあった。異なる社会階級の黒人たちが近くに住んでいた時代には存在していた資源も安定もロールモデルも、インナーシティから根こそぎなくなってしまったのである[50]。この影響は教育にまで及んでいた。わたしたちは家族生活の状況が歴史的に、ハイスクールの通学率に影響することをしめしてきた。ふたり親のいる、持ち家世帯の黒人の若者は、第一一学年《ジュニア・イヤー》に到達しハイスクールを卒業する確率がより高くなっていた。中産階級のアフリカ系アメリカ人が都市部の地区を去るにつれ、学校での問題は山積みになった。

社会階級の二極化は、アフリカ系アメリカ人の教育の低落を説明する一助となるほかの動向の中でも示唆されている。その動向とは、人種的には同質だが社会階級的には多様な黒人居住地が失われたこと、黒人家族における劇的な変化、都市部における犯罪、暴力、投獄の増加である。わたしたちのインタビューの中心的なテーマでもあり、ウィルソンの分析でも強調されたことは、黒人コミュニティの喪失と、それが子どもたちに及ぼしていた社会的統制力の消滅である。たとえば、わたしたちのインタビューに答えてくれたほぼすべての人が、結束力の強い黒人コミュニティが存在し、それが子どもを学校から脱落させないために団結していた時代について話してくれた。ルビー・アーノルドは、アトランタのワシントン高校を一九五二年に「優秀な成績で」卒業したが、他の多くの者と同様に、彼女は途中で脱落した人たちはあまりいなかったと記憶していると語った。なぜなら親や地域がそれを許さなかったからだ、と。「地域全体が学校に行くのを応援してくれて、学校に行かないという選択はできなかった……近所の人はそれを許さなかったでしょう。かれらは親にいいつけたりしたでしょう。……みんなが自分のお母さんやお父さんだったのです」[51]。こうした話はよく聞かれるものだったが、わたしたちのデータは、ハイスクール中退は全く珍しいものではなく、社会階級と強く関係していたことを示している。とはいえ、黒人居住区は、かつてはより多様な社会階級が混在しておりもっと結束力が強く、しばしば教育の価値を強調していた。それ以降、アフリカ系アメリカ人の中での社会階級の差は広がるばかりであり、多くの人々が階層移動によって古くからの黒人居住区を捨て去っていった。これは、インナーシティに黒人の貧困と失業が集中してしまったことのみならず、中産階級のロールモデルの喪失、拡大家族によるサポートネットワークの消滅、学校やほかの地域の施設にすすんで投資してくれる人々の不在へとつながった。

表 C-2. 父親不在家庭に暮らす 17 歳の割合（1960 年、1980 年、2000 年）

年	黒人		黒人以外	
	都市以外	中心都市	都市以外	中心都市
1960	37	45	17	20
1980	45	54	18	26
2000	53	65	22	29

出典：IPUMS データ

公民権運動時代の抗議行動の最中、D・パトリック・モイニハンは、アフリカ系アメリカ人の子どもの四〇％（当時）が、シングルマザー世帯に生まれていることが、人種的不平等を決定的にする主要な要素であると述べた。これは、女性を世帯主とする黒人の家族構造とその機能に関する三〇年にわたる議論の火付け役となった。他方、シングルマザーの世帯に生まれる黒人の子どもの割合は約三分の一から七〇％近くにまで上昇し、伝統的な黒人家族の強みが危うくなった。黒人における結婚の消滅は、それ以降の研究の主要な焦点であった[52]。奴隷時代にまでさかのぼる、非婚の文化的エートスを示す証拠もあるが、そうした研究のほとんどは、男性の不安定雇用と失業に焦点を合わせている[53]。そしてすでに示したように、結婚した両親のいる子どものほうが、ひとり親世帯の子どもよりも高い認知発達を示しており、またハイスクールの卒業率も高くなっている[54]。これが、黒人教育の停滞にとって重要な歴史的要素であるという合意が、徐々に広がりつつあるようだ[55]。

この問題の重要さは表C‐2の統計を見てもわかる。C‐2は、一九六〇年から二〇〇〇年の間にひとり親世帯と女性が世帯主の家庭に住んでいる一七歳の割合の変化を示している。これらの数字は、もっと小さい年齢の子どもたちにおいては少し異なるが、両親の揃った伝統的家族が特にアフリカ系アメリカ人の中で減少をとげていることをはっきりと示している[56]。二〇世紀の終わりまでには、黒人の若者の大部分がそうした家族の中で暮らし、その割合は中心都市部においては三分の二にまで近づいていた。非黒人におけるひとり親世帯の割合も歴史的な高さにのぼっていたとは言え、黒人よりもはるかに低かった。ひとり親世帯は、黒人であるかどうかにかかわらず、中心都市にいっそう集中していた。それらの都市ではどこも同じようなペースで増えつつあった。しかし、都市部のアフリカ系アメリカ人の若者における極端に高いひとり親世帯の割合は、例外的な状況であり、前例のない高さであった。近年の歴史上はじめて、貧しいひとり親世帯で暮らすことが多くの黒人コミュニティの子どもたちにとって、きわめてあたり前の状況となったのである。

ウィルソンとほかの研究者たちは、貧困とひとり親世帯の集中は、都市中心部のコミュニティにおける規範的な期待に大きな打撃を与える可能性があると論じた。こうした状況は若者の学校中退行動、あるいは暴力とギャング活動への関与とつながっている。わたしたちのインタビューに応えてくれた人たちのほとんどは、かれらの子ども時代には学校の内外での喧嘩の話はほとんど聞かれなかったし、ましてや銃やその他の武器が使われるようなこともなかったと断言していた。しかし学校の様子は一九六〇年代に変化し始めた。ナディーン・マイヤーズが一九六〇年代にサウスイースト高校に通い始めたころ、生徒の問題行動は、たまにゴミ箱に火をつけるといったことを超える場合はめったになかったが、彼女が一九七〇年に卒業する頃には、学校や周辺地域が明らかに変化し始めていた。たとえば、その大部分がスポーツ選手であったサウスイースト高校の黒人男子は「絶対喧嘩をしようとはしなかった」が、「五一番通りギャング」と呼ばれる学校外のグループが生徒たちを「脅し」始めた。こうした変化の理由を尋ねられたマイヤーズは、他のインタビューに応えてくれた人たちと同様に、黒人家族の変化、特にシングルマザーの増加を問題だと考えていた。(57) 親が子どもたちをしつけるのが難しくなり、地域の結束は弱まってしまったようだ。ブランドン・カーターは、彼が卒業する一九五六年以降、なぜ学校がそんなにも変化してしまったのかについて、すでに答えのリストをもっていた。

わたしが思うことの一つ目は、親がＰＴＡのミーティングに来る時間がないということ。これは優先順位が低い。二つ目は、法律やらが寄ってたかって、この世代に人権［という考え方］を吹き込んだこと。つまり親も赤の他人も［子どもを］どやしつけられない。三つ目に、子どもが子どもを育てていて、かれらは家での訓練も全くされていない。そして親は時には教師を威嚇しようとすることさえある。わたしたちにとっては、先生はいつも正しくてわたしたちはいつも間違っていた。それが今では変わってしまった。(58)

わたしたちのインタビューではほぼ全員が、なぜ次の世代の子どもたちが敬意を欠き、より攻撃的で前世代に比べて学校に興味がないようであるのかの理由を語ってくれた。多くのアメリカ人と同様ほとんどの人は、ひとり親家庭とコミュニティの弱体化を根源的な問題として考えていたが、より大きな社会的な力に言及することは稀であった。たとえば、経済構造の変化や失業は言及されなかった。都市中心部にある比較的貧しい学区の黒人コミュニティを孤立させた、ホワイトフライトや郊外化についても触れられなかった。一九九〇年代初頭までに、アフリカ系アメリカ人の子どもの約七五%が人種隔離された学校に通っていたが[59]、こうした学校に通うのは低所得世帯の子どもが多く、標準テストの成績も低く、資格のある教師も上級の授業も少なかった[60]。インナーシティの環境では、多くの場合、黒人生徒ばかりのハイスクールは「ドロップアウト工場」とレッテルを貼られ、卒業率も五〇%かそれ以下であった[61]。こうした学校にはいろいろ問題はあったが、その不振ぶりは主には学校のおかれた状況によるものだった。リチャード・ロススタインが近年論じたように、インナーシティの子どもたちが学校で成功をめざそうとしたとき直面する障害は多種多様であり、それを克服するにはいろいろな資源の相当な投資が必要となるだろう。学校に関心のない者たちにとっては、生産的な教育を得るための障害はさらにいっそう大きい。中心都市のコミュニティの多くで今日の若者が直面している状況は、比較してみれば過去の「都市の危機《アーバン・クライシス》」が穏やかだったものに見えるほどである[62]。

こうした状況と闘う多くのアフリカ系アメリカ人がいるにもかかわらず、教育的平等への道はよくても不確かであると言わざるをえない。しかし、わたしたちのインタビューに応えてくれた中年の黒人たちを含め、問題の射程を理解しているアメリカ人は比較的少ないようだ。もちろん黒人の教育的進歩の終焉に関わっている要因は、他にもあった。たとえば、レーガン時代のカレッジへの財政援助削減はアフリカ系アメリカ人の学生にとっては特に打撃が大きく、学業に専念しようとするかれらの動機を削いでしまった。公民権運動の時代とは全く対照的に、都市部の学区への予算削減もまた、黒人教育は優先事項ではないというメッセージを伝えている。市の教育行政官たちは昔から、貧困と犯罪に悩まされているアフリカ系アメリカ人の居住区のうまくいっていない学校に対応するのが遅く、これもまた学校は重要ではないというメッセージを発している。手短に言えば、過去三〇年程度の期間、多くのアフリカ系アメリカ人、特にインナーシティに住んでいるものたちの、教育やそれ以外の暮らしの側面に関して、期待が高まった時は一度もなかったのである。こうした問題への関心を高め、最終的に意味ある変化をもたらすためには、公民権運動の規模で人々の感情を動員するくらいのことが必要かもしれない。今日の課題は過去にあった課題とは異なるが、黒人の教育達成が着実に上昇していた時代から得られる教訓があるはずである。

教育を変える必要性

黒人と白人の間にハイスクール卒業率の人種差は継続的に存在していたとはいえ、一九四〇年代に始まる教育達成の格差縮小の重要性はどれだけ強調してもしすぎることはない。一九四〇年にはアフリカ系アメリカ人のハイスクール卒業率は一四%と、白人生徒の卒業率である四六%の三分の一程度であり、また推定では［黒人の］八〇%が職業位階における最下層の三層にあてはまる職業についていた。社会階級における地位は、一九四〇年代と一九五〇年代にはアフリカ系アメリカ人がハイスクールにアクセスし卒業する可能性に影響していたが、ハイスクールを卒業した者はしばしばカレッジに進学し専門職についたり地域の指導者になったりし、主に学歴で定義される黒人中産階級の出現を加速した。黒人組織、親たち、そしてコミュニティはすべての黒人の子どもたちが、人種隔離された学校か人種統合した学校かにかかわらず等しく教育にアクセスできるよう闘い、ハイスクール革命の波は大半のアフリカ系アメリカ人の若者のところにまで到達した。一九七〇年までには黒人白人間の中等教育達成の格差は大幅に縮小し、黒人は相当程度の社会経済的達成を経験した。バート・ランドリーが記録したように、一九六〇年と一九七〇年の間に黒人中産階級は二倍以上になったが、教育が階層移動を可能にした最も重要な要素であった(63)。二〇世紀の終わりまでには、アフリカ系アメリカ人の二五%が、管理職あるいは専門職につき、次の二五%が販売や事務などのホワイトカラーの職業についていた(64)。しかし、こうした数字が黒人教育をさらに改善することなしに上昇しうるのかどうかということは、議論の余地がある。

今日の「ポスト工業化」経済では中退者に与えられる機会は限られているため、社会経済的に成功するにはハイスクール卒業証書の重要性が大きくなった。同時に、大卒労働者の需要も増し、中退者と大卒の賃金格差も大幅に広がった。二〇〇五年には、男性中退者の年収の中央値は一万九八〇二ドル、学士を持つ者のそれは五万六〇〇ドルであった(65)。しかし、教育達成の価値は金銭的な利益をはるかに超えている。それは社会への効果的参加におけるさまざまな側面にも関係しているのである。学校中退は、近年ホワイトハウス・サミットの議題であったが、二一世紀の公民権問題であると形容されている。(66) わたしたちはこの意見に賛同せざるを得ない。上記のような流れの中では、長期にわたる黒人の教育達成の停滞は、もっと注目されなければならない問題である。

わたしたちは、過去の経験が、教育達成度のレベルを上げるための将来の取り組みに役立つはずだと信じている。わたしたちの研究は、アフリカ系アメリカ人の卒業率を上昇させた構造的な要素のいくつかを強調してきた。北部への移住、工業経済の発展、黒人ハイスクール数の増加などである。また一九四〇年代、一九五〇年代のいわゆる平等化運動の際には、南部の州による教育への多額の出費もあった。これは、アフリカ系アメリカ人の学校教育への協調した息の長い投資としては、アメリカ史上稀な出来事であった。すでに述べたように、それもしばしば白人の教育的優位性を維持しようとする地元の教育委員会《スクールボード》に妨害され、白人学校にも大幅に資金が増加されることになったが、実際、黒人の教育達成がまさにいっそう重要になってきているその時に、重要な後押しとなったのである。そして本書の序章で述べたように、こうした時代の黒人教育における改善は、労働市場で目に見える見返りをもたらした。欠点もあったとはいえ、「平等化」運動の影響はその大きさにおいて歴史的に重要なものだった。これは、黒人が大半をしめる今日の都市部における学校に変化をもたらそうとしている政策立案者たちにとって、有益な準拠点となるとわたしたちは考えている。たとえば、しばしば「ドロップアウト工場」と揶揄されるインナーシティの中等学校を改善するための、二一世紀の平等化運動を考え始めるべき時なのかもしれない。

もちろん過去に黒人の教育達成を改善した要素で、他にも将来模倣できることはある。わたしたちが示したように、白人生徒が大半を占める学校では黒人生徒はしばしば敵対的あるいは無関心な対応をされることはあったが、人種隔離撤廃はかなり好影響をもたらした。人種統合が維持されている、あるいはすすめられている限り、将来的には有益な影響がある可能性が高い。しかし人種隔離撤廃の成功には、かれらの子どもたちがアフリカ系アメリカ人の子どもたちと同じ学校に行くことを許すまたは奨励することに白人が積極的であることが、決定的な条件となる。そして歴史的には多くの白人たちはそうではなかった。近年の裁判所の判断が示唆しているのは、現代の法的および政治的状況は、白人を人種隔離撤廃の計画に参加するよう誘導したり強制したりする手立てを後押しするような雰囲気ではないということである。そのため、学校を統合することが近い将来に黒人の教育達成改善に与える影響はむしろ限られたものになるだろうとわたしたち育における現在の問題に取り組もうとする際、考慮にいれなければならない残念な事実である。

本書を通じてわたしたちは、変化をかきたて平等を求めて闘う黒人運動団体、親たち、コミュニティの力と、たとえ白人主体の学校に通うことになって歓迎されなかったり、時には学業を成就するための準備ができていなかったとしても、ハイスクールでの教育を追求してきた生徒の不屈の意志を強調してきた。しかしながら、前述のように、今日の多くの黒人コミュニティにおいて、教育を支援するこうした活動に関わる力は、経済構造の変化、特に都市部での製造業雇用の減少により奪われてしまった。今日の黒人の生徒たちは、教育的変化をより大きな社会変革の過程の一部としては見ていないだろうし、結果的に、前の世代が経験したように人種統合の厳しい試練にも進んで耐え忍ぼうとすることも少ないだろう。この理由から、わたしたちは、こうした状況におけるアフリカ系アメリカ人の教育の欠点を是正するためのいかなる「平等化」の取り組みも、インナーシティの暮らしにおける多くの困難に直面している家族を支援するような、包括的なコミュニティ再生運動と連携してなされるべきだと考える。ジーン・エニオン、リチャード・ロススタインやほかの研究者たちが示唆したように、学校の大幅な改善というゴールを達成するためには、インナーシティのコミュニティを健全なものにし、活力を取り戻すことが必要になるというのは疑いのないことである(67)。そしてそのためには、基本的な人権と人種を超えた連帯のための新しい運動からおそらく生まれるはずである政治的決断が必要になるだろう。そうした取り組みの中で、過去に期待値のレベルが高みにまで上昇したのと同じように、未来への期待をもう一度高めてゆくことができるだろう。それが、アフリカ系アメリカ人の教育的拡大が最高潮であった時代に顕著だったような、驚くべき活力とコミットメントを成功裡に結びつける唯一の方法かもしれない。今日の世界における学校教育の重要さをふまえ、教育の過程を支える際のコミュニティと家族の重要性が明記された記録を前にして、そうした遺産を呼び起こすことが後世にわたしたちが残せる最大の希望であろう。

付録A　オーラルヒストリー・インタビューとその他の情報源について

Appendix A: Oral History Interviews and Other Sources of Information

本研究は複数のデータ源を使っている。まず、綿密な深層オーラルヒストリー・インタビューは、わたしたちが実施したもの、あるいはアーカイブにアクセスして得たものである。その他に、新聞記事、公式報告、教育者や公的な職員たちのやりとり、ハイスクールの卒業記念誌や数量的データを利用した。オーラルヒストリー・インタビューは、個々人の生きた経験と声を、かれら自身のことばで捉えることができる。こうしたインタビューは、社会的アクターたちの人間的主体性――その思い、情動、行為や意見――に光をあて、それによってそれらは、その時代の書かれた物語の、目に見える価値ある部分になることができる。わたしたちの研究におけるインタビューという要素は、三角測量の次元を研究に加え、比較と分析の基礎として複数の情報源と視点からのデータを集め、研究の射程を広げることで、わたしたちの知見をより力強いものにしてくれる。

二〇〇七年から二〇〇九年の間、わたしたちは四二人のアフリカ系アメリカ人たちにインタビューを行った。大部分は、一九四〇年代から一九七〇年代にハイスクールの生徒であった人たちである。かれらの通った学校は、ジョージア、イリノイ、カンザス、ミシシッピー、ミズーリ、ニュージャージー、ノースカロライナ、テキサスの各州であった。かれらはそれぞれ匿名性を保証する旨の同意書に署名し、カンザス大学の調査倫理委員会による承認にもとづいて、インタビューをわたしたちの研究に使うことを許可してくれた。したがって、本書に登場するインタビューにこたえてくれたひとたちの名前はすべて仮名である。わたしたちがインタビューした人たちのほとんどは一九三〇年代か一九四〇年代生まれであった。その中で最高齢だった人は、教育者を引退した公民権活動家で、一九一八年生まれであった。最も若かったのは、この研究の参加者を探すべく彼女のハイスクールの同窓会メンバーに熱心に呼びかけてくれた人で、一九七〇年生まれであった。男性二五人、女性一七人であった。

インタビューをした人の中には、口づての勧誘で参加してくれた人もいたが、ほとんどはアフリカ系アメリカ人向けの新聞に出した広告と、ハイスクールや地域の団体への連絡を通して勧誘した。わたしたちのインタビュー・ガイドは、デモグラフィックな情報とバックグラウンド情報（親の学歴や職業など）を集める最初のいくつかの質問と、回答者のハイスクールの経験に焦点化した自由回答式の質問一式の二つの部分からなっていた。インタビューは、テープ録音して書き起こし、読みなおして主要テーマごとにコード化した。わたしたちが個人的に行った四二人のインタビューに加えて、ノースカロライナ大学チャペルヒル校ウィルソン図書館にある、南部歴史コレクションの中の南部オーラルヒストリープロジェクトと、ハティーズバーグにある南ミシシッピー大学マケイン図書館のオーラルヒストリーと文化遺産センター所蔵の二〇件のインタビューも利用した。これらのインタビューは、黒人と白人がこたえている。かれらは人種統合した学校での経験やそれに対する意見を述べている人たちと、そうした時期に黒人ハイスクールに通学したか、そこで働いていた人たちであった。

わたしたちのインタビューは、大規模な人種隔離撤廃の前、一九四〇年代に始まった、アフリカ系アメリカ人のハイスクール通学率の上昇に関係した要素に着目した。わたしたちは、インタビューによって、アフリカ系アメリカ人の人生における中等学校の役割について、そしてそうした学校やそこで働いていた教育者たちに対する個人的な意味について重要な洞察を得られたと考える。インタビューにこたえてくれた人の大部分は、ハイスクールに通学あるいはハイスクールを卒業するのは家族ではじめてという人たちで、誇りと上昇移動の感覚に刺激を受けていたのは明らかであった。かれらはハイスクール時代のよい思い出をもっており、かれらの通った人種隔離された学校のよい側面を強調していた。したがってこの点においては、わたしたちの知見は、黒人ハイスクールに関する過去の多くの研究と合致するものだった。しかし、かれらの通った学校のよい面だけに着目することは、過去の学校教育におけるあまり見栄えのしない側面を見過ごしたり、軽視したりすることを意味していると気付くこともまた重要である。たとえば、インタビューにこたえてくれた人たちは、自分たちの時代にはほぼすべての生徒がハイスクールを卒業したと回想することが比較的普通であったが、統計データはそれとは異なる物語を語っている。学業上の達成もレベルが高かったと回想されたが、テストの成績を見ると、そうであったのは比較的少数の生徒のみであった。インタビューでは、あたたかく面倒見のいい教師たちがよく登場したが、学校で体罰を加えることが広く受け入れられていたと認めた人もおり、それにより過度に厳しいと思われた教師に疎外感を感じた生徒もいたはずである。とはいえ、わたしたちはインタビューにこたえてくれた人たちが、かれらの経験を語る時に偏った、あるいはわたしたちを惑わすような報告を意図的にしたとは思わない。むしろ、かれらの語りの中にみられる楽しい記憶が、どの程度例外的なものか反省することが大事であろう。

わたしたちのインタビューにこたえてくれた人たちのほとんどはよい生徒であり、卒業後充実した生活を送っていた。結局かれらは、こうした研究への参加要請に普通にこたえてくれるような、学校に対しよい思い出のあるタイプの人たちなのであった。学校を中退した人や、学校に意味を見出せなかった人たち、あるいはかれらの出くわしたしつけや扱われ方に反発した人たちや、働かず学校に通うだけの余裕がなかった人たちがやってきて［調査に］参加してくれることは少なかった。この場合、サンプリングの点からすれば、こうした情報源から得られる証拠をもとに一般化するには相当の注意が必要である。こうした理由から、わたしたちは、主にわたしたちが使ったものと同様のインタビューデータだけに頼った研究というのは、過去の黒人ハイスクールについてのいくらか一面的な姿を描いている可能性があると考える。わたしたちはそれがアフリカ系アメリカ人の歴史だけの問題であるとは思わない。むしろ、過去へのノスタルジア、集団的な記憶の創出、過去にあった組織のよい記憶だけに着目しようとすることはよくあることだ。人種隔離撤廃の困難や、今日の生徒がハイスクールへの関心を失いつつあるという感覚を通して記憶を思い起こせば、そうしたことはさらにいっそう起こりやすい。シャークリフが論じたように、オーラルヒストリーにおけるノスタルジアは、インタビューで語る人たちに現在の状況を批判し、かつての価値ある文化的伝統の喪失を考えさせる回路を提供する。(1) それゆえ、わたしたちは、インタビューデータの使用に加えて、ほかの情報源からの情報も使ってバランスを取ることが非常に重要であると考えた。

たとえば、ハイスクールの卒業記念誌を調べることは、生徒たちの人口動態変化や、さまざまな学校活動へのアフリカ系アメリカ人の参加レベル、新たに出現する文化的トレンドや教育の動向といった人種統合の過程で展開していたさまざまな変化のいくつかを特定するのに、たいへん役だつことがわかった。たとえば、卒業記念誌は学校がより人種的に多様になるにつれ、学校管理職や教師たちの入れ替わりがはげしくなっていったことを物語っていた。これにより、一九六〇年代、一九七〇年代にはその前の数十年間にあったような継続性と安定性が失われたのである。一年生と三年生のクラスサイズにはしばしば大きな落差があり、ほぼ誰も中退などしなかったというインタビュー回答者たちの見方とは対立していた。ハイスクールに対するカジュアルさも増してきて、それは、ワンピース、シャツやチノパンとネクタイが減るといった服装パタンの変化や、卒業アルバム用の写真をわざわざ撮る生徒が少なくなっていったことなどにも見られる。卒業記念誌を通して、全員白人生徒だった学校がほぼ黒人生徒ばかりの学校に変わっていく過程で、提供される活動や授業コースの種類が劇的に変化していくのを見ることができた。たとえば、人種関係や職業教育に関するクラスが増え、言語や科学関連のクラブは減少した。ある場合には、生徒たちの教育とかれらの将来の成功の見通しに関する嘆きが増大していることもあった。

また、わたしたちは、『シカゴ・トリビューン』、『シカゴ・ディフェンダー』、『アトランタ・デイリー・ワールド』、『アトランタ・コンスティテューション』、『ピッツバーグ・クーリエ』、『ニューヨーク・アムステルダム・ニュース』、『ボルティモア・アフリカン・アメリカン』、『ロサンジェルス・センティネル』、『ニューヨーク・タイムズ』、『ワシントン・ポスト』といった主要新聞から集めた何百もの記事を使用した。こうした出版物は、地域と全国の教育ニュースを幅広く扱っており、黒人ハイスクールに関する重要な進展やキー・プレイヤーを特定するのに役だった。こうした記事を使うことで、わたしたちは、多くの出来事の中から、若者たちに学校に残るように促した全国的な取り組みや、中退者に機会を与えるための数多くの地元のプログラム、そして都市部の学校の質への不満が増大していく様子などを記録してきた。さらに、わたしたちは、論説記事が、学校の人種統合や、特に意見の対立していた強制バス通学に関して、当時どのような論を張っていたかを知ることができた。また、学校における数多くの人種的対立、学校行政官や教育者や政治家たちの反応、学校の不平等に取り組もうとするさまざまな政策などを知りうる記事を探し出すことができた。多くの場合、こうした記事はまたいくらか党派的視点を代表するものとなっていたとはいえ、これらは幅広い領域の問題を扱った貴重な情報源であった。インタビューだけでは、こうした問題の全体像を捉えることはできなかっただろう。

最後に、わたしたちは、州の組織、教育委員会、教育者たちが残した広範にわたる文書を検討するために、アーカイブを使った調査も行った。わたしたちはいくつかの都市にある州のアーカイブを訪ね、教育問題に関係する資料、特にハイスクールの質とアクセスの人種差と、人種統合に関する議論を明らかにしてくれるものを調査した。たとえば、ジョージア州の文書資料館でわたしたちは、州教育庁が議会に提出する年次報告書や教育長官の私信、黒人《ニグロ》教育局の報告書を一九四〇年代、一九五〇年代、一九六〇年代にかけて精読した。こうした資料の中からわたしたちは、人種ごとの学校への支出や在籍率、さまざまな学校の質や認証を評価した報告書、教育資源を平等化しようとする取り組みを明らかにする書簡などを選び抜いた。資料調査を行う場所を選ぶ際には慎重であらねばならず、また全国にはほかにもわたしたちが利用できたかもしれないアーカイブがたくさんあるのだが、わたしたちが検討した文書資料は、この時期のアフリカ系アメリカ人の学校教育における歴史的な発展を捉える一つの見方を提供してくれた。

最終的に、わたしたちは、こうした複数の情報源の組み合わせが、アフリカ系アメリカ人の過去の中等学校教育に関する最も信頼できる洞察を与えてくれたと信じている。オーラルヒストリー・インタビューは、この研究に大いに貢献してくれたが、その他の証拠文書と組み合わせた時最も有用であった。もちろん、すでに述べたように、わたしたちはこの時期のアフリカ系アメリカ人の教育に関してすでに利用可能になっている歴史的記録のサンプリングを使ったにすぎない。したがって本研究がこの問題に対する決定版の答えであるということでは決してない。米国における人種と学校教育に関する議論に貢献し、他の研究者たちが黒人教育と不公正の興味深くいらだたしい歴史を研究し続けるための刺激を与えることがわたしたちの希望である。

付録B　中等教育達成についてのロジスティック回帰分析

Appendix B: Logistic Regression Analysis of Secomdary School Attainment

以下の表は、本書の第1章から第4章の、学校在籍率と教育達成のロジスティック回帰分析の結果を示している。こうした結果は、本文中の図で表示している。以下の表は、こうした分析で得られた、統計的有意性、標準誤差、説明分散の推定値といった追加情報を示している。各モデルにおけるクラス分類のカットオフ値は0・50であった。すべてのサンプルは人口のパラメータを推定するために、IPUMSの「パーソンウェイト」という重みづけ変数を用いて拡張された。第1章で示したように、本書での数字を構成するのに利用された対数オッズの係数は、オッズ比の対数をとったものであり、以下の表にも示してある。

表 B-1. 南部大都市における 14-18 歳のアフリカ系アメリカ人および白人の若者のハイスクールへの在籍に寄与する因子のロジスティック回帰分析（1940 年）

独立変数	黒人		白人	
	対数オッズ	オッズ比	対数オッズ	オッズ比
本人が女性である	.358** (.010)	1.431	.188** (.005)	1.207
中心都市に居住している	.640** (.011)	1.897	.151** (.005)	1.163
親がハイスクールを卒業している	1.317** (.031)	3.731	.848** (.009)	2.335
親がホワイトカラーである	.789** (.024)	2.200	.889** (.006)	2.432
持ち家家庭である	-.769** (.011)	2.158	.505** (.005)	1.657
母子家庭である	-.468** (.011)	.626	-.132* (.006)	.876
本人が有職である	-1.270** (.017)	.281	-.589** (.007)	.555

従属変数:ハイスクールへの在籍(もしくは不在)。標準誤差を括弧内に示している。* は有意水準 5% で有意、** は有意水準 0.1% で有意。Nagelkerke の R2 乗値は黒人 0.166、白人 0.142 である。

表 B-2. 南部大都市における 14-18 歳の黒人および白人の若者のハイスクールへの在籍に寄与する因子のロジスティック回帰分析（1960 年）

独立変数	黒人		白人	
	対数オッズ	オッズ比	対数オッズ	オッズ比
本人が女性である	.290**(.006)	1.337	.262** (.003)	1.299
中心都市に居住している	.456**(.006)	1.578	-.074* (.004)	.929
親がハイスクールを卒業している	.827**(.020)	2.287	.603** (.005)	1.828
親がホワイトカラーである	.575**(.016)	1.777	.618** (.004)	1.855
持ち家家庭である	.642**(.006)	1.899	.438** (.003)	1.549
貧困ライン以下の家庭である	-.382**(.006)	.682	-.439** (.004)	.848
母子家庭である	-.120*(.008)	.887	-.165** (.004)	.645
本人が有職である	-.521**(.007)	.594	.049 (.004)	1.050

従属変数:ハイスクールへの在籍(もしくは否か)。標準誤差を括弧内に示している。* は有意水準 5% で有意、** は有意水準 0.1% で有意。Nagelkerke の R2 乗値 は黒人 0.147、白人 0.138 である。

表 B-3. 北部および西部における 17 歳の黒人および白人の若者のハイスクールでの学業の成就《サクセス》に寄与する因子のロジスティック回帰分析（1940 年）

独立変数	黒人		白人	
	対数オッズ	オッズ比	対数オッズ	オッズ比
北部地域である	-.41 (.026)	.658	-.079 (.004)	.924
非大都市圏である	.335 (.040)	1.398	-.030 (.005)	.971
中心都市である	.571 (.028)	1.770	.175 (.004)	1.191
本人が女性である	.378 (.021)	1.460	.281 (.003)	1.324
親がハイスクールを卒業している	.600 (.051)	1.822	.760 (.007)	2.137
親がホワイトカラーである	.885 (.040)	2.422	.737 (.005)	2.089
持ち家家庭である	.982 (.026)	2.669	.347 (.004)	1.415
母子家庭である	-.367 (.023)	.693	-.342 (.005)	.710
本人が有職である	-.011 (.031)	.989	-.858 (.005)	.424
南部生まれである	-.517 (.024)	.596	-.478 (.012)	.620
本人が農場に住んでいる	-.185 (.065)	.831	-.140 (.005)	.870

従属変数:第 11 学年《ジュニア・イヤー》への在籍または既卒であること(もしくは否か)。標準誤差を括弧内に示している。すべての要素が有意水準 0.1% で有意である。Nagelkerke の R2 乗値は黒人 0.125、白人 0.126 である。

表 B-4. 北部および西部における 17 歳の黒人および白人の若者のハイスクールでの学業《サクセス》の成就に寄与する因子のロジスティック回帰分析（1960 年）

独立変数	黒人		白人	
	対数オッズ	オッズ比	対数オッズ	オッズ比
北部地域である	-.086 (.016)	.918	-.084 (.00)	.920
非大都市圏である	-.182 (.029)	.834	-.062 (.00)	.940
中心都市である	.015 (.017)	1.015	.063 (.004)	1.065
本人が女性である	.473 (.013)	1.604	.334 (.005)	1.397
親がハイスクールを卒業している	1.214 (.032)	3.366	.860 (.005)	2.363
親がホワイトカラーである	.366 (.022)	1.442	.825 (.004)	2.282
持ち家家庭である	.548 (.014)	1.729	.695 (.007)	2.004
母子家庭である	-.454 (.014)	.635	-.718 (.005)	.488
本人が有職である	-.258 (.018)	.772	-.079 (.004)	.924
貧困状態にある	-.390 (.014)	.677	-.324 (.005)	.723
南部生まれである	-.141 (.014)	.868	-.491 (.009)	.612
農場に住んでいる	-1.094 (.075)	.335	.417 (.007)	1.518

従属変数：第 11 学年《ジュニア・イヤー》への在籍または既卒であること（もしくは否か）。標準誤差を括弧内に示している。黒人若者の「中心都市に居住」が統計的に有意でないのを除き、すべての要素が有意水準 0.1%で有意である。Nagelkerke の R2 乗値は黒人 0.141、白人 0.202 である。

表 B-5. 17 歳の黒人および白人の若者の学校での学業《サクセス》の成就に寄与する因子のロジスティック回帰分析（1970 年）

独立変数	黒人		白人	
	対数オッズ	オッズ比	対数オッズ	オッズ比
本人が農場に住んでいる	-.101 (.022)	.90	.370* (.008)	1.49
本人が中心都市にいる	-.01 (.009)	.99	.020 (.004)	1.02
親がハイスクールを卒業している	.636* (.010)	1.89	.915* (.004)	2.50
親がホワイトカラーである	.162 (.011)	1.17	.557* (.004)	1.75
持ち家家庭である	.707* (.009)	1.92	.661* (.004)	.54
貧困ライン以下の家庭である	-.290* (.010)	.78	-.612* (.004)	.54
母子家庭である	-.113 (.015)	.89	-.150* (.006)	. .86
本人が女性である	.526* (.008)	1.69	.515* (.007)	1.67
本人が有職である	.106 (.011)	1.11	.167* (.004)	1.12
本人が南部生まれである	-.097 (.009)	.91	-.378* (.004)	.68

従属変数：第 11 学年《ジュニア・イヤー》への在籍または既卒であること（または否か）。標準誤差を括弧内に示している。
*は有意水準 5%かそれ以下。Nagelkerke の R2 乗値は黒人 0.104、白人 0.143 である。

訳者あとがき

倉石 一郎

はじめに

本書は、John L. Rury; Shirley A. Hill, The *African American Struggle for Secondary Schooling 1940-1980: Closing the Graduation Gap*, Teachers College Press, 2012 の全訳である。

邦題にかかげた「歴史社会学」の看板どおり、本書は、歴史家のルーリー教授と社会学者のヒル教授（両教授のプロフィールは後述する）がタイアップし、それぞれの持ち味を生かして対象にせまり、文字通り「歴史＋社会」学を体現したハイブリッドな研究書である。研究のタテ糸をなす歴史叙述においては、一九四〇年から一九八〇年が大きく二つの時期に分けられ、それぞれ黒人の経済・社会生活、家庭や子ども・青年の状況、公民権運動の進展やそれに対抗する白人の動きなどの政治状況を重層的に描きながら、黒人生徒・教師・親や地域住民を主人公にしたハイスクールをめぐるドラマが展開する。そこで特に目をひくのがパーソナルな視点であり、そのために著者らが黒人ハイスクール卒業生や元教師らに対して行ったオーラルヒストリー・インタビューの資料が縦横に活用されている。卒業記念誌など、学校生活の細部を生々しく語るドキュメントが使われている点も、本書の特色である。こうした黒人たちのパーソナル・データを参照することで、ハイスクール経験が個々人にとってもつ意味の変遷、手の届かない「高嶺の花」だったのが明るい未来を告げる「福音」となり、やがてそこでしくじると人生全体に響く「試練の場」へと変化していく過程が浮き彫りにされている。また同時代でも、南部と北部では黒人がおかれた状況は大きく異なっている。そうした地域差にも周到な目配りが行われている。他方で本書のヨコ糸をなすのが計量社会学的分析である。ＩＰＵＭＳ（合衆国国勢調査結果の公開用マイクロデータ1％サンプル）を利用し、各時代・地域ごとに黒人生徒のハイスクールへの進学や卒業を規定する因子が、ロジスティック回帰分析によって抽出されている。ジェンダー差や居住地（都市、郊外、農村）が学業の成就や卒業の可否に及ぼす影響は、時代や地域（北部か南部か）によって様相が異なり、また黒人と白人の間でも影響パタンが微妙に異なるなど複雑である。常識や憶断をくつがえす知見も随所にちりばめられている。こうしたデータ分析に基づく結論には、非常に大きな説得力がある。このように本書は、歴史学と社会学、また質的アプローチと量的アプローチを結合したハイブリッド的研究であるといえる。

このような複合的手法を用いることで本書は、長いタイムスパンの中で黒人の進学行動を時代状況と関連づけながら捉えるという困難な課題に挑んでいる。米国の黒人問題について日本語で書かれた書物はそれなりの数にのぼるが、その大多数は現状報告的なルポものか、あるいは奴隷貿易や奴隷制の実態、南北戦争、リコンストラクションなど一九世紀のトピックスに特化した、読者層を限った浩瀚な歴史研究書のいずれかであったように思う。前者は歴史的、社会科学的視野が欠落しているが故に短い「賞味期限」を超えて生き延びるのが難しい。後者は現代のアメリカ社会に関心がある者にとってはやや近寄りがたかったり、迂遠な印象をまぬかれない。それに対して本書は、一方でしっかりとした学問的裏付けに支えられながら、他方で現代の問題に直結するより最近の年代を扱っているばかりでなく、ハイスクールという誰もが無縁ではいられない身近な対象を扱っている。それゆえに、黒人問題に関心を持つ読者層には待望の、従来のフラストレーションを解消する好著として迎えられるものと訳者は信じている。また教育関係に目を向けると、教育学・教育史分野で黒人問題を扱った信頼に足る日本語の書物がほとんどない、という現状がある。本書の刊行によってその大きな欠落を埋めることができ、末永く読み継がれる書物となることを心より念じている。

本書の前提となる基礎知識

原著はアメリカ人をはじめとする英語圏読者に向けて書かれており、ジム・クロウ制度やブラウン判決といった黒人史の基本的事柄に関する知識については当然の前提として扱われている。しかしながら日本の読者にとって、そうした知識が自明でない場合もある。そこで、蛇足かもしれないが、この項では最低限の基礎知識をおさらいする。[1] 不要と感じる読者は読み飛ばして次項へ進んでもらいたい（キーワードは太字にして強調する）。

北米における**奴隷制度**は合衆国建国前の植民地時代から始まり、独立革命を経てもその問題を克服することができなかった。やがて一九世紀に入り、北部は産業資本主義を発展させる一方、南部は大規模プランテーション農業が繁栄し、その中に奴隷労働が組み込まれた。南北間で矛盾が次第に深まり、また北部では、奴隷制廃止論の気運もしだいに高まっていった。その結果勃発したのが一八六一年から六五年の間たたかわれた**南北戦争**だった。この戦争において南部一一州は、奴隷制存続を掲げ南部連合を結成して連邦に対抗したが、結局は北部に敗れた。その結果、憲法修正一三条によって奴隷制は廃止され、解放民となった黒人は参政権を認められ政界に進出し、南部社会の改革をさまざまに試みる。この時代を**再建期（リコンストラクション）**と呼ぶ。

しかし「一八七七年の妥協」により連邦軍が南部から撤退すると、リコンストラクションは終わりを告げ、猛烈な逆風が黒人に吹き始める。支配層に返り咲いた南部白人は改革の成果を台無しにしたばかりでなく、南北戦争後広がっていた解放黒人と白人との人種隔離の慣習を、法律として強制し制度化していった。これは、学校のみならず電車やバスなどの公共交通機関、劇場、レストラン、公共トイレなどあらゆる公的な生活の場に及ぶものだった。列車の黒人用車両を違憲とする訴えに対する**プレッシー判決**（一八九六年）において、連邦最高裁は**「分離すれども平等」**という法理でもって人種隔離を正当化した。こうして南部において強固に確立した隔離体制を**ジム・クロウ制度**と呼ぶ。

二〇世紀に入っても人種隔離体制は維持されたままだった。しかし一九〇九年の**全米黒人向上協会（ＮＡＡＣＰ）**結成、さらに一九一七年の第一次大戦参戦を契機とした北部への人口大移動など、黒人をとりまく政治経済的布置は徐々に地殻変動を起こしていく。第二次大戦を経て、幾度かの激しい人種暴動を経験しながらも黒人の政治・経済力はいっそう高まった。本書にも述べられているようにＮＡＡＣＰは、人種隔離体制の廃絶をめざして各地で法廷闘争を展開した。カンザス州トピカに住む溶接工**オリバー・ブラウン**もまた、ＮＡＣＣＰの勧めによって、公立学校の人種隔離の違憲性を争点とする訴訟の原告となった一人だった。この事案は、争点を共有する他の四つの事件とまとめられ、連邦最高裁において審理された。一九五四年、アール・ウォーレンを首席判事とするいわゆる**ウォーレン・コート**は、「分離すれども平等」というプレッシー判決の法理をくつがえし、「隔離は本来的に不平等」という判断を下した。**ブラウン判決**である。

隔離体制を長年にわたり正当化してきた「分離すれども平等」のロジックが崩れたことに力を得た黒人運動はその後、社会のあらゆる領域での隔離や差別を糾し人権を確立することをめざす**公民権運動**へと突き進んでいった。

教育研究における本書の意義

すぐれた歴史研究は、巧まずして現代的課題をも射抜いていると言われる。本書もまさしくその例に該当すると思われる。訳者の一人である倉石が専門とする教育学・教育社会学の立場からみた本書の意義を、ここで述べてみたい。

(一) 中等教育研究として

まずこの研究はハイスクール、すなわち中等教育に焦点を合わせたものである。その意義の確認から始めたい。教育社会学の祖と目されるエミール・デュルケームの古典的研究[2]以来、中等教育は多くの教育研究者の注目を集め、魅了してきたテーマである。それは教育制度のなかでも中等教育が占める特異な位置、背負っている使命の複雑さや困難さと深く関係している。周知のように学校の歴史においてもっとも古くに成立したのは大学等の高等教育機関であった。最古のものは一二、三世紀にまで遡るこれらの大学のなかには、現在まで息長く存続しているものもある。特に有名なのはヨーロッパの諸大学だが、米国においても名だたる有力大学のいくつかは、その起源を植民地時代にまで遡る。だがたとえ系譜上つながっているとしても、その本質において今日の大学は中世のそれとの間に断絶を経験している。中世においては初等・中等・高等という学校ヒエラルキーがそもそも存在せず、したがって大学入学にあたって必要な修学要件といった接続問題も存在しなかった。学校ヒエラルヒーの頂点というポジションを謳歌し、大学が世に君臨するようになるのは近代以降のずっと後の時代のことである。

そして、大学が社会のなかのごく一握りの人間だけを対象とする教育機関であったのに対して、一九世紀の西洋諸国に登場しその後全世界に爆発的に普及する初等教育機関（小学校）は、当該年齢の全社会構成員の子弟を均しく収容し国民国家の基盤形成に資することが意図された。だが、初等教育と高等教育とのミッシングリンクが埋められ、今日われわれが当然視する初等・中等・高等教育とつながる学校階梯が各社会で成立するには、初等教育機関の普及による国民教育の成立からさらに長い時間を要した。この過程がたどった紆余曲折は、水と油のように性質が異なり、また成立の歴史的由来も違う初等教育機関と高等教育機関という異質なものを橋渡しし、結合する作業がいかに困難でアクロバティックなものかを物語っているように思う。だがこの橋渡し作業の進展具合、すなわち中等教育の普及過程は、それぞれの国や社会の特性をうつすリトマス試験紙のようなものとして捉えることもできる。概して言えばヨーロッパ社会においては、市民革命以前の社会的身分に対応した教育制度の伝統が中等教育のあり方に色濃く反映し、エリート向けと庶民向けの学校が複雑に分岐した中等教育制度が長く残存した。アメリカ合衆国がたどった道はそれと対照的だった。ある種の市民革命を経て一八世紀末に国家として誕生した米国では、中等教育制度ははじめから、身分制のくびきから解き放たれていた。無償で地域の希望者が誰でも入ることのできる公立ハイスクールが、建国初期の頃の主要な中等学校であるアカデミーやラテン文法学校を圧倒し、中等教育の主流として揺るぎない地位を打ち立てていく経緯は、こうした歴史的背景抜きには理解できないであろう[3]。

しかし、封建的身分制から自由であったアメリカ社会も大きな闇を抱えていた。それが奴隷制度の存在であり、南北戦争後の南部地域ではジム・クロウ制度として差別が引きつがれ多くの黒人を苦しめた。二〇世紀に入って急速に大衆に浸透し、社会的上昇移動の夢と希望をつないだハイスクールだが、黒人（アフリカ系アメリカ人）にとってはなお縁遠いものだった。黒人人口の大多数が集中していた南部において、初等学校が制度的に人種によって隔離されていたことは非常によく知られている[4]。共通の国民的基盤を与えることを旨とするはずの初等教育機関がこのように真っ二つに分断されたのは、近代教育史上異例としか言いようのない事態であった。このことが、初等教育に続く中等教育段階にも影を落とさないはずがなかった。米国は、マジョリティに対してはどこよりも早くかつ広く、中等教育の門戸を開いた国だったが、黒人に対してはその門は冷たく閉ざされた。そのやり方は、初等学校の場合が差別的制度という物理的手段によったのに対して、端的に「黒人が行けるハイスクールを創らない」ことだった。多くの黒人人口を含む南部の州や市町村が学校の設置をサボタージュし、開くべき学校を開かなかった。通える範囲に学校がなく、絶対数も収容定員も不足していた。たとえ学校ができても、教育予算の大半は白人が独占し、施設その他の面で著しい劣位に置かれた。こうして黒人のハイスクールへの道は難渋をきわめた。

だがこうした逆境にあっても、黒人たちのハイスクールへの希望は徐々に大きく膨れ上がっていった[5]。北部への大規模な人口移動も、新たな職業の世界大戦への参入を通じて、黒人はその存在感を増し自信をつけていった。アメリカの二度機会を通してよりよき生活を得たいという渇望に火をつけた。かれらの目が次第に、学校階梯の上昇を通じた社会移動へと向けられていったのだ。これが、本書の叙述が始まる一九四〇年前後の社会状況である。だが上述の通り、黒人の前には「ハイスクール真空状態」が広がっていてお手上げである。ではどうするか？　かれらはお上をあてにせず、互いになけなしの財を出し合ってコミュニティをあげて自前の黒人向けの学校を創ったのだ。多額の財が注ぎ込まれた白人ハイスクールに比べ、それは著しく見劣りするものだった。だが黒人ハイスクール[6]はコミュニティにとって強い愛着の対象であり、学校は地域の絶大な支援を受けた。そこで教鞭をとった黒人教師たちも期待に応えようと奮闘した。こうして弱点を「強み」に転化させた学校の中から、著者たちも注目する「よい黒人ハイスクール」がいくつも誕生した（後述）。全米黒人向上協会（ＮＡＡＣＰ）がのちに学校間の不平等を糾す活動をはじめ、それが州政府の平等化運動《イクォライゼーションキャンペーン》を誘発し、さらにそれを梃子に隔離撤廃運動へと戦略を展開し、かのブラウン判決を勝ち取っていったその原点には、こうした黒人コミュニティによる学校設立の人知れぬ功績があった（本書第2章参照）。

　世界に類をみない単線型を実現したアメリカ中等教育学校を舞台とした奮闘、苦悶、葛藤、闘争のドラマが本書で描かれているが、それはまさしく第二次大戦後の現代アメリカ史の写し絵を見るようだ。ハイスクールを定点観測ポイントに据えた二〇世紀中・後期の歴史社会叙述という著者の試みは、見事に功を奏したと言うべきだろう。

　またこうした米国の歴史を学ぶことは、日本の文脈においても意義がある。戦後日本の新制高校に指針を与えたとされる「高校三原則」が知られているように、総合制、男女共学、小学区制を旨とする米国のハイスクールは、デモクラシーの枠を集めたものとして過度に美化され、一種神話化された存在として今でも受けとめられがちである。そうしたハイスクール観と、米国に黒人差別やその他の人種問題が存在するという観念的理解とは、通常うまく交らせることが難しい。しかし本書の試みは、この両者を有機的に結合させ、より大きな全体像を結ばせようとするものであった。これによってハイスクール理解、黒人差別理解が同時に飛躍的に深まることが期待される。

　さらに、教育社会学の研究者にとってはおなじみの話だが、米国のハイスクールから、生徒の進路分化を解き明かす鍵概念であるトラッキングにまつわる膨大な実証研究がうみだされた。[7]生徒の人種や出身階層などを手がかりに、ガイダンス・カウンセラーや教師らが予断をもって水路づけを行い、それが不平等の固定化やさらなる再生産をうみだすことが明らかにされた——こうした説明がどの教科書にも書いてある。だが頁を追って本書の最後までたどりついた読者にとっては、こうした説明はいかにも気のぬけた、上っ面だけのものとしか響かないのではないだろうか。たしかに黒人生徒は今も昔も多くの場合、下位トラックに振り分けられる。論者が言うように、それによる不平等の再生産も生じることだろう。だが訳者としては、本書の登場人物たちに和して「それがどうした？　だからどうなのだ？」と叫びたい衝動を抑えかねている。そもそもトラッキングの対象となるためには、白人に伍して、ハイスクールという場にまず身をおかねば始まらない。この一事さえままならない時代が、黒人にはあまりに長く続いたのだ。少なくともある時期まで黒人にとって、校内の下位トラックに類別され、進路その他の面で白人に比べ相対的に低位に置かれることは、それ自体としては大した問題ではなかった。この話題は次の論点と関わるのでそろそろこの項を閉じたいが、本書に描かれた歴史を知った暁には、教育社会学におけるトラッキング研究や不平等論の読み方が一変してしまう、それほどのインパクトがあるということを強調しておきたい。

(二) 肝心なのはアチーブメント（到達度）よりアテインメント（達成）だ

米国では二〇〇二年に当時のブッシュ政権が「落ちこぼれゼロ法（No Child Left Behind: 略称ＮＣＬＢ）」を制定して以降、競争と淘汰の新自由主義を中核原理とする「学力テスト至上主義」の風潮が学校現場を席捲し、教師、親、子どもたちを翻弄し続けている。その動向を追うかのように日本でも二〇〇七年、第一次安倍政権のもと全国学力テストが復活した。アメリカに比べるとほとんど波風が立っていないようにみえるが、一部自治体で学校別スコアと順位の公表をめぐって激しい議論が交わされた。日本の学校教育のあり方を根底から変えてしまう潜在力があり、今後の動向が注視されるところだ。いずれにせよ、世界各地でこうした「学力テスト大合唱」が起こっていることをおさえておく必要がある。

本書の内容は一九七〇年代までを扱った歴史研究だが、学力テストのスコアばかりに関心が集まり、政策も研究もそれに振り回されている感のある、今日の教育状況や教育研究動向に一石を投じるものでもある。その点を象徴するのが、通常の意味での学校の成績の良し悪しをあらわすアチーブメント（本書では学力到達度などと訳出）と区別された、アテインメント（本書では教育達成と訳出）という視点である。アテインメントとは、ある人が通算して何年間の教育歴を積み重ねることができたか、教育階梯のどの高さまで登り続けることができたかを示すものだ。日本語の「学歴」という言葉から、偏差値など学校のブランドを問題にする「学校歴」のニュアンスを差し引いた意味に近いが、日本と異なるのは、「卒業至上主義」の立場をとらず、卒業資格が得られなくてもたとえば「ハイスクールのX学年とかカレッジのY学年まで在籍し、これだけの学業を全うした」ことも重要な情報として尊重されるところだ。黒人の教育を語るうえで、このアテインメントを重視せねばならないというのが著者の立場である。

　だからと言ってアチーブメントが重要でないわけではない。黒人ハイスクール生徒のアチーブメントは、全体としてみれば白人やアジア系との間に大きな開きがあり、見劣りしている。しかしそこだけを取り上げ、学校の危機とか教育の荒廃と騒ぎ立てるのは木を見て森を見ずの議論だ、と著者は言う（特に、いわゆる都市の危機《アーバン・クライシス》を相対化した本書第4章の議論を見よ）。一九四〇年から一九八〇年の四〇年間にハイスクールの門をくぐった黒人世代が、その親世代には考えもつかなかった人生の新たな可能性を切り開いたことは紛れもない事実である。ハイスクールという新たな世界に身をおく経験は、抗議デモへの参加や部活動、生徒会活動、教師との人格的交流など、学力テストや知能検査などで数値として計測することが絶対に不可能な多くのものを黒人の若者たちにもたらした。アテインメント概念は学校経験のこうした側面もカバーできる。また、たとえ低学力となじられ、留年の憂き目にあっても、それでも卒業までなんとかサバイブすることの方がはるかに肝心だった。ハイスクールの卒業資格は、やはり親世代には考えもしなかった職業機会へと黒人の若者をいざなったからだ。人種差別の壁に苦しみ、学業の成就《スクールサクセス》に多大な困難を来した黒人生徒たちだったが、黒人教師や黒人コミュニティも継続のために多大な支援を惜しまなかった。支援と励ましの輪は社会全体に及ぶものだった。ナット・キング・コールやジェイムズ・ブラウンのような大物ミュージシャンまでが、黒人の若者に「ステイ・イン・スクール《学校にとどまろう》」と説いた（本書一三九頁）。闘争や抗議運動とは別の意味で「熱い」時代のこうした記録を読むことは、学校の機能とは何であるのか、教師とはいかなる存在であるのか、という根本的な問題の再考を私たちにせまる。

　こうした「熱い」時代が黒人にとって、さまざまな艱難辛苦に満ちていたことは本書のどの頁からも痛いほどに伝わってくる。だが、敢えて誤解を恐れず言えばこの時代は「幸福」な時代であったかもしれない。アテインメントに最大の価値をおく時代、それはすなわち、たとえ低空飛行でも何年ダブってでも、石にかじりつく思いで長くハイスクールに在籍し、卒業という大目標に向かって前進すればよかった時代である。しかし黒人たちの努力の結果、アテインメントは目標ではなくなり、誰もが手の届くものとなっていった。それに代わって新たな価値となったのはアチーブメントであった。皮肉なことにアチーブメントの時代へと突入した一九八〇年代以降、それまで続いてきた黒人と白人とのアチーブメントギャップの縮小が止まってしまい、今日までその不振が続いている。それまでの時代は、アテインメントの向上を目指してひた走ることが、結果的にアチーブメントも自然と高めるという好循環が働いていたようだ。だが黒人にとっての「ハイスクール在籍当然社会」[8]の到来とともに、アチーブメント向上は気の重い厄介な課題として、黒人の前面にせり上がってきた感がある。冒頭で述べたNCLB以降の状況は、こうした憂鬱を深めこそすれ、少しもやわらげてくれる気配はない。

黒人教育史研究における本書の位置づけ——「よい黒人学校」学派との関連で

次に、米国教育史研究、なかでも黒人の教育史に特化した研究の新しい動向のなかに本書を位置づけてみたい。

一九四〇年から一九八〇年という時代は、黒人教育にとって基本的に「右肩上がり」の時であった。本書で検討された各種指標を見ても、ハイスクールの在籍者数も、卒業率も、白人をしのぐスピードで急上昇を続けた。人種隔離撤廃をはじめとする公民権運動の諸成果と並んで、日本の高度成長期をも想起させるこの上昇傾向が、上述の「幸福」な時代という印象に与って大きい。しかし子細に目を凝らすとそのかげで、量的拡大とは真逆のベクトルを持つ、しかも黒人教育のクォリティに深刻な影を落とす重要な変化が、進行していた。それは隔離撤廃策のもとで行われた学校の整理統合、もっと言えば大々的な黒人学校つぶし、黒人教師や黒人校長の失職であった。従来の黒人教育史研究は、隔離撤廃・人種統合の実現を輝かしい成果とみなし、そのコントラストでジム・クロウ体制下での人種隔離教育のおぞましさを描くものが主流だった。[9]しかしその図式の限界をのりこえ、隔離撤廃後に直面した黒人教育の窮状を見すえ、ひるがえって過去の黒人学校の歴史のなかから、誇るべきすぐれた教育遺産を発掘することを意図した、新しい研究潮流が一九八〇年代から生まれていく。人種隔離や差別を肯定するわけではないが、隔離下での黒人学校の実践を事実として再評価することを企図したこの立場を、ひとまず「よい黒人学校（ハイスクール含む）」学派（"good black school" studies）と呼ぶことにし、その流れを概観してみよう。

まず、「よい黒人学校」論に先鞭をつけたものとして、経済学者のT・ソウェルによる「黒人の優秀性（black excellence）」の議論が挙げられる。[10]「優秀性」の例証として、一八七〇年設立のワシントンD．C．のダンバー高校（本書に登場する同名校とは別の学校）が取り上げられている。それは「黒人初の将軍、黒人初の連邦判事、黒人初の閣僚、血漿の発見者……[11]」など輝かしい人材を輩出した学校だった。この学校の沿革、生徒集団の特性（IQ値に言及）、教師の指導の特徴、しつけ、親の関与などが分析されているが、ブラウン判決を受けた隔離撤廃・人種統合後は「ただのゲットー学校」に凋落してしまったという。この議論には確かに「よい黒人学校」学派の論点が一部先取りされてはいるが、白人主流社会の価値尺度を受け入れた上で（一部）黒人の「優秀性」を例証する一方、ことさらに隔離撤廃策の負の影響を強調する議論はやや一面的との印象を免れない。教育システム全体を見わたす視野の広がりが欠け、ゲットー学校化を促進した要因も十分に捉えられていない。このソウェルの議論と同時期の研究にF・A・ロジャーズの『黒人ハイスクールとそのコミュニティ』（一九七五年、初版は一九六七年）がある。[12]この研究は、六〇年代前半に北部大都市圏で大問題として持ち上がった学校の地域管理（コミュニティコントロール）論争に刺激され、かつて黒人住民に完全にコントロールされ住民の手で運営されていた、南部の黒人学校のありようの再評価を試みたものである。ノースカロライナ州が事例に取り上げられ、教師、生徒、校長、住民、教育行政当局者などから広範なデータを収集し議論の素材とした。その結論で注目すべきは、白人ハイスクールが白人コミュニティの発展や個々の人びとの生活に、間接的でごく限定的な影響しか与えなかったのに対し、黒人ハイスクールは「黒人コミュニティにより直接的に貢献していた。……黒人コミュニティ成員に手が届きうる職業機会の決定に、それは重要な役割を果たしていたようだ。……黒人ハイスクールの存在がもしなければ、黒人コミュニティは教育、社会、政治、経済的な面で深刻な制約を被っただろう[13]」と指摘する点である。このようになるのは、「白人ハイスクールがその経済的基盤を白人コミュニティに負っていたのに対し、逆に黒人の場合コミュニティの方が黒人ハイスクールにその経済基盤の大部分を負っていた[14]」からだという。ロジャーズの研究の基礎データは一九六三〜四年にとられたため、隔離撤廃後の問題点がほとんどカバーされていない限界があるが、ソウェルのように黒人学校や生徒を文脈から孤立した存在として扱わず、コミュニティに位置づけて考察しようとする点で、「よい黒人学校」学派の先触れと目することができる。

一九八〇年代に入ってからは、この学派の本格的開幕を告げる重要な研究成果が発表されるようになる。それがR・アーヴィンとJ・アーヴィンによる論稿「隔離撤廃過程が黒人生徒の教育に及ぼすインパクト」である。[15]「黒人生徒のアチーブメントと、黒人の子どもらの人生における成功の機会に対して与えた人種隔離撤廃の効果を評価する分析[16]」が必要だと考えるアーヴィンらは本論で、ブラウン判決以前と以後における黒人のアチーブメントを規定する布置の概念化を試みる。その結果、判決後に進捗した一連の事態は「黒人教育のソーシャルシステムの解体[17]」であったと結論する。かつて機能していたシステムでは、対人関係(interpersonal)・学校(institutional)・コミュニティ(community)・黒人のアチーブメント(black achievement)の四変数が互いに作用し、影響しあう中で、文化的に調和したやり方で黒人生徒のアチーブメントが下支えされていた。ところが隔離撤廃により黒人学校がなくなったことでこの関係が崩れる。まず、アチーブメントに教師の予期的期待が大きく影響することが知られているが、かつての黒人学校では黒人教師-黒人生徒の関係においてこの予期を左右するのは、生徒の能力と階級(階層)の二ファクターだけだった。ところが隔離撤廃後、人種統合校に異動した黒人生徒は主に白人教師に教わることになり、ここに人種という第三の因子が加わった。このファクターは統合学校でのアチーブメントを左右する最重要因子となり、黒人生徒に壊滅的な影響を与えた。次に学校(教育機関)の次元である。隔離された黒人コミュニティはたしかにそれ自体が差別の所産ではある。しかし逆説的にも、そこに閉じ込められている限りにおいて白人のコントロールをまぬかれ、自律性・独立性の感覚が高揚する。黒人学校は完全に白人の支配から自由であったわけではないが、白人の関心が薄く放置に近い状態であった点で「半-自律的(semi-autonomous)組織[18]」だった。それゆえ黒人学校は地域住民に自律性・独立性を与える源となった。ところがこうした存在意義をもつ黒人学校が、隔離撤廃策のなかで一方的に閉鎖されてしまった。新たに通うことになった学校は、黒人コミュニティにとってよそよそしい存在であり、コントロールしているという実感に基づく自律性・独立性の感覚も失われた。また地域と学校をつなぐ媒体となっていた黒人教師もその多くが失職し、教育界から姿を消した。最後にコミュニティは、黒人生徒のアチーブメントの主要な動機の源泉となっていた。生徒を包み込む環境が「拡散した規範的雰囲気(diffused normative climate)[19]」として、成員個々のアチーブメントの基底になっていた。生徒は単に自分自身のためにがんばるのでなく、半ばコミュニティの栄誉をかけて勉学にのぞんでいた。ところが隔離撤廃策による黒人学校の消失は、こうした「集合的全体性、集合的闘い、集合的意思[20]」というコンセプトを掘り崩してしまった。

八〇年代で注目されるもう一つの成果は、A・アディによる著作『隔離撤廃――黒人の向上という幻想』である。[21]この研究は隔離撤廃を次のような文脈に位置づけて考察している。すなわち「黒人の自らの子どもの教育に対する統制「の喪失」、伝統的に黒人学校であった学校の閉鎖・吸収合併・降格、これまで長らく黒人の教育ニーズに巧みに応えてきた、黒人初等学校・黒人ハイスクール・黒人カレッジ間の独特のパートナーシップの破壊、マジョリティが支配する社会のなかで、教室・学校において黒人が普遍的に「少数派の地位」におちいっていく傾向の創出、黒人の子どもの役割モデルとなる黒人教師や校長の減少、黒人の子どもが通うことを強いられる学校での敵対的で疎外的な環境という重荷の付加、黒人の子どもに不均等に割り当てられた強制バス通学[22]」である。著者は隔離撤廃が誤りだと主張しているのではなく、黒人への公正な権限の付与や黒人への公正な財源分与を伴わない隔離撤廃は憲法違反だという点にポイントがある。

一九九〇年代に入ると、いよいよこの学派を代表するような本格的歴史モノグラフが登場する。本書でも幾度か言及されているD・セセルスキーの『自由の道に沿って』(一九九四年[23])、V・S・ウォーカーの『かれらの最高度の潜在力』(一九九六年[24])などがそれである。セセルスキーの著作は、ノースカロライナ州東部のハイド郡において一九六八年から六九年にかけてたたかわれた学校ボイコット運動に焦点を合わせたものである。地域の黒人住民は、歴史的に黒人学校であった海沿いのコミュニティにあるピー校とデイヴィス校の二校を閉鎖することを含む隔離撤廃計画に抵抗して、丸一ヵ年の間子どもを学校に送ることを拒否した。このうちピー校は、スレイズヴィルという小さな村の教会を間借りしていた初等学校が地元の人々の手で拡張され、一九二一年にハイド郡立訓練学校として誕生したものである。一二ヵ年の教育を提供できるよう整備が済んだのは一九三四年のことだった。以後、地域唯一の中等教育機関として、創設者であり開校時からの校長であるピーの名を記念して一九六三年に改名された。ジム・クロウの南部を抜け出してよい職につきたい黒人の切実な思いを受け止めた同校は、生徒たちに「どこでもやっていける力をつけさせる[25]」ことに力を注ぎ、リベラルアーツ志向のカリキュラムを用意しカレッジ進学準備教育も行った。その一方で教師たちは生徒たちに「ハイド郡への義務」を忘れないよう注意し、優秀な生徒がいつか故郷に戻って教師になることを願っていた。[26]また強固な同窓会組織を築き、遠隔地に散ってしまった卒業生に心の支えを与えた。このようになくてはならぬ存在として四〇年以上地域から愛されてきた学校が閉鎖の危機に直面した親と生徒たちは、五ヵ月間にわたり、連日非暴力の抵抗活動を続け、州都ローリーまで二度にわたりデモ行進した。公民権運動が全国的に退潮傾向に入ろうとしていた時期、このハイド郡の抗議活動は鮮烈な印象を与えた。やがて州当局も座視していられず積極的に介入し、郡教育長を更迭、州政府部内に隔離撤廃支援室を設置し、支援室長らを現地に派遣して斡旋に当たらせるといった対応がとられた。最終的に住民投票にはかられ、黒人学校の閉校を伴わないかたちで隔離撤廃を進める案が多くの支持を集めた。これによって学校閉鎖は撤回され、二校は存続が決まった。このたたかいは、公民権運動の中でも最も持続的で成功を収めた抗議運動の一つとして記憶されている。

一方ウォーカーの『かれらの最高度の潜在力』は、同じノースカロライナ州のキャズウェル郡訓練学校の事例に焦点化されている。一九三四年に黒人のための中等教育機関として始まったこの学校が、一九六九年に隔離撤廃策の一環で黒人学校であることに終止符を打つまでの年月がこの研究で取り上げられている。セセルスキーが運動史研究であったのに対して彼女の研究はもっぱら、この黒人学校が三五年間にわたり、いかに地域とともにあり、良好な関係のなかでうまく日常的に機能したかに焦点が合わせられている。特に、本訳書でも名前があがるカリスマ的なディラード校長、およびその下にいる教師たちの働きぶりに注意が払われている。かれらは勤務時間外も専門職性の向上にはげんだり、生徒向けに特別の補習をしたり、家庭訪問をするなど献身的に仕事をした。親たちも学校のために身銭を切って資金援助した。この学校で発揮されたこうした強みは、彼女の言葉でいえば「教育委員会による意図的放置がもたらした意図せざる結果」[27]であった。またこの「よさ」は卒業率や学力テストのスコアのように外的基準を外から押しつけて測れるものではなく、当事者の「エミックな(内側からの)視点」[28]に基づくことが強調されている。この点は、上出のソウェルのエリート主義的な視点と鮮明に異なるところである。なおウォーカーは「よい黒人学校」学派の理論的リーダーとして、研究動向をオーバービューする論稿を多く書いている。[29] また『かれらの最高度の潜在力』の続編ともいうべき著作『ごきげんよう、先生』を二〇〇九年に上梓している。[30]

一九九〇年代以降二〇〇〇年代にかけて、セセルスキー、ウォーカー以外にも「よい黒人学校」学派と目される研究者たちの成果が続々と発表されている。たとえば、学校単位ではなく個々の黒人教師の実践に注目したM・フォスターの研究[31]、深南部のアラバマ州から「よい黒人ハイスクール」の事例を掘り起こしたV・モリスとC・モリスの研究[32]などである。

シュージャーが編纂した一九九六年の論集『隔離撤廃の向こう側』[33]は、「よい黒人学校」学派の成果を一望するのに好適である。また理論的関心からは、黒人学校の営みを捉えるキーワードに「ケアリング＝配慮、世話」を掲げる論者が目につく点が注目される[34]。ケアリング概念から教育を再構築しようとする教育哲学の太い流れが米国にはあるが、黒人教育史研究がそうした潮流に合流していく可能性もあるかもしれない。

このような黒人教育史研究の新しい大きな流れに、本書『黒人ハイスクールの歴史社会学』を置いてみるとどうなるだろうか。まず、著者がこうした研究潮流を十分に踏まえ、その成果を本書の随所で活用していることが見てとれる。たとえばウォーカーによって明確に打ち出された、「よい黒人学校」という際の「よさ」をはかる価値尺度の転換（外在的からエミックなものへ）は、本書におけるアチーブメントからアテインメントへの重心移動の論点として活かされているように思える。しかしながら著者は、この「よい黒人学校研究」の潮流に完全に身をゆだねてしまわず、慎重に一定の距離を置いているようにも見える。（むろん大前提として、「よい黒人学校」学派に与すれば必然的に射程は南部のみに絞られ、地域的目配りがアンバランスとなるが、以下ではそれ以外の点を論じる）。教育現場における人種隔離撤廃について、著者は、トータルで考えたときやはり黒人にとって計り知れないポジティブな影響をもたらしたことを本書でも強調している。人種統合された学校で白人と机を並べて過ごすようになったことで、もちろんひどい差別や嫌がらせを山ほど受けたことは事実だ。だがそうした環境に身をおくことで黒人生徒にはじめて経験可能となった世界、それが押し開いた新しい可能性をもっと正当に評価すべきではないか。こうした意味において著者のスタンスは、一九九〇年代に隆盛を迎える「よい黒人学校研究」の成果を踏まえながらも、公民権運動が勝ち取った諸成果の正当な評価の上に未来の黒人教育を展望しようとする、バランスのとれた黒人教育史研究の正統派に位置すると言える。こうしたスタンスを共有する研究者には、長らくこの分野で影響力を保ってきたG・オーフィールド[35]のほか、M・フルツ[36]、A・フェアクロー[37]、A・ウェルズ[38]らがいる。また本書ののちに刊行されたS・C・サッセンの著作[39]も本書と同様、バランスのとれた歴史叙述を行っている。

本書との出会いから翻訳書成立までの経緯

二〇一四年三月末から九月中旬にかけ、訳者の一人である倉石がウィスコンシン大学マディソン校にて海外研修を行った。この年はちょうど、ブラウン判決から六〇年のメモリアルにあたる年だった。渡米時にそのことは少しだけ頭の片隅にあり、かねがね訪れたいと思っていた判決の舞台の町、カンザス州トピカに今度こそ訪問したいと念願していた。マディソンの町で荷を解いて一息ついた頃、ふと思い立ってトピカにあるブラウン判決記念館のウェブサイトをのぞいてみた。するとそこに、記念館主催の六〇周年メモリアル行事の案内がいろいろ載っていた。それらをよく読んでみると、六〇周年のメモリアルデーは五月一七日土曜日、であることがわかった。あとひと月ほど先だ。判決から丸六〇年が経過したその日にトピカの地に立つとは、なかなか愉快な話ではないか。頃合い良し、だ。実はまだブラウン判決も黒人教育史も、本当の意味で何もわかっていない状態で、何ともミーハー根性丸出しだった。ともかくこうしてトピカ行き計画は実現に向けて動き出した。

ウィスコンシン大学での私のスポンサーは、同大学でカール・F・ケースル特待教授に任ぜられているウィリアム・J・リース先生だった。リース先生はアメリカを代表する教育史学者の一人で、最近その著作の一つが日本語に訳され刊行された[40]。リース先生にカンザス行きのことを相談すると、即答で、それならカンザス大学にいる自分の同窓生で親友の研究者を訪ねるよう勧めて下さった。それが本書の著者の一人ジョン・L・ルーリー先生である。さっそくルーリー先生とメールでコンタクトをとり、訪問の段取りをととのえた。カンザス州は日本からは勿論のこと、米国内の主要都市からもかなり行きにくいところである。ハブ空港は隣接州ミズーリ州のカンザスシティになってしまう。車の運転が一切できない私は、陸路州境をまたいで大学のあるローレンス、さらにお目当ての州都トピカにまでどのような交通手段で行けばいいのか途方に暮れた。だが一筋の光明がさした。シカゴ・オヘア空港からトピカまで、一日一便の直行便がひっそりと運行されていたのだ。この航路は現地の人にもかなりマイナーなようで、リース先生はじめ多くの方々に「そんな便があったの？」という反応をされた。さらに、ルーリー先生のお連れ合いのアイダ・アラカ先生がトピカの大学にお勤めで、大学までたどり着けばピックアップしてローレンスまで車に乗せていってくれることになった。これで一安心だ。結果的にはこのプラン通りローレンスまで行くことができたのだが、すんなりというわけにはいかなかった。二〇一四年五月一二日朝、いさんでマディソン空港に行くと、シカゴ行きの便は全航空会社キャンセルとのこと。シカゴまで出られなければ話にならない。あとで知った驚愕の理由は、オヘア空港管制塔の火災だった。アメリカではこうしたハプニング（航空便の運休）は珍しくないらしい。翌日の同じ便に振り替え、その飛行機も遅れに遅れたがなんとかカンザスの大地を踏むことができた。到着したときの感激よりも、その前日航空便がキャンセルになり打ちひしがれて家路についた時のみじめな気持が、今も忘れることができない。

ところで、トピカのブラウン記念館訪問前[41]にルーリー先生をカンザス大学に訪ねることが決まってから、私はにわかに慌てふためき始めた。黒人教育史は、長年日本の部落、在日といったマイノリティの教育に関心をもってきた自分にとって、いつかしっかり学びたいテーマだった。このアメリカ滞在こそがその千載一遇の機会であることは確かだった。だがあまりに自分は不勉強で無知だった。このままルーリー先生に会って、何を尋ね何を語ればよいのか。そんなとき、スーツケースの奥底から引っ張り出したのが本書の原著 The African American Struggle for Secondary Schooling 1940-1980 であった。ともかくこれから会う研究者の著作をあらかじめ読んでおくことは、何よりも大切なことだ。まずこの本を読み上げてしまうことを、最低限すべきこととして自分に課した。

運命というのは不思議なものだ。どうしてこの本をアメリカ行きに携行したのか、今となっては思い出せない。原著は前任校の東京外国語大学時代に何となくタイトルに惹かれて購入したが、いわゆる「積読」状態になっていた。その後も生来の怠惰からページを開くことがなかったが、渡米に際して、向こうで時間ができるから読むかもしれない、と思って鞄に入れたのだろう。だが、日本から別便で送った荷物は不幸な手違いに遭遇し、段ボール箱丸ごと一個が結局行方不明となってしまった。[42]もしこちらの箱に本書を入れていれば、マディソンで手にとることができなかった。むろん大学図書館で借りるという手は残されていたが、当時の私には「せっかく日本からもってきた本の著者に会うのだから」という点が重要だった。渡米早々ついてないことの連続で、異常に迷信深くなっていた私は、妙にゲンをかつぐ思考法をとるようになっていた。

一読、たちまちのめりこんだ。ボールペンで書き込みし、蛍光ペンを塗りたくって本はグチャグチャになった。私がまさに知りたかったことが、そこに書いてあった。渡米の直前まで私は、米国におけるスクールソーシャルワークの前身であるビジティング・ティーチャーの足跡をまとめた著作[43]の原稿を書いていた。ビジティング・ティーチャーの起源は学校に行かない子ども、米国語ではトゥルーエント（truant）と呼ばれる子どもたちの問題だった。当然そうした状態は二〇世紀前半の黒人の子どもたちの間では、南東欧系の新移民よりいっそうひどく蔓延しているように想像していたが、これまで断片的に拾い読みした黒人教育に関する文献にはどこにも書いていなかった。またビジティング・ティーチャーは、革新主義期の進歩的な社会動向のなかではかられた教育と福祉の結合の産物として世にあらわれたものだったが、黒人との接点は実に微弱であり、[44]疑問はふくらむばかりだった。もし黒人の子どもたちにアプローチし得ないものだとしたら、革新主義期の教育と福祉の結合とは、その「進歩」性とは一体何だったのだろうか。こうした疑問の数々が、原著を読むなかで氷解していった。革新主義期の教育改革が「社会効率主義」と表裏一体ということは頭ではわかっていたが、それをつなぐ輪がスクールコンソリデーション（学校統廃合）であることにゆき着き、ようやく腑に落ちた。「より大きな学校ほどよい学校だ」の掛け声のもと、教師が一人しかいない、教室が一つしかない、学年別の授業をしていない、開講日数が少ないなど「ないないづくし」の田舎の小規模校を次々と閉鎖し、それに代わって体育館、実験室、多目的教室、ランチルームなどを備えた大きな学校を建て、広域から来る子どもたちをスクールバスで運び込むことが推進された。なるほど「品質管理」にはこちら方がずっと効率的だ。革新主義期に端を発する教育と福祉の結合は、子どもの健康や身体への関心の強化へとバージョンアップし、この学校統廃合を推進する潤滑油（統合推進のレトリック、殺し文句）となった。ビジティング・ティーチャー研究の当時から漠然と感じていた、革新主義期以降の学校改良事業のどこか官僚然とした姿の正体がつきとめられた思いだった。

だが話はそれだけでは終わらない。官僚然とした進歩的教育改革者の頭には、黒人の存在はその片隅にさえなかったのだ。教育と福祉の結合も、健康・身体への関心も、学校統廃合もスクールバスも、黒人の頭上を素通りしていった。この状況を逆手にとった黒人たちが、人種隔離体制下で劣悪な状態を強いられていた黒人学校を舞台に、お仕着せのそれとは違うコミュニティに根差した土着の〈福祉〉をつくり上げていったことを原著で知って、深い感動を覚えた。また、公民権運動の血と汗と涙の結晶であった人種隔離撤廃が、白人の狡知によってねじ曲げられ、この土着の〈福祉〉という遺産を破壊する役回りを演じた歴史の皮肉に、地団駄踏む思いがした。

以上のような所感は、実際にルーリー先生と対面したときには一言も口にすることができなかった。少しでも込み入った話題になるとシドロモドロになってしまう、私の絶望的な英語力のなさが災いした。先生との間に交わした話は緊張もあって全く覚えていないが、ただ一つ、二人の間で間違いなく意思疎通できたことがある。私が「本書を訳して日本の読者に紹介したいのだがよろしいか」と尋ね、ルーリー先生が「喜んで話をお受けします」と応じてくれたことだ。ほかに印象に残っているのは、ローレンスで過ごした三日間、極東から来た見ず知らずの来客のため、ホスト役兼「運転手」として献身的に尽くして下さったその歓待ぶりと、カンザス名物のバーベキューをはじめ来る日も来る日も肉料理を食べ続けたことだ。アイダ先生の同僚で、日本の外交政策を研究し日本語に堪能なクレイグ・マーティン先生と同席する機会を作ってくださったのも、うれしい心遣いだった。

ルーリー先生から快諾が得られたのに意を強くした私は、ウィスコンシン大学マディソン校教育政策研究科に学んだ経験があり米国の教育事情に詳しい久原みな子、勤務先の京都大学大学院人間・環境学研究科の博士後期課程に在籍し黒人児童文学史を研究テーマの一つとする末木淳子の両氏を共訳者にさそい、帰国後、翻訳に取り組み始めた。二〇一四年度後期の原著をテキストにした大学院演習には末木が参加し、倉石ともども大いに学ぶところがあった。残された最大の関門は版元を見つけることだったが、幸いにも昭和堂の鈴木了市編集部長がこの話を受けて下さった。昭和堂さんが、勤務先の研究科の広報誌の版元であった時代がかつてあったことなど、浅からぬ因縁があることを後に知った。

著者のプロフィールについて

ここで著者のお二人のプロフィールを紹介したい。

ジョン・L・ルーリー氏はカンザス大学の教育学部および（兼担の）歴史学部教授である。大学ではアメリカ教育史のほか、それに関連する政策問題の授業を教えている。先生は『アメリカ教育学研究雑誌（American Educational Research Journal）』の編集委員を歴任してきたほか、一九九八年に教育史学会の会長に、一九九七〜九九年にアメリカ教育学会の副会長（F部門代表として）に選出された。ルーリー教授は社会史研究者であり、その論文・著作では教育におけるジェンダー、人種、社会的不平等に焦点が合わせられ、二〇世紀の事象に力点が置かれている。教授の代表的著作には、『教育と女性の仕事（Education and Women's Work）』（一九九一年、単著）、『危機の種――一九二〇年以降のミルウォーキーの公立学校教育（Seeds of Crisis: Public Schooling in Milwaukee Since 1920）』（一九九三年、共編著）、『教育と社会変動（Education and Social Change)』（二〇〇二年、二〇〇五年、二〇〇九年、二〇一三年、二〇一六年、単著）、『合衆国における都市教育（Urban Education in the United States)』（二〇〇五年、編著）、『アメリカ教育再考（Rethinking the History of American Education)』（二〇〇八年、共編著）、『カンザス大学の変革（Transforming the University of Kansas)』（二〇一五年、共編著）がある。ルーリー教授の論文はこれまで主に、『季刊教育史（History of Education Quarterly)』、『歴史研究法（Historical Methods)』、『社会科学史（Social Science History)』、『アメリカ教育学雑誌（American Journal of Education)』、『教育研究評論（Review of Research in Education)』、『ティーチャズカレッジ・レコード（Teachers College Record)』、『黒人教育研究誌（The Journal of Negro Education)』、『教育政策（Educational Policy)』などの学術雑誌に発表されてきた。

　シェリー・A・ヒル氏はカンザス大学社会学部教授であり、健康マネジメントと政策学部も兼担している。大学では家族社会学、医療社会学、社会的不平等、質的研究法の授業を教えている。これらの領域を貫く彼女の研究の焦点は、社会的不平等がもたらす帰結、とりわけ社会階級、ジェンダー、人種に基づく不平等の帰結の検証である。氏は二〇〇八—九年にかけて社会の女性のための社会学者の会（Sociologists for Women in Society）の会長を務めた。ヒル教授は医療社会学の分野で、ケア提供者、ジェンダー、健康ケア、健康ケアへのアクセス、健康保健政策などを検証する論稿を、『貧困研究（Journal of Poverty)』、『ジェンダーと社会（Gender & Society)』、『国際健康サービス研究（International Journal of Health Services)』などの学術誌に発表してきた。彼女の著作『低所得家庭における鎌状赤血球症の管理（Managing Sickle Cell Disease in Low-Income Families)』（一九九四年、単著）もまた、健康ケアにおける不平等の問題を検討している。ヒル教授はまた、人種の不平等がアフリカ系アメリカ人の家庭生活のさまざまな面に与える影響を検証した論文や著作を刊行してきた。著作として『アフリカ系アメリカ人の子どもたち——家庭における社会化と発達（African American Children: Socialization and Development in Families)』（一九九九年、単著）、『黒人の親密性——家族・親族へのジェンダー的視点（Black Intimacies: A Gender Perspective on Families and Relationships)』（二〇〇五年、単著）などがある。彼女の論文は主に、『黒人学研究（Journal of Black Studies)』、『性役割（Sex Roles)』、『結婚と家族研究（Journal of Marriage and Family)』そして『比較家族研究誌（Journal of Comparative Family Studies)』に発表されてきた。

おわりに

この長いあとがきも、そろそろ閉じることにしたい。

先に述べたように本書の翻訳作業は倉石の発案に、末木および久原の両名が応えたことから始まった。担当の章を三人で割り振り、まず各自が第一稿を訳出した。分担は、序章、第一章、第三章、注が倉石、第二章、結論、付録が久原、第四章、第五章が末木である。その後、三人の間で訳文の相互チェックを行い、訳語と文体の統一や調整は倉石が主導しながらも三名の綿密な協議のもとで行われた。訳者のうち久原はアメリカ合衆国コロラド州在住と大変遠隔ではあったが、Eメールで緊密に連絡をとりあい、十分に意思疎通をはかることができた。訳業が一通り終わった二〇一六年五月、倉石が再びカンザス州ローレンスを訪ね、著者のルーリー先生およびヒル先生とお目にかかり、本文に関する疑問点をただすことができた。多忙な中、丁寧に疑問に答えてくださったお二人に心から感謝したい。また本書カバーに使用した写真の使用許諾についても両先生にご尽力いただいた。

なお特筆しなければいけないのは、京都大学大学院教育学研究科博士後期課程在籍の井上慧真さんのご協力である。冒頭に述べたように本書は、ロジスティック回帰分析を駆使するなど計量社会学の研究書としての一面も持っている。ところが不幸なことに訳者たちはこの方面にあまり明るくなかった。これは翻訳作業にとって致命傷に近い深刻な問題であったが、上記の二〇一四年度後期の倉石の演習に欠かさず出席していた井上さんが、この方面で献身的に協力してくれ、訳者らの欠陥を補ってくれた。心から感謝の意を表したい。むろん、計量社会学関係のみならず訳語の最終責任は、訳者三名が均等に負うものではある。またいちいちお名前を挙げられないが、ここにたどり着くまでにお世話になった多くの皆さまにもあつく御礼を申し上げる。

とは言っても、英語を日本語に直しただけで翻訳書が成立するわけではない。事務作業に近い膨大なルーティーンワークがそのあとに控えていた。末木、久原の両氏はこの方面でもいかんなく有能さを発揮した。そして編集の最後の局面では、実務担当の神戸真理子さんから懇切な助力をたまわった。無謀と言ってもよいこの企画を、蛮勇をふるって後押しして下さった鈴木編集部長と神戸さんに、改めて心より感謝を申し述べたい。

翻訳作業を進めながら私たち三名は、二〇一六年アメリカ合衆国大統領選挙の行く末を、かたずを飲んで見守っていた。史上初の「黒人」大統領バラク・オバマがその座にあるうちに何としても本書を刊行したいというのが、倉石が勝手に提唱した合言葉だった。そのようにして翻訳作業を見守って?くれたオバマの後任に誰がなるのか、当然無関心ではいられなかった。しかしこの大統領選ウォッチは、アメリカという国が見たこともない異形へと崩れ果てていく姿を見つめることにほかならなかった。日本も大いに心配な状態が続いているのだが、それをつかの間忘れてしまうほどだった。誰にもその行く末が見通せないポスト・オバマ時代の入口に、この訳書は世に出されることになる。しかし本書が完成したよろこびは、そうした重苦しい気分を一瞬は忘れ去らせるほど大きいこともまた確かである。ひとまず今は三名でそのよろこびを分かち合いたい。

二〇一六年九月三〇日

訳者を代表して

注

［1］黒人史全般については、たとえば上杉忍『アメリカ黒人の歴史――奴隷貿易からオバマ大統領まで』（中央公論新社、二〇一三年）などを参照のこと。ブラウン判決についてはPatterson, J. *Brown v. Board of Education: A Civil Rights Milestone and Its Troubled Legacy*, Oxford University Press, 2001［籾岡宏成訳『ブラウン判決の遺産――アメリカ公民権運動と教育制度の歴史』慶應義塾大学出版会、二〇一〇年］が、公民権運動に関しては川島正樹『アメリカ市民権運動の歴史――連鎖する地域闘争と合衆国社会』（名古屋大学出版会、二〇〇八年）が詳しい。

［2］Durkheim, É. *L'évolution pédagogique en France*, Felix Alcan, 1938［小関藤一郎訳『フランス教育思想史』行路社、一九八一年］.

［3］スタンフォード大学のラバリー（Labaree, David F.）は、ハイスクールが、すべての者への開放性という民主的平等性と、内部での階層的水路づけという社会的効率主義、そして学校を個人財としてとらえる教育消費者の階層移動への欲望という、三者すべてのニーズに応えた妥協の産物であると論じている（Labaree, D. *Someone has to fail*. Harvard University Press, 2010, pp. 99-100）。

［4］アメリカ公立学校の起源はコモンスクールにあるが、看板とは裏腹にその内実は差別に引き裂かれ、全ての人民に「共通（コモン）」ではなかった。

［5］総力戦と人種問題との関連については、中野耕太郎の一連の研究が示唆に富む。中野耕太郎『戦争のるつぼ――第一次世界大戦とアメリカニズ

ム』（人文書院、二〇一三年）、中野耕太郎『二〇世紀アメリカ国民秩序の形成』（名古屋大学出版会、二〇一五年）。

［6］本書の「ジャンプスタート学校」の叙述に明らかにされているように、ハイスクールと言っても就学年限が二年しかなく、開講科目が限られていたり、校舎も初等学校の建物へのつぎ足しだったりと実につましいものだった。本書四一頁参照。

［7］代表的なものとしてRosenbaum, J. E. *Making Inequality; the Hidden Curriculum of High School Tracking*, Wiley, 1976など。

［8］当然ながらこれは、香川めいらによる研究の卓抜なネーミングにヒントを得た。香川めい・児玉英靖・相澤真一『〈高卒当然社会〉の戦後史』（新曜社、二〇一四年）。

［9］むろん全ての研究がそのような弊に陥っているわけではない。特に、一九三〇年代までの黒人教育の動向を知るのに今でもこれに優る記述はないとされる、ジェイムズ・D・アンダーソンの研究などは非常にバランスのとれたものである。Anderson, J. *The education of Blacks in the South, 1860-1935*, Chapel Hill: University of North Carolina Press, 1988.

［10］Sowell. T. "Black excellence: The case of Dunbar High School," *Public Interest*, 35, pp. 1-21, 1974.

［11］Ibid., p. 4.

［12］Rodgers. F. *The black high school and its community*, Lexington, MA: Lexington Books, 1967/1975.

［13］Ibid., p. 73.

［14］Ibid., p. 74.

［15］Irvine, R., & Irvine, J. "The impact of the desegregation process on the education of black students: Key variables," *Journal of Negro Education*, 52, 410-422, 1983. また Irvine, J. J. *Black students and school failure*, New York: Greenwood Press, 1990 も参照のこと。

［16］Irvine & Irvine, op cit., p. 410.

［17］Ibid., p. 421.

［18］Ibid., p. 416.

［19］Ibid., p. 420.

［20］Ibid., p. 420.

［21］Adair, A. A. *Desegregation: The illusion of black progress*. Lanham, MD: University Press of America, 1984.

［22］*Ibid*., p. 1.

［23］Cecelski. D. *Along freedom road: Hyde County, North Carolina, and the fate of Black schools in the south*, Chapel Hill: University of North

Carolina Press, 1994.

[24] Walker, V. S. *Their highest potential: An African American school community in the segregated south,* Chapel Hill: University of North Carolina Press, 1996. 関連する業績に Walker, V. S. "Caswell County Training School, 1933-1969: Relationships between community and school," *Harvard Educational Review*, 63 (2), pp. 161-182, 1993 がある。

[25] Cecelski, *Op Cit.,* p. 73

[26] *Ibid.*, p. 74.

[27] Walker, *Op Cit.*, p. 5.

[28] *Ibid.*, p. 5.

[29] Walker, V. S. "Valued segregated schools in the South, 1935–1969: A review of common themes and characteristics," *Review of Educational Research*, 70 (3), pp. 253–285. 2000; Walker, V. S. African American teachers in segregated schools in the South, 1940–1969, *American Educational Research Journal,* 38, pp. 751–780, 2001; Walker, V. S. "Second-class integration: A historical perspective for a contemporary agenda," *Harvard Educational Review*, 79, pp. 269–284, 2009.

[30] Walker, V. S. *Hello Professor: A Black principal and professional leadership in the segregated south,* Chapel Hill: University of North Carolina Press, 2009.

[31] Foster, M. "The politics of race: Through the eyes of African American teacher," *Journal of Education*, 172 (3), 123–141, 1990; Foster, M. *Black teachers on teaching*, New York: The New Press, 1997.

[32] Morris, V., & Morris, C. *Creating caring and nurturing educa¬tional environments for African American children,* Westpoint, CT: Bergin and Garvey, 2000; Morris, V. & Morris, C. *The price they paid: Desegregation in an African American community,* New York: Teachers College Press, 2002.

[33] Shujaa, M. J. (Ed.), *Beyond Desegregation: The politics of quality in African American schooling*, Thousand Oaks, California: Corwin Press, 1996.

[34] Morris & Morris, *Ibid.*; Walker, V. S. "Can institutions care? Evidence from the segregated schooling of African American children," in Shujaa *Ibid.,* 1996 ; Walker, V. S. et al. "Caring in the past: The case of a Southern segregated African American school," in V. S. Walker & J. R. Snarey (Eds.), *Race-ing moral formation: African American perspectives on care and justice*, New York: Teachers College Press, 2004.

[35] オーフィールドの研究は、隔離撤廃については Orfield, G., & Eaton, S. E. (Eds.) *Dismantling desegregation: The quiet reversal of* Brown v.

Board of Education, New York: New Press, 1996 を、本書の大きなテーマでもあるドロップアウトについては Orfield, G. (Ed.) *Dropouts in America: Confronting the Graduation Rate Crisis*, Cambridge: Harvard Education Press, 2004 を参照のこと。

［36］Fultz, M. "African American teachers in the south, 1890-1940: Powerlessness and the ironies of expectations and protest." *History of Education Quarterly*, 35 (4), 1995, pp. 401-422; Fultz, M. "The Displacement of Black Educators Post-Brown: An Overview and Analysis," *History of Education Quarterly*, 44(1), 2004, pp. 11-45.

［37］Fairclough, A. *Better Day Coming: Blacks and Equality, 1890-2000*, New York: Penguin Books, 2001; Fairclough, A. *A Class of Their Own: Black Teachers in the Segregated South*, Cambridge: Belkap Press of Harvard University Press, 2007.

［38］Wells, A. S., Holme, J. J., Revilla, A. T. *Both sides now: The story of school desegregation's graduates*. University of California Press, 2009.

［39］Thuesen, S. C. *Greater Than Equal: African American Struggles for Schools and Citizenship in North Carolina, 1919-1965*, University of North Carolina Press, 2013.

［40］Reese, W. J. *America's public schools: from the common school to "No Child Left Behind"*, John's Hopkins University Press, 2011［小川佳万・浅沼茂監訳『アメリカ公立学校の社会史――コモンスクールからＮＣＬＢ法まで』東信堂、二〇一五年］.

［41］記念館の訪問記は、『図書新聞』に不定期連載させていただいた拙稿「研究生活・アメリカひとり行き」第二回「リンダ・ブラウンが歩いた道から」（第三二六五号）を参照。

［42］この経緯は右記連載第七回「路上吏員と人の情け」（『図書新聞』三二七四号）を参照。

［43］倉石一郎『アメリカ教育福祉社会史序説――ビジティング・ティーチャーとその時代』（春風社、二〇一四年）。

［44］前掲書、第六章を参照。

人名索引

L

M

N

O・P

T・U・V

W

Y・Z

事項索引

あ行

アーカンソー州 Arkansas　68, 112, 160, 171, 173-174
アーバンリーグ Urban League　138, 146-147, 155
アーロン対クック(訴訟) *Aaron V. Cook*　67
アップワード・ボンド Upward Bound　140
アトランタ(ジョージア州) Atlanta　8-9, 161, 204, 212
『アトランタ・コンスティテューション』Atlanta Constitution　61
『アトランタ・デイリー・ワールド』Atlanta Daily World　63, 88, 90-91, 141
アメリカ教育協会 American Council on Education (ACE)　109
アラバマ州 Alabama → バーミングハムも見よ
——における田舎(農村地帯)のハイスクール rural high schools in　34, 38, 43-44
——における学校の人種隔離撤廃 desegregation of schools in　194
——におけるハイスクールの認証 high school accrediation in　55-57
——における平等化運動 equalization campaigns in　61, 66, 70-71, 80, 83, 160
アリゾナ州 Arizona　170
アレクサンダー対ホルムズ郡(訴訟) *Alexander v.Holmes County*　191
アングルトン黒人高校(テキサス州) Angleton Colored High School　212
アンダーソン高校(テキサス州オースティン) Anderson High School　194
イースト高校(ミズーリ州カンザスシティ) East High School　178, 218
イーソン高校(ミシシッピ州コリンス) Eason High School　83
一般コース General tracks　18, 120, 122, 157
イリノイ州 Illinois → シカゴも見よ
——における学校の人種隔離撤廃 desegregation of schools in　170
奨学金委員会　State Scholarship Commission　123
インディアナ州における学校の人種隔離撤廃 Indiana, desegregation of schools in　169, 172, 208
インディアナポリスにおける平等化運動 Indianapolis, equalization campaigns in　113, 121
ヴァージニア州　Virginia
——における学校の人種隔離撤廃 desegregation os schools in　174, 191, 193, 222
——における農村地帯(田舎)のハイスクール rural high schools in　30
——における平等化運動 equalization campaigns in　64-65, 68, 80, 90
モートン高校(ヴァージニア州ファームヴィル)生徒ストライキ　Moton High School student strike　1-2, 6, 15, 222
ウィスコンシン州における学校の人種隔離撤廃 Wisconsin desegregation of schools in → ミルウォーキーも見よ　184, 188
ウェアヴァートン郡立高校(ケンタッキー) Weaverton County High School　171
ウェスティングハウス高校(シカゴ) Wettinghouse High School　164
ウェストヴァージニア州における平等化運動 West Virginia, equalization campaigns in　80
ウェストシャーロット高校(ノースカロライナ) West Charlotte High School　195
ウェストポート高校(ミズーリ州カンザスシティ) Westport High School　158
『ウォール・ストリート・ジャーナル』*Wall Street Journal*　199
エウレカ高校(ミシシッピー州ハティーズバーグ) Eureka High School　210, 212
エングルウッド高校(シカゴ) Englewood High School　105, 108, 118, 185
オークランド(カリフォルニア州)における平等化運動 Oakland, equalization campaigns in　119
オクラホマ州 Oklahoma　64, 171
オハイオ州 Ohio → シンシナティ、クリーヴランドも見よ　113, 170, 184, 200

か行

課外活動 Extracurricular activities　111, 115-116, 118, 122, 158, 179, 198
学生非暴力調整委員会 Student Non-violent Coordinating Committee (SNCC)　160
学校の認証 Accrediation of schools

黒人ハイスクールの奮闘 Black high schools struggles 51-57
平等化運動における in equalizaiton campaign 69-71, 77-78, 81-83, 89-91, 151
学業到達 Achievement → 黒人 - 白人間の達成度の格差を見よ
学校統廃合運動 Consolidation campaigns 37-38, 43, 69-70, 77-78, 81, 193, 209
『学校における人種的孤立』(合衆国公民権委員会) *Racial Isolation in the Schools* (U.S.Civil Rights Commission) 181
学校予算(資金) Funding of schools
ジャンプ・スタート学校/併設学校 jumpstart schools/union schools 41-42
職業教育のためのスミス・ヒューズ基金 Smith-Hughes funds for vocational education 42-43, 57
南部における初等教育 elementary education in the South 35-38
平等化運動における in equalization campaigns 61-62, 66-71, 76-78, 86-90, 120-121
合衆国公民権委員会 U.S. Commission on Civil Rights 181, 186, 189, 5章注94, 97
合衆国連邦最高裁判所 U.S. Supereme Court 1, 64, 186, 191, 196
過密状態 Overcrowding 147-148, 154, 157, 160, 168, 209
カリキュラム Curriculum 81-83, 156-157, 159, 164, 166, 210
カリフォルニア州 California → ロサンジェルス、オークランドを見よ
カリュメット高校(シカゴ) Calumet High School 198-199
カレッジ進学準備と在籍 College preparation and enrollment 8, 10, 93, 140, 223
『カンザスシティ・スター』 *Kansas City Star* 177
カンザスシティ(ミズーリ州) Kansas City
——における学校の人種隔離撤廃 desegregation of schools in 168, 172, 176-183, 186, 190, 204, 218-220
——における平等化運動 equalization campaigns in 113-116, 118, 128
都市教育における「危機」と—— “crisis” in urban education 136, 150, 158, 153
キーズ対第一学区(訴訟) *Keyes v. School District No.1* 186
キャズウェル郡立訓練学校(ノースカロライナ州) Caswell County Training School 81-82, 151
ギャング Gangs 158, 198, 225
教育機会均等調査 Equality of Educational Opportunity survey 91
教育政策委員会 Educational Policy Commission 155
教師 Teachers
——の離職 turnover of 166, 180
職業教育のためのスミス・ヒューズ基金 Smith-Hughes fund for vocatonal education 42-43
南部以外における—— outside the South 166-167
南部における—— in the urban South 46, 218-219
強制バス通学 Busing 29, 38, 41, 63, 69-70, 112, 133, 148, 182, 185-189, 193-196, 205, 217, 238
『今日のアメリカのハイスクール』(コナント) *American High School Today* 154
居住の分離(隔離) Residential segregation 113-120, 124-125
クラーク大学 Clark University 8
クリーヴランド(オハイオ州) Cleveland 122, 188
グリーン対ニューケント郡(訴訟) *Green v. New Kent County* 191, 194
クリスパス・アタックス高校(インディアナポリス) Crispus Attucks High School 113, 121, 208
クリントン高校(テネシー州クリントン) Clinton High School 173, 174-175, 204
クレイン工科高校(シカゴ) Crane Techinical High Schoo 151
ゲイジパーク高校(シカゴ) GagePark High School 185
ゲインズ対カナダ(訴訟) *Gaines v. Canada* 64
ゲーリー(インディアナ州) Gary
——における学校の人種隔離撤廃 desegregation of schools in 169, 184
——における平等化運動 equalizaiton campaigns in 104-108, 110, 112, 119, 169
第二次大戦後期における紛争 post-World II conflicts 104-108, 110, 112, 218, 221-222
ケンタッキー州 Kentucky 68, 80, 86, 168, 171-173
『権利擁護のために』(公民権委員会) *To Secure These Rights* (Commission on Civil Rights) 60
郊外化 Suburbanization 23, 120, 126-127, 134-136, 231

抗議行動 Protests
——と都市教育における「危機」 and “crisis” in urban education 133-134, 157-165
——の遺産 legacy of 221-224
1960年代における—— of the 1960s 157-165
人種隔離撤廃 desegregation 169-176, 183-190, 197-201, 218-220, 229
第二次大戦後の平等化運動 post World War II equalization campaigns 3-4, 7, 23, 36-37, 63-65, 94-97, 104-112, 117, 119, 222-224
工業化 Industrializaiton 16-19, 59-60, 65-68, 170, 227
高校卒業認定資格 General Equivalency Diploma (GED) 16, 140, 225-227
公民権 Civil Rights →人種隔離撤廃、人種統合、抗議行動も見よ
職業教育と—— vocational education and 154
南部における—— in the South 1-3, 6, 13-16, 61-69, 86-92, 159-162
教育機会の平等 equal education opportunity 20
全国的運動 national movement 16-19, 159-163, 183-185, 210-211, 222-223, 229-232
長い公民権運動（ホール） Long Civil Rights Movement (Hall) 7, 222
全米黒人向上協会／NAACPの運動 NAACP campaign 1, 6
公民権委員会 Commission on Civil Rights 60
公立学校対抗試合（シカゴ） Public School League 158
黒人の文化意識 Black cultural awarness 24, 133-134, 159-160, 161-165, 207, 218, 223-224
黒人ハイスクール Black high schools
——の平等化運動 equalization campaigns of the 1950s and 1960s 59-129（第2・3章）
北部および西部における—— in the North and West 113-120
ジャンプ・スタート学校／併設学校 jumpstart schools/union schools 41-42, 212
在籍者数の統計 enrollment statistics 47-48
在籍者数におけるジェンダー不均衡 gender imbalance in enrollment 32-33
図書館 libraries 55, 57, 78
南部における小規模の田舎の学校 small rural schools in the South 40-44
南部における都市の学校 urban schools in the South 44-51
認証をめざした奮闘 accreditation struggles 51-57
「よい黒人ハイスクール」“good black high schools” 14, 80-86, 115, 210-211
黒人ハイスクール（テキサス州アングルトン） Colored High School 41
黒人 - 白人間の学業到達度の格差 Black-White achievement gap 94-129（3章）
家庭環境と—— family circumstances and 152-157
都市教育における「危機」と—— “crisis” in urban education and 133, 149-151
土地家屋所有（持ち家）と—— property ownership and 31-34, 40, 47-50, 71-76, 101, 127
ひとり親家庭と—– single-parent households and 50, 102, 152-153, 215, 220, 225, 22-230
貧困と—— poverty and 127, 152-157
両親の学歴と—— parental education and 49-50, 74, 101-102, 123, 127, 212-215
教育機会均等調査 Equality of Educational Opportunity survey 91
NAEPテストのスコア NAEP scores 20-21, 169, 226
黒人 - 白人間の教育達成の格差 Black-White attainment gap 68
——における黒人の中等学校レベルの達成 Black secondary school attainment in 1960 outside the South 125-128
——の州ごとのパタン patterns by state 78
——の縮小の過程 process of narrowing 2-7, 9, 22-26, 71-75, 224-227
——の地域間での差異 regional differences 12-16, 71-75, 125
カレッジと—— college and 10-12, 15-17, 93
都市教育における「危機」と—— “crisis” in urban education and 141-151, 166-167
南部以外における—— outside the South 14-15, 23-24, 94-129（3章）, 141-142, 179-181, 214-215
南部における—— in the South 6, 9-10, 12-14, 17-18, 28-35, 39-51, 59-93（2章）, 71-79, 92-93
黒人教育の向上 improving Black education 12-16
卒業率 graduation rates 4-10, 18-19, 24-25,

47--48
南部の農村地帯における初等教育 lementary education in rural South 35-38
国勢調査公開用マイクロデータサンプル Integrated Public Use Mircodata Samples (IPUMS) 30, 46, 225, 序章注5
小作農 Tenant farmers 30-33, 72-73, 72-74, 79-80, 211-212
ゴス対ロペス(訴訟) *Goss v. Lopez* 196
コットンベルト Cotton Belt 34
雇用 Employment
農業における—— agricaultural 30-35, 71-76, 78-80, 145
ハイスクール運動と—— high school movement and 4-5, 9-11, 22-25, 30-35, 75-76, 102-104, 145, 209-210, 232-233]
黒人の北部移住(移動) northern migration of Blacks 19-21, 60, 65-68, 169-170
ゴンザガ高校(ワシントン州スポーケン) Gonzaga High School 108

さ行

サウスイースト高校(ミズーリ州カンザスシティ) Southeast High School 178, 180, 218, 230
サウスウェスト高校(ミズーリ州カンザスシティ) Southwest High School 178, 180-182
サウスカロライナ州 South Carolina
——における学校の人種隔離撤廃 desegregation of schools in 171
——における農村部(田舎)のハイスクール rural high schools in 30, 43
——におけるハイスクールの認証 high school accreditation in 56
——における平等化運動 equalization campaigns in 69-71, 77-78, 80, 84, 87, 89
生徒の紛争(衝突)と—— student conflict and 200
黒人(ニグロ)教育局 Division of Negro Education 84
サザン・ベル社 Southern Bell 8, 10
サファーリン高校(ニューヨーク) Sufferin High School 96
サムナー高校(ミズーリ州カンザスシティ) Sumner High School 113-116, 118, 121, 220
サムナー高校(ミズーリ州セントルイス) Sumner High School 113, 172
産別労働組織会議 Congress of Industrial Organizations (CIO) 106
ジェイムズ・E・シェパード高校(ノースカロライナ州ゼブロン) James E. Shepard High School 82
ジェファソン高校(ロサンジェルス) Jefferson High School 113
ジェンダー Gender
雇用機会と—— employment opportunities and 50, 213
ハイスクール運動と—— high school movement and 10, 29, 33-34, 213
平等化運動における—— in equalization movement 73-75, 99
ひとり親家庭の影響 impact of single-parent households 50
ジェントリー高校(ミシシッピー州インディアノラ) Gentry High School 171
シカゴ(イリノイ州) Chicago
——における学校の人種隔離撤廃 desegregation of schools in 184-186, 205
——における平等化運動 equalization campaigins in 97--98, 105-106, 117-119, 121-123
生徒間の紛争(衝突)と—— student conflict and 197-199
都市教育の「危機」"crisis" in urban education 135-139, 146-149, 151, 153, 158-163
シカゴ大学 University of Chicago 147
『シカゴ・ディフェンダー』 *Chicago Defener* 65, 88-89, 105, 108, 123, 155, 198, 200
『シカゴ・デイリー・ニュース』 *Chicago Daily News* 151
『シカゴ・トリビュート』 *Chicago Tribute* 138, 185, 189, 205
事実としての人種隔離 De facto segregation 184, 186
司法省 U.S. Department of Junstice 184
ジム・クロウ政策 Jim Crow policies 11, 22, 60, 63, 81
社会的地位 Social status → 貧困も見よ
ハイスクール運動と—— high school movement and 211-216, 227-228
土地家屋所有(持ち家) property ownership 31-35, 40, 47-50, 71-76, 100-101, 127
ひとり親世帯 single-parent households 50, 101-102, 153, 215, 220, 225, 229-231
両親の学歴(教育) parental education 49-

50, 74-76, 100-102, 123, 127-128, 213-215
ジャンプスタート学校／併設学校 Jumpstart/ Union schools　41-42, 212
自由意志による転校プログラム Volunatary transfer programs　149, 172, 175, 186-187, 189, 191, 194
ジョージア州 Georgia → アトランタも見よ
——における学校の人種隔離撤廃 desegregation of schools in　174-175, 194, 204, 212-213
——における小規模のハイスクール smaller high schools in　51
——における初等教育 elementary education in　35-38
——における農村地帯のハイスクール rural high schools in　30, 34, 37-38, 41-44, 212
——におけるハイスクール認証 high school accreditation in　53-56, 57
——における平等化運動 equalizaiton campaigns in　67, 68-70, 77-78, 80, 84-91
最低基盤整備計画 Minimum Foudation program　67, 88
生徒の衝突（紛争）と—— student conflict and　200
黒人（ニグロ）教育局 Division of Negro Education　62, 68, 78, 88. 91
職業教育 Vocatonal education
——のためのスミス・ヒューズ基金 Smith-Hughes funds for vocational education　42, 57
黒人向けの—— for Blacks　18, 62, 103-104
都市教育における「危機」と—— "crisis" in urban education and　154-157
ハイスクール運動における—— in high school movement　32-35, 42-44, 57, 62
平等化運動における—— in equalization campaingns　62, 81-83, 103-104, 120-121
郡立訓練学校 county training schools　40
初等教育（南部における） Elementary education, in the South　35-38, 44-45, 208
ジョン・ジェイ高校（ブルックリン） John Jay High School　198
シンシナティ（オハイオ州）における学校の人種隔離撤廃 Cincinnati, desegregation of schools in　184-185, 188
人種隔離 Segregation
——と人種統合のジレンマ dilemmas of integration and　216-221
人種的孤立としての—— as racial isolation 26, 137, 154, 181-182, 205
都市教育における「危機」と—— "crisis" in urban education and　136, 146-151, 159-162
人種隔離撤廃 Desegregation → 平等化運動、抗議行動、そして各州、都市名の項も見よ　24, 148-149, 168-206（5章）
——のジレンマ dilemmas of　216-221
——をめぐる論争 controversy over　170-176, 181-190, 233-234
学校の中での不公正 inequity within the schools　201-204
1940年代と1950年代における—— in the 1940s and 1950s　169-176
1960年代における—— in the 1960s　157-165, 197-201
南部における—— in the South　191-197
ミズーリ州カンザスシティにおける—— in Kansas City, Missouri　168, 176-183
自由意志による転校プログラム voluntary transfer programs　149, 172, 175, 186-187, 189, 191, 194
生徒の紛争（衝突） student conflict　197-201
厳しい試練としての—— as trial by fire 204-205
北部全土における抗議活動 protest across the North　183-190
人種的孤立 Racial isolation　26, 137, 154, 181-182, 205
人種統合 Integration → 平等化運動、抗議行動および各州、都市名の項目も見よ　168-206（5章）
——のジレンマ dilemmas of　216-221
——の要求 demands for　146-151
1940年代と1950年代における—— in the 1940s and 1950s　169-176
南部以外における—— outside of the South 168-169, 176-183, 217-221
南部における—— in the South　190-197, 216-217
厳しい試練としての——　as trial by fire 204-205
隔離された居住状態の影響 impact of segregated housing　26, 113-120
学校の中での不公正 inequity within the schools　201-204
北部全土における抵抗運動 protest across

the North 183-190
生徒の紛争(衝突) student conflict 197-201
人種平等会議 Congress on Racial Equality (CORE) 182
スウェット対ペインター(訴訟) *Sweatt v. Painter* 64
ストライキ Strikes 161-, 164, 221-222
スペルマンカレッジ Spellman College 217
スポーツ活動 Athletic programs 111, 116-118, 158, 179, 197-198
『スラムと郊外』(コナント) *Slums and Suburbs* (Conant) 132, 154
1964年公民権法 Civil Rights Act of 1964 143, 184, 190
1965年高等教育法 Higher Education Act of 1965 140
1965年初等中等教育法 Elementary and Secondary Education Act of 1965 141, 191
全国黒人アメリカ人調査 National Survey of Black Americans (NSBA) 106, 176, 190-191
セントラル高校(クリーヴランド) Central High School 122
セントラル高校(ミズーリ州カンザスシティ) Central High School 150, 163, 177-180
セントラル高校(アーカンソー州リトルロック) Central High School 112, 173-174
セントラル高校(ニューアーク、ニュージャージ州) Central High School 137
セントルイス(ミズーリ州) St. Louis 113, 172
全米学力調査 National Assessment of Educational Progress (NAEP) 20-21, 169, 226
全米黒人向上協会／NAACP
National Association of the Advancement of Colored People 1. 6, 29, 36, 63-64, 67-68, 88-89, 94-96, 146, 148, 156-157, 159, 170-171, 186, 193
全米社会科協会 National Council for Social Studies 109
卒業記念誌 Yearbooks 116, 118, 165, 177-179, 218, 223
卒業率 Graduation rates 4-10, 18-19, 24-25, 47-48

た行

第一次世界大戦 World War I 4, 53
退学処分 Expulsions 196-197
大学・中等学校協会 Association of College and Secondary Schools 53
大恐慌 Great Depression 4, 9, 17. 28, 36, 103, 121
第二次世界大戦 World War II 3-4, 17, 28, 72, 92, 96-97, 119
ハイスクールへの在籍の動向と—— high school enrollment trends and 39-44
戦後の経済発展 postwar economic development 60-62
達成 Attainment → 黒人 - 白人間の達成格差を見よ
ダンバー高校(ボルティモア) Dunbar High School 208
ダンバー高校(シカゴ) Dunbar High School 156
ダンバー高校(オハイオ州デイトン) Dunbar High School 113
チャペルヒル＝カーボロー学校システム(ノースカロライナ) Chapel Hill-Carrboro School System 218
中西部調査機構 Midwest Research Institute 183
停学処分 Suspensions 196-197
デイトン(オハイオ州)における平等化運動 Dayton, equalization campaigns in 113
『逐日議事録(デイリー・マイニューツ)』*Daily Minutes* 60
ティルマン対デイド郡学校委員会(訴訟) *Tillman v. Dade County School Board* 200
ティンカー対デモイン(訴訟) *Tiner v. Des Moines* 162
デーヴィス対プリンスエドワード郡学校委員会(訴訟) *Davis v. County School Board of Prince Edward County* 1
テキサス州 Texas
——における学校の人種隔離撤廃 desegregation of schools in 173, 194
——における中等教育 secondary education in 41, 65
——における農村地帯(田舎)のハイスクール rural high schools in 41-42
——における平等化運動 equalization campaigns in 65
デトロイト(ミシガン州) Detroit 107, 110-111, 148, 156, 161, 188
テネシー州 Tennessee 70, 78, 80, 173, 175
デュサブール高校(シカゴ) Dusable High School 118, 122, 139, 164
デラウェア州における学校の人種隔離撤廃 Delaware, desegregation of schools in 173, 204

投票権法 Voting Rights Act　90
ドーシー高校(ロサンジェルス) Dorsey High School　199
都市化の過程 Urbanization process → 都市教育の「危機」も見よ
　——における都市の中産階級 urban middle class in　31, 47
　居住の分離(隔離) residential segregation in 113-120, 124-125, 146-149
　黒人の北部移住(移動) northern migration of Blacks　16-19, 60, 65-68, 170
　1940年から1960年の黒人 - 白人間の学業到達度の格差 Black-White achievement gap 1940-1960　94-129(3章)
　南部以外における平等化運動 equalization campaigns outside the South　94-129(3章)
　南部の都市における学校 schools in Southern cities　44-51
都市教育における「危機」"Crisis" in urban education　18, 21, 24, 132-167(4章)
　カリキュラムと—— curriculum and　156, 162-163, 164, 166
　郊外への「ホワイトフライト」と—— "White flights" to suburbs and　25, 134, 137, 188-189, 204-205, 225, 231
　過密状態 overcrowding　147-148, 154, 157, 160, 168, 209
　教育達成の上昇 educational attainment gains　141-151, 166-167
　強制バス通学 busing　133, 148
　抗議活動 protests　133-134, 157-165
　黒人の北部への移住(人口移動) northrn migration of Blacks　16-19, 60, 65-68, 134-137
　職業教育トラック vocational education tracks　154-156
　人種隔離された学校 segregated schools 135-137, 146-151, 160
　ドロップアウト防止プログラム anti-dropout programs　137-142
　反差別法 anti-discrimination legislation　143
トピカ高校 Topeka High School　115-117
トラッキング(コース) Tracking → 職業教育も見よ　18, 123-124, 157, 203, 213
トレントン(ニュージャージー州)第二次大戦後期における衝突 Trenton, post-World War II conflicts　94-96
トレンホルン高校(アラバマ州タスカンビア) Trenholm High School　194
ドロップアウト(中退) Dropouts　114, 137-142, 196

な行

長い公民権運動(ホール) Long Civil Rights Movement (Hall)　7, 222
南部オーラルヒストリープロジェクト Southern Oral History Project　236
南部大学・中等学校協会 Southern Association of Colleges and Secondary Schools (SACS) 53-56, 93
南部地域会議 Southern Regional Coucil　196
ニュー・オーガスタ高校(ミシシッピー) New Augusta High School　193
ニューアーク(ニュージャージ州)都市教育の「危機」 Newark, "crisis" in urban education　137
ニュージャージー州 New Jersey → ニューアーク、トレントンも見よ　94-96, 184, 199-200
ニューメキシコ州における学校の人種隔離撤廃 New Mexico, desegregatio of schools in　170
『ニューヨーク・アムステルダム・ニュース』*New York Amsterdam News*　111
ニューヨーク市 New York City
　——における学校の人種隔離撤廃 desegregatio of schools in　184-185
　——における都市教育の「危機」"crisis" in urban education　148, 156-157, 159, 162-163
　——における平等化運動　equalization campaigns in　110
　生徒の紛争(衝突) student conflict and　199
　第二次大戦後の衝突 post-Wold War II conflicts　95, 105
　SEEK(教育、向上、知識の探究)　SEEK (Search for Education, Elevation, and Knowledge)　140
『ニューヨーク・タイムズ』*New York Times*　68, 86-87, 140
人間関係委員会(カンザス州) Human Relations Commission (Kansas)　176
農村地帯(田舎) Rural areas　29-38, 40-44, 208
ノーザン高校(デトロイト) Northern High School　161
ノースイースト高校(ミズーリ州カンザスシティ) Northeast High School　182
ノースウェスタン高校(デトロイト) Northwestern High School (Detroit)　107,

148
ノースカロライナ州 North Carolina
——における学校の人種隔離撤廃 desegregatio of schools in 173, 193-194, 219-221
——における小規模のハイスクール smaller high schools 52
——における初等教育 elementary education in 35-38
——における農村地帯(田舎)のハイスクール rural high schools in 38, 43
——におけるハイスクールの認証 high school accreditation in 57
——における平等化運動 equalization campaigns in 61, 63, 65, 68, 70, 77-78, 80-86, 89, 151, 211
学校内における人種隔離 with-in school segregation 203
生徒の紛争(衝突) student conflict and 200
ノース高校(ペンシルヴァニア州ウェスト・ミフリン) North High School 199
ノースディヴィジョン高校(ミルウォーキー) North Division High School 122

は行

パーカー・ドクトリン Parker Doctrine 171, 175
ハーバード人種隔離撤廃プロジェクト Harvard Desegregation Project 結論注16
バーミンガム(アラバマ州)における抗議活動 Birmingham, Alabama, protests in 160-161
ハーラン高校(ミズーリ州カンザスシティ) Harlan High School 225
ハイスクール運動 High school movement →黒人ハイスクールも見よ
——における学校統廃合運動 consolidation campaigns in 37, 43, 69-70, 77-78, 81, 192-193, 209
——における傾向 trends in 3-7
——における第二の変革 second transformation in 28
——におけるよい黒人ハイスクール good Black high schools in 14, 80-86, 115, 210
経済発展過程における—— in economic development process 4-5, 9-11, 19-22
黒人教育史における—— in history of Black education 208-211
雇用機会と—— employment opportunities and 4-5, 9-11, 19-21, 30-35, 75-76, 103-104, 145, 209-210, 232-233
ジェンダーと—— gender and 9, 29, 32-35, 212-213
社会的地位と—— social status and 211-216, 227-228
1920年代における—— in the 1920s 3-4, 9, 22, 28
1930年代における—— in the 1930s 3-4, 9, 22, 28, 38, 51
1940年代における—— in the 1940s 9, 13, 16-19, 28-58(1章), 97-104, 169-176
1950年代における—— in the 1950s 9-10, 13-14, 169-176
1960年代における—— in the 1960s 5, 9-12, 24-25, 59-93(2章), 125-128
1970年代における—— in the 1970s 11, 18-19, 20-21, 24-25
1980年代における—— in the 1980s 5, 13, 20-21, 25-26
都市化傾向と—— urbanization trend and 16-19, 60, 65-68, 169-170
南部における—— in the South 3-5, 9, 12-14, 16-18, 28-93(1・2章)
民主的精神における—— in democratic ethos 8-12
学業到達度の格差 achievement gap in → 黒人 - 白人間の学業到達度の格差を見よ
カレッジ進学準備と在籍 college preparation and enrollment 10-12, 15, 93, 150, 223
教育達成の格差 attainment gap → 黒人 - 白人間の教育達成の格差を見よ
教育における地域間の差異 regional differences in education 12-16, 71-76
黒人教育の向上 improving Black education 12-16
黒人の北部移住(移動) northern migration of Blacks 16-19, 60-61, 65-68, 169-170
職業訓練 vocational training 33, 42-43, 57, 61-62
卒業率 graduation rates 3-6, 12-19, 28, 47-48, 225-226, 232-233
ハイドパーク高校(シカゴ) Hyde Park High School 107, 109
白人市民会議 White Citizens Councils 222
パサデナ高校 Pasadena High School 4章注146
パセオ高校(ミズーリ州カンザスシティ) Paseo High School 178, 180

ハリソン高校(シカゴ) Harrison High School 163
ハワード大学 Howard University 39, 57
ピッツバーグ(ペンシルヴァニア州)生徒の紛争(衝突)と Pittsburg, student conflict and 199-200
『ピッツバーグ・クーリエ』Pittsburg Courier 94, 108
ひとり親世帯 Single-parent households 50, 101-102, 152-153, 215, 220, 225, 229-231
平等化運動 Equalization campaigns → 人種統合、および各州、都市名の項も見よ 23, 209
——における異文化間教育 intercultural education in 109-112
——における課外活動 extracurricular activities in 111-112, 115-116, 122
——における学業到達度 academic achievement in 91
——における学校統廃合運動 consolidation campaigns in 37, 43, 69-70, 77-78, 81, 192-193, 199-200
——におけるカリキュラム curriculum in 81-84, 210
——における教師の質 teacher quality in 63-64, 84, 166-167
——における強制バス通学 busing in 68-70
——における資金 fundings in 54, 59, 60, 62, 67, 76-79, 147-148
——の概容 summary of 92-93
——の限界 limitations of 75-76, 86-92
テスト評価と—— assessment and 91-92, 120-125
南部以外での—— outside the South 94-129
南部における—— in the South 59-93
よい黒人ハイスクールと—— good Black high schools and 80-86
学校改善へのアフリカ系アメリカ人の関心 African American interest in improving schools 62-65
学校設備(施設)の改善 facilities upgrades 62-65, 69-70, 75-78, 86-87, 146-147
学校の認証 accreditation of schools 69-70, 77-78, 81-83, 90, 151
教育達成への影響 impact on attainment 71-76, 78-80, 92-93, 233
黒人の北部移住(移動) northern migration of Blacks 65-68
在籍率の向上 enrollment improvements in 71-79, 92-93
ジム・クロウ政策 Jim Crow policies 11, 22, 60, 63, 81
地域の経済発展の影響 regional development impact on 60-62
都市における隔離的棲み分けの影響 impact of urban residential segregation 113-120, 124-125, 146-149
ドロップアウト(中退)率 dropouts rates 114, 137-142, 196
「平等化」の意味 meanings of “equalization” 62-65
法的行動 legal actions 63-68, 76-77, 86-87, 92-93, 112, 143, 182, 184, 194-197
貧困 Poverty
黒人 - 白人間の学業到達度の格差と—— Black-White achievement gap and 127-128, 152-157
教育達成と—— educational attainment and 213-216, 220
都市教育における「危機」と—— “crisis” in urban education and 132-134
文化的剥奪と—— cultural deprivation and 132-134, 143-145, 152-157, 213
貧困に対する戦い War on Poeverty 132-133, 140, 142-143
ファラガット高校(シカゴ) Farragut High School 161
フィラデルフィア(ペンシルヴァニア州) Philadelphia 110, 163
フィリップス高校(シカゴ) Phillips High School 118
フォード財団 Ford Foundation 138
復員兵援護法 GI Bill 7
ブッカー・T・ワシントン高校(アトランタ) Booker T. Washington High School 7-8, 10, 44-45, 85, 208
ブライス対ランディス(訴訟) *Brincev. Landis* 194
ブラウン判決 Brown v. Board of Education 1, 12-13, 62, 77, 86, 91, 112, 119, 124, 129, 133, 168-171, 176-177, 184. 194, 197. 204-205
ブラックパワー Black Power 134, 160, 162, 223
ブラックパンサー Black Panthers 160, 163
プランテーション経済 Plantation economy 17, 29-35, 35-36, 59-60
ブリッグス判決 *Briggs decision* 171
フレーベル高校(インディアナ州ゲーリー)

Froebel High School 104-105, 169, 218
プレーリー・ビューA&M(農工業カレッジ) PrairieView A&M 41
プレッシー判決 *Plessy v. Ferguson* 208
フレデリック・ダグラス高校(ボルティモア) Frederick Douglas High School 172
フレモント高校(ロサンジェルス) Fremont High School 107
フロリダ州 Florida
——における平等化運動 equalizaiton campaigns in 68
生徒の衝突(紛争)と—— student conflict and 200
ブロンクス科学高校 Bronx High School of Science 157
文化的剥奪 Cultural deprivation 132-134, 143-145, 152-157, 213
併設学校 Union schools 41-42, 212
ヘッドスタート Head Start 141
ペリー郡アテンダンス・センター(ミシシッピ) Perry County Attendance Center 193
ベンジャミン・フランクリン高校(イーストハーレム) Benjamin Franklin High School 148
ベンジャミン・フランクリン高校(フィラデルフィア) Benjamin Franklin High School 163
ペンシルヴァニア州 Pennsylvania → フィラデルフィア、ペンシルヴァニア州、ピッツバーグ、ペンシルヴァニア州を見よ
ヘンリー・マックニール・ターナー高校(アトランタ) Henry McNeil Turner High School 8
ボイド初等学校(ミシシッピー州ジャクソン) Boyd Elementary School 217
法制度的人種隔離 De jure segregation 23, 133, 171
ボーガン高校(シカゴ) Bogan High School 185
ホーキンス対コールマン(訴訟) *Hawkins v. Coleman* 196
補習教育 Remedial education 118, 120-123, 157, 203, 213
補償教育プログラム Compensatory educaiton programs 181-182, 213
ボストン(マサチューセッツ州) Boston 160, 184, 187-188
ボルティモア(メリーランド州) Baltimore 171-172, 204, 208
ホワイトフライト White flight 25, 134-137, 188-189, 204-205, 225, 231

ま行

マーシャル高校(シカゴ) Marshall High School 147
マクラーリン対オクラホマ(訴訟) *McLaurin v. Oklahoma* 64
マサチューセッツ州における学校の人種隔離撤廃 Massachusetts. desegregation of schools in → ボストンも見よ 185
マッククライモンズ高校(カリフォルニア州ウェストオークランド) McClymonds High School 119
マニュアル高校(ミズーリ州カンザスシティ) Manual High School 158, 178
ミシガン州 Michigan →デトロイトを見よ
ミシシッピー州 Mississippi
——における学校の人種隔離撤廃 desegregation of schools in 171, 191, 193, 217
——における小規模のハイスクール smaller high schools in 52
——における初等教育 elementary education in 35-38
——における農村地帯(田舎)のハイスクール rural high schools in 30, 34, 37-38, 42, 44, 212
——におけるハイスクールの認証 high school accreditation in 54-56
——における平等化運動 equalization campaigns in 61-62, 65-68, 70-71, 78, 80, 83-85, 87-90, 210
黒人(ニグロ)教育局 Divison of Negro Education 87-88
ミシシッピー州政府教育庁 Mississippi Department of Education 70
ミシシッピーメソジスト会議 Mississippi Methodist Conference 37
ミズーリ州 Missouri → カンザスシティ、セントルイスも見よ 168, 170-171
ミズーリ州対ジェンキンス(訴訟) *Missouri v. Jenkins* 182
南テキサス大学 Texas Southern University 40
南ミシシッピー大学 University of Southern Mississippi 217
ミリケン対ブラッドリー(訴訟) *Milliken v. Bradley* 188
ミルウォーキー(ウィスコンシン州) Milwaukee 122, 188
ミルフォード高校(デラウェア州ミルフォード) Milford High School 173-174, 204

メリーランド州 Maryland → ボルティモアも見よ 61, 64, 168, 171, 204
メルヴィンデイル高校（デトロイト）Melvindale High School 111
モアハウス・カレッジ Morehouse College 7
『もう一つのアメリカ』（ハリントン） *The Other America* 132
モートン高校（ヴァージニア州ファームヴィル） Moton High School 1-2, 6. 15

や行・ら行

よい黒人ハイスクール Good black high schools 14, 80-86, 115, 210
リーヴァー・ブラザーズ・コーポレーション Lever Brothers Corporation 139
リバールージュ高校（デトロイト） River Rouge High School 111
両親の学歴（教育） Parental education 49-50, 74-76, 100-102, 123, 127-128, 213-215
リンカン高校（ミズーリ州カンザスシティ） Lincoln High School 113-118, 128, 178, 181
ルイジアナ州 Lousiana 42, 52-53, 80
レッドストーン・アカデミー（ノースカロライナ州ランバートン） Redstone Academy 36, 221-222
連邦統計局 U.S. Bureau of Census 30, 141, 結論注65
労働省 U.S. Department of Labor 139
ローゼンウォード基金 Rosenwarld Fund 35-36
ロサンジェルス、カリフォルニア州 Los Angeles, California
——における平等化運動 equalization campaigns in 107-108, 113, 119
生徒の紛争（衝突） student conflict and 199-200
都市教育における「危機」 "crisis" in urban education 163

わ行

『ワシントン・ポスト』 *Washington Post* 174
ワシントンD.C. 生徒の紛争（衝突）と Washington D.C., student conflict and 198
ワシントン高校（アトランタ） Washington High School 212-213, 228
ワシントン高校（カンザスシティ、カンザス州） Washington High School 115-116

欧文

SEEK（教育、向上、知識の探究） SEEK (Search for Education,Elevation, and Knowledge) 140
UP国際通信社 United Press Internatonal (UPI) 141, 199

原 注

序 章

(1) "School Board's Inaction Hit," *Baltimore Afro-American*, May 5, 1951, p. 1.

(2) ファームヴィルにおける闘争の顛末は Richard Kluger, *Simple Justice* (New York: Vintage Books, 1975), Ch. 19 において詳細に述べられている。James Patterson, *Brown v. Board of Education: A Civil Rights Milestone and Its Troubled Legacy* (New York: Oxford University Press, 2001)［ジェイムズ・パターソン（籾岡宏成訳）『ブラウン判決の遺産――アメリカ公民権運動と教育制度の歴史』慶應義塾大学出版会、2010 年］, pp. 27-29 も見よ。

(3) Robert A. Margo, "Explaining Black-White Wage Convergence, 1940-1950," *Industrial and Labor Relations Review*, Vol. 48, No. 3 (April 1995), pp. 470-481.

(4) Louis Harlan, *Separate and Unequal: Public School Campaigns and Racism in the Southern Seaboard States, 1901-1915* (New York: Atheneum, 1968), Ch. VIII. 1940 年以前の南部における黒人ハイスクールについては James D. Anderson, *The Education of Blacks in the South, 1960-1935* (Chapel Hill: University of North Carolina Press, 1988), pp. 196-197. を見よ。南部以外における状況については、Davison Douglass, *Jim Crow Moves North: The Battle over Northern School Desegregation, 1865-1954* (New York: Cambridge University Press, 2005), Chs. 4 & 5. を見よ。

(5) この推計は、ミネソタ大学人口研究センターが所持する合衆国国勢調査公開用マイクロデータシリーズ（IPUMS）のデータを利用して計算した、1940 年の国勢調査における 19 歳の若者の卒業率に基づくものである。Steven Ruggles, J. Trent Alexander, Katie Genadek, Ronald Goeken, Matthew B. Schroeder, and Matthew Sobek, *Integrated Public Use Microdata Series: Version 5.0* [Machine-readable database] (Minneapolis: University of Minnesota, 2010). これらのデータの利用に関して、IPUMS プログラムに感謝する。

(6) John Modell, *Into One's Own: From Youth to Adulthood in the United States, 1920-1975* (Berkeley: University of California Press, 1991), Ch. 4.

(7) John L. Rury, "The Comprehensive High School, Enrollment Expansion and Inequality: The United States in the Postwar Era," in Barry Franklin and Gary McCullough, eds., *The Death of the Comprehensive High School* (New York: Palgrave Macmillan, 2003), pp. 53-72.

(8) Alexander W. Astin, *Minorities in American Higher Education* (San Francisco: Jossey-Bass, 1982), Ch. 4.

(9) Orley Ashenfelter, William J. Collins, and Albert Yoon, "Evaluating the Role of *Brown vs. Board of Education* in School Equalization, Desegregation, and the Income of African Americans," NBER Working Paper 11394 (2005); David Card and Alan B. Krueger, "School Quality and Black-White Relative Earnings: A Direct Assessment," *The Quarterly Journal of Economics*, Vol. 107, No. 1 (February 1992), pp. 151-200.

(10) この点については本書の結論において、さらに突っ込んで議論している。

(11) この点に関しては Jerome Morris, "Research, Ideology and the Brown Decision: Counter-narratives to the Historical and Contemporary Representation of Black Schooling," *Teachers College Record*, Vol. 110, No. 4 (2008), pp. 713-732 を見よ。

(12) この点に関する議論は Sar Levitan and Robert Taggert, *Still a Dream: The Changing Status*

of Blacks Since 1960 (Cambridge, MA: Harvard University Press, 1975), Ch. 4 を見よ。例外的なものとしては Kurt J. Bauman, "Schools, Markets, and Family in the History of African-American Education," *American Journal of Education*, Vol. 106, No. 4 (August, 1998), pp. 500-531 が挙げられる。

(13) Michael Klarman, *Brown v. Board of Education and the Civil Rights Movement* (New York: Oxford University Press, 2007), Ch. 7; Raymond Wolters, *The Burden of Brown: Thirty Years of School Desegregation* (Knoxville: University of Tennessee Press, 1992), Chs. 2, 3, & 4.

(14) このことは当時から認識されており、黒人系新聞が継続的に報じていた。"1950 Census to Show Great Race Progress," *Chicago Defender*, March 18, 1950, p. 11.

(15) この点については John D. Skrentny, *The Minority Rights Revolution* (Cambridge, MA: Harvard University Press, 2004), passim を見よ。Jacquelyn Dowd Hall, "The Long Civil Rights Movement and the Political Uses of the Past," *Journal of American History*, Vol. 91, No. 4 (March 2005), pp. 1233-1263.

(16) ジョン・ルーリーによるハーシェル・サマーズへのインタビュー。2007 年 6 月、ジョージア州アトランタ、ブッカー・T・ワシントン高校にて。オーラルヒストリーの語り手に対してはすべて仮名を用いている。

(17) アフリカ系アメリカ人の雇用見込みの拡大をめぐる闘争、および大企業や政府機関における差別に対する激しい闘争については Sar A. Levitan, William B. Johnston, and Robert Taggart, *Still a Dream: The Changing Status of Blacks Since 1960* (Cambridge, MA: Harvard University Press, 1975). Ch. 13 を見よ。

(18) シェリー・ヒルによるメイベル・ファウンテンへのインタビュー。2007 年 6 月、ジョージア州アトランタ、ブッカー・T・ワシントン高校にて。

(19) Robert L. Hampel, *The Last Little Citadel: American High Schools Since 1940* (New York: Houghton Miffl in, 1987), passim; William J. Reese, *Origins of the American High School* (New Haven, CT: Yale University Press, 1995), Epilogue.

(20) Claudia Goldin and Lawrence Katz, *The Race Between Education and Technology* (Cambridge, MA: Harvard University Press, 2008), Chs. 5 & 6.

(21) Anderson, *Education of Blacks in the South*, Ch. 6; Robert A. Margo, *Race and Schooling in the South, 1880-1950: an Economic History* (Chicago: University of Chicago Press, 1990), Ch. 6.

(22) William J. Collins and Robert A. Margo, "Historical Perspectives on Racial Differences in Schooling in the United States," in E. Hanusheck and F. Welch, eds., *Handbook of the Economics of Education, Volume 1* (Amsterdam, North-Holland: Elsevier, 2006), Ch. 3; John J. Donohue III, James J. Heckman, and Petra E. Todd, "The Schooling of Southern Blacks: The Roles of Legal Activism and Private Philanthropy, 1910-1960," *Quarterly Journal of Economics*, Vol. 117, No. 1 (February 2002), pp. 225-268; James P. Smith and Finis R. Welch, "Black Economic Progress after Myrdal," *Journal of Economic Literature, 27*, No.2 (June 1989), pp. 519-564.

(23) ルーリーによるサマーズへのインタビュー、ヒルによるファウンテンへのインタビュー。.

(24) このことは当時の人々に認識されていた。"Negroes Top Whites Attending College," *Chicago Defender*, August 26, 1950, p. 14 を見よ。

(25) Doug McAdam, *Political Process and the Development of Black Insurgency, 1930-1970* (Chicago: University of Chicago Press, 1999), Chs. 5 & 6; Rebecca de Schweinitz, *If We Could Change the World: Young People and America's Long Struggle for Racial Equality* (Chapel

Hill: University of North Carolina Press, 2009), Ch. 5; Claybourne Carson, *In Struggle, SNCC and the Black Awakening of the 1960s* (Cambridge, MA: Harvard University Press, 1981), passim.

(26) McAdam, *Political Insurgency*, Ch. 5.

(27) Vanessa Siddle Walker, "Valued Segregated Schools for African American Children in the South, 1935-1969: A Review of Common Themes and Characteristics," *Review of Educational Research, 70* (Fall 2000), pp. 253-285; Vivian Morris and Curtis Morris, *Creating Caring and Nurturing Educational Environments for African American Children* (Westport, CT:Bergin and Garvey, 2000), passim.

(28) ヴァネッサ・シドル・ウォーカーの仕事はこの点でとりわけ注目に値する。彼女の著作 *Their Highest Potential: An African American School Community in the Segregated South* (Chapel Hill: University of North Carolina Press, 1996), および with Ulysses Byas, *Hello Professor: A Black Principal and Professional Leadership in the Segregated South* (Chapel Hill: University of North Carolina Press, 2009), passim を見よ。後者の文献の要旨は Vanessa Siddle Walker with Ulysses Byas, "The Architects of Black Schooling in the Segregated South: The Case of One Principal Leader," *Journal of Curriculum and Supervision*, Vol. 19, No. 1 (Fall 2003), pp. 57-58 を見よ。

(29) Kathryn M. Neckerman, *Schools Betrayed: The Roots of Failure in Inner City Education* (Chicago: University of Chicago Press, 2007), Chs 5, 6 & 7; Douglas Davison, *Jim Crow Moves North: The Battle over Northern School Desegregation, 1865-1954* (New York: Cambridge University Press, 2005), Ch. 6; Judy Jolly Mohraz, *The Separate Problem: Case Studies of Black Education in the North, 1900-1930* (Westport, CT: Greenwood Publishers, 1979), Ch. 6; Thomas Sugrue, *Sweet Land of Liberty; The Forgotten Struggle for Civil Rights in the North* (New York: Random House, 2008), Ch. 6.

(30) シカゴについては Neckerman, *Schools Betrayed*, Ch. 4 を見よ。フィラデルフィアについては Vincent P. Franklin, *The Education of Black Philadelphia: The Social and Educational History of a Minority Community, 1900-1950* (Philadelphia: University of Pennsylvania Press, 1979), Part Two を見よ。デトロイトについては Jeffrey Mirel, *The Rise and Fall of an Urban School System: Detroit, 1907-81* (Ann Arbor: University of Michigan Press, 1993), Chs. 4 & 5 を見よ。ロサンジェルスについては Judith Rosenberg Raftery, *Land of Fair Promise: Politics and Reform in the Los Angeles Schools, 1885-1941* (Palo Alto, CA: Stanford University Press, 1992), pp. 183-191 を見よ。ミルウォーキーについては Jack Dougherty, *More Than One Struggle: The Evolution of Black School Reform in Milwaukee* (Chapel Hill: University of North Carolina Press, 2004), Chs. 2 & 3 を見よ。ボストンについては Joseph Cronin, *Reforming Boston Schools, 1930-2006: Overcoming Corruption and Racial Segregation* (New York: Palgrave Macmillan, 2008), Chs. 3 & 4 を見よ。クリーヴランドについては William D. Henderson, "Demography and Desegregation in the Cleveland Public Schools: Towards a Comprehensive Theory of Educational Failure and Success," *Review of Law and Social Change*, Vol. 26, No. 4 (February 2002), pp. 460-568 を見よ。

(31) この点に関しては比較的研究が乏しい。直接関連する事例研究としては、Jeanne Theoharis, "'I'd Rather Go To School in the South': How Boston's School Desegregation Complicates the Civil Rights Paradigm;" Scott Brown, "The Politics of Culture: The US Organization and the Quest for Black Unity" および Johanna Fernandez, "Between Social Service Reform and Revolutionary Politics: The Young Lords, Late Sixties Radicalism and Community

Organizing in New York City," in Jeanne F. Theoharis and Komozi Woodard, eds., *Freedom North: Black Freedom Struggles Outside the South, 1940-1980* (New York: Palgrave Macmillan, 2003), pp. 125-152, 223-254, and 255-286 を見よ。また、John F. Lyons, *Teachers and Reform: Chicago Public Education, 1929-1970* (Urbana: University of Illinois Press, 2008), Ch 6 も見よ。

(32) シェリー・ヒルによるプリンストン・エルロイへのインタビュー。2008 年 6 月、ミズーリ州カンザスシティにて。

(33) 同上。

(34) 南部農村地帯におけるアフリカ系アメリカ人の生活およびその大移動期間中のことについては Stewart Tolnay, *The Bottom Rung: African American Family Life on Southern Farms* (Urbana: University of Illinois Press, 1999), passim, and idem., "Educational Selection in the Migration of Southern Blacks, 1880-1990," *Social Forces*, Vol. 77, No. 2 (December 1998), pp. 487-514 を見よ。概観としては Tolnay のレビュー論文 "The African American 'Great Migration' and Beyond," *Annual Review of Sociology*, Vol. 29 (2003), pp. 209-232 および Calvin L. Beale, "Rural-Urban Migration of Blacks: Past and Future," *American Journal of Agricultural Economics*, Vol. 53, No. 2. (May 1971), pp. 302-307 を見よ。

(35) この過程の歴史的起源の概観としては David B. Tyack, *The One Best System: A History of Urban Education in the United States* (Cambridge, MA: Harvard University Press, 1974) を見よ。これらの問題点を北部の典型的な産業都市において検討したものとして Jeffrey E. Mirel, *The Rise and Fall of an Urban School System: Detroit, 1907-81* (Ann Arbor: University of Michigan Press, 1993) を見よ。

(36) この点については John L. Rury, "Attainment Amidst Adversity: Black High School Students in the Metropolitan North, 1940-1980," in Kenneth Wong and Robert Rothman, eds., *Clio at the Table: History and Educational Policy* (New York: Peter Lang, 2009), pp. 37-58 を見よ。

(37) 戦後期における黒人および白人向けの中等教育のクオリティについては David L. Angus and Jeffrey E. Mirel, *The Failed Promise of the American High School, 1890-1995* (New York: Teachers College Press, 1999), Ch. 4 を見よ。

(38) Rury, "Attainment Amidst Adversity," pp. 45-50.

(39) ルーリーによるサマーズへのインタビュー、ヒルによるファウンテンへのインタビュー。

(40) David Armor, *Forced Justice: School Desegregation and the Law* (New York: Oxford University Press, 1995), p. 56; Derek Neal, "How Families and Schools Shape the Achievement Gap," in Paul E. Peterson, ed., *Generational Change: Closing the Test Score Gap* (Lanham, MD: Rowman & Littlefi eld, 2006), pp. 26-46.

(41) Paul E. Peterson, "Toward the Elimination of Race Differences in Educational Achievement," in Paul E. Peterson, ed., *Generational Change: Closing the Test Score Gap* (Lanham, MD: Rowman & Littlefi eld, 2006), pp. 1-25.

(42) 数世代にわたる変化については Signithia Fordham, *Blacked Out: Dilemmas of Race, Identity and Success at Capital High* (Chicago: University of Chicago Press, 1996), pp. 44-45 を見よ。

(43) Mark Berends, Samuel R. Lucas, and Roberto V. Penaloza, "How Changes in Families and Schools Are Related to Trends in Black-White Test Scores," *Sociology of Education*, Vol. 81, No. 4 (October 2008), pp. 313-344. かれらが論じるところでは、格差のさらなる縮小の大部分は、黒人生徒が白人と同じ学校に通ったという経験によって説明できるものだった。

(44) Michael D. Cook and William N. Evans, "Families or Schools? Explaining the Convergence in White and Black Academic Performance," *Journal of Labor Economics*, Vol. 18, No. 4 (October

2000), pp. 729-754; Armor, *Forced Justice*, pp. 57-58; Peterson, "Toward the Elimination of Race Differences in Educational Achievement," passim.

第 1 章

(1) James D. Anderson, *Education of Blacks in the South, 1860-1935* (Chapel Hill, University of North Carolina Press, 1988), p. 237.

(2) Walter G. Daniel, "Availability of Education for Negroes in the Secondary School," *The Journal of Negro Education*, 16: 3 (Summer 1947), pp. 450-458; C. Arnold Anderson, "Inequalities in Schooling in the South," *The American Journal of Sociology*, 60: 6 (May 1955), pp. 547-561.

(3) Claudia Goldin, "America's Graduation from High School: The Evolution and Spread of Secondary Schooling in the Twentieth Century," *The Journal of Economic History*, Vol. 58, No. 2 (June 1998), pp. 345-374.

(4) "Improving Education in the Southern States," Report of the Committee on Negro Education, Ed McCuistian, Chairman, Southern States Work Conference on School Administrative Problems (Tallahassee, FL, 1938), p. 23; Doxey Wilkerson, "Special Problems of Negro Education," Staff Study, No. 12, Advisory Commission on Education, (1939), pp. 40-41.

(5) たとえば "One Third of Counties in Tenn. Fail to Provide High Schools for Negroes," *Atlanta Daily World*, December 23, 1950, p. 5 を見よ。「平等な」教育を提供するよう法的に求められていたにもかかわらず、教育行政官の言い分は「効果的に機能するのに十分な規模の上級学校の組織と運営を保障できるほどに［黒人の］数が多くない」というものだった。

(6) Edward E. Redcay, *County Training Schools and Public Secondary Education for Negroes in the South* (John F. Slater Fund Studies in Negro Education, Washington, DC: The John F. Slater Fund, 1935), Ch. III.

(7) Committee on Education of the Virginia State Chamber of Commerce, "Opportunities for the Improvement of High School Education in Virginia," (November 1943), p. 1.

(8) 20 世紀前半における黒人の学校教育の分析の中でロバート・マーゴは、資産の近似するものとして土地家屋の所持［持ち家］に焦点を合わせ、またこの時代における農家の地位の重要性にも言及している。Robert A. Margo, *Race and Schooling in the South, 1880-1950* (Chicago: University of Chicago Press, 1990), Ch. 5 を見よ。似た指摘は Stewart Tolnay, *The Bottom Rung: African American Family Life on Southern Farms* (Urbana and Chicago: University of Illinois Press, 1999), Ch. 2 によってもなされている。

(9) E. Franklin Frazier, "The Negro Family and Negro Youth," *The Journal of Negro Education*, Vol. 9, No. 3 (July 1940), p. 290.

(10) 20 世紀初頭の状況については、Pamela Barnhouse Walters and Carl M. Briggs, "The Family Economy, Child Labor, and Schooling: Evidence from the Early Twentieth-Century South," *American Sociological Review*, Vol. 58, No. 2 (April 1993), pp. 163-181 を見よ。Tolnay, *The Bottom Rung*, Ch. 2 も見よ。

(11) Ira De A. Reid, "General Characteristics of the Negro Youth Population," *The Journal of Negro Education*, Vol. 9, No. 3 (July 1940), p. 284.

(12) われわれが 17 歳に焦点を合わせる理由は、それ以上（18 歳以上）の若者になると、就職あるいは進学のいずれのためであれ、学校を去って先へと進んでいく傾向がさらに大きくなってしまうためである。もちろん戦後期は、本書の序章で示したように州あるいは地域をまたいだ激

しい移動の時代であった。17歳の若者の大半は家にとどまって暮らしていたため、これらの年齢層を［分析に］用いることで、かれらの親やその家庭の属性に関する国勢調査データにかれらを関連づけることができるようになる。概して、17歳の若者が第11学年《ジュニア・イヤー》または12学年に在籍している率、または卒業している比率は、この時代の19歳の若者の卒業率にかなり近似しているように思われる。1940年、1960年、1980年のIPUMS 1%サンプルを利用することでわれわれは、17歳の若者のハイスクール3、4年次在籍率および19歳のハイスクール卒業（最終学年修了）率を比較した。IPUMSデータによれば、1960年時点で17歳の若者のおよそ60%がハイスクール3年次か4年次に在籍しており、19歳の若者の61%がハイスクール既卒者だった。1980年においては、数値は77%と76%であった。一握りの17歳の若者——全体のおよそ5%——が毎年すでにハイスクールを卒業しており、これが数字のずれを部分的に説明するだろう。総じてこのパタンは、デイヴィッド・カードとトーマス・レミューによる知見と一致している。かれらは「男子、女子を問わず11年次から12年次への歩留まり率は1968年から96年の時期の間きわめて安定しており、平均で約95%である。ハイスクール修了率（11年次に在籍していることが条件である）もまたきわめて安定しており、92から94%の近辺である。もっともここ数年これらの数字は下落してきているようだが。」と論じていた。David Card and Thomas Lemieux, “Dropout and Enrollment Trends in the Postwar Period: What Went Wrong in the 1970s?”, In J. Gruber, ed., *Risky Behavior Among Youths: An Economic Analysis* (Chicago: University of Chicago Press), p. 446.

(13) この点はTolnay, *The Bottom Rung*, pp. 45-47, およびMargo, *Race and Schooling in the South*, Ch. 6. において論じられている。IPUMSデータにおいて、1940年時点の南部において土地家屋持ちの農業の家庭で暮らす14歳から18歳の黒人男性のうち29%は、無給の家内労働者として分類されていた一方、12%は有給労働者とされていた。小作農の家庭に暮らす者のうち、18%は有給の農業労働者だった。白人において無給の農業労働者は、小作農家および家持ち農家の両方をあわせた10代男性のうち、約20%を占めていた。

(14) これらの数字は、IPUMSデータから算出された。小作農の比率が高いコットンベルトの州（ルイジアナ、ミシシッピー、アラバマ、ジョージア、サウスカロライナ）の大都市部以外の地域では、カレッジレベルの教員養成を受けていない黒人教師の割合は1/3以上に達していた。

(15) 初期の中等教育の在籍における女性優位については以下を見よ。John L. Rury, *Education and Women's Work: Female Schooling and the Division of Labor in Urban America, 1870-1930* (Albany: State University of New York Press, 1991), Ch. 1およびDavid Tyack and Elisabeth Hansot, *Learning Together: A History of Coeducation in American Schools* (New Haven, CT: Yale University Press, 1990), Ch. 5.

(16) Frazier, “The Negro Family and Negro Youth”, p. 290; Tolnay, *The Bottom Rung*, Ch. 2.

(17) この統計は、表1-3の数字を用いて、州の人口規模を重みとして州レベルでの値を算出したものである。重みづけをしない場合の土地家屋所有と中等教育在学との相関は0.6であり、これもまた統計的に0.1%水準で有意である。

(18) これらの数字はIPUMSデータから計算している。14歳から18歳の非農業の黒人における1940年時点での雇用率は22.3%であった。同じ条件の白人の場合、値は15.3%だった。若者の雇用における人種間の差は田舎において最も大きかった。そこでは白人の有職が23%だったのに対し、アフリカ系アメリカ人は37.7%が職をもっていた。土地家屋を所有しないアフリカ系アメリカ人における若者の有職率は39.1%であった。このうち男性のみ見れば56%が有職だった。ここでも再び、中等教育在学者に顕著に表れた、このカテゴリーの家庭におけるジェンダー格差が浮き彫りになっている。

(19) Anderson, *The Education of Blacks in the South*, p. 160.

(20) South Carolina Department of Education, *Report of the Superintendent of Schools, 1945*, "Division of Negro Education" (Columbia, SC, 1945), p. 140.

(21) *Sixty Eighth and Sixty Ninth Annual Reports of the Department of Education to the General Assembly of the State of Georgia for the Biennium Ending June 30, 1940* (Atlanta, 1940), p. 6.

(22) "Lumberton School Strike," File in N. C. Newbold Papers, Department of Public Instruction, Division of Negro Education, North Carolina State Archives, Raleigh, NC.

(23) Adam Fairclough, *Better Day Coming: Blacks and Equality, 1890-2000* (New York: Viking Penguin, 2001), Ch. 10.

(24) "Mississippi Schools for Negroes: Facts from a Report to the Executive Committee, Board of Education, *Mississippi Annual Conference of the Methodist Church* (Vicksburg, MS, February 3, 1942), p. 6; *Mississippi State Superintendent Report, 1945-47*, "Division of Negro Education" (Jackson, MS, 1947), p. 41; *Mississippi's Negro Rural Schools: Suggestions for Their Improvement*, P. H. Easom-J. A, Travis, State Agents, Bulletin No. 94 (Mississippi Department of Education, 1938), p. 2.

(25) Alabama Department of Education, *Annual Report, 1947* (Montgomery, AL, 1947), p. 70.

(26) "A Survey of Public Education of Less Than College Grade in Georgia," *A Report to the General Assembly of Georgia by Its Special Committee on Education* (Atlanta, GA, January 1, 1947), p. 137; M. D. Collins, State Superintendent of Education, *Look at Our Schools as They Are Today* (Atlanta, GA: Department of Education, 1949), p. 110. 地域的傾向については Walter G. Daniel, "Availability of Education for Negroes in the Secondary School," *The Journal of Negro Education*, Vol. 16, No. 3 (Summer 1947), pp. 452-453. を見よ。

(27) Statement on Small Schools, January 13, 1948, Newbold Papers, Division of Negro Education, North Carolina State Archives, Raleigh, NC. 1年前、ニューボールドはいくつかの小学校について「人の住まいとして全く適さない」と述べていた。Speech to Superintendents, August 7, 1947.

(28) Mississippi Department of Education, "Public Schools for Negro Children," Prepared by the Division of Administration and Finance, C. J. Crain, Director, Issued by J. M. Tubb, State Superintendent of Education (typescript), J. M. Tubb Papers, Mississippi State Archives, Jackson, MS. 他の州については J. B. Cade, "The Education of Negroes in Louisiana," *The Journal of Negro Education*, Vol. 16, No. 3 (Summer 1947), pp. 361-369 を見よ。 1944年時点で黒人ワンルームスクールの数は、白人のそれの12倍にものぼっていた。

(29) Interview with Professor N. R. Burger, Mississippi Oral History Program of the University of Southern Mississippi, volume 356, 1982, p. 24.

(30) *Look at Our Schools*, p. 122; "Report of the Committee on Negro Education," Improving Education in the Southern States, Southern States Work Conference on School Administrative Problems (1941), p. 23.

(31) Speech at Florida A&M College, March 7, 1948, Newbold Papers.

(32) Alabama Department of Education, *Annual Report*, "School Consolidation," p. 56.

(33) "Survey of Public Education of Less than College Grade in Georgia," pp. 135-136.

(34) "Improving Education in the Southern States" と Walter G. Daniel, "Availability of Education for Negroes in the Secondary School," p. 451 の数字を比較することによって、こうした推定に到達した。

(35) この点については Margo, *Race and Schooling in the South*, Chs. 6 & 7 を見よ。

(36) Jeffrey Mirel and David Angus, *The Failed Promise of the American High School, 1890-*

1995 (New York: Teachers College Press, 1999), p. 80; Daniel, "Availability of Education for Negroes in the Secondary School," p. 450.

(37) Interview with Professor N. R. Burger, Mississippi Oral History Project, p. 25. バーガーにインタビューを行ったR. ウェイン・パイルは、同州の他の教育者たちからも似たような観察を聞いたとコメントしていた。曰く「自立性があったところでは、教育制度により多くの自由度があり、より多くの金があり、（そして）教育を駆動させるより大きな力があった」。この点は interview with Mr. C. J. Duckworth, Mississippi Oral History Program of the University of Southern Mississippi, Vol. 352, (1975), p. 5. も見よ。ダックワースもまた、黒人の土地所有者たちが主導して、ローゼンウォード基金を使って学校を設立していたことを証言していた。もちろんこの観察は、この時代に関する他の研究の知見とも一致する。Vanessa Siddle Walker, *Their Highest Potential: An African American School Community in the Segregated South* (Chapel Hill: University of North Carolina Press, 1996), Chs. 2 & 3を見よ。

(38) この点については、Vivian Gunn Morris and Curtis L. Morris, *The Price They Paid: Desegregation in an African American Community* (New York: Teachers College Press, 2002), pp. 44-45を見よ。ここには、私立のアフリカ系アメリカ人向け中等教育学校を設立するよりこちらのアプローチの方を支持することを表明した、アラバマの黒人教育者G. W. トレンホルムの1911年の演説が引用されている。

(39) Redcay, *County Training Schools and Public Secondary Education for Negroes in the South*, Chs. I and II. 郡立訓練学校において提供される中等教育プログラムに関する議論については Reid E. Jackson, "County Training Schools in Alabama," *The School Review*, Vol. 47, No. 9 (November 1939), pp. 683-694を見よ。

(40) この点については以下を参照せよ。 Anderson, *The Education of Blacks in the South*, p. 156, and Morris and Morris, *The Price They Paid*, p. 46.

(41) Letter from Robert Cousins to Miss Ruth Morton, December 12, 1941, American Missionary Society Folder, Division of Negro Education Papers, Box 4, Georgia State Archives, Morrow, GA. 最終的に9年後、きわめて異なった状況下で、州の援助のもとメイコンに新しい黒人ハイスクールがたてられた。"$500,000 High School Erected in Macon, GA," *The Pittsburgh Courier*, November 5, 1949, p. 11を見よ。また、いくつかの地域では中心となるハイスクールが計画されたかたわら、州教育長が「既存の小学校にハイスクールの機能を付加すること」を推奨したミシシッピーにおける代替策をめぐる議論も参照せよ。"Agitation Deplored as Key to Negro Problem in State," *Jackson Daily News*, June 18, 1946, Percy H. Eason Clipping File, Mississippi State Archives, Jackson, MS.

(42) エリス・O・ノックスはこの教育機関の役割を強調した。"A Historical Sketch of Secondary Education for Negroes," pp. 450-451を見よ。このような学校の一つを取り上げた、心揺さぶる事例研究として Vanessa Siddle Walker, *Their Highest Potential: An African American School Community in the Segregated South* (Chapel Hill: University of North Carolina Press, 1996), Chs. 1-3を見よ。

(43) "Public Schools for Negroes," State Department of Education of Louisiana, Bulletin 614, October 1946; *Mississippi State School Superintendent's Biennial Report, 1947-49*, "Negro Education," (Jackson, MS, 1949), p. 43.

(44) Alethea H. Washington, "Negro Secondary Education in Rural Areas," *The Journal of Negro Education*, Vol. 9, No. 3 (July 1940), pp. 516-517. 黒人校長を対象とした研修プログラムは、学校年次報告書の常連事項であった。例として、Georgia Department of Education, *Biennial Report, 1941-2*, Division of Negro Education (Atlanta, GA, 1942), p. 51を見よ。教師の要件に

ついては Mississippi State School Superintendent, *Biennial Report* (Jackson, MS, 1947), p. 13 を見よ。

(45) Robert L. Cousins, letter to L. M. Sheffer, July 9, 1940, Division of Negro Education Papers, Box 4, Sheffer File, Georgia State Archives, Morrow, GA.

(46) Letter from Lexton Lewis to Robert Cousins, August 27, 1945, Division of Negro Education Papers, Box 4, American Missionary Society Folder, Georgia State Archives, Morrow, GA.

(47) N. R. バーガーは、ミシシッピーにおいて同じやり口が、州の学校補助金の効果を最大化するための方法として常習的に使われていたことに言及していた。Interview with Professor R. N. Burger, p. 23.

(48) Grace Graham, "Negro Education Progresses in South Carolina," *Social Forces*, Vol. 30, No. 4 (May 1952), pp. 432, 437; Ernst W. Swanson and John A. Griffi n, *Public Education in the South, Today and Tomorrow: A Statistical Survey* (Chapel Hill: University of North Carolina Press, 1955), p. 39. 南部全体で、1939 年から 1949 年の間にハイスクールに在籍する黒人の若者の数は 54％増えた。最も大きく増加したのは、アフリカ系アメリカ人の人口が最も密集し、歴史的に中等教育在籍率がきわめて低かった深南部の州だった。

(49) Edward E. Redcay, *County Training Schools and Public Secondary Education for Negroes in the South*, p. 57.

(50) たとえば Committee on Education of the Virginia State Chamber of Commerce による報告書 "Opportunities for the Improvement of High School Education in Virginia," November 1943, p. 4 におけるこれに関する議論を見よ。これは黒人学校、白人学校双方にあてはまる点である。

(51) たとえば次の記事を参照せよ。"600 Ready For BM Graduation Tonight," *Atlanta Daily World*, June 6, 1947, p. 11; "B. T. Washington High School," *Atlanta Daily World*, October 9, 1951, p. 3.

(52) これらの学校のスポーツチームの行く末は 1954 年において関心の的であった。"High Court Ruling Will Alter High School Sports," *Chicago Defender*, May 29, 1954, p. 24 を見よ。

(53) ジョン・ルーリーによるカルヴィン・ロバーツへのインタビュー。2007 年 6 月、ジョージア州アトランタ、ブッカー・T・ワシントン高校にて。シェリー・ヒルによるグレイス・シンプキンズへのインタビュー。2007 年 6 月、ジョージア州アトランタ、ブッカー・T・ワシントン高校にて。シェリー・ヒルによるジェイムズ・ヒルフォードへのインタビュー。2008 年 6 月、ミシシッピー州ジャクソンにて。

(54) これらの数字は 1940 年国勢調査を基にした IPUMS データを根拠としたものである。 大学院での修学は、カレッジ在学期間が 5 年もしくはそれ以上として数えられていた。中心都市の白人教師における大学院修学者の比率は 18％以下、あるいは黒人の水準のおよそ 2 倍であった。しかし学士号取得者数でみると、アフリカ系アメリカ人の 56％に対し白人は 63％と、ずっと近接していた。

(55) アトランタについては、Georgia Department of Education, *Biennial Report of the Superintendent of Schools, 1940-42* (Atlanta, 1942), p. 152 を見よ。そこでは黒人の在学者数が 9 年次から 12 年次の間に 1008 人から 473 人にまで落ち込んでいることが示されている。似たような数字は、当時、他の都市のハイスクールにおいても報告されていた。

(56) たとえば以下を見よ。"Washington Principal Tells of Needs of School, *Atlanta Daily World*, February 14, 1946, p. 1; "Interest High in Demand for School Probe," *Atlanta Daily World*, June 1, 1948; "Officials Deny Charges Made Against High School," *Atlanta Daily World*, June 4, 1948, p. 1.

(57) ジョン・ルーリーによるブランドン・フレミングへのインタビュー。シェリー・ヒルによるグ

ロリア・トレイナーへのインタビュー。2007年6月、ブッカー・T・ワシントン高校にて。

(58) Andrew Weise, *Places of their Own: African American Suburbanization in the Twentieth Century* (Chicago: University of Chicago Press, 2004), Ch. 1; David Goldfi eld, *Cotton Fields and Skyscrapers: Southern City and Region* (Baltimore: Johns Hopkins University Press, 1989), Ch. 3.

(59) たとえば Joel Perlmann, *Ethnic Differences: Schooling and Social Structure among the Irish, Italians, Jews, and Blacks in an American City, 1880-1935* (New York: Cambridge University Press, 1988), passim を見よ。

(60) Georgia Department of Education, *Biennial Report, 1941-42*, "Secondary Education"(Atlanta: Department of Education, 1942), p. 10.

(61) North Carolina Department of Education, Division of Negro Education, Mimeographed and Printed Material Files, General Correspondence of the Director, Box 22.

(62) Ellis O. Knox, "A Historical Sketch of Secondary Education for Negroes," *The Journal of Negro Education*, Vol. 9, No. 3, (July 1940), pp. 450-451.

(63) Georgia Department of Education, *Biennial Report, 1948-50* (Atlanta, 1950), pp. 308-309.

(64) Alethea H. Washington, "Negro Secondary Education in Rural Areas," pp. 515-516.

(65) State Department of Education of Louisiana, *Bulletin 633*, "Louisiana High School Standards for Organization and Administration," (Baton Rouge, 1947), p. 35.

(66) *Mississippi's Negro Rural Schools: Suggestions for their Improvement*, p. 1.

(67) たとえば North Carolina Department of Public Instruction, *Biennial Report, 1948-50* (Raleigh, NC, 1950), p. 37 を見よ。「ノースカロライナの学校に関するある研究が明らかにしたところによれば、ノースカロライナの若者の教育機会の改善にとっての中心問題は、ハイスクールの規模の小ささである」。とりわけそこで言及されていたのは、カリキュラムが一般に、英語、数学、社会科、科学、外国語の5教科だけに限られていたことだった。1946年に刊行されたあるサウスカロライナ州の報告書は、英語でわずか3単位、歴史がたった1単位だけしか求められない州のハイスクールのカリキュラム要件を「弾力的」と形容した。South Carolina Department of Education, *78th Annual Report of the Superintendent of Education of the State of South Carolina* (Jackson, SC, 1946), p. 108 を見よ。この点の南部全体の傾向については以下を参照せよ。Walter G. Daniel, "The Aims of Secondary Education and the Adequacy of the Curriculum of the Negro Secondary School," *The Journal of Negro Education*, Vol. 9, No. 3 (July 1940), p. 470; Alethea H. Washington, "Negro Secondary Education in Rural Areas," p. 516, and Walter G. Daniel, "Availability of Education for Negroes in the Secondary School," pp. 455-456.

(68) Louisiana State Department of Education, *Ninety Ninth Annual Report for the Session 1947-8*, Bulletin 658, Negro Education (Baton Rouge, 1949), p. 55.

(69) State Department of Education of Louisiana, *Bulletin 633*, "Louisiana High School Standards for Organization and Administration," p. 36.

(70) H. Councill Trenholm, "The Accreditation of the Negro High School," *The Journal of Negro Education*, Vol. 1, No. 1 (April 1932), pp. 34-43. SACSの黒人学校との関係性については Vanessa Siddle Walker, *Hello Professor: A Black Principal and Professional Leadership in the Segregated South* (Chapel Hill: University of North Carolina Press, 2009) Ch. 3 を見よ。

(71) Melanie Deane Carter, "From Jim Crow to Inclusion: An Historical Analysis of the Association of Colleges and Secondary School for Negroes, 1934-1965" (unpublished Ph. D. dissertation, The Ohio State University, 1996), Chs. 2 & 3.

(72) 南部地域の認証に合格した黒人学校数の相対的少なさに関する議論はS. L. Smith, "Library Facilities in Negro Secondary Schools," *The Journal of Negro Education*, Vol. 9, No. 3 (July 1940), p. 506を見よ。

(73) Letter from Hill Ivy, Superintendent of Meridian, Mississippi Public Schools, October 11, 1939, Southern Association of Colleges and Schools Folder, Division of Negro Education, Georgia State Archives, Morrow, GA.

(74) カズンズは最初から、認証された黒人ハイスクールは「白人学校と同じ基準で評価されることを望んでいる」ことを指摘していた。とりわけ彼は、「この州の黒人《ニグロ》教師連盟が（認証された学校の）リストに評判を下げるような学校までもが含まれるよりは、わずかの数の学校しかリストに載らない方を好んでいる」ことを報告していた。Letter from R. L. Cousins to T. J. Dempsy, May 30, 1936, Division of Negro Education Papers, Box 4, Dr. D. J. Allman File, Georgia State Archives, Morrow, GA.

(75) この点について触れた以下の私信を見よ。November 1939 with R. L. Cousins and various educators, including W. A. Robinson, Southern Association of Colleges and Schools Folder, Division of Negro Education, Georgia State Archives, Morrow, GA.

(76) たとえば、R. L. カズンズに宛てた書簡の中で、アトランタのブッカー・T・ワシントン高校の校長が、認証の要件を満たすためにとった手段について説明していた。Letter from C. N. Cornell, October 30, 1939, Division of Negro Education, Box 2, SACS Folder, Georgia State Archives, Morrow, GA.

(77) Alabama Department of Education, *Narrative Report, 1947*, "Negro High Schools" (Montgomery, AL, 1947), p. 78.

(78) South Carolina Department of Education, *80th Report of the Superintendent of Public Schools*, "Negro Education" (Columbia, SC, 1948), p. 103.

(79) Alabama Department of Education, *Annual Report of the Superintendent*, "Negro High Schools" (Montgomery, AL, 1947), p. 78.

(80) North Carolina Department of Public Instruction, Division of Negro Education, Special Subjects, Box 1, Folder: Accrediment of High Schools, 1944-48. North Carolina State Archives, Raleigh, NC. Speech to Superintendents, August 7, 1947, Newbold Papers, Division of Negro Education, North Carolina State Archives, Raleigh, NC.

(81) こうした処置における不平等は、境界州においてもまた存在していた。1944年時点で、ケンタッキー州の白人ハイスクールの90%以上は認証を受けていたが、黒人学校は78%にとどまっていた。この数字は黒人学校の認証の率としてはかなり高い方であったが、その大多数は「B」評価を与えられていた一方で、白人学校の多くは「A」評価だった。深南部の州では二段階の認証システムは用いられなかったが、もしそれが採用されていたなら、結果は疑いなく同じようなものになっただろう。Commonwealth of Kentucky, *Educational Bulletin, Kentucky High Schools, 1943-4* (Lexington, KY: State Department of Education, 1944), Appendix 1.

(82) Walter G. Daniel, "Availability of Education for Negroes in the Secondary School," p. 455. ダニエルはもしかすると数字の集計の際、二つのレベルの認証を混ぜ合わせてしまっていたかもしれない。だが大きな隔たりという彼の主要な論点は十分にくみ取れる。たとえばサウスカロライナ州では1947年時点で、州の認証を受けた白人ハイスクールは黒人のそれに比べておよそ5倍にものぼっていた。South Carolina Department of Education, *80th Report of the Superintendent of Public Schools*, "Negro Education" (Columbia, SC, 1948), p. 81. を見よ。

(83) Georgia Department of Education, *Biennial Report, 1948-50* (Atlanta, 1950), pp. 310-311.

(84) S. L. Smith, "Library Facilities in Negro Secondary Schools," p. 509. たとえばNorth Carolina

Department of Public Instruction, *Biennial Report, 1942-3, 1943-4* (Raleigh, NC, 1944), p. 55; Alabama Department of Education, *Report of the State Superintendent of Public Schools* (Montgomery, AL, 1947), pp. 5-7 も見よ。前者は、中等学校における貸出図書数が 8 対 1 の比率で白人学校の方が優っていることを示している。

(85) Walker, *Their Highest Potential*, Ch. 3 を見よ。

第 2 章

(1) *Daily Minutes of the 1957 Tuskegee Regional Principals Workshop*, July 9, 1957. General Session facilitated by Dr. L. K. Jones of the Tuskegee Institute entitled "Socio-Economic Changes in the Southern Region."

(2) Numan Bartley, *The New South, 1945-1980* (Baton Rouge: Louisiana State University Press, 1985), p. 148.

(3) Adam Fairclough, *Better Day Coming: Blacks and Equality, 1890-2000* (New York: Penguin,2001), Ch. 10.

(4) *Biennial Report and Recommendations of the State Superintendent of Public Education to the Legislature of Mississippi for the Scholastic Years 1945-6 and 1946-7*, "Negro Education" (Jackson, MS, 1947), p. 39.

(5) Alabama Department of Education, *Narrative Report, 1947*, "Education for Negroes" (Montgomery, AL, 1947).

(6) たとえば、ニューボールドが 1944 年 10 月 6 日にローリー・トーチクラブにおいて行った、平等化は法的、道徳的義務であると語った演説、あるいは彼が 1946 年 12 月 15 日に行った、平等化基金の創設を支持する演説を見よ。また彼が 1947 年 8 月 7 日に教育長向けに行った、黒人学校の改善のために州による行動の必要性を説いた演説、1948 年 3 月 7 日にフロリダ A ＆Mカレッジにおいて行った演説、そして 1949 年 1 月 31 日の演説も見よ。これらはすべて Newbold Papers, Division of Negro Education, North Carolina State Archives, Raleigh, NC に保存されている。

(7) *Report and Recommendations of the Commission to Study the Question of Negro Higher Education to the Governor, the Legislative Council and General Assembly of Maryland* (Baltimore, April1, 1949), p. 3.

(8) "Time is Running Out," *Atlanta Constitution*, January 15, 1948, p. 8; Letter from (Mrs.) Madge Carter, Athens, GA. *Atlanta Constitution*, February 7, 1946, p. 10. 南部白人たち、特に人種間に明確な性の境界線を保つことに関心がある人々にとって、通婚の恐怖は常に懸念の対象だった。この点については以下を見よ。Peggy Pascoe, "Miscegenation Law, Court Cases and Ideologies of 'Race' in Twentieth Century America" in Martha Hodes, ed., *Sex, Love, Race: Crossing Boundaries in North American History* (New York: New York University Press, 1999), pp. 464-489 および Joane Nagel, *Race, Ethnicity and Sexuality: Intimate Intersections, Forbidden Frontiers* (New York: Oxford University Press, 2003), Ch. 2.

(9) James D. Anderson, *The Education of Blacks in the South, 1860-1935* (Chapel Hill: University of North Carolina Press, 1988), Ch. 6.

(10) Georgia Department of Education, *Biennial Report of the State Superintendent, 1948-50*, Division of Negro Education (Atlanta, 1950), p. 84.

(11) "Equality All the Way," *Atlanta Daily World*, May 1, 1946, p. 6.

(12) これに関する近年の研究の概観は以下を参照。Adam Fairclough, *A Class of Their Own:*

Black Teachers in the Segregated South (Cambridge, MA: Harvard University Press, 2007), Ch. 8.

(13) *Sixty Eighth and Sixty Ninth Annual Reports of the Department of Education to the General Assembly of the State of Georgia for the Biennium Ending June 30, 1940* (Atlanta, GA, 1940), p. 6; Alabama Department of Education, *Narrative Report*, 1947, pp. 20-21.

(14) ニューボールドの 1947 年 8 月 7 日の教育長向け講演。

(15) この点については 以下を見よ。Patricia Sullivan, *Lift Every Voice: The NAACP and the Making of the Civil Rights Movement* (New York: The New Press, 2009), pp. 341-343; Fairclough, *Better Day Coming*, pp. 198-199. See also "A $400 Million Baby," *The Chicago Defender*, September 8, 1951, p. 6.

(16) この過程に関する概観として、以下を見よ。Michael J. Klarman, *From Jim Crow to Civil Rights: The Supreme Court and the Struggle for Racial Equality* (New York: Oxford University Press, 2006), particularly Chs. 3, 4, & 5. また Mark V. Tushnet, *Making Civil Rights Law: Thurgood Marshall and the Supreme Court, 1956-1961* (New York: Oxford University Press,1996), Chs. 8-11 も見よ。

(17) この問題は Adam Fairclough, *A Class of Their Own*, pp. 344-353 において幅広く議論されている。

(18) Patricia Sullivan, *Lift Every Voice: The NAACP and the Making of the Civil Rights Movement* (New York: The New Press, 2009), p. 341 において、平等化を推し進めるという NACCP の戦略にはある面で、人種隔離策が財政的に立ち行かないことを示すという目的があったと述べている。Brian J. Daugherty, "'Keep On Keeping On:' African Americans and the Implementation of *Brown v. Board of Education* in Virginia," in Brian J. Daugherty and Charles C. Bolton, eds., *With All Deliberate Speed: Implementing* Brown v. Board of Education (Fayetteville: University of Arkansas Press, 2008), p. 43 も見よ。また以下も見よ。Richard Kluger, *Simple Justice* (New York: Vintage Books, 1975), p. 473 and Doxey A. Wilkerson, "The Negro School Movement in Virginia: From 'Equalization' to 'Integration,' " *The Journal of Negro Education*, Vol. 29, No. 1. (Winter 1960), pp. 17-29.

(19) "Court Injunctions May Force Mixed Classes in 2 Counties," *Afro-American*, August 7, 1948, p. C4; "Seek Continuation of Va. School Case," *Atlanta Daily World*, November 20, 1948, p. 1; "Equalization Case in Virginia Ends with New Building," *Atlanta Daily World*, September 27, 1949, p. 4.

(20) "School Equality Fight Grows; Four States Open Legal Battle," *The Chicago Defender*, May 21, 1949, p. 1.

(21) たとえば "Crop of School Suits in South," *Atlanta Daily World*, March 14, 1947, p. 1; "The Equal Facilities Suit," *Atlanta Daily World*, August 11, 1949, p. 6; "Request U.S. Judgment in School Case," *The Pittsburgh Courier*, March 19, 1949, p. 23 を見よ。

(22) 平等化を求める訴訟のこの潮流において、黒人ハイスクールの通いやすさと［教育の］質は、一貫して論点であった。たとえば "Lawyers Score Regional High School in Virginia," *The Pittsburgh Courier*, October 29, 1949, p. 7 あるいは "Interracial Group Pledges to Work for Equalization," *Atlanta Daily World*, October 4, 1949, p. 6 を見よ。

(23) 移住パタンの概観としては以下を見よ。Stewart E. Tolnay, "The African American'Great Migration'and Beyond," *Annual Review of Sociology, 2003*, 29, pp. 209-232; and idem, "Educational Selection in the Migration of Southern Blacks, 1880-1990," *Social Forces*, Vol. 77, No. 2 (December 1998), pp. 487-514.

(24) 教育行政官の間の議論の記録として、たとえば“Agitation Deplored as Key to Negro Problem in State,” *Jackson Daily News* を見よ。なかには、田舎の学区からの人口流出が学校の新規建設に対する反対論拠として利用される地域もあった。Mississippi Department of Education, *Biennial Report*, 1953-55, p. 66 を見よ。

(25) これらの点に関しては Thomas V. O'Brien, *The Politics of Race and Schooling: Public Education in Georgia, 1900-1961* (Lanham, MD: Lexington Books, 1999), Ch. 2 を見よ。

(26) たとえば Charles C. Bolton, *The Hardest Deal of All: The Battle Over School Integration in Mississippi, 1870-1980* (Jackson: University Press of Mississippi, 2005), Ch. 2 を見よ。ここにはまた、平等化計画に対して N. R. バーガーも含む多くの黒人教育者から寄せられた肯定的反応が記録されている（p. 61）。また以下も見よ。“Teachers Meet In Kansas City,” *The Chicago Defender*, November 23, 1946, p. 19B; “The Equal Facilities Suit,” *Atlanta Daily World*, August 11, 1949, p. 6; “Alabamans Ask 7-Point State Civil Rights Program,” *The Chicago Defender*, April 16, 1949, p. 5 および“ASTA Head Issues Statement on Aims of the Organization,” *Atlanta Daily World*, September 9, 1952, p. 2.

(27) *Mississippi State Superintendent Report*, 1945-7 (Jackson, 1947), p. 40.

(28) N. C. ニューボールドの 1948 年 7 月 28 日のピーボディ・カレッジにおける演説。Newbold Papers, Division of Negro Education, North Carolina State Archives, Raleigh, NC; 黒人教育の改善の必要性を議論した一連の委員会や報告書について指摘した、ニューボールドの 1949 年 1 月 31 日の演説も見よ。The Southern States Work Conference on School Administration Problems, Improving Education in the Southern States, *Bulletin 1, 1943*, “Negro Education,” pp. 36-37.

(29) State of Alabama, Department of Education, *Narrative Report of State Superintendent* (Montgomery, AL, 1947), p. 6.

(30) O'Brien, *The Politics of Race and Schooling*, Ch. 1; *Improving Education in the Southern States: Report of the Committee on Negro Education*, Ed McCuistian, Chairman, Southern States Work Conference on School Administrative Problems (Talahassee, FL, 1939).

(31) Charles C. Bolton, *The Hardest Deal of All*, Ch. 2.

(32) Thomas V. O'Brien, “The Dog That Didn't Bark: *Aaron v. Cook* and the NAACP Strategy in Georgia before Brown,” *The Journal of Negro History*, Vol. 84, No. 1 (Winter 1999), pp. 79-88.

(33) “Georgia to Speed School Expansion,” *New York Times*, April 22, 1951, p. 58; “Equal Facilities Never Intended, Cousins Says,” *Atlanta Daily World*, July 13, 1956, p. 1; O'Brien, *The Politics of Race and Schooling*, Ch. 2.

(34) これらは、当時南部の地域全体で広く話題の的となった進展だった。たとえば以下を見よ。“Equal Pay Ordered For La. Tutors,” *Atlanta Daily World*, August 1, 1948, p. 1; “Virginia Rushes to ‘Equalize’ Schools to Avoid NAACP Suits,” *Atlanta Daily World*, May 3, 1950, p. 1; “Alabamans Ask 7-Point State Civil Rights Program” *The Chicago Defender (National edition)*, April 16, 1949, p. 5; “Ark. School Plan To Be Presented,” *Atlanta Daily World*, February 21, 1952, p. 6.

(35) Bolton, *The Hardest Deal of All*, Ch. 3.

(36) ニューボールドの 1949 年 1 月 31 日の演説。

(37) “Negro Education in South on Rise: States Going ‘All Out’ to Raise Standards in Grade and High Schools of Area,” *The New York Times*, March 16, 1952, p. 1.

(38) “South Acts to Keep Pupil Segregation: Resistance Movement Formed-Test Case Opens Today in Charleston, S.C.,” *The New York Times*, May 28, 1951, p. 16.

(39) “Negro Education in South on Rise,” *New York Times*.

(40) *Annual Reports to the Department of Education to the General Assembly of the State of Georgia*, M. D. Collins, State Superintendent of Education, (Atlanta, June 30, 1952); “Division of Negro Education,” p. 68.

(41) これらの数字は、学校年間報告書を比較することで計算した。Georgia Department of Education, *Biennial Report of the Superintendent, 1949-50*, “Schools According to Size” (Atlanta, 1950), p. 326, and Georgia Department of Education, *Biennial Report of the Superintendent, 1955-6*, “Schools According to Size” (Atlanta, 1956), p. 342 を見よ。

(42) *Eighty Third Annual Report of the State Superintendent of Education of the State of South Carolina* (Columbia, 1951), p. 12.

(43) South Carolina Department of Education, *Superintendent's Report, 1952-3*, p. 50.

(44) South Carolina Department of Education, *Superintendent's Report, 1955-6*, p. 33.

(45) これらの数字は、黒人および白人生徒向けの「ハイスクール相当の授業」を提供している学校の数を報告している、1950 年と 1956 年刊行の学校年間報告書を比較することで算定した。以下を見よ。Georgia Department of Education, *Biennial Report of the Superintendent,1949-50*, “Schools According to Size,” p. 326, and Georgia Department of Education, *Biennial Report of the Superintendent, 1955-6*, “Schools According to Size,” p. 342.

(46) *Biennial Report of the State Superintendent, 1956-58*, North Carolina Public Schools, “Number of Schools” (Raleigh, NC, 1958), p. 27.

(47) Martha Hay Vardeman, “A Study of the Relationship Between Size and Accreditation of School and Certain Aspects of the Instructional Program in Public Negro High Schools, Alabama, 1958,” (unpublished Ph.D dissertation, University of Alabama, 1959), p. 17; State of Tennessee, *Annual Statistical Report of the Department of Education for the Scholastic Year Ending June 30, 1961* (Knoxville, 1961), passim.

(48) Mississippi Department of Education, *Biennial Report, 1957-59* (Jackson, 1959), p. 22.

(49) *Biennial Report of the State Superintendent, 1956-58*, North Carolina Public Schools, “Transportation,” p. 31.

(50) *88th Annual Report of the State Superintendent of Education of the State of South Carolina,1955-56* (Columbia, SC, 1956), p. 14; Mississippi Department of Education, *Biennial Report*, 1953-55 (Jackson, 1955), p. 18.

(51) Vardemann, “A Study of the Relationship Between Size and Accreditation of School and Certain Aspects of the Instructional Program in Public Negro High Schools,” passim.

(52) G. H. Ferguson,“Some Facts About the Education of Negroes in North Carolina, 1921-1960,” Division of Negro Education, General Correspondence, Box 1, North Carolina State Archives, Raleigh, NC.

(53) *86th Annual Report of the State Superintendent of Education of the State of South Carolina, 1953-54* (Columbia, SC, 1954), p. 13.

(54) このことは、IPUMS データを利用して 1960 年時点における南部の両人種の若者のハイスクール在籍と教育達成を多変量解析してみると明確である。困窮状態、家族構成、ジェンダー、親の教育歴、中心都市での居住［か否か］、土地家屋の所有［か否か］をコントロールしてみると、人種の差異は統計的に有意でなくなる。

(55) これらの数字は、1960 年時点の南部の州の 14 歳から 17 歳の若者に関する IPUMS データから計算した。

(56) IPUMS データによれば、1960 年時点で、ハイスクールの年齢の子どもがいる黒人小作農家庭

のおよそ96%が貧困ラインを下回っていた一方、同様の環境にある白人家庭の数値は70%だった。これらの黒人家庭の約25%は男性世帯主がいなかったが、白人の場合はちょうど17%だった。これらの状況は、黒人男性の若者の方が無給（20%）であれ有給（28%）であれ、農業労働者として白人（それぞれ15%、18%）よりも働きやすい傾向にあった事実を説明するものだったかもしれない。

(57) 若年雇用者の推計値は、学校卒業者の数を除外して（仕事が学校に及ぼす相互影響を見きわめるため）1960年のIPUMSデータを用いて計算した。概して黒人の若者は、労働者や家事労働者として、あるいは他の劣位にある仕事で雇用されることが多く、これらが黒人の仕事全体の2/3以上を占めていたのに対し、白人の10代の若者は、事務員、セールス員、公務員、店員、そしてある種の徒弟といったサーヴィス職に就いて働く傾向にあり、これらの職業カテゴリーでかれらの雇用プロフィールの約半分にのぼった。

(58) P. H. Easom, "A Worthy Story to be Told," Manuscript, Percy H. Easom papers, Mississippi State Archives, Jackson, MS.

(59) イーソムのような後ろ向きの論評は珍しくなかった。たとえばG. H. Ferguson, "Some Facts About the Education of Negroes in North Carolina, 1921-60," Division of Negro Education, General Correspondence, Box 1, North Carolina State Archives, Raleigh, NCを見よ。

(60) South Carolina Department of Education, *Superintendent's Report*, 1948, p. 103.

(61) ニューボールドの1948年3月7日のフロリダ A & M カレッジにおける演説。

(62) *Biennial Report and Recommendations of the State Superintendent of Public Education to the Legislature of Mississippi* (Jackson, MS, 1947), p. 39.

(63) Anderson, "Inequalities in Schooling in the South," p. 533.

(64) South Carolina Department of Education, *Report of the State Superintendent*, "High Schools" (Columbia, SC, 1953), p. 54.

(65) Collection: Negro Education Division, Director's Subject Files, Georgia Archives.

(66) 興味深いことに1950年代の間、田舎から移り住んできた生徒の殺到する波を受け入れた都市の学校からそのような報告が数多く寄せられた。G. H. Ferguson, "Some Facts About the Education of Negroes in North Carolina, 1921-1960." ミシシッピー州の学校行政官の報告には、新しい黒人ハイスクールでは在籍者数がそれまで予想していた教室の定員をはるかに超えたため、図書館や講堂が教室として利用されたという話が含まれていた。Mississippi State Superintendent of Education, *Report and Recommendations, 1955-57* (Jackson, 1957), p. 40.

(67) この時代の在籍者に関する州レベルの統計については、付録Bを見よ。

(68) たとえば "North Carolina Does It Again," *Atlanta Daily World*, April 27, 1949, p. 6. を見よ。

(69) Bolton, *The Hardest Deal of All*, Chs. 2 & 3.

(70) 1960年における、黒人の10代の若者の貧困レベルと農場で暮らす者の数は、どの州でも高い相関（0.78）を示していた。そしてこれらの変数の主成分分析から抽出したこの因子は、変動の89%を占めていた。本文において述べられている相関を計算するのに、この因子が用いられた。IPUMSデータから推計した、これらの人口パラメータ（貧困と農場居住）の重みつき各州平均値が、これらの計算に用いられた。

(71) 相対的に黒人人口が少ないオクラホマ州ではアフリカ系アメリカ人の教育達成は白人と比べてもまた、かなり高いものだった。17歳黒人人口の少なさゆえ、1%サンプルに基づく達成の推計の信頼性が得られないため、オクラホマ州はこの分析から除外した。全南部の黒人の達成レベルに表2-1と2-2で若干のずれがあるのはこのためである。

(72) Vanessa Siddle Walker, *Their Highest Potential: An African American School Community in the Segregated South* (Chapel Hill: University of North Carolina Press, 1996), p. 62. また、Barry

F. Malone, "Before *Brown*: Cultural and Social Capital in a Rural Black School Community, W. E. B. DuBois High School, Wake Forest, North Carolina," *The North Carolina History Review* LXXXV:4 (October 2008), pp. 416-447 も見よ。

(73) この文献の要旨は Vanessa Siddle Walker, "The Architects of Black Schooling in the Segregated South: The Case of One Principal Leader," *Journal of Curriculum and Supervision*, 19: 1 (Fall 2003), p. 57 を見よ。他の学校のモノグラフとして以下を見よ。Vivian Gunn Morris and Curtis L. Morris, *Creating Caring and Nurturing Educational Environments for African American Children* (Westport, CT: Bergin & Garvey, 2000), passim; Barbara Shircliffe, *The Best of That World: Historically Black High Schools and the Crisis of Segregation in a Southern Metropolis* (Cresskill, NJ: Hampton Press, 2006), Chs. 3 & 4; and Hattie Thomas Lucas, *Huntington High School: Symbol of Community Hope and Unity, 1920-1971* (Yorkstown, VA: Publishing Connections, 2000), passim.

(74) この時代の黒人中等教育学校の古典的研究として Frederick A. Rodgers, *The Black High School and Its Community* (Lexington, MA: D.C. Heath, 1973), passim がある。ここには 1950 年代末から 1960 年代初頭におけるノースカロライナ州の 58 名の黒人ハイスクール校長からの聞き取りが収録されている。ロジャーズの研究はおおむね、ウォーカーや他の研究者の仕事が明らかにしている知見を肯定している。

(75) North Carolina Public Schools, *Biennial Report, 1948-50* (Raleigh, 1950), p. 37; Committee on Education of the Virginia Chamber of Commerce, *Opportunities for the Improvement of High School Education in Virginia*, November, 1943, p. 1; South Carolina Department of Education, *Superintendent's Report* (Columbia, 1851), p.80. また the State of Maryland Department of Education, *Eighty Fifth Annual Report of the State Board of Education, Showing Condition of the Public Schools of Maryland for the Year Ending 1951* (Baltimore, 1951), pp. 93-101 に見られる、黒人および白人生徒の履修コースに関するより詳細な統計も見よ。これらの数字はむしろ、黒人の外国語科目や上級数学への登録が少ないことを示している。黒人、白人生徒双方とも多くの者が職業コースや工業コースに登録していた。

(76) North Carolina Public Schools, *Biennial Report*, 1948-5, p. 38.

(77) Rodgers, *The Black High School and Its Community*, p. 37.

(78) Philosophy of the James E. Shepard High School, Zebulon, North Carolina (Box 22, General Correspondence of the Director of Negro Education, Southern Association of Colleges and Secondary Schools Accreditation File), North Carolina Department of Public Instruction Collection, North Carolina State Archives, Raleigh. 都市の大規模な学校でもこの価値観が共有されていたことを示唆する、似たような報告書がローリー近郊の J. W. Ligon Junior-Senior High School によってもファイルされていた。Shepard Report と同じボックスに保存。黒人学校において進歩主義の原理を推進しようとする初期の試みについては W. A. Robinson, "A Co-operative Effort Among Southern Negro High Schools," *The School Review*, Vol. 52, No. 9 (November 1944), pp. 532-542 を見よ。

(79) このような二つのグループに関する議論として、ノースカロライナの H. V. Brown Schoolmasters Club を描いた Rodgers, *The Black High School and Its Community*, p. 66 およびジョージア州で南部地域の認証を得たハイスクールの校長たちで作る "Masters Club" に言及した Walker, "The Architects of Black Schooling in the Segregated South," p. 61 を見よ。

(80) Duncan, "Some Problems of Union School Principals in North Carolina," p. 13.

(81) *Mississippi Teachers Directory, 1959-60*, J. M. Tubb, Superintendent of Instruction (Jackson, 1960), pp. 11, 23. The *Mississippi School Bulletin, Educational Directory, 1961-62* (Department

of Education, Jackson, 1962) にリストアップされた、独立した黒人中等教育機関は州全体でわずか 25 校にすぎず、その大半は州内の大きな町にあるものだった。黒人人口と教育に関してミシシッピーの南部における相対的位置については Rodgers, *The Black High School and Its Community*, pp. 13-14 を見よ。

(82) Vardeman, "A Study of the Relationship between Size and Accreditation," p. 402.

(83) South Carolina Department of Education, *Report of the Superintendent of Education, 1957-58, Negro Education* (Columbia: State of South Carolina, 1958), p. 34.

(84) Rodgers, *The Black High School and Its Community*, p. 36. 90%の校長が、かれらの学校の教師のうち 75%から 100%が修士号をもっていると報告した。Walker, *Their Highest Potential*, pp. 142-143 も見よ。

(85) 試験を用いた黒人教師の判定については R. Scott Baker, *Paradoxes of Desegregation: African American Struggles for Educational Equity in Charleston, South Carolina, 1926-1972* (Columbia: University of South Carolina Press, 2006), pp. 53-60 を見よ。

(86) シェリー・ヒルによるブランドン・カーターへのインタビュー。2007 年 7 月 25 日、ジョージア州アトランタにて。シェリー・ヒルによるグロリア・チェンバーズへのインタビュー。2009 年 5 月 8 日、ミシシッピー州ジャクソンにて。シェリー・ヒルによるロジャー・リチャーズへのインタビュー。2007 年 10 月 25 日、ノースカロライナ州ローリーにて。ジョン・ルーリーによるベティ・スモールへのインタビュー。2007 年 7 月 25 日、ジョージア州アトランタにて。すべての名前は仮名である。

(87) この世代の回答者がノスタルジックに過去を回想する傾向については Barbara Shircliffe, "'We Got the Best of That World': A Case for the Study of Nostalgia in the Oral History of School Segregation," *The Oral History Review*, Vol. 28, No. 2 (Summer-Autumn 2001), pp. 59-84 を見よ。

(88) "South Has Made Big Gains in Improving Educational Facilities for Negroes Since'45," *New York Times*, May 18, 1954, p. 22.

(89) Directors Correspondence, letter from Marvin Griffin dated October 22, 1954, Georgia Archives.

(90) "Equal Facilities Never Intended, Cousins Says," *Atlanta Daily World*, July 13, 1956.

(91) "Alabama Seeks Unified Action on School Segregation Case," *Atlanta Daily World*, July 16, 1953, p. 1; "On integration," *Afro-American*, March 21, 1959, p.19.

(92) Bolton, *The Hardest Deal of All*, Ch. 2.

(93) Mississippi Department of Education, *Biennial Report, 1953-55*, p. 66; Fairclough, *A Class of Their Own*, p. 414.

(94) Mississippi Department of Education, *Biennial Report*, 1956-57, Division of Negro Education (Jackson: State of Mississippi, 1957), p. 40.

(95) Ibid.; O'Brien, *The Politics of Race and Schooling*, Ch. 3.

(96) Fairclough, *A Class of Their Own*, p. 414.

(97) "Time's On Its Last Leg," *The Chicago Defender*, September 29, 1951, p. 6.

(98) "A Judicial Delay," *Atlanta Daily World*, January 31, 1952, p. 6.

(99) たとえば Shircliffe, *The Best of That World*, Ch. 4. Bolton, *The Hardest Deal of All*, Ch. 2 を見よ。

(100) John McCray, quoted in Baker, *Paradoxes of Desegregation*, p. 94.

(101) Dean Gordon B Hancock, "Between the Lines: The Old South in Stampede," *Atlanta Daily World*, September 6, 1955, p. 6.

(102) "NAACP Blasts 'Makeshift' School as Inadequate," *Atlanta Daily World*, November 8, 1958, p. 1.
(103) "Mississippi Cheats on 'Separate, Equal'," *Daily Defender*, April 7, 1959, p. 8.
(104) Rodgers, *The Black High School and Its Community*, pp. 77-78.
(105) Walker, "The Architects of Black Schooling in the Segregated South," pp. 62-67.
(106) シェリー・ヒルによるロジャー・リチャーズへのインタビュー。2009年10月25日、ノースカロライナ州ローリーにて。
(107) Vardeman, "A Study of the Relationship Between Size and Accreditation of School," p. 17.
(108) "17 Virginia Counties Have No High School for Negroes," *Atlanta Daily World*, September 14, 1958, p. 1.
(109) この点についてはJames W. Button, *Blacks and Social Change: The Impact of the Civil Rights Movement in Southern Communities* (Princeton, NJ: Princeton University Press, 1989), Ch. 1. Fairclough, A Class of their Own, p. 415. を見よ。
(110) "An Alarming Challenge to All," *Atlanta Daily World*, August 15, 1957, p. 4.
(111) Directors Correspondence; Letter from Septima P. Clark, Highlander Falk School, Monteagle, TN, to Mr. Robert L. Cousins, Director of Negro Education, Atlanta, GA, Division of Negro Education, Georgia State Archives, Morrow, GA.
(112) James S. Coleman, "The Concept of Equality of Educational Opportunity," *Harvard Educational Review*, Special Issue on Coleman Report, 1968. Daniel Patrick Moynihan や David Cohen の論文も見よ。
(113) Dongbin Kim and John L. Rury, "The Changing Profile of College Access: The Truman Commission and Enrollment Patterns in the Postwar Era," *History of Education Quarterly*, Vol. 47, No. 2 (August 2007), pp. 302-327. 在籍数の推計はIPUMSデータから得ている。
(114) Clayborne Carson, *In Struggle: SNCC and the Black Awakening of the 1960s* (Cambridge, MA: Harvard University Press, 1995), Chs 1 & 2.

第3章

(1) "Bias against Negroes Charged in Trenton," *New York Times*, December 7, 1943, p. 21; "Negroes Win School Suit," *New York Times*, February 1, 1944, p. 21.
(2) Thomas J. Sugrue, *Sweet Land of Liberty: The Forgotten Struggle for Civil Rights in the North* (New York: Random House, 2008), pp. 175-179.
(3) George S. Schuyler, "Trenton Is Showing Ways to End Bias," *The Pittsburgh Courier*, February 28, 1948, p. 2.
(4) Davison M. Douglas, *Jim Crow Moves North: The Battle Over Northern School Segregation, 1865-1954* (New York: Cambridge University Press, 2005), Ch. 6.
(5) "Negroes Fight Jim-Crow Schools 19 Miles from New York City," *The Chicago Defender*, September 18, 1943, p. 2; Sugrue, *Sweet Land of Liberty*, pp. 163-170.
(6) "Negroes Fight Jim-Crow Schools 19 Miles from New York City," *The Chicago Defender*, p. 2. 黒人と白人のハイスクール生徒ははじめ、別々のバスで輸送されていたが、このやり方は黒人の親たちが抗議すると直ちに停止されたことが、『シカゴ・ディフェンダー』に記されていた。
(7) この点についてはDouglas, *Jim Crow Moves North*, pp. 179-186 を見よ。
(8) Ibid., Ch 5.
(9) この時代の都市教育に関するもので、なんらかの形で学校の人種隔離の問題に触れた文献は

かなりの数にのぼる。シカゴについては以下を見よ。Michael Homel, *Down from Equality: Black Chicago and the Public Schools, 1920-1941* (Urbana: University of Illinois Press, 1984), Chs. 3 & 5, and Kathryn M. Neckerman, *Schools Betrayed: The Roots of Failure in Inner City Education* (Chicago: University of Chicago Press, 2007), Ch. 4; フィラデルフィアについては Vincent P. Franklin, *The Education of Black Philadelphia: The Social and Educational History of a Minority Community, 1900-1950* (Philadelphia: University of Pennsylvania Press, 1979), Part Two を見よ。デトロイトについては Jeffrey Mirel, *The Rise and Fall of an Urban School System: Detroit, 1907-81* (Ann Arbor: University of Michigan Press, 1993), Chs. 4 & 5 を見よ。ロサンジェルスについては Judith Rosenberg Raftery, *Land of Fair Promise: Politics and Reform in the Los Angeles Schools, 1885-1941* (Palo Alto, CA: Stanford University Press, 1992), pp. 183-191 を見よ。ミルウォーキーについては Jack Dougherty, *More Than One Struggle: The Evolution of Black School Reform in Milwaukee* (Chapel Hill: University of North Carolina Press, 2004), Chs. 2 & 3 を見よ。ボストンについては Joseph Cronin, *Reforming Boston Schools, 1930-2006: Overcoming Corruption and Racial Segregation* (New York: Palgrave Macmillan, 2008), Chs. 3 & 4 を見よ。クリーヴランドについては William D. Henderson, "Demography and Desegregation in the Cleveland Public Schools: Towards a Comprehensive Theory of Educational Failure and Success," *Review of Law and Social Change*, Vol. 26, No.4 (February 2002), pp. 460-568 を見よ。

(10) Sugrue, *Sweet Land of Liberty*, p. 176.

(11) See Douglas, *Jim Crow Moves North*, p. 175, and Dougherty, *More than One Struggle*, Ch. 1.

(12) この点に焦点づけられた少しあとの時代を対象とする議論は George A. Lee, "Negroes in a Medium-Sized Metropolis: Allentown, Pennsylvania -A Case Study," *The Journal of Negro Education*, Vol. 37, No. 4 (Autumn 1968), pp. 397-405 を見よ。

(13) Charles T. Clotfelter, *After Brown: The Rise and Retreat of School Desegregation* (Princeton, NJ: Princeton University Press, 2004), p. 70.

(14) この問題に関して Dougherty, *More than One Struggle*, Ch. 3 を見よ。

(15) On this point generally during this time, see Douglas, *Jim Crow Moves North*, Ch. 5.

(16) David Angus and Jeffrey Mirel, *The Failed Promise of the American High School, 1890-1995* (New York: Teachers College Press, 1999), Ch. 3; Harvard Sitkoff, *A New Deal for Blacks: The Emergence of Civil Rights as a National Issue: The Depression Decade* (New York: Oxford University Press, 2008), pp. 36-38.

(17) "2,000 Students Skip Classes as Strike Spreads," *Chicago Daily Tribune*, September 21, 1945, p. 13; "Pupils in Gary Vote Protest on Principal," *Chicago Daily Tribune*, October 27, 1945, p. 8. また以下も見よ。Ronald D. Cohen, *Children of the Mill: Schooling and Society in Gary, Indiana, 1906-1960* (Bloomington: Indiana University Press, 1990), pp. 175-186.

(18) "Gary Students Reject Truce; Strike Goes On," *Chicago Daily Tribune*, September 27, 1945, p. 10; Meredith Johns, "Gary School Strike Spreads; Whites Ask Ouster of Negros," *The Chicago Defender*, September 29, 1945, p. 1; Richard Durham, "Gary Strikers Like Their Equality White," *The Chicago Defender*, October 6, 1945, p. 1.

(19) "Pupils' Strike in Englewood up to Parents," *Chicago Daily Tribune*, September 28, 1945, p. 14; Earl Conrad, "N.Y. Schools Join Strike," *The Chicago Defender*, October 6, 1945, p. 1.

(20) "Gary Hate Strike on Again," *The Chicago Defender*, November 3, 1945, p. 1; "Strike at Gary School Forgiven But Not Forgotten," *The Chicago Defender*, October 13, 1945, p. 1.

(21) "Sinatra Pleads in School Strike," *Los Angeles Times*, November 2, 1945, p. 1; Richard

Durham, "Frank Sinatra Fails to Break Gary Hate Strike," *The Chicago Defender*, November 10, 1945, p. 1; "School Strikes Halted," *The Pittsburgh Courier*, October 6, 1945, p. 1.

(22) この推計は、回答者が通っていた学校の人種構成に関する報告（白人が多数であることを示すカテゴリー因子として記録）と、かれらが南部以外の地域のどこで成長したかに関する回答者の報告（大都市の指標として記録）との間で行った、単純なロジスティック回帰分析に基づいている。しかしながら、1940 年代の非南部に関して完全な情報をもつ回答者がわずか 86 名しかいなかったため、この発見は統計的有意性をもつに至らなかったことに注意しておくことが大切である。1940 年代と 1950 年代の NSBA の回答者をまとめて対象とした同様の分析の結果出たのは、大都市に住む者にとって白人との接触レベルがさらに低いことだった。それは、郊外・非都市圏の黒人ハイスクール生徒にとっての確率の 50％未満であった。回答者は 196 名であり、統計的に 1.5％水準で有意であった。一連のデータに関する記述は James S. Jackson and Harold W. Neighbors, *National Survey of Black Americans, Waves 1-4* (Ann Arbor, MI: Inter-University Consortium for Political and Social Research. ISPCR 6668, 1997) を見よ。

(23) Clotfelter, *After Brown*, Ch. 2.

(24) Judy Jolley Mohraz, *The Separate Problem: Case Studies of Black Education in the North, 1900-1930* (Westport, CT: Greenwood Press, 1979), p. 133.

(25) Michael W. Homel, *Down from Equality*, p. 110; Jeffrey Mirel, *The Rise and Fall of an Urban School System*, pp. 189-190.

(26) Willard C. Richan, "Racial Isolation in the Cleveland Public Schools," A Report of a Study Sponsored by the United States Commission on Civil Rights, Case Western Reserve University, 1967, p. 35.

(27) "School Head Blocks Student Hate Walkout in Los Angeles," *Chicago Defender*, March 29, 1947, p. 1; "Police Escort Negro Children Away From High School," *Atlanta Daily World*, February 8, 1949, p. 2.

(28) Homel, *Down from Equality*, p. 110.

(29) W. Lloyd Warner, Robert J. Havighurst, and Martin B. Loeb, *Who Shall Be Educated? The Challenge of Unequal Opportunities* (New York: Harper & Brothers, 1944), pp. 12-14.

(30) "Negro Elected Student Body President," *The Pittsburgh Courier*, April 26, 1947, p. 12; "Negro President of Juniors Presides at Ottawa Prom," *Chicago Defender*, June 4, 1949, p. 5; "Caley Cook, Athlete, Heads Student Body at Portland's Jefferson High," *Chicago Defender*, June 24, 1950, p. 3; "Wins Top Honor at Boys' State," *Chicago Defender*, July 15, 1950, p. 1.

(31) *1950 Lincolnian*, Lincoln High School, Kansas City, Missouri, p. 3. フレイザーは、カンザス大学に進んで化学を学ぶことを志している「才能豊かな話し手」と叙述されている。

(32) Warner, Havighurst, and Loeb, *Who Shall Be Educated*, p. 13.

(33) "School Prexy Makes Great Record," *Chicago Defender*, January 28, 1950, p. 2; "Negro Elected Student Body President," *The Pittsburgh Courier*, p. 12.

(34) Jeffrey E. Mirel, *Patriotic Pluralism: Americanization Education and European Immigrants* (Cambridge, MA: Harvard University Press, 2010), pp. 208-212. 以下も見よ。Cherry A. McGee Banks, *Improving Multicultural Education: Lessons from the Intergroup Education Movement* (New York: Teachers College Press, 2005), Ch. 4.

(35) Davison, *Jim Crow Moves North*, p. 237.

(36) こうした進捗は黒人新聞、特に『シカゴ・ディフェンダー』が小まめに追っていた。次の『ディフェンダー』の記事を見よ。"Interracial Group at Beaumont High,"December 28, 1946, p. 17; "Youth Group Raps Racial Intolerance," January 18, 1947, p. 18; "Fight Bias Through 160 Youth

Projects," March 15, 1947, p. 7; "New York Schools Launch Move Against Bias," July 12, 1947, p. 5; "Negro Progress New Course for Public Schools," October 18, 1947, p. 5; "Students to Join Ranks to War on Race Hate," March 7, 1948, p. 7. "Anti Bias Law to Be Taught in High Schools," *New York Amsterdam News*, July 5, 1947, p. 21 も見よ。クリーヴランド、デトロイト、その他の都市における進展については Mirel, *Patriotic Pluralism*, pp. 216-222 を見よ。フィラデルフィアについては Vincent P. Franklin, *The Education of Black Philadelphia: The Social and Educational History of a Minority Community, 1900-1950* (Philadelphia: University of Pennsylvania Press, 1979), p. 165 を見よ。

(37) この運動の人種という点での限界については Banks, *Improving Multicultural Education*, Ch. 6 を見よ。

(38) 繰り返しになるが『シカゴ・ディフェンダー』が、地域の学校で発生したものに限らずこの種の事件に対して特に細やかに目を配っていた。たとえば次のような『ディフェンダー』の記事を見よ。"Deny Tension Set off Riot," November 12, 1949, p. 1; "Cage Fans Touch Off Philly Riot," March 17, 1951, p. 2; "High School Hoodlums," October 2, 1954, p. 11; "Teenage Punks Threaten High School Sports," December 3, 1959, p. A28. 記事は他紙においても見られた。たとえば以下を見よ。"High School Students Threaten Calif Riot," *Atlanta Daily World*, August 3, 1946, p. 7 および "More After Game Race Trouble Flares on North Side," *Pittsburgh Courier*, October 20, 1956, p. 6. 偏見に満ちた処遇に対する抗議デモに関しては "Students Quit Over Racial Slur," *Chicago Defender*, May 2, 1953, p. 5; "Students' Protest Whip Election Bias," *Pittsburgh Courier*, April 7, 1956, p. 6 および "Dance Ban Leads to School Boycott, *Chicago Daily Defender*, May 19, 1958, p. A4 を見よ。

(39) "Franklin K. Lane Race Riot Quelled," *New York Amsterdam News*, January 20, 1951, p. 9; "Lane High School Incident," *New York Amsterdam News*, March 3, 1951, p. 8; "22 School Rowdies Freed," *Chicago Defender*, November 7, 1956, p. 4; "Adults Join in Fight Between Students of Both Races at Gladstone High School," *Pittsburgh Courier*, September 13, 1958, p. 1.

(40) James T. Patterson, *Brown v. Board of Education: A Civil Rights Milestone and Its Troubled Legacy* (New York: Oxford University Press, 2002) [ジェイムズ・パターソン (籾岡宏成訳)『ブラウン判決の遺産――アメリカ公民権運動と教育制度の歴史』慶應義塾大学出版会、2010 年], pp. 75-77; Michael J. Klarman, *Brown v. Board of Education and the Civil Rights Movement* (New York: Oxford University Press, 2007), pp. 105-110; Diane Ravitch, *The Troubled Crusade, American Education, 1945-1980* (New York: Basic Books, 1983)[ダイアン・ラヴィッチ (末藤美津子訳)『教育による社会的正義の実現――アメリカの挑戦 (1945-1980)』東信堂、2011 年], pp. 131-133.

(41) ラヴィッチが述べているように、「全国を網羅するメディア、とりわけテレビは、こうした紛争に対する全国の観衆の知覚の仕方を変化させた。……露骨であからさまな人種主義はアメリカ的信条に対する真っ向からの挑戦と認識された。」Ravitch, *The Troubled Crusade*, p. 139 [ラヴィッチ『教育による社会的正義の実現』東信堂、2011 年]. 世論と公民権運動に関するより一般的な事項は Francine Romero, *Civil Rights Policymaking in the United States: An Institutional Perspective* (Westport, CT: Praeger, 2002), Ch. 1. を見よ。

(42) 事件は依然として起こったが、ゲーリーの時ほど大規模なものではなかった。"Police Set for Harper Violence," *Chicago Defender*, October 1, 1956, p. 1, およびシカゴとセントルイスでの事件を扱った "Students Walk out in Wake of Dispute," *Atlanta Daily World*, p. 2 を見よ。

(43) Douglas, *Jim Crow Moves North*, Ch. 6; Sugrue, *Sweet Land of Liberty*, Ch. 6; Jolley, *The*

Separate Problem, Ch. 6.

(44) Supplements to the Report on Neighborhoods, Schools & Recreation, 1948. City Plan Commission of Kansas City, Missouri, p. 10.

(45) Bob Womack, "Attucks 5 Wins Indiana Cage Title," *The Chicago Defender*, April 2, 1955, p. 10; Stanley Warren, *Crispus Attucks High School: "Hail to the Green, Hail to the Gold* (Virginia Beach, VA: Donning Company Publishing, 1998), passim. 興味深いことに、シカゴのデュサーブル高校は同じ年にイリノイ州の選手権を獲得した。Ira Berkow, *The DuSable Panthers* (New York: Atheneum, 1978), passim を見よ。

(46) Douglas, *Jim Crow Moves North*, pp. 214, 248-249.

(47) Aaron Rife, "Sumner High School: A History" (unpublished master's thesis, University of Kansas, 2008), passim.

(48) Raftery, *Land of Fair Promise*, p. 183.

(49) シェリー・ヒルによるグレイス・ストロングへのインタビュー。2007年7月10日。

(50) こうした数字は、ハイスクールの卒業記念誌にある教員の写真を調べて計算した。白人主体のホワイトセントラル高校では、1960年までの10年間学校に在職し続けた教員はわずか26%であった。パセオ高校ではその数字は35%だった。

(51) これらの学校の科学教育に関する記録、および都市圏科学コンテストでの入賞に関する議論は Rife, "Sumner High School: A History," pp. 86-89 を見よ。

(52) シェリー・ヒルによるグレイス・ストロングへのインタビュー。2007年7月10日。

(53) シェリー・ヒルによるノーマ・ウォルシュへのインタビュー。2008年10月31日。

(54) Ashley Holm, "Racial Differences in Student Engagement and Attainment: A Study of Topeka High School, 1939-1984," (unpublished master's thesis, University of Kansas, 2008), Ch. 2.

(55) Ibid., pp. 40-45.

(56) シェリー・ヒルによるハリー・オニールへのインタビュー。2008年10月31日。

(57) Elizabeth C. Marshall, "Protest Objectionable Play; Penn Twp. Pupils Walk Out," *The Pittsburgh Courier*, May 4, 1946, p. 1.

(58) Elizabeth C. Marshall, "Principal Denies Jim Crow Charge," *The Pittsburgh Courier*, December 14, 1946, p. 4.

(59) "German Township High to Choose Cheerleader; Pastor States His Case," *The Pittsburgh Courier*, October 31, 1953, p.3. Holm, "Racial Differences in Student Engagement and Attainment" も見よ。

(60) Clotfelter, *After Brown*, pp. 140-145.

(61) このことは、この時代のカンザスシティおよびシカゴにあるいくつかの学校の卒業記念誌を検証することから確証を得ている。

(62) シェリー・ヒルとジョン・ルーリーによるタルマッジ・ボイドへのインタビュー。2009年3月17日。

(63) Homel, *Down from Equality*, pp. 81-83. タルマッジ・ボイドへのインタビュー。

(64) デュサーブル高校の卒業記念誌のレビューおよび "DuSable to Get Cheers," *Chicago Defender*, May 24, 1960, p. 19.

(65) Neckerman, *Schools Betrayed*, Ch. 7; John L. Rury, "Race, Space, and the Politics of Chicago's Public Schools: Benjamin Willis and the Tragedy of Urban Education," *History of Education Quarterly*, Vol. 39, No. 2 (Summer 1999), pp. 117-142.

(66) 人種統合を最小限にとどめるように通学区域の線引きを行うことは、幅広く行われたやり口だった。この時代の直前のシカゴ、インディアナポリス、フィラデルフィアを扱った Jolley, *The*

Separate Problem, Ch. 6、および少しあとのミルウォーキーを取り上げたDougherty, *More than One Struggle*, Ch. 4におけるこの問題に関する議論を見よ。デトロイトについてはMirel, *The Rise and Fall of an Urban School System*, Ch. 4を、クリーヴランドについてはRichan, "Racial Isolation in the Cleveland Schools," pp. 5 & 6を、ロサンジェルスについてはRaftery, *Land of Fair Promise*, p. 183を、ボストンについてはRonald Formisano, *Boston Against Busing: Race, Class and Ethnicity in the 1960s and 1970s*, 2nd ed. (Chapel Hill: University of North Carolina Press, 2003), Chs. 1 & 2を見よ。

(67) Shawn A. Ginwright, *Black in School: Afro Centric Reform, Urban Youth and the Promise of Hip Hop Culture* (New York: Teachers College Press, 2004). Ch. 3.

(68) Raftery, *Land of Fair Promise*, pp. 183-191; John Caughey, *To Kill a Child's Spirit: The Tragedy of School Segregation in Los Angeles* (Itaska, IL: F. E. Peacock Publishers, 1973), Ch. 1; Emily E. Straus, "The Making of the American School Crisis: Compton, California and the Death of the Suburban Dream" (unpublished Ph.D. dissertation, Brandeis University, 2006), Ch. 2; Edna Bonacich and Robert Goodman, *Deadlock in School Desegregation: A Case Study of Ingelwood, California* (New York: Praeger Publishers, 1972), Chs. 2 & 3; Alan B. Wilson, *The Consequences of Segregation: Academic Achievement in a Northern Community* (Berkeley, CA: Glendessary Press, 1969), Ch. 1.

(69) サムナー高校についてはRife, "Sumner High School," pp. 75-80を、アタックス高校についてはDouglas, *Jim Crow Moves North*, p. 263を見よ。

(70) Neckerman, *Schools Betrayed*, Ch. 6.

(71) Mary Herrick, Citizens School Committee Papers, Box 28, Folder 2, "A Year Experiment with Core for Slow Learners," Chicago Historical Society, Archival Collections.

(72) David L. Angus and Jeffrey E. Mirel, *The Failed Promise of the American High School* (New York: Teachers College Press, 1999), pp. 90-91; Neckerman, *School Betrayed*, Ch. 5.

(73) Quoted in Christina Collins, "*Ethnically Qualified:*"*Race, Merit and the Selection of Urban Teachers, 1920-1980* (New York: Teachers College Press, 2011), p. 26.

(74) Richan, "Racial Isolation in the Cleveland Public Schools," p. 34; Dougherty, *More Than One Struggle*, pp. 96-97.

(75) シカゴとフィラデルフィアはまさしくこのケースに該当した。Neckerman, *Schools Betrayed*, Ch. 6およびFranklin, *The Education of Black Philadelphia*, Ch. 8を見よ。

(76) Howard D. Gould, "Students Flunk in Biggest Exam," *Chicago Defender*, December 29, 1958, p. A8. 記事が指摘したように、シカゴの黒人生徒の中で、テストの結果奨学金有資格者となった者は50名以上いたはずなのだが、新聞が把握していたのはわずか6名だけだった。

(77) Neckerman, *Schools Betrayed*, p. 96; also see John F. Lyons, *Teachers and Reform: Chicago Public Education, 1929-1970* (Champaign: University of Illinois Press, 2008), pp. 148-149.

(78) Douglas, *Jim Crow Moves North*, pp. 195-203.

(79) この時代の北部および西部における黒人の郊外化についてはAndrew Wiese, *Places of Their Own: African American Suburbanization in the Twentieth Century* (Chicago: University of Chicago Press, 2004), Ch. 5を見よ。同時代の視点については"Find Negroes Following Whites to 'Suburbia,' " *Chicago Defender*, March 10, 1962, p. 1を見よ。Caroline Eick, *Race-Class Relations and Integration in Secondary Education: The Case of Miller High* (New York: Palgrave Macmillan, 2010), Ch. 1も見よ。

(80) もちろん、1940年時点での南部生まれであることの強烈な負の効果と、20年後のより控え目な効果との間にはっきりとしたコントラストがあることは明白だ。貧困な地位および他の因子

のコントロールを解いても、結果にほとんど変わりはなかった。これは南部における学校教育の向上の反映であったことを示唆するものだ。

(81) IPUMS データによれば、ハイスクールを卒業しホワイトカラーの職をもつ親がいて、持ち家で、配偶者と同居している若者は、北部および西部の 10 代のうち郊外で 17%、都市ではわずか 9% だった。郊外における黒人の持ち家率は 63% で、中心都市における割合は 35% だった。このことは、1940 年時点では明白に存在した大都市の利点の消滅を部分的に説明することだろう。もしも黒人の同一層の中で郊外での居住が中心都市でのそれに取って代わられるとすると、郊外に居住することは、他の因子を統制したとき学校での成功［学業の成就］可能性が 20% 近く（18.1%）も増すことに現われているように、好ましい重要な効果をもつ。両親の教育やホワイトカラーでの雇用、貧困地位といった社会経済的因子をコントロールしなければ、郊外居住の効果は 30% 近く (28.1%) までその有利さが上昇する。

(82) Message from Principal Earl D. Thomas, *The 1955 Lincolnian* (Kansas City, Missouri, Lincoln High School, 1955), p. 9.

(83) これはシカゴに関する次の２冊の本の中での議論である。Neckerman, *Schools Betrayed* および Homel, *Down from Equality*.

第４章

(1) James Bryan Conant, *Slums and Suburbs: A Commentary on Schools in Metropolitan Areas* (New York: McGraw Hill, 1961), p. 146. コナントへの反応の大勢を知るには "Conant Says Slum Schools Create Dynamite in Cities," *New York Times*, October 17, 1961, p. 1 を見よ。また "Ribicoff Decries School Drop-Outs," *New York Times*, October 20, 1961, p. 35 も見よ。これは明らかに、『ニューヨーク・タイムズ』がこの時代に都市の危機《アーバン・クライシス》という言葉を用いた最初のものだった。

(2) 「貧困に対する戦い」をめぐる議論については David Zarefsky, *President Johnson's War on Poverty: Rhetoric and History* (Tuscaloosa, AL: University of Alabama Press, 2005), passim を、教育については以下を見よ。Diane Ravitch, *The Troubled Crusade: American Education, 1945-1980* (New York: Basic Books, 1983)［ダイアン・ラヴィッチ（末藤美津子訳）『教育による社会的正義の実現――アメリカの挑戦（1945-1980）』東信堂、2011 年］, Ch. 5 および Gareth Davies, *See Government Grow: Education Politics from Johnson to Reagan* (Lawrence: University Press of Kansas, 2007), Part I.

(3) James Patterson, *Brown v. Board of Education: A Civil Rights Milestone and Its Troubled Legacy* (New York: Oxford University Press, 2002)［ジェイムズ・パターソン（籾岡宏成訳）『ブラウン判決の遺産――アメリカ公民権運動と教育制度の歴史』慶應義塾大学出版会、2010 年］, Ch. 1; Ravitch, *The Troubled Crusade*［ラヴィッチ『教育による社会的正義の実現』］, pp. 114-120.

(4) Eunice S. Newton and Earle H. West, "The Progress of the Negro in Elementary and Secondary Education," *The Journal of Negro Education*, 32: 4 (Autumn 1963), pp. 466-484; Robert Singleton and Paul Bullock, "Some Problems of Minority Group Education in the Los Angeles Public Schools," *The Journal of Negro Education*, 32: 2 (Spring 1963), pp. 137-145; Walter G. Daniel, "Problems of Disadvantaged Youth, Urban and Rural," *The Journal of Negro Education*, 32: 3 (Summer 1964), pp. 218-224.

(5) この時代の都市問題およびそれらへの当時の認識の概観は Gary A. Tobin, ed., *The Changing Structure of the City: What Happened to the Urban Crisis* (Bevery Hills, CA: Sage

Publications, 1980), passim を見よ。ブラックパワーについては Penial E. Joseph, *Waiting Til the Midnight Hour: A Narrative History of Black Power in America* (New York: Holt, 2006), Chs. 6-11 を見よ。

(6) これらの数字は Bureau of the Census, *Historical Statistics of the United States: Colonial Times to 1970* (Washington, DC: Government Printing Offi ce, 1975), Ch. A; and idem, *1980 Census of Population, Volume 1, Characteristics of the Population, Chapter, Number of Inhabitants, Part I, United States Summary* (Washington, DC: Government Printing Office, 1983), p. 227 にあるデータから計算している。Fox, *Metropolitan America*, p. 51 も見よ。 この当時の都市－郊外間の移住とその影響については Jon C. Teaford, *The Twentieth Century American City*, 2nd ed. (Baltimore: Johns Hopkins University Press, 1993), passim を見よ。Kenneth T. Jackson, *The Crabgrass Frontier: The Suburbanization of the United States* (New York: Oxford University Press, 1985), Ch. 12 も見よ。

(7) Melvin Oliver and Thomas Shapiro, *Black Wealth/ White Wealth: A New Perspective on Racial Inequality* (New York: Routledge, 1995), Ch. 1 & 2.

(8) Fox, *Metropolitan America*, Ch. 2; Jackson, *Crabgrass Frontier*, Ch. 15; Arnold Hirsch,"With or Without Jim Crow: Black Residential Segregation in the United States," in Arnold R. Hirsch and Raymond Mohl, eds., *Urban Polity on Twentieth Century America* (New Brunswick, NJ: Rutgers University Press, 1993), pp. 65-99; and Andrew Hacker, *Two Nations: Black and White, Separate, Hostile and Unequal* (New York: Charles Scribner's Sons, 1992), Ch. 1.

(9) この過程の概観としては Edmonia W. Davidson, "Education and Black Cities: Demographic Background," *The Journal of Negro Education*, Vol. 42, No. 3 (Summer 1973), pp. 233-260 を見よ。

(10) これらの数字は 1960 年と 1970 年分の IPUMS データから引いている。1960 年時点では、14 歳から 19 歳の黒人の若者の約 65%が南部に住んでいた。そのうちおよそ半数が農村部に住み、21%は農場に住んでいた。この数字は 1970 年までに、南部に住む割合は 57%に、農村部に住む割合は 36%にまで下がった。この時代、南部の外において農村地帯に住む黒人の若者は 10%未満であり、農場に住んでいる割合は 1%にも満たなかった。

(11) 都市における状況については Karl E. Teuber and Alma F. Teuber, *Negroes in Cities: Residential Segregation and Neighborhood Change* (Chicago: Aldine Publishing, 1966), passim を見よ。「ホワイトフライト」に関しては William H. Frey, "Central City White Flight: Racial and Nonracial Causes," *American Sociological Review*, Vol. 44, No. 3 (June 1979), pp. 425-448 を見よ。

(12) Donna L. Franklin, *Ensuring Inequality: The Structural Transformation of the African-American Family* (New York: Oxford University Press, 1997), p. 82.

(13) Isabel Wilkerson, *The Warmth of Other Suns: The Epic Story of America's Great Migration* (New York: Random House, 2010), p. 291; Thomas Ditmars, "Social Composition of the Kansas City, Missouri Public High Schools" (master's thesis, University of Kansas, 1929) p. 57.

(14) C. Marks. *Farewell, We're Good and Gone: The Great Black Migration* (Bloomington: Indiana University Press, 1989), p. 46.

(15) Dennis Gilbert, *The American Class Structure in an Age of Growing Inequality* (Thousand Oaks, CA: Pine Forge Press, 2008), p. 55.

(16) 特定の都市に関する影響力のある研究としては以下を見よ。Thomas J. Sugrue, *The Origins of the Urban Crisis: Race and Inequality in Postwar Detroit* (Princeton, NJ: Princeton University Press, 1996)［トマス・J・スグルー（川島正樹訳）『アメリカの都市危機とアン

ダークラス――自動車都市デトロイトの戦後史』明石書店、2002年］, Ch. 1およびArnold Hirsch, *The Making of the Second Ghetto: Race and Housing in Chicago, 1940-1960* (Chicago: University of Chicago Press, 1998), passim. 都市教育についてはHarvey Kantor and Barbara Brenzel, "Urban Education and the 'Truly Disadvantaged': The Historical Roots of the Current Crisis," *Teachers College Record*, Vol. 94, No. 2, 1992, pp. 278-314を見よ。

(17) たとえば以下を見よ。Herbert McCann, "Why Does a Fine School Decline?" *Chicago Defender*, June 16, 1973, p. 5, and Mrs. Norine Foster, "The Real Reason," *Chicago Defender*, June 19, 1973, p. 13.

(18) Jean Anyon, *Ghetto Schooling: A Political Economy of Urban Educational Reform* (New York: Teachers College Press, 1997), Ch. 6; Mirel, *Rise and Fall of an Urban School System: Detroit, 1907-81* (Ann Arbor: University of Michigan Press, 1993), Ch. 6; Gary Orfield, Susan Eaton, and the Harvard Project on School Desegregation, *Dismantling Desegregation: The Quiet Reversal of Brown v. Board of Education* (New York: The New Press, 1997), Ch 1; John L. Rury, "Race, Space and the Politics of Chicago's Public Schools," *History of Education Quarterly* 39: 2 (Summer 1998), pp. 117-142.

(19) Robert J. Havighurst, *The Public Schools of Chicago: A Survey for the Board of Education of the City of Chicago* (Chicago: Chicago Board of Education, 1964), Ch. X.; Bennett Harrison, "Education and Underemployment in the Urban Ghetto," *The American Economic Review*, Vol. 62, No. 5 (December 1972), pp. 796-812.

(20) Anyon, *Ghetto Schooling*, p. 111; Mirel, *Rise and Fall of an Urban School System*, Ch. 6; Michael Stolee, "The Milwaukee Desegregation Case," in J. L. Rury and F. A. Cassell, *Seeds of Crisis: Public Schooling in Milwaukee Since 1920* (Madison: University of Wisconsin Press, 1993), pp. 229-259; Amy Stuart Wells and Robert Crain, *Stepping Over the Color Line: African American Students in White Suburban Schools* (New Haven, CT: Yale University Press, 1999), Ch. 3.

(21) ドロップアウトという用語の起源に関する議論はSherman Dorn, *Creating the Dropout: An Institutional and Social History of School Failure* (Westport, CT: Praeger, 1996), Ch. 4を見よ。彼はこの用語の使用が1960年代にピークに達したようだと述べている。

(22) " 'Stay in School' Advice to Teenagers Who May be Looking for Jobs," *New York Times*, September 8, 1957, p. E11; "President Urges Return to School," *New York Times*, September 4, 1962, p. 20; "Two Kennedys Urge Washington Youth to Remain in School," *New York Times*, June 6, 1963, p. 21.

(23) "Asks Youths to Return to School," *New York Amsterdam News*, September 18, 1965, p. 30; "Stay in School Drive is Opened by Johnson," *New York Times*, August 26, 1967, p. 15.

(24) "Gives Fund to Cut Drop-Outs from Schools," *Chicago Daily Tribune*, July 11, 1961, p. 24. これらの資金は全体で、2009年の貨幣価値で700万ドル以上になるだろう。

(25) "Kennedy Approves $250,000 to Fight School Dropouts," *Atlanta Daily World*, June 12, 1964, p. 1.

(26) "Says School Drop-Outs Hurt Nation's Economy," *Chicago Daily Defender*, May 29, 1961, p. 8.

(27) "Mayor Lauds Urban League for Stay-in-School Drive," *Los Angeles Sentinel*, August 10, 1961, p. C1; "Mayor Praises Urban League for Its Stay in School 3rd Annual Campaign," *Los Angeles Sentinel*, September 12, 1963, p. A5; "Ministers Join Crusade for Return to School," *Chicago Defender*, August 25, 1962; "Urban League Launches War on Teen Dropouts," *Chicago Defender*, August 24, 1963, p. 3.

(28) "Urban League Urges Return for Dropouts," *Chicago Daily Tribune*, August 30, 1964, p. S2; "Dr. Letson Calls for Broad Attack on School Dropouts," *Atlanta Daily World*, April 14, 1963, p. 1; "Mayor Wagner's Efforts Reduce School Dropouts," *New York Amsterdam News*, April 27, 1963.

(29) "WBBM-TV Explores 'Drop-Out,' " *Chicago Defender*, November 17, 1962, p. 7; "WGN to Give Documentary on Dropouts," *Chicago Daily Tribune*, September 6, 1961, p. A10.

(30) "A Report on Lever's Anti-Dropout Radio Campaign," *Chicago Defender*, June 26, 1965, p. B20.

(31) "Dr. King Album Used in Drive Against Dropouts," *Chicago Daily Defender*, October 11, 1962, p. 20.

(32) "Labor Dept. Film Helps in 'Drop-Out' Programs," *Chicago Defender*, November 24, 1962; "Don't Be a Dropout Blackout," *Los Angeles Sentinel*, August 10, 1961, p. C1; "Dropout Film to Be Shown to Tilden PTA," *Chicago Daily Tribune*, March 10, 1963, p. SW A19; "Documentary Drops Hint to Dropouts," *Los Angeles Sentinel*, June 3, 1964, p. A7; "Illinois Bell Film Aims at Dropout," *Chicago Daily Tribune*, October 30, 1964, p. E6.

(33) "Groups Join to Stop Dropouts," *Los Angeles Sentinel*, January 30, 1969, p. B2; "Cabrini Green 'Back to School, Stay in School' Parade Set," *Chicago Daily Defender*, August 26, 1969, p. 5.

(34) シェリー・ヒルによるジェイムズ・ブラウンへのインタビュー。2009年3月17日、イリノイ州シカゴにて。

(35) "Lou Rawls Visits Carver to Help Stop Dropouts," *Los Angeles Sentinel*, January 29, 1970, p. B5; "Pros Dazzle to Make the Point: Stay in School," *New York Times*, August 27, 1973, p. 62.

(36) Thadeus Stokes, "Don't Be a Dropout," *Atlanta Daily World*, January 20, 1968, p. 6. 次の論説記事も見よ。*Los Angeles Sentinel*, "On Curbing Dropouts," June 22, 1965, p. A6; "Solution to Dropouts," June 29, 1965, p. A6; and "An Examination of Our High School Dropouts," *Chicago Defender*, December 25, 1965, p. 7.

(37) ドーンは、このようなプログラムが全国的なドロップアウト率を目に見えて改善したかどうかについては懐疑の念を示しているが、彼は黒人の在籍水準に対するその効果を考慮していない。しかしながら彼は、そうしたキャンペーンによって多くの若者の退学が防がれたかもしれない点は認識している。*Creating the Dropout*, Ch. 5 を見よ。

(38) "Help Potential Dropouts," *Chicago Daily Tribune*, May 9, 1963, p. 21; "Open Pilot Project to Combat School Dropouts," *Chicago Daily Defender*, March 5, 1963, p. 14; "'Y Teaches Dropouts," *Chicago Tribune*, May 15, 1964, p. J10.

(39) "Here is 'Double E' Plan: Jobs and Studies for Dropouts from Schools," *Chicago Daily Tribune*, June 20, 1963, p. 21; "Learn to Earn Project Approved for Fulton Youth," *Atlanta Daily World*, June 12, 1964, p. 1; "Program for Dropouts Gains Strength," *Chicago Daily Tribune*, February 16, 1964, p. B2.

(40) "Encourages Dropouts to Return," *New York Amsterdam News*, January 13, 1968, p. 25; "Training Plan for Dropouts in Cleveland," *Chicago Daily Defender*, January 13, 1968, p. 3; "Summer Program Aims to Keep Kids in School," *Chicago Daily Defender*, June 19, 1971, p. 15; "60,000 Youth in South to Obtain Summer Jobs," *Atlanta Daily World*, May 7, 1970, p. 1; "Second Chance for Dropouts in Project," *Chicago Daily Defender*, October 15, 1969, p. 27.

(41) "Boys Club Receives Funds for Dropouts," *Chicago Daily Tribune*, September 20, 1964, p. N1; "Culturally Deprived Youth Studying in Special Schools," *New York Amsterdam News*, October 9, 1965, p. 34; "Dropout Centers Approved by Board," *Los Angeles Sentinel*, January

4, 1968, p. D2.

(42) "Job Corps: New Hope for Dropouts," *Chicago Daily Defender*, April 27, 1965, p. 15; "Groom Dropout Pupils to Enter King Center 'Work Study' High School," *Chicago Tribune*, August 7, 1966, p. T4; "New Programs Offered for High School Dropouts," *Chicago Tribune*, November 7, 1968, p. S4; "Jaycees Program Saves Would-Be Dropouts," *Chicago Daily Defender*, January 9, 1969, p. 10; "Atlanta Urban League's School to Industry Program Involves High School Youth," *Atlanta Daily World*, October 17, 1971, p. 9.

(43) "How 'Tender Loving Care' Changes Harlem Dropouts," *New York Amsterdam News*, June 29, 1968, p. 28; "Learning to Learn-That's What Is Happening at 'Drop-Out' School," *Chicago Daily Defender*, March 4, 1969, p. 19; "New Academy Opens for H. S. Dropouts," *Chicago Daily Defender*, May 17, 1969, p. 33; "New Approach to Education Brings Students into Classes from Streets," *Pittsburgh Courier*, December 13, 1969, p. 16; "Concerned Clubs to Stage Street Academy Benefit," *Atlanta Daily World*, July 3, 1970, p. 2; "Cabrini Green Alternative School Gives Dropouts Chance to Avoid Streets," *Chicago Tribune*, December 30, 1971, p. N3.

(44) Lisa Stulberg and Anthony Chen, "Beyond Disruption: The Forgotten Origins of Affirmative Action in College and University Admissions, 1961-1969" (Unpublished manuscript, University of Michigan, 2008), passim.

(45) "The Disadvantaged: New Programs Prepare Students for Advanced Schooling," *New York Times*, August 16, 1964, p. E7.

(46) "2,000 College Hopefuls Being Interviewed, May 14: Scholarships Agency Sponsoring Meeting," *New York Amsterdam News*, May 14, 1966, p. 31; "College Aid Offered HS Students," *New York Amsterdam News*, June 24, 1967, p. 23; "University of Chicago Recruits Harlem Kids," *New York Amsterdam News*, January 11, 1969, p. 31; "12 State Colleges Host 500 Boro Students," *New York Amsterdam News*, May 10, 1969, p. 31; "How Harvard Univ Became more Relevant to Blacks," *New York Amsterdam News*, September 6, 1969, p. 8; "Three Thousand Negro Students Meet with College Advisers," *Atlanta Daily World*, April 8, 1971, p. 1.

(47) "Agency Seeks HS Grads for City U," *New York Amsterdam News*, September 10, 1966, p. 32; "U.N. Upward Bound Program Gets Lowest Dropout Rate," *Chicago Daily Defender*, September 21, 1967; "Upward Bound Program Helps Youngsters Find Right Path," *New York Amsterdam News*, September 18, 1971, p. B3.

(48) "City U Plans to Triple Minority Enrollment," *New York Amsterdam News*, August 10, 1968, p. 2; "Open Admissions ... Where Now?," *New York Amsterdam News*, July 8, 1971, p. A5; "Project Opportunity to Help Dropouts," *Chicago Defender*, March 20, 1965, p. A4.

(49) Dongbin Kim and John Rury, "The Changing Shape of College Access: The Truman Commission and Enrollment Patterns in the Postwar Era," *History of Education Quarterly*, Vol. 47, No. 2 (August 2007), pp. 302-327; Op. cit., "The Rise of the Commuter Student: Growth in Enrollment Among Students Living at Home, 1960-1980," *Teachers College Record*, Vol. 113, No. 5 (May 2011), pp. 1031-1066.

(50) たとえば "Board Report Shows Decrease in Dropouts," *Chicago Daily Defender*, May 14, 1964, p. 4; "Dropouts Decline, But Problem is Still Serious," *New York Times*, April 10, 1966, p. 151 を見よ。

(51) "23 Million Negroes Said Closing Gap on Education," *Atlanta Daily World*, August 7, 1970, p. 1;

"Black College Enrollment Comparable to the Whites," *Atlanta Daily World*, March 27, 1973, p. 3; "Black Education Rises," *Atlanta Daily World*, March 15, 1975, p. 3.

(52) Davies, *See Government Grow*, Chs. 2 & 3 を見よ。

(53) "Find More Blacks Stay in School," *Chicago Tribune*, March 7, 1979, p. A2.

(54) この点の見落としについて John L. Rury, "Attainment Amidst Adversity: Black High School Students in the Metropolitan North, 1940-1980," in Kenneth K. Wong and Robert Rothman, eds., *CLIO at the Table: Using History to Inform and Improve Education Policy* (New York: Peter Lang, 2009), Ch. 2 を見よ。同時代の人々の見方を知るには "High School Grads Up 93% in Last Decade," *Chicago Defender*, January 2, 1965, p. 3; "Need Program to Close Gap in Education," *Chicago Defender*, May 15, 1965, p. 5; "Black College Enrollment Comparable to Whites," *Atlanta Daily World*, March 27, 1973, p. 3 を見よ。

(55) たとえば Martin Meyer, "Close to Midnight for the New York Schools," *The New York Times*, May 2, 1965, p. SM34 を見よ。これは広い読者層に読まれた同紙の日曜版の目抜き記事である。

(56) IPUMS データを用いた計算によれば、中心都市の黒人で持ち家世帯に暮らす黒人の若者の割合は、1960 年のおよそ 36%から、1970 年に 42%、1980 年には 46%にまで上昇した。都市においては賃貸居住者が多いため、常に 5%～ 10%ほど持ち家率が［全国平均より］低かったとは言え、この数値は全国的動向にも対応していた。持ち家率は概して、白人の数値が黒人より 15%から 20%ほど高かった。

(57) これに対する同時代の人々の見方については Reynolds Farley and Albert Hermalin, "The 1960s: A Decade of Progress for Blacks?" *Demography*, Vol. 9, No. 3 (August 1972), pp. 353-370. を見よ。

(58) Sar A. Levitan, William B. Johnston, and Robert Taggart, *Still a Dream: The Changing Status of Blacks Since 1960* (Cambridge, MA: Harvard University Press, 1975), p. 44.

(59) Teuber and Teuber, *Negroes in Cities*, p. 7; この時代の黒人カレッジへの入学・在籍については Kim and Rury, "The Changing Profi le of College Access," passim を見よ。

(60) たとえば "See Rise in Negro White Collar Jobs," *Chicago Defender*, January 9, 1960, p. 22; "Survey Shows Our Income Keeps Going Up," *Chicago Daily Defender*, September 5, 1962, p. 13 を見よ。全国的動向については Levitan, Johnson, and Taggart, *Still a Dream*, Ch. 3 を見よ。

(61) ここでは IPUMS データから、南部に関していくらか異なったことが読み取れる。中心都市の貧困[率]は 1960 年代を通してかなり低減し、若年人口の 1/3 以上からおよそ 1/4 にまで下がった。南部以外では、1960 年代を通して約 20%という数字で変わらず、1980 年までには 25%近くにまで迫った。

(62) 南部生まれ［の因子］についても回帰分析を行ったが、スペースの制約から図には載せなかった。この因子はアフリカ系アメリカ人の教育達成との間に有意な相関は見られなかったが、白人の教育達成との間に負の相関が見られた。このカテゴリーに入る若者の大部分が南部に住んでいた。しかしながら、南部以外に住む黒人と白人の 17 歳について別個に回帰分析を行うと、南部生まれの変数は黒人に対しても（-.151）、白人に対しても（-.404）同様の影響を与えたが、黒人には有意性は見られなかった。このことが示唆するのは、この因子の影響は単純に、地域間での学校の違いや住民の行動の差異によるものではなかった、ということだ。さらなる情報は付録 B を見よ。

(63) この点は Levitan, Johnson, and Taggart, *Still a Dream*, Ch. 4 で報告されている知見によって確証されている。

(64) このサンプルの農場の黒人の若者のうち、ゆうに 85%が貧困のなか暮らしていたのに対し、白人の農場の若者では 1/3 以下であった。

(65) アフリカ系アメリカ人は、かれらの制約された雇用機会を反映して、はるかに労働力になりにくかった。IPUMSデータによれば、1970年時点で17歳の黒人の若者の23%が就労しているか職を探していたのに対し、白人の若者の場合その数字は39%だった。大多数はパートタイムか季節労働者だった。

(66) この時代の女子の教育達成の伸びについては以下を見よ。Claudia Goldin, Lawrence F. Katz, and Ilyana Kuziemko, "The Homecoming of American College Women: The Reversal of the College Gender Gap," *Journal of Economic Perspectives*, 20: 4 (Fall 2006), pp. 133-156.

(67) この時代の教育達成の全体的傾向については以下を見よ。John L. Rury, Argun Saatcioglu, and William P. Skorupski, "Expanding Secondary Attainment in the United States, 1940-1980: A Fixed Effects Panel Regression Model," *Historical Methods*, Vol. 43, No. 3 (July 2010), pp. 139-152.

(68) "De Facto Segregation in Chicago Public Schools," *The Crisis*, 65 (February 1958), pp. 87-95, 126-127.

(69) Mary Herrick, *The Chicago Schools: A Social and Political History* (Beverly Hills, CA: Sage Publications, 1971), pp. 310-312.

(70) Robert J. Havighurst, *The Public Schools of Chicago: A Survey for the Board of Education of the City of Chicago* (Chicago: Chicago Board of Education, 1964), Ch. VII.

(71) "Urges School Integrate Now," *Chicago Daily Defender*, May 21, 1963, p. 5.

(72) "Student Blasts Marshall High," *Chicago Daily Defender*, December 14, 1965, p. 1; "Set School Action in Drive for Additional Room," *Chicago Daily Defender*, April 5, 1965, p. 9.

(73) John L. Rury, "Race, Space, and the Politics of Chicago's Public Schools: Benjamin Willis and the Tragedy of Urban Education," *History of Education Quarterly*, Vol. 39, No. 2 (Summer 1999), pp. 117-142.

(74) "Parents Stage Protest Over Crowded School," *Chicago Daily Defender*, October 25, 1962, p. 2.

(75) たとえば、学区に見合うマイノリティ教師の不足について述べている the Human Relations Task Force on Civil Disorder,"Three Year Report: The Quality of Urban Life," (Kansas City, MO: Kansas City Public Library, Missouri Valley Special Collections, October 1971), p. II-1 を見よ。

(76) "Atlanta Ordered to File 'Facts' on School Desegregation; Warren Says Many Deprived of Education," *Atlanta Daily World*, April 11, 1964, p. 1; "School Protests Grow in Cities in the North," *Atlanta Daily World*, September 11, 1963, p. 1; Jack Dougherty, *More than One Struggle: The Evolution of Black School Reform in Milwaukee* (Chapel Hill: University of North Carolina Press, 2004), pp. 94-96; Peter William Moran, *Race, Law, and the Desegregation of Public Schools* (New York: LFB Scholarly Pub., 2005), pp. 33-34; Jean Anyon, *Ghetto Schooling: A Political Economy of Urban Educational Reform* (New York: Teachers College Press, 1997), pp. 94-95; "Newark's Barringer High: Adults Creating Problems," *New York Amsterdam News*, December 2, 1967, p. 1; Willard C. Richan, "Racial Isolation in the Cleveland Public Schools" (unpublished report, Case Western Reserve University, 1967), passim.

(77) Bert E. Swanson, *The Struggle for Equality: The School Integration Controversy in New York City* (New York: Hobbs, Dorman & Co., 1966), p. 18; "Here are Schools in Open Door Policy," *New York Amsterdam News*, September 10, 1960, p. 6; "The Revolution Spreads All Over New York," *New York Amsterdam News*, July 27, 1963, p. 1; "Letter to the Editor," *New York Amsterdam News*, July 9, 1966, p. 28.

(78) "Bogan High School NOT Crowded, Defender Finds," *Chicago Daily Defender*, September 30, 1963, p. A2.

(79) この過程の説明としてたとえば Moran, *Race, Law and the Desegregation of Public Schools*, Ch. 2 を見よ。

(80) "Permissive Transfer Plan No Good, Dr. Friedman Says," *Chicago Defender*, July 2, 1966, p. 5; "Austin Groups Join Forces: Both Segments Urge Board to Stabilize Racial Balance," *Chicago Tribune*, August 10, 1967, p. F1.

(81) "Rally to Probe What's Wrong with Compton Schools," *Los Angeles Sentinel*, August 20, 1964, p. D1.

(82) たとえば以下を見よ。"Education in the Slums: A Study of Hyde Park High: A Former Student Gives Inside Account of How Life Is In School Gone to Pot," *Chicago Daily Defender*, March 4, 1967, p. 1; "Dunbar: Segregation's Stepchild," *Chicago Daily Defender*, September 11, 1963, p. A2; "Hoodlum School," *Chicago Defender*, February 20, 1965, p. 11; "Newark's Barringer High: Adults Creating Problems," *New York Amsterdam News*, December 2, 1967, p. 1; "Jefferson High in Crisis," *Los Angeles Sentinel*, October 23, 1970, p. A7; "Boys High: Decline of a Dynasty," *New York Amsterdam News*, February 7, 1970, p. 1.

(83) この時期におけるコンプトンについては Emily Straus, "The Making of the American School Crisis: Compton, California and the Death of the American Dream" (unpublished Ph. D. dissertation, Brandeis University, 2006), Ch. 2 を見よ。同時代の人々の見方については "What's Wrong with Compton Schools?" *Los Angeles Sentinel*, August 20, 1964, p. D1 を見よ。

(84) "School Board Facing New S. Side Troubles," *Chicago Defender*, August 27, 1963, p. 2; Sherwood Ross, "Willis on Segregated Schools," *Chicago Defender*, August 31, 1963, p. 5.

(85) "Abbott School Parents Demand Police Help," *Chicago Daily Defender*, September 16, 1963, p. A6.

(86) この数字は Office of the Superintendent, School District of Kansas City, Missouri, "Report on the Progress of Desegregation in the Kansas City Public Schools, 1955-1970. School District Archives, Kansas City Public Library から得た。

(87) *Centralia*, the Central High yearbook for the years 1950 through 1970, Missouri Valley Collection, Kansas City Public Library より計算した。

(88) この嫌悪感は、この時期に教師によって書かれたものに反映していた。たとえば Forrest W. Parkay, *White Teacher, Black School: The Professional Growth of a Ghetto Teacher* (New York: Praeger, 1983), 特に他の教師たちの姿を描いた第 6 章を見よ。Harold Saltzman, *Race War in High School: The Ten-Year Destruction of Franklin K. Lane High School in Brooklyn* (New Rochelle, NY: Arlington House, 1972), passim も見よ。

(89) たとえばシカゴのデュサーブル高校は、全体としての学業記録は一流とは言えなかったが、優秀な卒業生を輩出したことで名を知られた。"DuSable to Get Cheers," *Chicago Daily Defender*, May 24, 1960, p. 19 を見よ。

(90) "Ark. Schools 'Still Separate and Unequal,'" *Chicago Daily Defender*, October 9, 1963, p. A5.

(91) Vanessa Siddle Walker, *Their Highest Potential: An African American School Community in the Segregated South* (Chapel Hill: University of North Carolina Press, 1996), Ch. 6.

(92) "Principal Backs Expose of Conditions at Crane," *Chicago Defender*, December 25, 1965, p. 11.

(93) Jeffry Mirel, *The Rise and Fall of an Urban School System: Detroit, 1907-81* (Ann Arbor: University of Michigan Press, 1993), p. 306. を見よ。ニューヨークについては以下を見よ。Christina Collins, "*Ethnically Qualified:*" *Race, Merit and the Selection of Urban Teachers,*

1920-1980 (New York: Teachers College Press, 2011) Ch. 2; Howie Evans, "Boys High: Decline of a Dynasty," *New York Amsterdam News*, February 7, 1970, p. 1.

（94） M. K. Asante, *The Afrocentric Idea* (Philadelphia: Temple University Press, 1987), Part 2. 当時の人々の見方については William Ryan, *Blaming the Victim* (New York: Vintage, 1976), passim を見よ。

（95） ジョンストン、レヴィタスとタガートは、家庭環境因子がアフリカ系アメリカ生徒の学力到達度を左右する決定的なものであると述べ、同様の指摘をした。*Still a Dream*, pp. 89-91 を見よ。

（96） Rury, "Race, Space and the Politics of Chicago's Public Schools," pp. 127-129 を見よ。

（97） James Coleman, "The Concept of Equality of Educational Opportunity," in Harvard Educational Review, *Equality of Educational Opportunity* (Cambridge, MA: Harvard University Press, 1969), Ch. 1.

（98） Diane Ravitch, *The Troubled Crusade: American Education* (New York: Basic Books, 1983)［ラヴィッチ『教育による社会的正義の実現』］, Ch. 4; United States Commission on Civil Rights, *Racial Isolation in the Public Schools*, Vol. 1 (Washington, DC: U.S. Government Printing Office, 1967), Ch. 1.

（99） James Conant, passim.

（100） Melvin Tumin, Book Review, *American Sociological Review*, Vol. 27, No. 3 (June 1962), p. 421.

（101） " 'Disadvantaged American' Causes Concern In Educational Circles, " *Chicago Daily Defender*, April 2, 1962, p. 9.

（102）"Civil Rights Program For Ind. Schools Prepared," *Chicago Daily Defender*, June 24, 1963, p. 7.

（103） "Equal Education Asked By U. S. Aide," *Chicago Daily Defender*, July 2, 1963, p. 13.

（104） "Propose Technical Institute for Unemployed Youth, Dropouts," *New York Amsterdam News*, June 20, 1964, p. 5.

（105） "Schools and Jobs," *Chicago Daily Defender*, December 29, 1963, p. 15.

（106） Mirel, *The Rise and Fall of an Urban School System*, pp. 263-264. これらの問題にもかかわらず、ダンバー高校はジェイムズ・コナントによって模範として称揚された。*Slums and Suburbs*, pp. 47-48 を見よ。

（107） "The Dunbar Story - Prejudice Hamstrings the Negro Craftsman's Future," *Chicago Daily Defender*, July 31, 1961, p. 1; "School Bias Keeps Negroes Out of Trades," *Chicago Defender*, January 5, 1963, p. 11; "Technical Education for Negro Must Make Changes," Chicago Daily Defender, August 13, 1963, p. A9; "Dunbar: Segregation's Stepchild," *Chicago Daily Defender*, September 11, 1963; Racial Walls in Chicago Built by Labor in Conspiracy with School Bd. Says NALC," *Chicago Defender*, October 12, 1963.

（108） Conant, *Slums and Suburbs*, pp. 47-48.

（109） "Conference on Vocational Education, New York, NY, March 20, 1967, NAACP Papers, Part IV, Box E15, 1966-68 Folder. また "Vocational Education Called Dumping Ground: Dunbar Said to Take 'Any, All Students,' " *Chicago Daily Defender*, April 12, 1967, p. 11 も見よ。

（110） David Angus and Jeffrey Mirel, *The Failed Promise of the American High School, 1890-1995* (New York: Teachers College Press, 1999), Ch. 5.

（111） "State Senator Calls for Probe of Exams," *New York Amsterdam News*, March 30, 1963, p. 29.

（112） Mirel, *Rise and Fall of an Urban School System*, pp. 255, 301, ただしミレルは、ノーザン高校の黒人生徒が、かれらが履修可能な進学コースがないのに抗議したことを記している

(pp. 300-304)。National Association for the Advancemtn of Colored People (NAACP) *58th Annual Convention Resolutions*, July 10-15, 1967, Boston, Massachusetts (NAACP, 1790 Broadway, New York, NY 10019) p. 25. NAACP は、補償教育あるいは補習コースは教育の不平等に対する不適切な対応であり、そうではなく人種統合が必要だと明確に考えていた。

(113) Mirel, *Rise and Fall of an Urban School System*, p. 332. Jonathan Zimmerman, *Whose America? Culture Wars in the Public Schools* (Cambridge, MA: Harvard University Press, 2005) pp. 107-110.

(114) シェリー・ヒルによるケヴィン・ドッジへのインタビュー。2009年2月20日、ミズーリ州カンザスシティにて。

(115) "Act to Keep Dope Pushers Out of School," *Chicago Daily Defender*, April 2, 1966, p.50; "All Out War on Bronx School Dope Sales," *New York Amsterdam News*, March 23, 1968, p. 59; "Tradition, Drugs and Apathy," *New York Amsterdam News*, February 14, 1970, p. 1; "Schools to Adopt Anti-Drug Program," *New York Amsterdam News*, June 27, 1970, p. 30.

(116) "More Teen Violence Hits Hyde Park High," *Chicago Daily Defender*, April 16, 1966, p. 1; "Westside: High School Flare-up," *Chicago Daily Defender*, October 12, 1966, p. 3; "Gang Feud Blamed: Gunman Shoots 3 in Parker High," *Chicago Daily Defender*, September 5, 1968, p. 1; "Youth, 19, Shot at Marshall," *Chicago Daily Defender*, May 28, 1970, p. 1.

(117) "KOCO Hits Violence: Seeks Probe at Forrestville High," *Chicago Daily Defender*, September 21, 1970, p. 2.

(118) "Tensions Mount at Jeff High, School Closes: Groups Meet in Effort to Remedy Problems," *Los Angeles Sentinel*, October 16, 1969, p. A1; "Students Give Views on Prep Basketball Crisis," *Chicago Daily Defender*, February 14, 1970, p. 30.

(119) Lee Jenkins (editorial), "If Violence Can't Be Checked, Prep Basketball Should Be Abolished," *Chicago Daily Defender*, January 31, 1970, p. 1.

(120) "One Day Boycott by HS Students," *New York Amsterdam News*, May 10, 1969, p. 29.

(121) "Say Vandalism Soars in Schools," *Chicago Daily Defender*, April 2, 1970, p. 2.

(122) "Extra Security Ordered for Schools," *Chicago Defender*, September 5, 1970, p. 1; "Cincinnati Educator Outlines High School Crisis," *Chicago Defender*, April 10, 1975, p. 6.

(123) "March on Integrated School," *Chicago Tribune*, September 18, 1965, p. S5.

(124) この時期のNAACP青年部に関する記述はほとんどない。しかしながら連邦議会図書館でのNAACP関係文書調査から、学校の問題に取り組もうともくろむ青年会議のメンバーと、地域支部の大人たちの間での相当の緊張関係が明らかになっている。たとえば、1969年に学校での警察の動きに抗議する座り込みを打った生徒リーダーを叱責する、ある支部の様子を記録したthe Saginaw, Michigan Folder, NAACP Papers, Part IV, Box E5を見よ。別のケースでは、全国的な青年リーダーがコネティカット州グリニッジの支部リーダー宛てに、黒人の若者に全国的に見られる「分離主義者問題」とそれにいかに対抗するかについて書き送っていた。Greenwich, Connecticut, Folder, NAACP Papers, Part IV, Box E1. シカゴの事件に対するブラックパンサーの影響については以下を見よ。Jon Rice, "The World of the Illinois Panthers," in Jeanne F. Theoharis and Komozi Woodard, eds., *Freedom North: Black Freedom Struggles Outside the South, 1940-1980* (New York: Palgrave Macmillan, 2003), Ch. 2. 教師や黒人コミュニティの他の人々が及ぼす影響についてはDionne Danns, *Something Better for Our Children: Black Organizing in Chicago Public Schools, 1963-1971* (New York: Routledge, 2003), Chs. 4 & 5を見よ。

(125) Dionne Danns, "Chicago High School Students' Movement for Quality Public Education,

1966-1971," *The Journal of African American History*, Vol. 88, No. 2 (Spring 2003), pp. 138-150.
(126) Aldon Morris, *The Origins of the Civil Rights Movement: Black Communities Organizing for Change* (New York: The Free Press, 1984), Ch. 10.
(127) "3,000 Skip Classes in Boston Bias Protest," *Chicago Daily Defender*, June 19, 1963, p. 4.
(128) Rury, "Race, Space and the Politics of Chicago's Public Schools," p. 132.
(129) "N.Y. Boycott Huge Success," *Chicago Daily Defender*, February 4, 1964, p. A3; "60,000 Boycott Cleveland Schools," *Chicago Daily Defender*, April 22, 1964, p. 5; "Over 2000 Students Take Part in Chester Protests," *Pittsburgh Courier*, February 22, 1964, p. 19.
(130) Martin Luther King Jr. "The School Boycott Concept," *New York Amsterdam News*, April 11, 1964, p. 10.
(131) "Efforts Being Made to Keep High Schoolers in Classes," *Atlanta Daily World*, January 9, 1964, p. 1; "Youth Leaders Plead: 'Learn Civics in Streets' in Atlanta Protest Move," *Pittsburgh Courier*, January 18, 1964, p. 5.
(132) "B'ham High Pupils Stage Rights Trek," *Chicago Defender*, January 15, 1965, p. 2.
(133) V. P. Franklin, "Black High School Student Activism in the 1960s: An Urban Phenomenon?" *Journal of Research in Education*, 10 (Fall 2000), pp. 3-8; Dwayne C. Wright, "Black Pride Day, 1968: High School Student Activism in York, Pennsylvania," *The Journal of African American History*, Vol. 88, No. 2 (Spring 2003), pp. 151-162. この時期の全国的運動の退潮については Fairclough, *Better Day Coming*, Ch. 15; and McAdams, *Political Process and the Development of Black Insurgency*, Ch. 8 を見よ。
(134) Bo Wirmark, "Non-Violent Methods and the American Civil Rights Movement," *Journal of Peace Research*, Vol. 11, No. 2 (1974), pp. 115-132.
(135) "Farragut Protest Expands," *Chicago Defender*, February 19, 1966, p. 1.
(136) Mirel, *Rise and Fall of an Urban School System*, pp. 301-303.
(137) Richard Arum, *Judging School Discipline: The Crisis of Moral Authority* (Cambridge, MA: Harvard University Press, 2005), passim.
(138) "School Boycott Spreads to Yonkers," *New York Amsterdam News*, May 25, 1968, p. 2.
(139) "Black Students Plan Big Walkout Today: Fifth Week of School Turmoil Here," *Chicago Daily Defender*, October 14, 1968, p. 3.
(140) "35,000 Stage Peaceful School Walkout: Student Protestors Seek More Black Influence Here," *Chicago Daily Defender*, October 15, 1968, p. 3.
(141) 大きな運動における変化については以下を見よ。Fairclough, *Better Day Coming*, Chs. 14 & 15; and McAdams, *Political Process and the Development of Black Insurgency*, Ch. 8.
(142) シェリー・ヒルによるドッジへのインタビュー。Joshua Dunn, *Complex Justice: The Case of Missouri v. Jenkins* (Chapel Hill: University of North Carolina Press, 2008), pp. 39-40.
(143) United Press International, "Students Sit In at Philadelphia High School," *Chicago Daily Defender*, October 24, 1968, p. 12.
(144) "NYC's School Picture: It's 'In' to be Out!," *New York Amsterdam News*, December 7, 1968, p. 1.
(145) "Jefferson High in Crisis," *Los Angeles Sentinel*, October 23, 1969, p. A7; Judith Kafka, "From Discipline to Punishment: Race, Bureaucracy, and School Discipline Policy in Los Angeles, 1954-1975" (Unpublished doctoral disseration, University of California - Berkeley, 2004), Ch. 4.
(146) "3 Pasadena Schools Face Student Ban," *Los Angeles Sentinel*, March 20, 1969, p. A1; Ruben Donato, *The Other Struggle for Equal Schools: Mexican Americans During the Civil Rights*

Era (Albany, NY: SUNY Press, 1997), Ch. 3.

(147) "Marching Students Prompt Conferences," *New York Amsterdam News*, February 24, 1968, p. 30.

(148) "Blast Whites Teaching Black History," *Chicago Daily Defender*, September 17, 1968, p. 3.

(149) たとえば以下を見よ。"Student Sit-Ins Hit South Shore High," *Chicago Daily Defender*, November 7, 1968, p. 3; "Black History to Be Required at Dunbar," *Chicago Daily Defender*, October 10, 1968, p. 2.

(150) "High School Disorders," *Chicago Daily Defender*, September 2, 1969, p. 13. "Teachers Poll Shows Growing Student Unrest," *Chicago Daily Defender*, August 29, 1970, p. 9 も見よ。

(151) "Nation's Schools Still in the Grip of Disturbances," *Chicago Daily Defender*, March 20, 1969, p. 5. 後者の点については Thomas J. Sugrue, *Sweet Land of Liberty: The Forgotten Struggle for Civil Rights in the North* (New York: Random House, 2008) pp. 473-474 を見よ。

(152) "100 Students Mob School Bd.,"*Chicago Daily Defender*, May 7, 1970, p. 3.

(153) "School Strife Growing? Arrest 9 Waller Students; Hyde Park Remains Closed," *Chicago Defender*, April 8, 1971, p. 1; "Students Call Off Strike at Lindbloom," *Chicago Defender*, April 24, 1971, p. 1; "Gage Park Peace on Trial Today," *Chicago Defender*, November 20, 1972, p. 1.

(154) "Is Black Power Ebbing?" *Pittsburgh Courier*, May 3, 1969, p. 14.

(155) "At DuSable High: Hint Boycott 'til Christmas," *Chicago Defender*, December 14, 1972, p. 4;

(156) "Step Up Westinghouse Protest," *Chicago Defender*, May 19, 1973, p. 1.

(157) "600 Students Protest," *Chicago Defender*, June 26, 1973, p. 3.

(158) 1960年から1975年の間のミズーリ州カンザスシティのセントラル高校、リンカン高校、パセオ高校、およびシカゴのデュサーブル高校、クレイン高校、オースティン高校の卒業記念誌の調査でも明瞭だった。黒人主体の評判の高い学校におけるこの点に関する議論は Aaron Tyler Rife, "Sumner High School: A History" (unpublished master's thesis, University of Kansas, 2008), Ch. 5 を見よ。

(159) Margaret Beale Spencer and Carol Markstrom-Adams, "Identity Processes Among Racial and Ethnic Minority Children in America," *Child Development*, Vol. 61, No. 2, Special Issue on Minority Children (April 1990), pp. 290-310.

(160) たとえば Dougherty, *More than One Struggle*, Ch. 7 におけるノースディヴィジョン高校をめぐる闘争を見よ。

(161) McAdams, *Political Process and the Development of the Black Insurgency*, Ch. 8.

(162) たとえば以下を見よ。 "New Life for Pittsburgh's Schenley High," *Christian Science Monitor*, January 13, 1986, p. 23; "Learning Returns to Ghetto High School," *News World*, February 19, 1979 (Schomberg Library Clippings File, Fiche 1137).

第5章

(1) これらの前進がすべて、人種隔離撤廃に帰せられるのかどうかに関する研究結果は微妙である。全体の評価については Jonathan Guryan, "Desegregation and Black Dropout Rates," *The American Economic Review*, Vol. 94, No. 4 (September 2004) pp. 919-943 を見よ。当時の研究知見については以下を見よ。Robert L. Crain and Rita E. Mahard, "Desegregation and Black Achievement: A Review of the Research," *Law and Contemporary Problems*, Vol. 42, No. 3 (Summer 1978), pp. 17-56 および Gail E. Thomas and Frank Brown, "What Does Educational Research Tell Us About School Desegregation Effects?" *Journal of Black Studies*, Vol. 13,

No.2 (December 1982), pp. 155-174. より概括的コメントは Charles Clotfelter, *After Brown: The Rise and Retreat of School Desegregation* (Princeton: Princeton University Press, 2004), p. 186 を見よ。

(2) この点については Harry Ashmore, *The Negro and the Schools* (Chapel Hill: University of North Carolina Press, 1954), Ch. 8 を見よ。

(3) Davison M. Douglas, *Jim Crow Moves North: The Battle Over Northern School Segregation, 1865-1954* (New York: Cambridge University Press, 2005), Ch.6; "Crack School Bias in Second Illinois City," *Chicago Defender*, September 27, 1952, p.9; "Jim Crow Takes Exit at Tamms High School," *Chicago Defender*, October 4, 1952, p.2; "Another Illinois School Ends Discrimination," *Chicago Defender*, October 18, 1952, p. 4.

(4) "Arizona Wipes of School Segregation: Judge Rules Jim Crow High Schools are Unconstitutional," *Atlanta Daily World*, February 17, 1953, p. 1. Ashmore, *The Negro and the Schools*, Ch. 8 も見よ。

(5) Charles T. Clotfelter, *After Brown: The Rise and Retreat of School Desegregation* (Princeton, NJ: Princeton University Press, 2004), Ch. 2.

(6) Richard Kluger, *Simple Justice: The History of Brown v Board of Education and Black America's Struggle for Equality* (New York: Random House, 1975), pp. 751-752; James T. Patterson, *Brown v. Board of Education: A Civil Rights Milestone and Its Troubled Legacy* (New York: Oxford University Press, 2002)［ジェイムズ・パターソン（籾岡宏成訳）『ブラウン判決の遺産――アメリカ公民権運動と教育制度の歴史』慶應義塾大学出版会、2010 年］, p. 85. シェリー・ヒルによるローナ・ティルマンへのインタビュー。2008 年 5 月 8 日、ミズーリ州カンザスシティにて。

(7) Ibid., pp. 73-78; "47 Baltimore schools mixed; D.C. to follow," *Baltimore Afro-American*, September 18, 1954, p. 1.

(8) "Hang Effi gy in Kentucky School Fuss,"*Chicago Defender*, October 13, 1965, p. 1.

(9) Andrew Brill, " 'Brown' in Fayetteville: Peaceful Southern School Desegregation in 1954," *The Arkansas Historical Quarterly*, Vol. 65, No. 4 (Winter 2006), pp. 337-359.

(10) "Violence Flares over School Integration," *Chicago Defender*, October 16, 1954, p. 3; "Police Quell Demonstrators in Wash., D.C. and Baltimore," *Atlanta Daily World*, October 5, 1954, p. 1; "Riots Rage over School Integration," *New York Amsterdam News*, October 9, 1954, p. 1; "No Retreat on Democracy in Baltimore Schools," *Baltimore Afro-American*, October 9, 1954, p. 8. Patterson, *Brown v. Board of Education*, pp. 76-77 も見よ。

(11) Clotfelter, *After Brown*, pp. 24-25; Diane Ravitch, *The Troubled Crusade: American Education, 1945-1980* (New York: Basic Books, 1983)［ラヴィッチ『教育による社会的正義の実現』］, Ch. 4.

(12) James G. Fleming, "Racial Integration in Education in Maryland," *The Journal of Negro Education*, 25:3 (Summer, 1956), pp. 273-284; George D. Brantley, "Present Status of Integration in the Public Schools of Missouri," *The Journal of Negro Education*, 24:3 (Summer 1955), pp. 293-309; Lori Bogle, "Desegregation in a Border State: The Example of Joplin, Missouri," *Missouri Historical Review*, 85: 4 (1991), pp. 422-440; Paul Lutz, "Desegregation: A Crisis Without Drama" *Journal of the West Virginia Historical Association*, 10: 1 (1986), pp. 16-33.

(13) A. Lee Coleman, "Desegregation of the Public Schools in Kentucky - The Second Year After the Supreme Court's Decision," *The Journal of Negro Education*, 25:3 (Summer 1956), pp. 254-

261; Peter Khiss, "Fulton, Ky., Quiet as It Integrates," *New York Times*, September 3, 1958, p. 1. Ravitch, *The Troubled Crusade*［ラヴィッチ『教育による社会的正義の実現』］, p. 131 も見よ。

(14) "Dixie Boils Over Integration," *Chicago Defender*, September 5, 1956, p. 6; Moses Newson, "Lack of Negro High School Led to Clinton, Tenn., Suit," *Chicago Defender*, September 10, 1956, p. 7.

(15) "National Guard Moves into Clay, Ky. As Crowd Gathers," *Atlanta Daily World*, September 15, 1956, p. 1.

(16) Wilma Dykeman and James Stokely, "Clinton, Tennessee: A Town on Trial," *New York Times*, October 26, 1958, p. SM9.

(17) J. Russell Boner, "Mobs Act In Tenn., Texas..." *Chicago Defender*, September 8, 1956, p. 1; "Negroes Daring Mobs in Fight for Mixed Schools," *Pittsburgh Courier*, September 8 1956, p. 8. Patterson, *Brown v. Board*, pp. 101-104 も見よ。

(18) ブラウン判決後における南部での「逆風」の広がりについては Michael J. Klarman, *Brown v. Board of Education and the Civil Rights Movement* (New York: Oxford University Press, 2007), Ch. 7 を見よ。

(19) セントラル高校の危機については Elizabeth Jacoway, *Turn Away Thy Son: Little Rock, the Crisis That Shocked the Nation* (Fayetteville: University of Arkansas Press, 2008), passim を見よ。

(20) Patterson, *Brown v. Board of Education*, pp. 109-112.

(21) この点については James Gilbert, *A Cycle of Outrage: America's Reaction to the Juvenile Delinquent in the 1950s* (New York: Oxford University Press, 1988), Ch. 1 を見よ。

(22) Irene Burns, "Separate Schools," *The Washington Post and Times Herald*, September 4, 1958, p. A12.

(23) "Election Plea Called Bigotry," *The Washington Post and Times Herald*, November 6, 1955, p. B3. 同様の感情については Paterson, *Brown v. Board of Education*, p. 87 を見よ。

(24) 人種と性は、南部においてとりわけ熱くなりがちな話題だった。Peggy Pascoe, *What Comes Naturally: Miscegenation Law and the Making of Race in America* (New York: Oxford University Press, 2010), Chs. 7 & 8 を見よ。

(25) Paterson, *Brown v. Board of Education*, pp. 101-105.

(26) Op. cit., pp. 104-105; Thomas V. O'Brien, *The Politics of Race and Schooling: Public Education in Georgia, 1900-1961* (New York: Lexington Books, 1999), Chs. 6 & 7.

(27) Margaret Anderson, "The South Learns Its Hardest Lessons," *New York Times*, September 11, 1960, p. SM27.

(28) たとえば以下を見よ。"6 Plan to Quit Mixed School," *Chicago Defender*, September 4, 1958, p. 4A; "Van Buren 13 Drops to 12 as Senior, 16, Leaves Town," *Chicago Defender*, September 10, 1958, p. A4.

(29) "School Transfer Forms Sought by 257 Students," *Atlanta Daily World*, May 5, 1961, p. 1; "10 Student Transfers Authorized by School Board," *Atlanta Daily World*, June 4, 1961, p. 1; "Sanders Lashes Geer on Integration Violence," *Atlanta Daily World*, July 7, 1961, p. 6; "4 Arrested at Schools, Freed," *Atlanta Daily World*, September 2, 1961, p. 1; "Peaceful Desegregation Hailed By NAACP Leader," *Atlanta Daily World*, September 14, 1961, p. 5.

(30) Alton Hornsby Jr., "Black Public Education in Atlanta, Georgia, 1954-1973: From Segregation to Segregation," *Journal of Negro History*, 76: 1-4 (1991), pp. 21-47. Ronald H. Bayor, *Race and the Shaping of Twentieth-Century Atlanta* (Chapel Hill: University of North Carolina

Press, 1996), Ch. 7; 以下も見よ。Henry Mark Huie, "Factors Infl uencing the Desegregation Process in the Atlanta School System, 1954-1967" (unpublished Ed.D dissertation, University of Georgia, 1967), Ch. IV.

(31) Reed Sarat, *The Ordeal of Desegregation: The First Decade* (New York: Harper & Row, 1966), Ch. 7.

(32) Michael Boozer, Alan Krueger, and Sari Wolkon, "Race and School Quality Since *Brown v Board of Education*," *Brookings Papers on Economic Activity: Microeconomics* (Washington, DC: The Brookings Institution, 1992), pp. 269-338. ブーザー、クルーガー、ウォルコンが上記の図3で述べている分析と同様の分析をわれわれも行ったが、それは1960年代の中等学校生徒だけに限定していた。

(33) Sherry Lamb Schirmer, *A City Divided: The Racial Landscape of Kansas City, 1900-1960* (Columbia: University of Missouri Press, 2002), Ch. 8.

(34) "Policies for transition from system of separate schools to a desegregated school system, 1955."

(35) The *Centralian*, 1956 edition, p. 10.

(36) "Color of the Class: Desegregating Kansas City Schools," *Kansas City Star*, May 8, 1900, p. 1.

(37) Joshua M. Dunn, *Complex Justice: The Case of Missouri v Jenkins* (Chapel Hill, University of North Carolina Press, 2008), Ch. 2.

(38) *The Sachem*, Southwest High School (Kansas City, MO, 1964), passim; *The Sachem*, Southwest High School (Kansas City, MO, 1966), passim.

(39) Kevin Fox Gotham, *Race, Real Estate, and Uneven Development: The Kansas City Experience, 1900-2000* (Albany, NY: State University of New York Press, 2002), pp. 114-116.

(40) Human Relations Task Force on Civil Disorder, "Three Year Report: The Quality of Urban Life," (Kansas City, MO, 1971), pp. 2-3.

(41) Peter William Moran, *Race, Law and the Desegregation of Public Schools* (El Paso, TX: LFB Scholarly Publishing, 2004), Ch. 1; この時代のカンザスシティにおける住民の移動については Schirmer, *A City Divided*, Ch. 8を見よ。

(42) "Central's Human Relation's Ledger," *Luminary*, Volume XXXIX; No. 12, March 23, 1956, p. 3 (student newspaper).

(43) この議論は1958年から68年までの卒業記念誌 the *Centralian* の分析に基づいている。

(44) Moran, *Race, Law and the Desegregation of Public Schools*, pp. 128-129; *The Centralian*, Central High School (Kansas City, MO, 1965), passim.

(45) Gotham, *Race, Real Estate, and Uneven Development*, Ch. 5.

(46) *Sachem*, Southwest High School (Kansas City, MO, 1961), p. 4.

(47) M. Simon and B. Rodgers, "A high school that just lost its value," *Pitch Weekly*, November 13-19, 1997, pp. 12-16; Rick Montgomery, "Erasing a Tragic History," *Kansas City Star*, June 6, 2010, pp. A1, A10.

(48) R. J. Havighurst, "Problems of Integration in the KC public schools: A report to the Board of Education," November 18, 1965. 初等学校生徒のなかでは、アフリカ系アメリカ人は多数派になっていた。

(49) Moran, *Race, Law and the Desegregation of Public Schools*, pp. 116-117.

(50) Ibid., Ch. 2; Gotham, *Race, Real Estate, and Uneven Development*, pp. 117-118.

(51) Human Relations Task Force, "The Quality of Urban Life," II-3.

(52) U.S. Commission on Civil Rights, *Racial Isolation in the Public Schools* (Washington, DC: U.S.

Government Printing Office, 1967), p. 59.

(53) 完全な強制バス通学については Ibid., pp. 56-58 を見よ。また以下も見よ。Dougherty, *More Than One Struggle*, pp. 94-97, and Dunn, *Complex Justice*, pp. 38-39.

(54) Susan White, "Can the Kansas City Schools Be Saved? (Or Is It Too Late?)," *Kansas City Town Squire*, June 1970, pp. 1-20, 69-73.

(55) Dunn, *Complex Justice*, Ch. 2

(56) Rick Montgomery, "Erasing a Tragic History," *Kansas City Star*, June 6, 2010, pp. A1, A10.

(57) Midwest Research Institute, "Decision Criteria and Policy for School Consolidation." Final Report, March 15, 1974, p. 10.

(58) "Boycott Hits Jammed Poe Grade School," *Chicago Tribune*, September 19, 1967, p. A6; "Kinzie Students Protest Addition," *Chicago Tribune*, December 1, 1968, p. SC-A5; "Gary School Center Seized; Officials Meet Boycotters," *Chicago Tribune*, May 18, 1968, p. N5; Peter Negronida, "Pickets Block Pupils, Principal," *Chicago Tribune*, February 6, 1969, p. W10.

(59) "10,000 Engage in Milwaukee Pupil Boycott," *Chicago Tribune*, May 19, 1964, p. 24.

(60) "End Boycott of Schools in Milwaukee," *Chicago Tribune*, October 22, 1965, p. 3.

(61) "Federal Obligation," *Chicago Tribune*, June 20, 1963, p. 8.

(62) James Ritch, "Schools Get 9 New Demands," *Chicago Tribune*, April 7, 1964, p. 1.

(63) Louis Harris, "The Harris Analyses," *Chicago Tribune*, March 19, 1970, p. A1. ハリスは、58%のアメリカ人が今こそ法の力で学校統合をするべき時との考えに賛同し、57%がそれが実現するためには「高次元の権威」が必要との考えに同意したと報じた。

(64) James Ritch, "Resume Court Fight on Schools," *Chicago Tribune*, October 24, 1963, p. 1.

(65) "3000 Boston Negroes Skip Day of School in Protest," *Chicago Tribune*, June 19, 1963, p. 2.

(66) John L. Rury, "Race, Space and the Politics of Chicago's Public Schools: Benjamin Willis and the Tragedy of Urban Education," *History of Education Quarterly*, 39: 2 (Summer 1999), p. 132.

(67) "Pickets Seek Integration in Three States," *Chicago Tribune*, September 5, 1963, p. 2.

(68) "Gary School Boycott Slated for Today," *Chicago Tribune*, May 13, 1968, p. 10.

(69) "Negro Pupil Boycotts Planned in 3 Northern Cities," *Chicago Tribune*, February 11, 1964, p. A8.

(70) "2 School Boycotts Protest Race Bars," *Chicago Tribune*, February 12, 1964, p. 2. ニューヨークについては Bert E. Swanson, *The Struggle for Equality: School Integration Controversy in New York City* (New York: Hobbs, Dorman & Co., 1966), p. 18 を見よ。

(71) "White Parents End Tilden High Boycott," *Chicago Tribute*, October 2, 1968, p. B4.

(72) Dan Egler,"1000 End Boycott at Gage Park," *Chicago Tribune*, November 12, 1972, p. 9.

(73) "1200 Kept Out of Schools in Race Boycott," *Chicago Daily Tribune*, October 29, 1960, p. F7.

(74) "60% Boycott at Brooklyn School Hit Race Quotas," *Chicago Daily Defender*, April 1,1963, p.13; Joseph Zullo, "175,000 Shun New York Schools," *Chicago Tribune*, September 15, 1964, p. 1.

(75) "Boston Busing Boycott Is Set," *Chicago Tribune*, September 30, 1974, p. C12.

(76) "School Segregation in Chicago," *Chicago Tribune*, December 2, 1972, p. S8.

(77) "Permissive Transfer Plan No Good, Dr. Friedman Says," *Chicago Defender*, July 2, 1966, p. 5.

(78) John Herbers, "How School Desegregation Stands," *Chicago Tribune*, September 8, 1971, p. 22.

(79) Gary Orfield, *Must We Bus? Segregated Schools and National Policy* (Washington, DC: The Brookings Institution, 1977), p. 50.

(80) U.S. Commission on Civil Rights, *Reviewing a Decade of School Desegregation: Report of a*

National Survey of School Superintendents (Washington, DC: Government Printing Office, 1977), p. 50.

(81) "Supreme Court Warns Northern Schools in Bias," *Chicago Tribune*, June 22, 1973, p. B16.

(82) "The President's Busing Formula," *Chicago Tribune*, June 26, 1976, p. A8.

(83) "US Panel Defends School Busing," *Chicago Tribune*, August 25, 1976, p. 11.

(84) Meyer Weinberg, "Can a Committee Do the Job? Integrating Chicago Schools," *Chicago Tribune*, December 5, 1976, p. A1.

(85) Franklin W. Neff, "Adult Attitudes Towards Educational Issues: A Summary of Major Findings," *Mid American Observatory* (Kansas City, MO, June 16, 1972, p. 7.

(86) これの概観としてはOrfield, *Must We Bus*, Chs. 5 & 10を見よ。Thomas J. Sugrue, *Sweet Land of Liberty: The Forgotten Struggle for Civil Rights* (New York: Random House, 2008) Ch. 13も見よ。

(87) Meyer Weinberg, "The Quiet Side of the Busing Fervor," *Chicago Tribune*, November 22, 1975, p. S12; "Busing Protest Halts Traffic," *Chicago Tribune*, December 13, 1975, p. S10. 概観としてRonald Formisano, *Boston Against Bussing: Race, Class and Ethnicity in the 1960s and 1970s* (Chapel Hill: University of North Carolina Press, 2003), passimを見よ。

(88) "Unproductive School Busing," *Chicago Tribune*, September 10, 1975, p. A2.

(89) Jim Squires, "School Busing - The Issue Politicians Fear Most," *Chicago Tribune*, September 17, 1975, p. 1.

(90) この点についてはArgun Saatcioglu and Jim Carl, "The Discursive Turn in School Desegregation: National Patterns and a Case Analysis of Cleveland, 1973-1998," *Social Science History*, 35: 1 (Spring 2011), pp. 59-108を見よ。

(91) Casimir Banas, "Quality Equals Enrollment Rise," *Chicago Daily Tribune*, January 17, 1960, p. NW1; Ronald Koutlak, "Schools Adequate, Officials Say," *Chicago Daily Tribune*, December 30, 1962, p. B7; "Board Asked for School Facilities," *Chicago Daily Tribune*, September 30, 1962, p. SWA1.

(92) "More and More Go to Private Schools," *Chicago Tribune*, September 22, 1967, p. 24.

(93) "Peaceful Busing in Dallas, Black Boycott in Louisiana," *Chicago Tribune*, August 24, 1976, p. 2.

(94) Jennifer Hochschild, *The New American Dilemma: Liberal Democracy and School Desegregation* (New Haven, CT: Yale University Press, 1984), Ch. 5; U.S. Commission on Civil Rights, *Fulfilling the Letter and Spirit of the Law: Desegregation of the Nation's Public Schools* (Washington,DC: U.S. Commission on Civil Rights, 1976), pp. 128-167.

(95) "Unproductive School Busing," *Chicago Tribune*, September 10, 1975, p. A2.

(96) "School Resegregation," *Chicago Tribune*, March 14, 1966, p. 16.

(97) U.S. Commission on Civil Rights, *Reviewing a Decade of School Desegregation*, Chs. IV and V以下も見よ。idem, *Fulfilling the Letter and the Spirit of the Law*, pp. 131-167.

(98) これは他の都市の中で、デトロイトとミルウォーキーにおいてたしかに見ることができた。Jeffrey Mirel, *The Rise and Fall of an Urban School System: Detroit, 1907-81* (Ann Arbor: University of Michigan Press, 1993), Ch. 6を見よ。ミルウォーキーについてはMichael Stolee, "The Milwaukee Desegregation Case," in John L. Rury and Frank Cassell, eds., *Seeds of Crisis: Public Education in Milwaukee Since 1920* (Madison: University of Wisconsin Press, 1993), pp. 229-267を見よ。「転校に傾く分かれ目」についてはClotfelter, *After Brown*, pp. 110-114および彼の初期の論文Charles T. Clotfelter, "School Desegregation, 'Tipping,' and Private School Enrollment," *Journal of Human Resources*, Vol. 11, No. 1 (June, 1976), pp. 281-

294 を見よ。

(99) NSBA サンプルの中では、256 名の回答者が、1960 年代と 1970 年代に南部または境界州以外の大都市で成長し、ハイスクールの年齢にあったと回答した。1970 年代というダミー変数（1970 か否か）と、申告されたこの集団のハイスクールの人種構成（黒人主体の学校か否かで回答）との単純ロジスティック回帰分析を行った結果、相関係数は 0.653 でオッズ率は 1.921 だった。これは 10%水準で有意だった。

(100) Clotfelter, *After Brown*, p. 71.

(101) Gary Orfield, *Public School Desegregation in the United States, 1968-1980* (Washington, DC: Joint Center for Political Studies, 1983) Ch. 1.

(102) 境界州を含まない南部で育った 159 名の NSBA 回答者は 1970 年代にハイスクール年齢かそれ以上で、そのハイスクールの人種構成を答えた。そのうち 52 名 (ないし 33%) が、白人が多数を占める学校に通っていたと答えた。その同数近く、およそ 30%が黒人が多数の学校に通っており、37%がその申告のとおりだとすれば黒人と白人がほぼ半数ずつの学校に通っていたと回答した。

(103) たとえば "Integration Hits Negro Teacher Hard, 300 Jobless," *Chicago Defender*, April 10, 1958, p. A9 を見よ。この問題を包括的に論じたものとして Michael Fultz, "The Displacement of Black Educators Post-*Brown*: An Overview and Analysis," *History of Education Quarterly*, Vol. 44, No. 1, (Spring, 2004), pp. 11-45 を見よ。

(104) "Peaceful Busing in Dallas, Black Boycott in Louisiana," *Chicago Tribune*, August 24, 1976, p. 2.

(105) James Bolner and Arnold Vedlitz, "The Affinity of Negro Pupils for Segregated Schools: Obstacle to Desegregation," *Journal of Negro Education*, Vol. 40, No. 4 (Autumn 1974), pp. 313-321 を見よ。

(106) ケイティ・ホーキンスへのインタビュー。2008 年 5 月 21 日、ミシシッピー州ハティーズバーグにて。

(107) "Protest Baker County Desegregation Plan," *Atlanta Daily World*, April 5, 1970, p. 1; " 'Freedom School'Closed by Covington Police," *Atlanta Daily World*, April 5, 1970; "200 Guardsmen Ordered Into Athens; Augusta Cleans up Riot Debris," *Atlanta Daily World*, May 15, 1970, p. 1.

(108) David Cecelski, *Along Freedom Road: Hyde County, North Carolina, and the Fate of Black Schools in the South* (Chapel Hill: University of North Carolina Press, 1994), Chs. 2-6; Vivian Gunn Morris and Curtis L. Morris, *The Price They Paid: Desegregation in an African American Community* (New York: Teachers College Press, 2002), Ch. 6; Anna Victoria Wilson and William E. Segal, *Oh, Do I Remember! Experiences of Teachers During the Desegregation of Austin's Schools* (Albany: State University of New York Press, 2001), Ch. 7.

(109) Cecelski, *Along Freedom Road*, pp. 168-171.

(110) Thomas S. Martin, "Inequality in Desegregation: Black School Closings," *The University of Chicago Law Review*, Vol. 39, No. 3 (Spring 1972), pp. 658-672.

(111) この点については Barbara Shircliffe, " 'We Got the Best of That World': A Case for the Study of Nostalgia in the Oral History of School Segregation," *The Oral History Review*, Vol. 28, No. 2 (Summer- Autumn, 2001), pp. 59-84 を見よ。

(112) Casimir Banas, "Southerners Await School Ruling Effect," *Chicago Tribune*, November 5, 1969, p. B13.

(113) "Integration Attacked by 2D Principal," *Chicago Tribune*, January 31, 1969, p. A2; "Dixie Teachers Reveal Their Feelings About Negroes in Integrated Schools," *Chicago Defender*,

November 27, 1965, p. 5.

(114) Mark G. Yudof, "Suspension and Expulsion of Black Students from the Public Schools: Academic Capital Punishment and the Constitution," *Law and Contemporary Problems*, Vol 39, No. 2, Part 2 (Spring 1975), p. 380.

(115) The Southern Regional Council, *The Student Pushout: Victim of Continued Resistance to Desegregation* (Atlanta: Southern Regional Council, 1973), passim.

(116) J. Harvey Wilkinson III, "*Goss v. Lopez*: The Supreme Court as School Superintendent," *The Supreme Court Review*, Vol. 1975 (1975), p. 31.

(117) この時代のこれらの問題を論じたものとして David G. Carter, "Second-Generation School Integration Problems for Blacks," *Journal of Black Studies*, Vol. 13, No. 2, School Desegregation (December 1982), pp. 175-188 を見よ。

(118) 変革に対する白人の抵抗については Patterson, *Brown v. Board of Education*, Ch. 5 を見よ。

(119) たとえば、オハイオ州トレド、ミシガン州ジャクソンに関する *Chicago Defender* の以下の記事を見よ。"Ban on Prep Games," *Chicago Daily Defender*, September 21, 1963, p. A 22; and "10 Arrested in Teen Race Riot at Jackson, Mich. High School," *Chicago Defender*, September 21, 1963, p. 18.

(120) "Hirsch Teens in Racial Clash After Graduation," *Chicago Daily Defender*, June 20, 1963, p. 6; "Cite Beatings at John Jay High," *New York Amsterdam News*, October 12, 1963, p. 29.

(121) "Segregation Plants Seeds of Riot," *Chicago Defender*, December 12, 1962, p. 8.

(122) "Manual Arts High Prepares for a Fall of Study," *Los Angeles Sentinel*, September 26, 1963, p. A2; "Teen War Flashes; One Dead, Seize 20," *New York Amsterdam News*, October 31, 1964, p. 31; "School Issue," *Los Angeles Sentinel*, November 26, 1964, p. A6; "Westside, Englewood Report Gang Fights," *Chicago Daily Defender*, December 1, 1964, p. 3.

(123) "600 Rumble at Basketball Game," *Chicago Daily Defender*, April 5, 1965, p. 3; "Hoods Threaten School Sports: High School Games 'Battle Arenas," *Chicago Defender*, January 12, 1966, p. 28.

(124) "Avert Riot at High School of Music and Art," *New York Amsterdam News*, January 15, 1966; "Student Violence Grows: Race Riot Flares at Gage Park School," *Chicago Defender*, February 5, 1966, p. 1; "Negroes in Park Slope Attacked by Whites," *New York Amsterdam News*, March 12, 1966, p. 19; "Negroes Walk off Duarte High Campus," *Los Angeles Sentinel*, May 5, 1966, p. A1; "A Cool Prevails at Lafayette High," *New York Amsterdam News*, November 5, 1966, p. 27.

(125) Doug McAdam, *Political Process and the Development of Black Insurgency, 1930-1970* (Chicago: University of Chicago Press, 1982), Ch. 8.

(126) Adam Fairclough, *Better Day Coming: Blacks and Equality, 1890-2000* (New York: Penguin Books, 2001), Chs. 12 & 13.

(127) "Opening Schools After Riots Termed Wise Move," *Chicago Daily Defender*, April 9, 1968, p. 5.

(128) Louis Cassels, UPI, "High School Tensions Reflect Parents' Viewpoints," *Atlanta Daily World*, November 29, 1970, p. 1; Jeffrey A. Tannenbaum, "Student Mayhem," *Wall Street Journal*, May 11, 1971, p. 1; "Melee Disrupts PL Cage Opener," *Chicago Defender*, January 8, 1969, p. 24.

(129) Charles T. Clotfelter, *After Brown: The Rise and Retreat of School Desegregation* (Princeton, NJ: Princeton University Press, 2004), p. 56.

(130) "Violence Erupts at Calumet High School: Cops Blamed for Outbreak at School," *Chicago*

Daily Defender, February 22, 1968, p. 1.

(131) "Linden Rioters Calm; Curfew On," *New York Amsterdam News*, May 3, 1969, p. 2.

(132) "Cops Guard Blacks from White Mob: Canarsie Riots Imperil Students," *New York Amsterdam News*, March 1, 1969, p. 1.

(133) "Whites Harass Homecoming Queen," *Pittsburgh Courier*, October 11, 1969, p. 1.

(134) "Police Called; 21 Arrested at Dorsey High School," *Los Angeles Sentinel*, January 15, 1970, p. A1.

(135) "Race Brawl Erupts at High School," *Chicago Daily Defender*, January 28, 1969, p.20; "Schools Close in PA City," *Chicago Daily Defender*, February 19, 1969, p.8; "Strife Closes Schools," *Chicago Daily Defender*, March 20, 1969, p.12; "Close School After Police, Pupil Row," *Chicago Daily Defender*, October 1, 1969, p. 8; "Racial Flare-up Closes Dayton, Ohio High School," *Chicago Daily Defender*, October 2, 1969, p. 16; "Black, White Students Clash; School Closes," *Chicago Daily Defender*, February 14, 1970, p. 2; "Bogalusa Riot Closes School," *Chicago Daily Defender*, September 16, 1970, p. 8.

(136) "68 White Teachers Refuse to Transfer to All Black School in Washington," *Atlanta Daily World*, February 6, 1970, p. 1.

(137) "Brawls Close L.I. High School," *New York Amsterdam News*, June 12, 1971, p. 30.

(138) "Parents Join Violence in School," *Atlanta Daily World*, November 8, 1970, p.1. "Tensions Erupt at Ala. School," *Chicago Daily Defender*, October 14, 1970, p. 3 も見よ。

(139) "Negro, Whites Brawl at N.C. High School," *Atlanta Daily World*, October 31, 1971, p. 2.

(140) "Savannah Students'Third Racial Battle," *Atlanta Daily World*, December 5, 1971, p. 2.

(141) "School Racial Brawl Injures 18 Students," *Atlanta Daily World*, February 18, 1973, p. 1.

(142) "Black and White Students in Racial Clash at School," *New York Amsterdam News*, December 15, 1973, p. C1.

(143) Yudof, "Suspension and Expulsion of Black Students from the Public Schools," pp. 397-398.

(144) これらの問題に、一つの中等学校の事例研究の中で迫力をもって挑んだ研究として Gerald Grant, *The World We Created at Hamilton High* (Cambridge, MA: Harvard University Press, 1990), Chs. 2 & 6 を見よ。

(145) 学校の人種統合に対する態度の変遷については A. Wade Smith, "Tolerance of School Desegregation, 1954-77," *Social Forces*, Vol. 59, No. 4 (June 1981) pp. 1256-1274 を見よ。

(146) Amy Stuart Wells, Jennifer Jellison Holme, Anita Tijerina Revilla, and Awo Korantemaa Atanda, *Both Sides Now: The Story of School Desegregation's Graduates* (Berkeley: University of California Press, 2009), passim.

(147) Elizabeth G. Cohen, "The Effects of Desegregation on Race Relations," *Law and Contemporary Problems*, Vol. 39, No. 2 (Spring 1975), p. 290.

(148) Ibid., p. 296. いくらか異なった視点として Caroline Elck, *Race-Class Relations and Integrated Education in Secondary Education: The Case of Miller High* (New York: Palgrave Macmillan, 2010), Part II を見よ。

(149) Wells et. al. *Both Sides Now*, p. 84.

(150) おそらくこうしたケースとして最もよく知られているのはカリフォルニア州コンプトンだろうが、ある意味で東海岸においてこれと対をなす事例がニュージャージー州パタソンである。コンプトンについては Emily Straus, "The Making of the American School Crisis: Compton, California and the Death of the American Dream" (unpublished Ph.D. dissertation, Brandeis University, 2006), Chs. 2 and 3 を見よ。パタソンについては以下を見よ。Patrick William

Martin, "Historical Events Leading to the State Takeover of the Paterson New Jersey School System," (unpublished Ed.D. dissertation, Teachers College, Columbia University, 1996), Ch. 1; and Stan Karp, "Tests and Bullhorns," *The Radical Teacher*, No. 31 (June 1986), pp. 11-15.

(151) "South Goes Ahead in School Integration," *Chicago Tribune*, June 18, 1971, p. 12.

(152) この点に関する初期の証拠として Robert L. Crain, "School Integration and the Academic Achievement of Negroes," *Sociology of Education*, Vol. 44, No.1 (Winter 1971), pp.1-26 を見よ。また以下も見よ。"Education Survey Finds: High Morale Aids Black Students," *Chicago Daily Defender*, February 21, 1974, p. 6, and Guryan, "Desegregation and Black Dropout Rates," passim.

結論

(1) James D. Anderson, *The Education of Blacks in the South, 1860-1932* (Chapel Hill: University of North Carolina Press, 1988), Ch. 1; Heather A. Williams, *Self-Taught: African American Education in Slavery and Freedom* (Chapel Hill: University of North Carolina Press, 2007), passim.

(2) ダンバー高校については以下を見よ。 Howell S. Baum, *Brown in Baltimore: School Desegregation and the Limits of Liberalism* (Ithaca, NY: Cornell University Press, 2010), p. 45; Stanley Warren, *Crispus Attucks High School: Hail to the Green and Gold* (Indianapolis: Donning Publishers, 1998), passim.

(3) この点については Claudia Goldin and Lawrence Katz, *The Race Between Education and Technology* (Cambridge: Harvard University Press, 2007), Ch. 6 を見よ。

(4) この時代の黒人の移住については Isabel Wilkerson, *The Warmth of Other Suns: The Epic Story of America's Great Migration* (New York: Random House, 2010), Part 6 を見よ。

(5) Harvard Sitkoff, *The Struggle for Black Equality, 1954-1992* (New York: Hill and Wang, 1993), Ch. 5.

(6) アイリーン・ウィルソンへのインタビュー。2008 年 5 月 21 日。

(7) Vanessa Siddle Walker, "Valued Segregated Schools for African American Children in the South, 1935-1969: A Review of Common Themes and Characteristics," *Review of Educational Research*, 70 (Fall 2000), pp. 253-285.

(8) この点については Barbara Shircliffe, " 'We Got the Best of That World': A Case for the Study of Nostalgia in the Oral History of School Segregation," *The Oral History Review*, Vol. 28, No. 2 (Summer- Autumn, 2001), pp. 59-84 を見よ。

(9) ジャック・ジェンキンスへのインタビュー。2009 年 2 月 19 日。プリンストン・エルロイへのインタビュー。2008 年 2 月 29 日。

(10) Eighty-Second and Eighty-Third Annual Reports of the Department of the General Assembly of the State of Georgia, June 30, 1954.

(11) アイリーン・ウィルソンへのインタビュー。2008 年 5 月 21 日。

(12) ジョセフ・ウィリアムズへのインタビュー。2007 年 7 月 24 日

(13) Diane Ravitch, *The Troubled Crusade: American Education, 1945-1980* (New York: Basic Books, 1983)［ダイアン・ラヴィッチ（末藤美津子訳）『教育による社会的正義の実現――アメリカの挑戦（1945-1980）』東信堂、2011 年］, p. 153; Wayne Urban, "What's in a Name? Education and the Disadvantaged American," *Paedagogica Historica*, Vol. 45; 1 & 2 (2009), pp. 251-264; Sylvia L. M. Martinez and John L. Rury,"From'Culturally Deprived' to 'At Risk':

The Politics of Popular Expressions and Educational Inequality in the United States, 1960-1980," forthcoming.

(14) Donbin Kim and John L. Rury, "The Changing Profile of College Access: The Truman Commission and Enrollment Patterns in the Postwar Era," *History of Education Quarterly*, Vol. 47, No. 2 (August 2007), pp. 302-327.

(15) ジョン・ルーリーによるローランド・ブラウンへのインタビュー。2007 年 7 月 25 日。

(16) 隔離撤廃のタイミングについては Charles T. Clotfelter, *After Brown: The Rise and Retreat of School Desegregation* (Princeton, NJ: Princeton University Press, 2004), Ch 7 を見よ。Gary Orfield, Susan Eaton, and the Harvard Desegregation Project, *Dismantling Desegregation: The Quiet Reversal of Brown v. Board of Education* (New York: The New Press, 1996), Ch. 1 も見よ。

(17) 1980 年時点でアメリカ人の若者の 3/4 が大都市圏に住んでいたが、アフリカ系アメリカ人に限ればその率は 82%、その他が 73%だった。これらのアフリカ系アメリカ人の若者の 3/4 近くが中心都市の環境で暮らしていたのに対し、その他ではほぼ同じ比率が郊外居住者だった。この数字は IPUMS データから推計した。

(18) 地域が及ぼす影響を評価するためであれば、マルチレベル分析を行うのが理にかなう。それを行った結果われわれは、その影響が表 C-1 で書いておいたものとおおむね同程度であることを見出した。これらのパタンの分析については John L. Rury and Argum Saatcioglu, "Suburban Advantage: Opportunity Hoarding and Secondary Attainment in the Postwar Metropolitan North," *American Journal of Education*, Vol. 117, No. 3 (May 2011), pp. 307-342 を見よ。

(19) 地理的因子とは、個人の空間あるいは地域内の場所に関わるものである。社会経済的地位とは、彼あるいは彼女の家族と親の属性を表すものである。

(20) Lance Freeman, "African American Locational Attainment Before the Civil Rights Era," *City & Community*, 9 (3), (2010), pp. 235-255; Douglas Massey and Nancy Denton, *American Apartheid: Segregation and the Making of the Underclass* (Cambridge, MA: Harvard University Press, 1998), Ch. 1.

(21) ローランド・ブラウンへのインタビュー。2007 年 7 月 25 日。

(22) グレイス・ストロングへのインタビュー。2007 年 7 月 10 日。

(23) グロリア・チェンバーズへのインタビュー。2008 年 5 月 8 日。

(24) Ibid.

(25) Jennifer Hochschild, *The New American Dilemma: Liberal Democracy and School Desegregation* (New Haven: Yale University Press, 1984), Ch. 5.

(26) ナディーン・マイヤーズへのインタビュー。2009 年 2 月 26 日。

(27) ケヴィン・ドッジへのインタビュー。2009 年 2 月 20 日。

(28) この点に関しては Kate Willink, *Bringing Desegregation Home: Memories of the Struggle Toward School Integration in Rural North Carolina* (New York: Palgrave, 2009), Ch. 2 における説明を見よ。同時代の都市の視点については Forrest W. Parkey, *White Teacher, Black School: The Professional Growth of a Ghetto Teacher* (Westport, CT: Praeger, 1983), passim を見よ。

(29) Thomas Smith, Southern Oral History Project 4007, K-566, p. 7.

(30) Freda Jones interview, Southern Oral History Project 4007, K-208, p. 16.

(31) たとえば以下を見よ。Orley Ashenfelter, William J. Collins, and Albert Yoon, "Evaluating the Role of *Brown v. Board of Education* in School Equalization, Desegregation, and the Income of African Americans," *American Law and Economics Review*, 8: 2 (Summer 2006), pp.213-

248, and Kenneth L. Wilson, "The Effects of Integration and Class on Black Educational Attainment," *Sociology of Education*, Vol. 52, No. 2 (April 1979), pp. 84-98.

(32) Ralph Naples interview, Southern Oral History Project 4007, K-556, p. 2.

(33) ジャック・ジェンキンスへのインタビュー。2009 年 2 月 19 日。

(34) Ashenfelter, Collins, and Yoon, "Evaluating the Role of *Brown v. Board of Education* in School Equalization, Desegregation, and the Income of African Americans," passim.

(35) この点については George Lewis, *Massive Resistance: The White Response to the Civil Rights Movement* (New York: Bloomsbury, 2006), passim. を見よ。この時代の最も主要な人種隔離撤廃をめぐる争いの一つに関しては以下を見よ。John A. Kirk, " 'Massive Resistance and Minimum Compliance': The Origins of the 1957 Little Rock School Crisis and the Failure of School Desegregation in the South," and Karen S. Anderson, "Massive Resistance, Violence and Southern Social Relations: The Little Rock, Arkansas, School Integration Crisis, 1954-1960," both in Clive Webb, ed., *Massive Resistance: Southern Opposition to the Second Reconstruction* (New York: Oxford University Press, 2005), pp. 76-98 and 203-220, respectively.

(36) Rebecca de Schweinitz, *If We Could Change the World: Young People and America's Long Struggle for Racial Equality* (Chapel Hill: University of North Carolina Press, 2009), Ch. 5.

(37) Noliwe M. Rooks, *White Money/ Black Power: The Surprising History of African American Studies and the Crisis of Race in Higher Education* (Boston: Beacon Press, 2007), Chs. 1 & 2; Joy Ann Williamson, *Black Power on Campus: The University of Illinois, 1965-75* (Champaign: University of Illinois Press, 2003), passim; and Idem, *Radicalizing the Ebony Tower: Black Colleges and the Black Freedom Struggle in Mississippi* (New York: Teachers College Press, 2008), Ch. 7.

(38) Peniel E. Joseph, "Introduction: Toward a Historiography of the Black Power Movement," in Peniel E. Joseph, ed., *The Black Power Movement: Rethinking the Civil Rights-Black Power Era* (New York: Routledge, 2006), pp. 1-26; David Goldberg and Trevor Griffey, "Introduction: Constructing Black Power," in David Goldberg and Trevor Griffey, eds., *Black Power at Work: Community Control, Affirmative Action, and the Construction Industry* (Ithaca, NY: ILR Press, 2010), pp. 1-22 も見よ。

(39) この点については Maxine Leeds Craig, *Ain't I a Beauty Queen? Black Women, Beauty and the Politics of Race* (New York: Oxford University Press, 2002), Ch. 2 を見よ。

(40) Jonathan Zimmerman, *Whose America: Culture Wars in the Public Schools* (Cambridge, MA: Harvard University Press, 2005), Ch. 5.

(41) *The Falcon*, Harlan High School (Kansas City, MO, 1970), Introduction (unnumbered pages).

(42) James J. Heckman and Paul A. LaFontaine, "The American High School Graduation Rate: Trends and Levels," *The Review of Economics and Statistics*, May 2010, Vol. 92 No. 2, p. 245.

(43) この後者の数字は、国勢調査における教育達成の申告がいくらか「底上げ」されたものである可能性か、あるいはハイスクールの 3 年次と 4 年次の間のドロップアウト率が若干上昇した可能性か、いずれかを示唆する。表 C-1 に示された分析におけるこの効果、および GED 効果の可能性を検証するためにわれわれは、12 年次を修了したことを申告したがカレッジ 1 年を修えていない 1,729 名の 17 歳（サンプルの 5%）を除外して再度回帰分析を行った。その結果は上記で述べたものとほとんど変わらなかった。換言すれば、これらのケースを入れても、サンプルにバイアスは生じなかったと思われる。もちろんいかなる底上げ効果も、回答者が学校への在籍を卒業と取り違えて申告したことに起因する可能性がある。しかしこのデータからこの

可能性を検証することは不可能だ。

(44) Stephen V. Cameron and James J. Heckman,"The Nonequivalence of High School Equivalents," *Journal of Labor Economics*, 11: 1, Part 1 (1993), pp. 1-47.

(45) Derek Neal, "How Families and Schools Shape the Achievement Gap," in Paul E. Peterson, ed., *Generational Change: Closing the Test Score Gap* (Lanham, MD: Rowman and Littlefield, 2006), pp.26-46 以下も見よ。Jaekyung Lee, "Racial and Ethnic Achievement Gap: Reversing the Progress Toward Equity?" *Educational Researcher*, Vol. 31, No. 1 (January-February 2002), pp. 3-12.

(46) これらの諸点の多くは Chester E. Finn, "Many Causes, No Easy Solutions," in Peterson, *Generational Change*, pp. 198-211 において要約されている。GED に関しては Heckman and LaFontaine, "The American High School Graduation Rate," p. 260 を見よ。

(47) この点は以下を見よ。Paul E. Peterson, "Toward the Elimination of Race Differences in Educational Achievement," in Peterson, *Generational Change*, pp. 1-25; and Mark Berends, Samuel R. Lucas, and Roberto V. Penaloza, "How Changes in Families and Schools Are Related to Trends in Black-White Test Scores," *Sociology of Education*, Vol. 81, No. 4 (October 2008), pp. 313-344.

(48) 1970 年以降の各年の GED 認定件数は National Center for Education Statistics, *Digest of Educational Statistics, 2008* (Washington, DC: U.S. Department of Education, 2008), Table 108. に見出せる。GED 取得者の年齢分布については National Center for Education Statistics, *Dropout Rates in the United States: 2005* (Washington, DC: U.S. Department of Education), Table A-2 を見よ。黒人の若者の学校に関する態度の変化という問題はこの研究の射程を超えている。それゆえ今後の研究課題である。

(49) William Julius Wilson, *When Work Disappears: The World of the New Urban Poor* (New York: Vintage, 1997)［ウィリアム・J. ウィルソン著（川島正樹・竹本友子訳）『アメリカ大都市の貧困と差別――仕事がなくなるとき』明石書店、1999 年］, Part 1.

(50) この問いに対する歴史的視点は Michael B. Katz, ed., *The Underclass Debate: Views from History* (Princeton, NJ: Princeton University Press, 1992), passim 内の論考を見よ。またウィルソンのごく最近の所説である *More Than Just Race: Being Black and Poor in the Inner City* (New York: Norton, 2009), Ch. 1 も見よ。

(51) ルビー・アーノルドへのインタビュー。2007 年 7 月 25 日。

(52) James T. Patterson, *Freedom Is Not Enough: The Moynihan Report and America's Struggle over Black Family Life from LBJ to Obama* (New York: Basic Books, 2010), Chs. 2-5.

(53) Shirley A. Hill, *Black Intimacies: A Gender Perspective on Families and Relationships* (Walnut Creek, CA: AltaMira Press, 2005), pp. 77-84.

(54) Patrick Heuveline, H. Yang, J. M. Timberlake, "It Takes a Village (Perhaps a Nation): Families, States, and Educational Achievement," *Journal of Marriage and Family*, 72:5 (October 2010), p. 1362.

(55) たとえば Heckman and LaFontaine, "The American High School Graduation Rate," p. 260. における この点の議論を見よ。

(56) この数字はおおむね、すべての子どもを対象とした数字よりいくらか低い。と言うのは 10 代の子どもがいる親は、いくらか年上である傾向があり、小さな子どもの親よりいくらか結婚率が高いからだ。Richard A. Bulcroft and Kris A. Bulcroft, "Race Differences in Attitudinal and Motivational Factors in the Decision to Marry," *Journal of Marriage and Family*, Vol. 55, No. 2 (May 1993), p. 347. 子どもをもつことは、黒人の女性・男性双方にとって結婚の可能性

を増加させることに注意されたい。

(57) ナディーン・マイヤーズへのインタビュー。2009年2月26日。Wilson, *More Than Just Race*, Ch. 2.

(58) ブランドン・カーターへのインタビュー。2007年7月25日。

(59) Carl L. Bankston III and Stephen J. Caldas, "Family Structure, Schoolmates, and Racial Inequalities in School Achievement", *Journal of Marriage and Family*, 60 (August 1998), pp. 715-723.

(60) Charles J. Ogletree, *All Deliberate Speed: Reflections on the First Half Century of Brown v. Board of Education* (New York: W.W. Norton & Company, 2004), passim.

(61) Robert Balfanz and Nettie Legters, "Locating the Dropout Crisis: Which High Schools Produce the Nation's Dropouts? Where Are They Located? Who Attends Them?" Center for Research on the Education of Students Placed At Risk, Johns Hopkins University, Report 70, September 2004.

(62) Richard Rothstein, *Class and Schools: Using Social, Economic, And Educational Reform to Close the Black-White Achievement Gap* (New York: Teachers College Press, 2004), Ch. 1.

(63) Bart Landry, *The New Black Middle Class* (Berkeley, CA: University of California Press, 1987), Ch. 2.

(64) Dennis Gilbert, *The American Class Structure in an Age of Growing Inequality* (Thousand Oaks, CA: Sage, 2008), p. 56.

(65) U.S. Bureau of the Census, *Statistical Abstract of the United States, 2004-2005* (Washington, DC: U.S. Government Printing Office, 2005), Table 677. 女性について言えば収入の中央値はハイスクール卒業以下の学歴で10,613ドル、大卒で30,788ドルである。

(66) A. D. Barnett and K. Chappell, "Education Nation." *Ebony Magazine*, September 2010, pp. 68-84.

(67) Jean Anyon, "Race Social Class and Educational Reform in an Inner City School," *Teachers College Record*, Fall 1995, 97: 1, pp. 69-94; Rothstein, *Class and Schools*, Ch. 5.

付録 A

(1) Barbara Shircliffe, " 'We Got the Best of That World': A Case for the Study of Nostalgia in the Oral History of School Segregation," *The Oral History Review*, 28 (2): 2001, pp. 59-84.

■ 著者紹介

ジョン・L・ルーリー

カンザス大学教育学部・歴史学部教授。
詳細は「訳者あとがき」の「著者のプロフィール」(p.260-261) 参照。

シェリー・A・ヒル

カンザス大学社会学部教授。
詳細は「訳者あとがき」の「著者のプロフィール」(p.260-261) 参照。

■ 訳者紹介

倉石一郎(くらいし・いちろう)

京都大学大学院人間・環境学研究科博士後期課程修了。博士(人間・環境学)。

東京外国語大学外国語学部助教授などを経て、京都大学大学院人間・環境学研究科准教授。専門は教育学・教育社会学。主な業績に、『アメリカ教育福祉社会史序説——ビジティング・ティーチャーとその時代』(春風社、2014 年)。『包摂と排除の教育学——戦後日本社会とマイノリティへの視座』(生活書院、2009 年)。『差別と日常の経験社会学——解読する〈私〉の研究誌』(生活書院、2007 年)など。

久原みな子(くはら・みなこ)

ウィスコンシン大学マディソン校教育政策研究科修士課程修了。㈱日本教育研究所研究員。専門は比較教育・高等教育史。

末木淳子(すえき・じゅんこ)

京都大学文学部卒。京都大学大学院人間・環境学研究科博士後期課程在籍。専門はアメリカ児童文学史。主な業績に、「アメリカ児童文学にみる多文化主義——ヴァージニア・ハミルトンの作品を中心に」(『社会システム研究』第 16 号、2013 年)など。

黒人ハイスクールの歴史社会学
——アフリカ系アメリカ人の闘い 1940-1980

2016 年 11 月 30 日　初版第 1 刷発行

訳　者　倉石一郎
久原みな子
末木淳子

発行者　杉田啓三

〒 606-8224　京都市左京区北白川京大農学部前
発行所　株式会社　昭和堂
振替口座　01060-5-9347
TEL（075）706-8818 ／ FAX（075）706-8878

印刷　モリモト印刷
装丁　［TUNE］常松靖史

ISBN978-4-8122-1556-2
＊乱丁・落丁本はお取り替えいたします。
Printed in Japan